PANAMA PAPERS

Bastian Obermayer &
Frederik Obermaier

Panama Papers

Het verhaal van
de wereldwijde onthulling

Vertaling W. Hansen

Met een voorwoord door Joris Luyendijk

Uitgeverij Atlas Contact
Amsterdam/Antwerpen

Oorspronkelijke titel *Panama Papers*
Oorspronkelijke uitgeverij Kiepenheuer & Witsch
Omslagontwerp Bart van den Tooren
Omslagbeeld © Natalya Guskova
Foto auteur Stephanie Fuessenich
Typografie binnenwerk Perfect Service, Schoonhoven
Drukkerij Wöhrmann, Zutphen

ISBN 978 90 450 3291 7
D/2016/0108/727
NUR 740

www.atlascontact.nl

MIX
Papier van verantwoorde herkomst
FSC® C110751

Inhoud

Voorwoord

Door Joris Luyendijk

Ruim een kwarteeuw nu marcheren we richting globalisering en steeds duidelijker komen de weeffouten, onvoorziene gevolgen en bijwerkingen van deze nieuwe wereldorde aan de oppervlakte: wanneer grote multinationals zich verenigen in een mondiale lobby zijn ze niet alleen steeds vaker machtiger dan nationale regeringen, ze blijken ook in toenemende mate in staat hun eigen wereld te scheppen, ver buiten de greep en controle van democratische regeringen.

Dit is het grote inzicht achter de onthullingen uit de zogenoemde 'Panama Papers'. Er zijn in het hele Westen zo langzamerhand twee categorieën mensen en bedrijven: zij die gewoon belasting betalen, en zij die daar te rijk voor zijn.

Een kolossale zwerm van accountants, consultants, bankiers en juristen heeft de afgelopen decennia een wereldwijd vertakt woud laten ontstaan waarin alleen zij de weg kennen. Vervolgens zijn deze 'belastingadviseurs' naar grote bedrijven, miljardairs en rijke families gestapt met de vraag: Zullen we u, voor een mooi tarief, een paadje wijzen door dat woud? U moet weten: andere rijke families, multimiljonairs en ook uw concurrenten doen hetzelfde.

Dit wil niet zeggen dat alle multimiljonairs, rijke families en grote bedrijven zijn opgehouden met belasting betalen. Maar het wil wel zeggen dat belasting betalen voor deze klasse een optie is geworden. De afgelopen jaren heb ik regelmatig een zeer succesvolle zakenman horen zeggen: 'Als ik wilde, zou ik allang geen belasting meer betalen in Nederland.' De personen in kwestie deden het nog steeds, en ik had altijd het gevoel dat ze daarvoor toch ergens credit en een complimentje leken te verwachten. Zij hadden immers de optie, en ze werden regelmatig benaderd door grote belastingadvieskantoren of ze toch niet eens wilden kijken naar een zeer aantrekkelijke 'belastingefficiënte constructie'.

De antropologe en *Financial Times*-columniste Gillian Tett – alom getipt als de volgende hoofdredacteur – noemde de Panama Papers al 'een copernicaanse revolutie'. Lang dachten we dat de nauwelijks zichtbare planeet van de 'belastingparadijzen' (het woord alleen al!) om de duidelijk zichtbare planeet van de financiële sector draaide. Maar de planeet van de belastingontduiking blijkt zo onafzienbaar groot dat de verhoudingen eerder andersom lijken te liggen, aldus Tett. Zie ook hoe de lobby van de belastingontduikers er steeds weer in slaagt om regeringen tegen elkaar uit te spelen, zodat landen die een graantje meepikken van de fiscale industrie in ruil daarvoor de noodzakelijke tegenmaatregelen in mondiaal of Europees verband saboteren. In Europa zijn dat bijvoorbeeld Luxemburg, Zwitserland, het Verenigd Koninkrijk en natuurlijk Nederland. Iemand bij de FIOD mailde mij, een paar dagen na de eerste artikelen over de Panama Papers: 'Reken maar dat de mensen bij al die brievenbusfirma's aan de Zuidas het nu heel warm hebben. Het wachten is op de Amsterdam Papers.'

Want het Panamese Mossack Fonseca is wereldwijd niet eens marktleider. Er zijn nog grotere bedrijven in deze soort.

Er is dezer dagen heel veel kritiek op de journalistiek, en deze is heel vaak terecht. Maar de reden dat burgers zoveel weten over de massale spionage en surveillance door de inlichtingendiensten – zowel onze eigen als buitenlandse – is niet te danken aan politici maar aan de samenwerking van klokkenluiders en journalisten. Hetzelfde geldt nu voor de massale belastingontwijking.

De mainstream politieke partijen die op dit moment in Amerika en Europa de dienst uitmaken, zijn meedogenloos voor klokkenluiders. Julian Assange zit al tijden in een bizar soort zelfverkozen ballingschap in de ambassade van Ecuador in Londen. Edward Snowden moest uitwijken naar Moskou. De klokkenluider van 'Lux-leaks' – over de rol van Luxemburg bij belastingontwijking – wordt dit voorjaar vervolgd, en hetzelfde gold voor de klokkenluider Hervé Falciani, die in Zwitserland tot vijf jaar gevangenisstraf werd veroordeeld wegens het onthullen van de praktijken van de Britse bank HSBC. Dichter bij huis woonde Ad Bos, klokkenluider van de Nederlandse bouwcorruptie (met succes door de bouwlobby omgedoopt tot het minder akelig klinkende 'bouwfraude'), berooid en vervolgd geruime tijd in een camper. Veel van de mensen wier wandaden hij onthulde ging het intussen een stuk beter.

Het wordt nog erger. Nota bene terwijl iedereen zich vergaapte aan steeds nieuwe onthullingen in de Panama Papers nam de EU de omstreden 'trade secrets law' aan die het nog makkelijker maakt om klokkenluiders te vervolgen. Zoals de waakhond LobbyWatch in Brussel het altijd uitdrukt: de EU is geen neutrale organisatie; ze neemt de kleur aan van de sterkste lobby. En de macht van de lobby van het grote bedrijfsleven is in Brussel enorm, en nog altijd groeiend.

Waarschijnlijk dacht de persoon achter de Panama Papers aan deze lobby en aan het lot van eerdere klokkenluiders toen hij de journalisten van de *Süddeutsche Zeitung* anoniem zijn schat aan informatie toespeelde. De journalisten zelf dachten weer aan de intimidatiepogingen van de Britse geheime dienst na de onthullingen van Snowden; leden van de geheime dienst arresteerden de partner van een *Guardian*-journalist en dwongen even later hoofdredacteur Alan Rusbridger om een computer met versleutelde informatie van Snowden met een hamer kapot te slaan. 'Het feestje heeft lang genoeg geduurd,' beten de geheim agenten Rusbridger toe.

Zo hard kan het toegaan, en daarom had *The Guardian* vanaf het begin de samenwerking gezocht met tal van media in andere landen. Mocht de Britse geheime dienst werkelijk proberen *The Guardian* kapot te maken, dan zouden tal van internationale media daar groot over berichten – al was het maar om eenzelfde lot te ontlopen. Ook dat is globalisering: hoe internationaler je opereert als journalistiek, hoe sterker je staat.

Hoe kunnen de mensen die werkzaam zijn in de 'belastingontwijkende industrie' met zichzelf leven? Hoe rechtvaardigen ze hun daden? Het beeld van bankiers en de financiële wereld in het algemeen is sterk gevormd door Hollywood. Films als *Wall Street, American Psycho* en *The Wolf of Wall Street* portretteren coke snuivende en hoerenlopende psychopaten die handelen met voorkennis of ons aandelen verkopen in bedrijven die niet bestaan.

Dit beeld doet het enorm goed bij het publiek, maar het slaat nergens op en maakt een echte oplossing juist moeilijker. Het probleem is niet dat mensen in de financiële sector willens en wetens de wet overtreden; het probleem is dat dit doorgaans niet eens nodig is. Terwijl na de onthullingen de Britse premier Cameron bezig was met uit te leggen waarom zijn vader in Panama geld had gestald, sloeg president Obama in een speciaal georganiseerd persmoment de spijker op zijn kop: 'The trouble is that much of this stuff is legal.'

Dezelfde verdediging kwam van Mossack Fonseca, de spil in het Panamese web van belastingontduiking: het is allemaal legaal. En hetzelfde hoor je van bankiers en financieel professionals betrokken bij allerlei andere schandalen – in Nederland bijvoorbeeld de woekerpolissen. De term die altijd valt is 'amoreel'. Bewust de wet overtreden is 'immoreel'. Amoreel daarentegen is je ethische en morele kader laten samenvallen met wat is toegestaan. 'Als het mag van de wet, moet ik wel onschuldig zijn.'

Daarin ligt dan ook de oplossing voor wat de Panama Papers hebben onthuld: in betere wetten die het ontwijken van belasting net zo strafbaar stellen als het ontduiken ervan.

Wetten worden gemaakt door politici, en daarmee belanden we bij een deel van de journalistiek dat al jaren ondanks allerlei goede bedoelingen vrij dramatisch faalt: de politieke journalistiek. Het lukt maar niet om de gigantische verontwaardiging over belastingontduiking en ander al dan niet legaal wangedrag om te zetten in langlopende verhaallijnen over de politieke werking van de financiele lobby – op nationaal, Europees en mondiaal politiek niveau. Bij een groot schandaal als rond de Panama Papers worden vaak allerlei maatregelen aangekondigd. Maar het gaat er niet om wat er door mainstream politici op het hoogtepunt van een schandaal wordt beloofd. Het gaat erom wat diezelfde politici maanden of jaren later doen – op het moment dat de maatschappelijke verontwaardiging allang is weggeëbd en de wetsvoorstellen moeten worden aangenomen en daarna gehandhaafd.

Daar moet veel en veel meer aandacht voor komen, zodat politici aan hun beloftes kunnen worden gehouden. Lobby's zijn zo geduldig en rijk dat we er als burgers permanent bovenop moeten zitten.

Maar stel dat de politieke journalistiek wel goed zou functioneren en zich bezighield met beleid en met wetten in plaats van over de populariteit van poppetjes ('politici-journalistiek') te berichten. Dan nog zit er een diepliggender weeffout in de globalisering. Want de wereld is weliswaar economisch geglobaliseerd, maar niet politiek. En dus hebben we wel een krachtige financiële olie- en auto-industrie en farmaceutische wereldlobby, maar geen wereldregering. Persoonlijk wil ik helemaal geen wereldregering, want hoe kan die democratisch zijn als nog niet de helft van de wereldbevolking in een functionerende democratie leeft? Maar als alleen een wereldregering de mondiaal opererende lobby's van grote bedrijven onder controle zou kunnen krijgen, en we zo'n wereldregering niet willen, hoe komen we dan van die mondiaal opererende lobby's af?

Nietsdoen is geen optie, want terwijl we ons het hoofd breken of en hoe democratie en globalisering eigenlijk samengaan, dendert de trein voort. Zie hoe het zogeheten 'Vrijhandelsverdrag' TTIP straks opnieuw een enorme slag zal toebrengen aan het zelfbeschikkingsrecht van landen: bedrijven kunnen als het verdrag van kracht is enorme schadevergoedingen gaan eisen van landen als deze zich volgens een door technocraten voorgezeten 'tribunaal' niet aan een afspraak hebben gehouden. Als de Panama Papers iets aantonen, dan is het wel dat juist grote bedrijven in staat zijn de mazen in de wet te vinden, om daar vervolgens meedogenloos en amoreel van te profiteren. En dan hebben we het nog niet gehad over de mogelijkheid dat die bedrijven hun lobbymachine doelbewust zullen inzetten om wetten en beleid te laten maken die hen vervolgens in staat stellen regeringen voor zo'n tribunaal te dagen.

Dit is de stand, ruim vijfentwintig jaar na het einde van de Koude Oorlog, het 'einde van de ideologieën' en de nieuwe wereldorde van de globalisering. Steeds duidelijker tekent zich een postnationale elite af waarvan de leden alleen nog loyaliteit tonen voor hun eigen klasse – miljardairs, schatrijke families en de top bij grote multinationals. Men noemt ze wel de 'Davos crowd', naar de zetel van het jaarlijkse World Economic Forum, en het helpt niet dat de politici die daar ook mogen komen na afloop van hun politieke loopbaan enthousiast worden binnengehaald door diezelfde Davos crowd. Het beste voorbeeld is de (in naam) sociaaldemocratische voormalig Labourleider Tony Blair, die nu 2,5 miljoen pond per jaar verdient als 'adviseur' bij de Amerikaanse megabank JPMorgan.

Een headhunter in Londen die veel werkt met bankiers die proberen bij de Davos crowd te komen, drukte hun mentaliteit zo uit: 'Voor de nieuwe financiële elite is solidariteit niet meer verbonden met een land. Een hoogopgeleide professional in de City heeft veel meer gemeen met zijn hoogopgeleide collega in Hongkong, New York of Rio de Janeiro dan met een monoculturele, slechts één taal sprekende leraar of verpleegster in Manchester of Birmingham.'

Dat was een paar jaar terug, maar wat past deze observatie goed bij de wereld van de Panama Papers, waar mensen zich kennelijk evenmin solidair voelen met hun land en dus zo min mogelijk belasting betalen, maar binnen de wet, zodat niemand ze ooit wat kan maken.

De headhunter wist dat ik voor de linkse *Guardian* schreef, en vervolgde met een vals lachje: 'Links eist solidariteit van iedereen in een land, dus hogere belastingen voor de rijken waarmee hun minder gefortuneerde landgenoten kunnen worden geholpen. Maar solidariteit gaat terug op een nationaal wij-gevoel en daar is links juist allergisch voor; met nationale identiteit haal je chauvinisme en nationalisme binnen, en daarmee extreemrechtse engerds. Het is toch ironisch dat postmodernisten en veel denkers ter linkerzijde benadrukken dat nationale saamhorigheid een "constructie" is, dat tradities verzonnen zijn en de "volksaard" van landen op fantasie berust?' Hij keek me vriendelijk aan en haalde voor de laatste keer uit: 'Nou, de mondiale elite denkt er precies zo over.'

Ziedaar althans een flink deel van de verklaring voor de huidige opkomst van het nationalisme, en voor de instorting van kosmopolitisch-progressieve partijen.

Maar toch. Op het moment dat journalisten van de onafhankelijke pers hun vrijheid van meningsuiting gebruiken om de machtigen te ontmaskeren, bloeit de democratie. Dat er nog altijd klokkenluiders opstaan die uit oprechte morele verontwaardiging alles wat ze hebben op het spel zetten, is uiterst bemoedigend. De massale reactie bij het publiek toont aan dat veel kiezers in het geheel niet zijn weggezakt in apathie.

Cynisme over de wereld klinkt en voelt misschien lekker omdat het je beschermt tegen frustraties en teleurstellingen. Maar de enigen die profiteren van cynisme zijn cynische lobbyisten, bankiers en politici. En die hebben het dezer dagen al makkelijk genoeg.

Proloog

'Pling.'

Wij zijn sinds drie dagen bij mijn ouders op bezoek, mijn vrouw, onze kinderen en ik, en sinds twee dagen is iedereen ziek. Iedereen, behalve ik. Het is tien uur 's avonds, en nadat de laatste patiënt geaaid en de laatste thee verdeeld is, ga ik aan de eettafel zitten, klap mijn laptop open en leg mijn smartphone ernaast.

Dan hoor ik 'Pling'. Een nieuw bericht.

[john doe]: Hallo
Hier John Doe.
Geïnteresseerd in data? Ik deel ze graag.*

'John Doe' is iets als de Engelse variant van Jan Jansen of Piet Pieterse en wordt in Engeland al eeuwen gebruikt, evenals in Canada en de vs. In bijvoorbeeld rechtszaken worden personen wier ware identiteit niet onthuld mag worden 'John Doe' genoemd. Of onbekende doden, die ergens gevonden worden. Maar intussen zijn er allang ook bands, televisieseries en producten die 'John Doe' heten.

John Doe is dus een schuilnaam van iemand. Iemand die duidelijk geheime data aanbiedt.

Met zo'n aanbod maak je iedere onderzoeksjournalist klaarwakker, ogenblikkelijk. Geheime data zijn altijd goed. Bij de *Süddeutsche*

* Om de bron te beschermen zullen passages uit de opgenomen, schreefloos weergegeven gesprekken die de informant of informanten in gevaar kunnen brengen in dit boek worden ingekort of – zonder de betekenis ervan te veranderen – minimaal veranderd.

Zeitung hebben we in de afgelopen jaren veel verhalen gemaakt die gebaseerd waren op gegevens die ons waren toegespeeld – of zoals ook wel wordt gezegd: die waren 'gelekt' – waarbij het soms ging om geheime belastingzaken in de Caraïben (Offshore-leaks), soms om geheime Zwitserse bankrekeningen (Swiss-leaks) of soms om Luxemburgse belastingtrucs (Lux-leaks). Het systeem is altijd hetzelfde: ergens vloeit een behoorlijke hoeveelheid geheime data weg – die in de handen van journalisten belandt. Bij ruime hoeveelheden geheime data is, zuiver statistisch gezien, de waarschijnlijkheid behoorlijk groot dat er goede verhalen in zitten.

Bovendien: je bent soms wekenlang op zoek naar een bepaalde bron, soms zelfs maanden. Als een potentiële bron zich dus uit zichzelf meldt, moet je snel reageren. Je moet op zijn minst antwoorden. Er is nauwelijks iets irritanter dan in *Der Spiegel* of *Die Zeit* een verhaal te vinden dat ons eerder is aangeboden.

[obermayer]: Hallo daar. Ik ben erg geïnteresseerd, natuurlijk.

De zeldzame bronnen die goed zijn, herken je meteen. Slechte, althans doorgedraaide of verwarde bronnen, herken je nog sneller – namelijk doordat de mails dat dan ook al zijn. Weliswaar kunnen ook geschifte bronnen goede verhalen opleveren, maar dat is eerder uitzondering.

Data hebben het voordeel dat ze niet gewichtig doen en niet babbelziek zijn, ze hebben geen missie en willen niet manipuleren. Ze zijn er gewoon, tout court, en ze zijn controleerbaar. Elk goed databestand kun je aan de werkelijkheid toetsen – en juist dat moet je als journalist ook doen, voordat je erover schrijft. Bovendien moet je op zeker moment goed overdenken over welk deel van de data je wilt berichten.

Dat is het verschil met WikiLeaks. De mensen die dat onderzoeksplatform gebruiken, zetten bestanden vaak gewoon op internet, zonder ze journalistiek te filteren. Dat is de gedachte erachter. Geen slechte gedachte, overigens.

[obermayer]: Hoe komen we aan de data?

[john doe]: Daar help ik graag bij, maar er zijn een paar voorwaarden. Ten eerste moet u begrijpen hoe gevaarlijk en gevoelig sommige informatie in de data is. Mijn leven loopt gevaar als mijn identiteit bekend wordt. Ik heb er de afgelopen weken over nagedacht hoe het aan te pakken. Wij zullen gecodeerd communiceren. We zullen elkaar niet ontmoeten. Wat u uiteindelijk publiceert, is uw zaak.

Met die voorwaarden kan ik leven. Natuurlijk leer je elke bron liever persoonlijk kennen om hem te kunnen beoordelen en zijn motivatie te begrijpen. Maar voor informanten is het soms beter niet in de openbaarheid te treden. Ook in Duitsland zijn klokkenluiders niet erg goed beschermd, en eenieder die de identiteit van een informant kent, vormt een potentieel gevaar. Ook of vooral als hij journalist is.

Maar de bron communiceert beknopt en helder, en dan kan ik dat ook. Iemand heeft kennelijk iets wat hij of zij kwijt wil. Dan wel graag hier, bij mij:

[obermayer]: Oké. Hoe regelen we de overdracht van de data?

Ik stuur mijn contactgegevens ten behoeve van verdere gecodeerde communicatie.

In de volgende berichten spreken we de dataoverdracht af, en niet veel later moet langs gecodeerde wegen een eerste proeve volgen.

Een goed teken: de bron vraagt niet om geld. Een paar maanden eerder had zich iemand aangediend die beweerde gegevens in handen te hebben over geheime buitenlandse bankrekeningen van een Duitse politieke partij. Saldo op de rekening, naar werd beweerd: 25 miljoen dollar. Er werd een week lang heen en weer gecorrespondeerd, er werden slechte foto's van bankdocumenten geleverd, er volgden absurde telefoontjes – en toen eiste de persoon in kwestie via de telefoon plotseling geld. Maar de *Süddeutsche Zeitung* betaalt in beginsel niet voor informatie. Nooit. Niet alleen omdat we dat geld niet hebben, maar vooral uit principe. Daarmee verdwijnt meteen ook de prikkel ons vervalste documenten aan te smeren.

Je moet het dan alleen wel kunnen verdragen in andere kranten de verhalen te lezen die wij hebben moeten laten gaan. Maar het verhaal van de geheime bankrekening van de politieke partij is niet in *Der Spiegel* en ook niet in *Stern* verschenen – ook mijn collega's hebben het waarschijnlijk als een vervalsing gezien, voor zover het hun althans is aangeboden.

'Pling.'

De proeve is er: een klein aantal bestanden, vooral pdf's. Ik open ze op mijn computer en loop ze een voor een door. Het zijn oprichtingsdocumenten van bedrijven, contracten en bankafschriften. Ik heb even tijd nodig om de samenhang te begrijpen, maar na enig onderzoek op internet herken ik de zaak waarom het gaat. Plaats van handeling is Argentinië. Een officier van justitie, José María Campagnoli, vermoedt dat dubieuze zakenmensen de Kirchners, dus de toentertijd nog in functie zijnde president Cristina Kirchner en haar inmiddels overleden echtgenoot Néstor, hebben geholpen ongeveer 65 miljoen dollar overheidsgeld naar het buitenland te sluizen. Dat zou gebeurd zijn via een wijdvertakt netwerk van 123 brievenbusfirma's, allemaal opgericht door een Panamees advocatenkantoor dat Mossack Fonseca heet, en dan vooral in het belastingparadijs Nevada in de Verenigde Staten. De beschuldigingen zijn evenwel geen van alle bewezen, en Cristina Kirchner bestrijdt de juistheid ervan.

Wat de zaak actueel maakt, is een klacht die in de Verenigde Staten is ingediend. Het investeringsfonds NML heeft op aanwijzing van zijn oprichter Paul Singer miljoenen aan Argentijnse staatsschuld opgekocht – en vervolgens ging het land failliet. De meeste schuldeisers gingen akkoord met een schuldvermindering. NML niet. Het fonds spant rechtszaken over de hele wereld aan om Argentijns staatsvermogen in handen te krijgen. Voor de Afrikaanse kust liet het zelfs beslag leggen op een Argentijns oorlogsschip. Oorlogsschepen zijn kostbaar, ze kunnen worden verkocht.

De aanklacht in de Verenigde Staten, in Nevada, is erop gericht het netwerk van brievenbusfirma's bloot te leggen. NML wil van Mossack Fonseca alle documenten over de 123 brievenbusfirma's.

Een deel ervan heb ik nu voor mij op het beeldscherm – het zijn de documenten waar NML al jaren achteraan zit. En het is al snel duidelijk dat het om miljoenenbedragen gaat.

Zes miljoen dollar gaat volgens de documenten naar een rekening van de Deutsche Bank in Hamburg. De overeenkomst maakt in eerste instantie een verdachte indruk: het gaat om een provisie in de gokwereld.

Twee andere documenten tonen de ware eigenaren van twee van de firma's; NML wil die documenten opeisen. Ze zouden de rechtszaak in één klap enorm vooruithelpen.

Het interessante is dat alle documenten afkomstig lijken te zijn van hetzelfde advocatenkantoor. Ik ken Mossack Fonseca, maar alleen als een onneembare veste. Als een zwart gat. Als een onderzoek van ons naar dat advocatenkantoor leidde, was het daar ook meteen afgelopen. Mossack Fonseca is een van de grootste aanbieders van anonieme brievenbusfirma's en staat er niet om bekend kieskeurig te zijn bij de selectie van klanten. Eerder het tegendeel.

In klare taal: enkele van de grootste smeerlappen van deze wereld hebben anonieme offshorebedrijven van Mossack Fonseca gebruikt om hun zaken te verdoezelen. Bij het onderzoek naar de Offshore-leaks en de Swiss-leaks zijn we onder andere gestuit op veroordeelde drugshandelaren en vermoedelijke bloeddiamanthandelaren, die als dekmantel gebruik hebben gemaakt van bedrijven van Mossack Fonseca. En wie op internet zoekt naar de klanten van Mossack Fonseca, vindt handlangers van meedogenloze machthebbers en moordenaars als Gaddafi, Assad of Mugabe, die kennelijk met het Panamese advocatenkantoor samenwerken.

Let wel: *kennelijk*. Want Mossack Fonseca ontkent die samenwerking, en de lijst met klanten is niet openbaar. Tot nu toe althans.

[obermayer]: Het materiaal lijkt in orde. Kan ik meer zien?

Maar 'John Doe' antwoordt niet meer. Is hij of zij op andere gedachten gekomen? Of denkt hij of zij alleen maar na?

Ik stuur er nog een bericht achteraan:

[obermayer]: Gaat het alleen om de Argentijnse zaak?

Als er twintig minuten later nog steeds geen antwoord is, klap ik de laptop dicht, pak mijn smartphone en ga naar bed.

De volgende ochtend – het aantal zieken is nog niet teruggelopen – is het antwoord er. En nog meer:

[john doe]: Ik stuur hier nog meer proeven. Een paar ervan hebben met Rusland te maken. Een deel van een pdf is speciaal voor Duitsers interessant. Zoek naar Hans-Joachim... Er is nog veel meer materiaal.

Het liefst zou ik de documenten meteen willen doornemen. Maar – hoe moeilijk het mij ook valt – ik moet eerst naar de apotheek en ik moet boodschappen doen: biscuit, fruit en thee. Niemand behalve ik is in staat het huis te verlaten. Het voordeel van de epidemie: niemand in huis wil met mij het bos in, voetballen of wandelen. Laat in de ochtend liggen in alle bedden in huis weer slapende patiënten, en ik kan terug naar de laptop.

Ook de nieuwe documenten lijken uitsluiten uit de archieven van het Panamese advocatenkantoor Mossack Fonseca te komen. Het bedrijf heeft kennelijk een serieus probleem.

Een lek.

Allereerst neem ik een vele honderden pagina's lang document door, waarboven iemand de titel *Records* genoteerd heeft. Het zijn enkele honderden bladzijden met overschrijvingen. Eén springt er in het oog: op 19 november 2013 komt er op de rekening van een man die Hans-Joachim K. heet bij de Société Générale Bahamas een bedrag van bijna 500 miljoen dollar binnen, in goud.[1]

500 miljoen dollar. Een half miljard. Een enorme hoop geld.

Ik heb nog nooit van Hans-Joachim K. gehoord, maar een zoektocht op Google levert een in Duitsland amper bekende voormalig manager van Siemens op, die CEO in Colombia en Mexico is geweest; dat zou een spoor kunnen zijn. Bij Siemens in Zuid-Amerika is er vele jaren lang een zwarte kas geweest, waarmee beloond werd wie zich nuttig had gemaakt voor het bedrijf. Ik vind er tientallen artikelen over, ook internationale.

Maar er is iets wat me verwart: die ongelooflijke som geld komt in de herfst van 2013 binnen op de rekening van de man van Siemens. Maar de zwarte kas van het concern in Zuid-Amerika is al in 2007/2008 ontmaskerd, waarna er rechtszaken volgden waarvan enkele nog steeds lopen. Dit is, voorzichtig uitgedrukt, mysterieus.

Maar je komt niet zomaar aan 500 miljoen dollar. Waar komt dat geld vandaan?

Een verkeerde overschrijving?

Voor ik me verder kan verliezen in de details hoor ik mijn kinderen roepen. Ze willen meer zoute stengels en biscuit. Ik geef me over en klap de laptop dicht. Die 500 miljoen loopt niet weg.

De middag gaat op aan voorlezen, theezetten en warme flesjes maken.

Pas later op de avond lukt het me me over het nieuwe materiaal te buigen. Op het eerste gezicht gaat het vooral om brievenbusfirma's die meestal aan een en dezelfde heimelijke eigenaar lijken te zijn verbonden: een zekere Sergej Roldoegin. Veel van de documenten zijn overeenkomsten waarin het om miljoenenbedragen gaat, nu eens acht miljoen dollar, dan 30 miljoen, 200 miljoen of 850 miljoen dollar, het zijn aandelendeals of leningen. Maar ook de naam Roldoegin zegt me niets.

Ik zoek het uit en krijg een schok.

Sergej Roldoegin is 'Vladimir Poetins beste vriend' – althans, zo noemt *Newsweek* hem. En daar zijn goede argumenten voor: Roldoegin is de peetoom van Maria, de oudste dochter van de Russische president.

Dat alleen zou al interessant genoeg zijn: de offshorezaken van de peetoom. Maar dan lees ik iets wat me echt kippenvel bezorgt: Sergej Roldoegin, die volgens de documenten vele miljoenen Amerikaanse dollars binnenkrijgt, is geen investeerder en geen oligarch. Hij is kunstenaar. Een bekende cellist en voormalig directeur van het conservatorium in Sint-Petersburg. Ik vind een interview in *The New York Times* van september 2014, waarin Roldoegin uitdrukkelijk zegt dat hij geen zakenman is en dat hij geen miljoenen bezit.

Als de documenten echt zijn, waaraan ik op dat moment nauwelijks twijfel, heeft hij gelogen, of het is zijn geld niet. Maar van wie dan wel? Is Roldoegin niet meer dan een stroman? En zo ja, van wie dan?

Van Vladimir Poetin?

Als in die firma's geld van Poetin zou zitten, al was het maar een klein deel ervan, dan zou dat een zaak zijn die wereldwijd voor vette krantenkoppen zou zorgen.

Wie me deze documenten ook toegespeeld heeft, hij of zij heeft Roldoegin ook gevonden en is daardoor verontrust. Waarschijnlijk terecht.

[obermayer]: Wie bent u?

[john doe]: Ik ben niemand. Niet meer dan een bezorgde staatsburger.

Een duidelijke toespeling: een staatsburger heet in het Engels een *citizen*. De klokkenluider Edward Snowden noemde zich 'citizen four' – staatsburger vier –, toen hij zich meldde bij de journaliste en filmmaakster Laura Poitras. Snowden zit sinds zijn vlucht uit Hongkong vast in Moskou.

[obermayer]: Waarom doet u dit?

[john doe]: Ik wil dat er over het materiaal wordt bericht en dat deze misdrijven openbaar gemaakt worden. Dit verhaal kan even belangrijk worden als de onthullingen van Edward Snowden. Een Duitse publicatie is dan niet voldoende. Er is een grote Engelstalige partner als *The New York Times* of iets van een dergelijk kaliber nodig.

De *Süddeutsche Zeitung* is bepaald niet de natuurlijke partner van *The New York Times*. Maar we hebben al wel samengewerkt met grote Engelstalige media zoals *The Guardian*, *The Washington Post* of de BBC, bijvoorbeeld bij de Offshore-leaks en de Lux-leaks. Dat zei ik tegen 'John Doe', en dat lijkt hem tevreden te stellen:

[john doe]: Oké. Dan moeten we het erover hebben wat voor mij de beste manier is om een grote hoeveelheid materiaal te sturen. Enig idee?

Moet ik eerlijk zijn? Ik heb geen flauw idee. Ik heb nog nooit een anonieme bron gehad die me gigabytes aan materiaal wilde geven.

En ik hoor op de eerste verdieping mijn zoon huilen.

[obermayer]: Ik moet erover nadenken. Over hoeveel data hebben we het eigenlijk, hoeveel is het?

[john doe]: Het is meer dan alles wat u ooit hebt gezien.

Het zal uiteindelijk niet alleen groter worden dan alles wat ik ooit gezien heb. Het zal groter worden dan elk lek dat *welke journalist ook* ooit gezien heeft. En het zal het begin zijn van het grootste grensoverschrijdende onderzoeksproject dat er ooit heeft plaatsgevonden. Zo'n vierhonderd journalisten uit meer dan tachtig landen zullen deze data uiteindelijk onderzoeken. Onderzoeksverhalen die vertellen over de geheime offshorebedrijven van tientallen staatshoofden en dictators, verhalen die laten zien hoe er met wapens, drugs, bloeddiamanten en andere criminele zaken miljarden worden verdiend, en verhalen die de lezer duidelijk zullen maken hoe de welgestelden en de superrijken van deze wereld belasting ontwijken.

Het zijn verhalen die allemaal bij Mossack Fonseca beginnen, die eerste nacht.

1. Begin

De beste vriend van de Russische president. Zakenmensen uit de kring van de Argentijnse president en haar overleden man en ambtsvoorganger. Een mysterieuze Duitser met 500 miljoen dollar? Er is een slechter begin van een onderzoek denkbaar.

Enkele dagen na het eerste contact en na een bespreking met hoofd van de redactie Hans Leyendecker is reeds duidelijk dat het team dat eraan zal gaan werken hetzelfde team is dat al veel van dergelijke onderzoeken heeft gedaan: wij tweeën dus, de 'gebroeders Obermayer/ier' – zoals menigeen bij de krant ons noemt, sinds onze hoofdredacteur Kurt Kister daar tijdens een vergadering mee is begonnen.

Voor de rest proberen we de kring van mensen die op de hoogte zijn van ons project eerst maar eens klein te houden. Wie kan garanderen dat de data juist zijn? Of dat ze controleerbaar zijn? En of er ooit een verhaal uit voort zal komen?

Ons plan is om de documenten allemaal ordelijk door te werken en dan te overleggen hoe en wanneer de resultaten te publiceren. We lezen ons dus in over Poetins bedrijven – per slot van rekening hebben we intussen in de data de naam gevonden van zijn beste vriend in combinatie met maar liefst drie offshorebedrijven –, verzamelen materiaal over de rechtszaak van het hedgefonds NML tegen Argentinië, en doen onderzoek naar onze mysterieuze ex-Siemensman en de 500 miljoen Amerikaanse dollar in goud. Alleen worden we voortdurend afgeleid door nieuwe bedrijven, nieuwe potentiële verhalen. Want sinds de nacht van het eerste contact groeit het materiaal onophoudelijk, en we vinden steeds opnieuw namen die het waard zijn onderzocht te worden. Zuid-Amerikaanse ministers, Duitse adel, Amerikaanse bankiers. Al na korte tijd hebben we meer dan 50 gigabyte aan data, bij elkaar gezet op een paar USB-sticks: een paar duizend digitale mappen. Elke map heeft een nummer, dat bij een bepaald offshorebedrijf hoort. Daar zitten kennelijk documenten in die Mossack voor elke afzonderlijke firma heeft opgesteld: akten, kopieën van paspoorten, lijsten met eigenaren van aandelen en directeuren, rekeningen, mails. Een praktisch en vooral overzichtelijk systeem – ook voor ons.

Duizenden brievenbusfirma's. Duizenden mensen die kennelijk een gegronde reden hebben hun zaken te verdoezelen. Duizenden potentiële verhalen. Het unique sellingpoint van offshorebedrijven, hun kerncompetentie als het ware, is: anonimiteit leveren. Een nietszeggende naam is hun dekmantel voor de buitenwereld, en niemand heeft door wie er eigenlijk achter zit.

Natuurlijk zijn er veel redenen om gebruik te maken van offshorebedrijven – en natuurlijk is het bezit ervan niet per se strafbaar. Het komt erop aan wat ermee gedaan wordt. Maar meestal is een anoniem offshorebedrijf bedoeld om iets te verbergen – voor de fiscus, voor je ex-vrouw, voor je vroegere zakenpartner of de nieuwsgierige publieke opinie. Dat kan onroerend goed zijn, bankrekeningen, schilderijen, deelgenootschappen, aandelen, allerlei soorten waardepapieren.

De ervaring leert dat de anonimiteit van brievenbusfirma's vaak wordt gebruikt door mensen wier zaken anonimiteit vereisen. Dus wapensmokkelaars, mensenhandelaren, drugscriminelen en andere misdadigers. Investeerders die hun werkelijke identiteit en hun werkelijke bedoelingen niet openbaar willen maken. Belangrijke politici die hun vermogen het land uit willen krijgen omdat het wellicht niet helemaal zuiver is vergaard. Bedrijven die daarmee smeergeld willen wegsluizen. De lijst zou nog veel langer kunnen zijn.

En we zitten nu met geheime data, die mogelijk honderden van dat soort zaken aan het licht kunnen brengen, met digitale mappen waar nog nooit een journalist een blik in heeft geworpen. We zouden er zonder probleem weken in kunnen doorbrengen en ons door de stroom laten meevoeren. Niet alleen omdat we steeds naar de volgende grote zaak op zoek zijn, maar ook gewoon omdat geen enkel detail oninteressant is en wij met elk bedrijf dat we onder de loep nemen, met elke e-mailcorrespondentie die we lezen, meer te weten komen over de manier waarop het advocatenkantoor Mossack Fonseca te werk gaat. De verleiding om diep in die geheime zaken door te dringen, in het hele raderwerk van de versluiering, van de voorbereiding tot aan het openen van een bankrekening en het opzeggen ervan, is ongelooflijk groot. Het is bijna een verslaving, en als we niet beiden een gezin hadden gehad, zouden we elke avond voor onze laptop zitten. En klikken. En klikken. En klikken.

Maar ook met zo'n beetje regelmatige werktijden hebben we het grondpatroon na een paar weken door. Het gaat bijna altijd als volgt: het contact met Mossfon, zoals Mossack Fonseca zichzelf afkort, ontstaat via een bemiddelaar, een bank bijvoorbeeld, of een advocaat of vermogensbeheerder. Zij zijn de eigenlijke 'cliënten' van Mossack Fonseca, zij bestellen de producten, zij communiceren en zij betalen de rekeningen. De producten zijn meestal eenvoudige offshorebedrijven uit voorraad. Mossfon biedt firma's uit zo'n twintig rechtsgebieden aan, meestal de Britse Maagdeneilanden of Panama, maar ook de Bahama's, Bermuda, Samoa, Uruguay of Hongkong, het Amerikaanse belastingparadijs Nevada, Wyoming, Delaware en sinds enige tijd ook Florida en Nederland. Heel nieuw ook: het Arabische emiraat Ras al Khaimah. De firma's worden verkocht vanuit de bijna vijftig kantoren over de hele wereld of vanuit het hoofdkwartier in het centrum van Panama-stad, de bovenste verdiepingen van een klein glazen gebouw, waarin het waarmerk van de stad zich spiegelt: de Revolution Tower.

Mossack Fonseca is niet de enige aanbieder van brievenbusfirma's die zijn hoofdkantoor in Panama heeft, ook andere grote kantoren – er zijn nauwelijks officiële cijfers uit de geheimzinnige branche – zijn er gevestigd, bijvoorbeeld advocatenkantoor Morgan y Morgan, vermoedelijk de grootste concurrent van Mossfon. Het is geen toeval dat de offshoreaanbieders uitgerekend geconcentreerd zijn in de kleine Latijns-Amerikaanse staat, die ingeklemd tussen Costa Rica en Colombia zich precies bevindt op de plek waar het Noord-Amerikaanse continent aanschuurt tegen het Latijns-Amerikaanse continent.

[ ]

Panama is altijd een land geweest dat sterk afhankelijk was van andere landen. Lange tijd was het een arme provincie van Colombia. In 1903 werd het land onafhankelijk, mede doordat Amerikaanse bankiers en industriëlen erin slaagden de toenmalige Amerikaanse president Theodore Roosevelt ervan te overtuigen de Panamese separatisten te ondersteunen. De Amerikaanse belangengroeperingen hoopten mee te kunnen verdienen aan het Panamakanaal, dat in die dagen werd aangelegd. Roosevelt stuurde troepen, bezette delen van de nieuw uitgeroepen staat en maakte Colombia duidelijk dat het zijn voormalige provincie beter kon afschrijven. Er was een natie gecreëerd bij de gratie van Amerika, en in de Kanaalzone, waar het grote werk wachtte, wapperde elke dag de Amerikaanse vlag. Duizenden Amerikaanse soldaten bewaakten er de soevereine rechten die in 1903 door de Panamese regering waren toegekend aan de USA en die pas eind 1999 aan Panama werden teruggegeven.

De grondslag voor de winstgevende business met de brievenbusfirma's wordt gevormd door een wet die op 26 februari 1927 van kracht werd. Deze wet, die het nummer 32 draagt, garandeert de geheimhouding van vermogens, overschrijvingen en vooral van eigenaren van firma's, en staat borg voor de belastingvrijwaring van zogenaamde *Sociedades Anónimas.* Dat klinkt geheimzinniger dan het is, want een 'anoniem genootschap' is niets anders dan een naamloze vennootschap. Aan de geheimhouding is tot op de dag van vandaag vrijwel niets veranderd, afgezien van enkele nogal cosmetische hervormingen, die te danken waren aan het streven in ieder geval geschrapt te worden van een paar zwarte of grijze lijsten waarop landen voorkomen die het witwassen van geld en het ontduiken van belasting beschermen. De voorwaarden voor de offshorebranche bleven al die jaren nagenoeg onveranderd – en de staat profiteert er natuurlijk ook van: bijvoorbeeld van de bedrijfsbelasting van de advocatenkantoren, van de loonbelasting van de werknemers, of van de leges bij het oprichten van bedrijven.

Wat de business ook zo aantrekkelijk maakt, is dat hij niet alleen winstgevend maar ook heel eenvoudig is. Een standaardbrievenbusfirma kost de verkoper zowat niets, en de formaliteiten zijn snel geregeld. De koper heeft in een handomdraai zijn firma, hij betaalt slechts een paar honderd Amerikaanse dollar en kan haar, als haar taak volbracht is, snel en eenvoudig opdoeken. En niemand komt er ooit achter wie er eigenlijk de eigenaar van is geweest. Ideaal voor duistere zaakjes.

Ideaal voor Siemens, stellen we vast. Want terwijl we ons in Poetin inlezen, gaan we gelijktijdig de gangen van Hans-Joachim K. na, de Duitser met die vreemde 500 miljoen dollar op de bankrekening in de Bahama's. We doen eerst eens wat onderzoek buiten de data om, al was het maar omdat we nog geen geschikte methode hebben gevonden om de 50 gigabyte systematisch te doorzoeken. We vinden K.'s naam in de aanklacht tegen een vroegere directie van Siemens. Daar lezen we dat K. er jarenlang een zwarte kas op na gehouden heeft, geld dat uit de officiële Siemenskanalen werd weggesluisd om er snel en ongecompliceerd over te kunnen beschikken, bijvoorbeeld om zogenaamde 'adviseurs' te kunnen betalen. Hans-Joachim K. noemt ook een van die zwartgeldfirma's: Casa Grande. In een proces-verbaal treffen we haar met haar volledige naam aan: Casa Grande Development. Zo staat de maatschappij ook in de voor iedereen toegankelijke bedrijvendatabank van Panama – en wel met Mossack Fonseca als 'geregistreerde agent', als beheerder. Maar in de databank is geen spoor te vinden van Siemens of zelfs maar van K. Er worden als directrices van het bedrijf wel drie vrouwen opgevoerd, die met grote zekerheid nooit voor Siemens hebben gewerkt. Francis Perez, Diva de Donada en Leticia Montoya.[2] Zo functioneert het mechanisme van het offshorebedrijf: de aanbieders van dat soort bedrijven, offshoreproviders als Mossack Fonseca, zorgen voor een beschermende muur om de ware eigenaar heen.

In dit geval betekent het dat Mossack Fonseca de directrices aanstelt – directrices die dat eigenlijk niet zijn. Francis Perez, Diva de Donada en Leticia Montoya zou je in de klassieke zin stromannen kunnen noemen, als het geen vrouwen waren. Ze werken als schijndirecteuren voor Mossack Fonseca. Het is hun taak te ondertekenen wat hun wordt voorgelegd. Ze ondertekenen wanneer de ware eigenaar een rekening op naam van zijn brievenbusfirma wil openen – zoals in het geval van Casa Grande Development voor Siemens – of wanneer hij iets in naam van de firma wil kopen: een appartement, een huis, een jacht. Maar ze ondertekenen ook contracten, leningen van miljoenen dollars, of andere papieren. Dat wil zeggen dat deze schijndirecteuren – in jargon *nominees* of *nominee directors* – voor de buitenwereld optreden als officiële vertegenwoordigers van de firma, en de ware eigenaar kan zich achter die façade verschuilen.[3]

De ware eigenaar (of als hij voorzichtiger is: zijn advocaat) krijgt van de schijndirecteuren over het algemeen een volmacht, waarmee hij toegang heeft tot de bankrekening of de safe. Maar meestal weten alleen de bank, de schijndirecteuren en Mossack Fonseca van het bestaan van die volmacht af. Een geheime, maar op zichzelf volkomen legale afspraak, waar het het bedrijf om te doen is: hermetisch afgesloten zijn voor nieuwsgierige officieren van justitie, belastingrechercheurs en fraudeonderzoekers.

[ ]

In een Excelbestand dat we in de data aantreffen, stuiten we op het mapnummer van Casa Grande Development, en inderdaad hebben we die map. Dat is een gelukstreffer – in de Exceltabellen zijn meer dan 200.000 actieve en opgeheven Mossack Fonsecabedrijven opgenomen, maar we hebben op dat moment slechts de bestanden van enkele duizenden.

In de map vinden we een volmacht voor een vroegere Siemenscollega van Hans-Joachim K. De ex-collega wordt als de ware eigenaar van de firma vermeld. Maar als Casa Grande Development de miljoenen uit de zwarte potjes verdeelde, als ze contracten aanging en zakendeed, dook noch de ex-collega noch K. noch Siemens op. De schijndirectrices ondertekenden, en wie er in werkelijkheid achter zat, was van buitenaf niet zichtbaar. De firma was een ideaal vehikel om de zaken van de Zuid-Amerikaanse tak van Siemens anoniem en buiten wetten en officiële wegen om uit te voeren.

Zelfs als iemand gehoord zou hebben wie de aandelen van Casa Grande Development bezit, zou er nog geen connectie met Siemens aantoonbaar zijn. Aanvankelijk werden er namelijk alleen maar zogenaamde *bearer shares* uitgegeven, anonieme aandelen aan toonder. Meestal is nergens vastgelegd wie die aandelen in zijn bezit heeft. Het is eenvoudig zo: wie alle aandelen aan toonder van een firma in handen heeft, dus fysiek, als stuk papier, is eigenaar van de firma. Een uitnodiging voor een vorm van zakendoen die spoorloos in rook moet opgaan. Geld op tafel leggen, aandelen aan toonder toeschuiven – transactie afgehandeld. De firma heeft een nieuwe eigenaar.

Wie een nog grotere behoefte aan anonimisering heeft, kan indien gewenst bij Mossack Fonseca naast de schijndirecteuren ook te allen tijde 'schijnaandeelhouders' boeken, *nominee shareholders*. Dat zijn mensen of brievenbusfirma's die als het ware als beheerder de aandelen in bezit hebben. Als Mossack Fonseca, bijvoorbeeld in het kader van een gerechtelijk onderzoek, de eigenaar van een firma moet noemen, betekent dat in dit geval nog lang niet dat hij ook de ware eigenaar is. Die kan zich achter die tweede beschermende laag verschuilen.

Daarmee is de firma definitief een volkomen ondoorzichtige constructie geworden. Belastingrechercheurs of de politie, schuldeisers of bedrogen zakenpartners, zelfs echtgenotes en kinderen kunnen niet bewijzen dat de firma met de vreemde fantasienaam hoort bij een tastbaar persoon. Ze is een black box, voor de buitenwereld althans.

Maar niet voor de binnenwereld. In de binnenwereld, in de digitale mappen, die we nu elke dag – en steeds opnieuw ook elke avond – doornemen, zitten namelijk duizenden interne e-mails, die het personeel van Mossack Fonseca aan elkaar heeft geschreven. Die berichten zijn het goud van deze leak, daarin vinden we telkens weer de beslissende aanwijzing voor de ware eigenaren.

Helaas brengt dat ons in het geval van Hans-Joachim K. amper verder. Nog steeds hebben we geen flauw idee hoe hij aan die 500 miljoen dollar gekomen is, als het al klopt. We weten tot dusver alleen dat hij op zijn laatst in 2009 bij Siemens is vertrokken.

De zaak zal ons in elk geval blijven bezighouden; zodra er nieuwe data binnenkomen, zoeken we naar schuilfirma's van Siemens en naar K. We zijn als door koorts bevangen, we willen dit raadsel oplossen.

2. De raadselachtige vriend van Vladimir Poetin

Het gaat om onmetelijk veel geld: dat is zo ongeveer het enige wat we direct begrijpen als we ons door de ordners van de drie offshorebedrijven heen worstelen, de ordners waarin de naam van Sergej Roldoegin opduikt. In de ordners zitten honderden documenten, en ettelijke ervan beschrijven bladzijden achtereen aandelendeals die weken studie zouden vergen om ze te begrijpen. Maar de bedragen zijn er ook zonder kennis van de materie uit te halen, en ze zijn adembenemend. Nu eens wordt een paar honderd miljoen dollar geleend, dan weer een paar miljard roebel, er gaan 'advieskosten' ten bedrage van vele miljoenen dollar van brievenbusfirma naar brievenbusfirma, en pakketten aandelen met een waarde van enkele miljoenen wisselen volgens de documenten binnen 24 uur tweemaal van eigenaar.

In de contracten over de deals lezen we dat het onder andere om aandelen van grote en belangrijke Russische ondernemingen gaat. Dat uitgerekend die firma's hier opduiken, hoeft niets te betekenen. Maar het kan wel. Nagenoeg elke Ruslandexpert die kritisch naar Poetin kijkt, gaat ervan uit dat Poetin als multimiljardair zijn ambt zal verlaten. Als hij het al ooit verlaat. Maar waar zit zijn vermogen dan ergens? Onder experts circuleert de theorie dat hij zich aandelen van firma's laat toebedelen, onder andere van ondernemingen als de zojuist genoemde.

Maar als Poetin inderdaad aandelen in grote Russische ondernemingen bezit – zou hij dan willen dat dit bekend wordt? Zouden ze op zijn naam staan? Vast niet. Hij zou dus mensen nodig hebben die hij vertrouwt.

Mensen als Sergej Roldoegin?

Er is wel het een en ander bekend over de relatie tussen beide mannen, ook omdat Roldoegin, de cellovirtuoos, geen schuchtere man is. Hij praat graag met journalisten of schrijvers over Poetin, en natuurlijk komt de president er dan altijd goed van af. Je zou Roldoegin ook niet willen aanraden het anders te doen.

De twee kennen elkaar sinds de jaren zeventig. Roldoegin behoort tot de vriendenkring van Poetin uit diens tijd in Sint-Petersburg. Een vriendenkring die door Poetin later ontzettend rijk gemaakt is.

Daarom is het ook voorstelbaar dat Roldoegin hier echt Roldoegin vertegenwoordigt. Want hij bezit sinds de jaren negentig een klein aandeel in een particuliere bank in Sint-Petersburg, de Rossiya Bank, die intussen door Poetins protectie een van de grootste en belangrijkste van het land is geworden. Poetin heeft ervoor gezorgd dat vele staatsbedrijven hun geld bij de Rossiya Bank hebben ondergebracht – die weer voor het grootste deel in handen is van vertrouwelingen van Poetin, niet alleen Roldoegin.

De meesten van die vertrouwelingen staan overigens op de sanctielijst die de Verenigde Staten na de annexatie van de Krim door Poetin hebben uitgevaardigd. Daar staat ook de Rossiya Bank zelf op – als bank 'van Poetins intieme kring', zoals in de verklaring staat. Managers van juist die bank beheren enkele offshorebedrijven die bij Mossack Fonseca besteld zijn, waaronder ook twee van de drie firma's waarin Sergej Roldoegin als aandeelhouder of eigenaar wordt genoemd. Daarbij zij opgemerkt dat dit betekent dat Mossack Fonseca zakendoet met managers van een onderneming die door de Verenigde Staten een sanctie is opgelegd. Een risico met mogelijk verstrekkende consequenties: als de Amerikaanse autoriteiten een overtreding van hun sanctieregels vaststellen, kunnen ze het vermogen van filialen binnen de Verenigde Staten bevriezen, en de eigenaren en bedrijfsleiders van Mossfon zouden niet meer naar de Verenigde Staten kunnen reizen zonder te moeten vrezen opgepakt te worden. In het ergste geval zou Mossfon zelf op de sanctielijst van Amerika kunnen belanden.

De exacte constructie van het Roldoegin-netwerk ziet er kennelijk als volgt uit: in de meeste firma's heeft een vertegenwoordiger van de Rossiya Bank een soort volmacht en is daarmee aanspreekpunt voor een advocatenkantoor dat in Zürich is gevestigd. Dat kantoor heeft officieel alle offshorebedrijven bij Mossack Fonseca onder zijn hoede en brengt telkens de wensen van haar eindklanten over aan Mossfon. Het advocatenkantoor valt onder de bevoegdheid van de vestiging van Mossack Fonseca in Genève. Als Mossack Fonseca in Panama dus een vraag heeft, wendt het zich tot het filiaal in Genève, de Mossfon-mensen in Genève stellen de vraag aan de advocaten in Zürich, en die melden zich weer bij de Rossiya Bank. Een lange weg. Maar wel praktisch: als de zaak nu in grote lijnen aan het licht zou komen, dan kan Mossack Fonseca zeggen dat ze alleen maar zaken heeft gedaan met een gerenommeerd advocatenkantoor in Zürich. Als je Zwitsers al niet meer kunt vertrouwen! Maar de e-mails uit eerdere jaren, die we elke dag lezen, tonen aan dat Mossack Fonseca duidelijk heel goed wist dat aan het andere einde van de keten de Rossiya Bank zat.

De essentiële vraag voor ons is of Sergej Roldoegin en de andere mannen uit zijn netwerk werkelijk op eigen houtje handelen.

Hoe dan ook, hij beweert in een document de enige en ware eigenaar van minstens een van die firma's te zijn, een firma die International Media Overseas S.A. heet en gevestigd is in Panama. Zo staat het in de papieren waarmee Roldoegin in mei 2014 – slechts een paar weken na de afkondiging van Amerikaanse sancties tegen de Rossiya Bank – een bankrekening aanvraagt bij het filiaal van een Russische bank in Zürich.

In de vragenlijst geeft Roldoegin aan dat het vermogen van zijn firma in de miljarden roebels loopt, dat de eerste overschrijving vijf miljoen frank zal bedragen en dat hij op de lange termijn inkomsten verwacht van ruim één miljoen frank per jaar. Diezelfde Roldoegin zal een paar maanden later aan *The New York Times* vertellen dat hij 'geen miljoenen' heeft. Hij was volgens hemzelf geen zakenman.

Roldoegin vertelde de bank ook waar het geld van die International Media Overseas S.A. vandaan komt: de firma heeft – en dat is ook zo – alle aandelen van een bedrijf dat Med Media Network Limited heet. Med Media werd door *The New York Times* ook genoemd in het artikel waarin ook Roldoegin aan het woord kwam: de firma heeft volgens de krant twintig procent van de aandelen van een grote Russische mediaonderneming met de naam Video International. Alleen vermoedden de journalisten van *The New York Times* niet dat er een connectie bestaat: Roldoegin is namelijk een van de eigenaren ervan. Althans op papier.

We nemen ons voor om de eigendomsverhoudingen van Video International aan een nader onderzoek te onderwerpen, maar stellen die taak nog even uit. Toegankelijker en veel onderhoudender is een vragenlijst die ingevuld moet worden bij het openen van een bankrekening bij de genoemde bank in Zwitserland, waar een van Roldoegins firma's een bankrekening aanvraagt. Een van de vragen luidt: 'Is de eigenaar van de firma een politiek geëxponeerde persoon (PEP) / Very Important Person (VIP)?'

Roldoegin antwoordt: 'Nee.'

'Heeft hij enig contact met PEPS of VIPS?'

Opnieuw schrijft Rodoelgin: Nee.

Het tweede antwoord is een pertinente leugen. De beste vriend van de Russische president, die ook peetoom is van de dochter van de president, kan niet serieus ontkennen 'enig contact' met VIPS of met een politiek geëxponeerde persoon te hebben.

Banken vragen intussen standaard naar dat soort contacten, omdat de ervaring in de afgelopen decennia heeft aangetoond dat de meeste corrupte politici hun heimelijke bankrekeningen niet op hun eigen naam zetten, maar op de naam van een familielid of een vriend die ze vertrouwen. Maar het risico voor de bank om in het openbaar als handlanger van stelende staatshoofden afgeschilderd te worden, is dan net zo groot, en daarom willen de banken in het kader van de strijd tegen het witwassen en de daarmee verbonden 'Know Your Customer'-politiek (KYC-politiek) intussen meer over hun klanten weten. Uiteindelijk kunnen ze natuurlijk ook een klant aannemen die de beste vriend van een politicus is. Maar ze moeten wel weten wat ze dan doen – ook omdat ze later misschien rekenschap en verantwoording moeten afleggen.

[ ]

Terwijl wij de Russische wegen proberen te volgen, groeien de data steeds verder aan. Gigabyte na gigabyte.

Het verzenden van zo'n groot aantal bestanden is niet eenvoudig. Het wordt nog ingewikkelder als je de informatie ook nog wilt versleutelen. En dan zitten we daarbij nog met het probleem dat de bron vasthoudt aan absolute anonimiteit, wat de zaak bepaald gecompliceerd maakt.

De oplossing die we na een paar weken vinden, is omslachtig, maar behoorlijk veilig. We kunnen haar niet uit de doeken doen, vanwege de bescherming van de bron. De data vinden hun weg. Langzaam, maar onafgebroken.

Terwijl we ons kwellen met de technische aspecten, worstelen we met de vraag waarom iemand het risico wil lopen zulke gevoelige bestanden door te geven, zonder er iets voor terug te krijgen.

Er is immers geen geld. Maar er is ook geen roem voor iemand die anoniem blijft. Er is alleen het gevaar.

[sz]: Waarom wilt u dit risico lopen?

[john doe]: Ik kan de reden niet geven zonder mijn identiteit te onthullen. Maar in het algemeen gesproken heb ik het gevoel het te moeten doen omdat ik ertoe in staat ben. Het is te belangrijk. Er vinden onwaarschijnlijk veel criminele activiteiten plaats – ik probeer het nog steeds allemaal enigszins te bevatten.

[sz]: Bent u niet bang?

[john doe]: Wel degelijk. Maar ik probeer voorzichtig te zijn.

Op sommige dagen schrijven we elkaar – via diverse anonieme en versleutelde chats – bijna dag en nacht. Meestal gaat het om zakelijke vragen: Hebben we map XY gekregen? Kennen we het format van dit of dat bestand? Tussendoor praten we over politiek, over Angela Merkel en Griekenland, over Chávez, Poetin, Obama of China. Of over de angst van de bron. Daarna weer over gigabytes.

Wat we die eerste weken nog niet weten: zo zal het blijven gaan. Maanden. Vele maanden.

[ ]

De Argentijnse documenten leggen we na een eerste schifting opzij: de officier van justitie heeft 123 firma's geïdentificeerd, die allemaal door Mossack Fonseca schijnen te zijn opgericht. Dat is een hoeveelheid die wij niet kunnen verwerken. Zeker niet op dit moment, en misschien wel helemaal niet. Want hoe interessant de zaak ook is: ons doel moet uiteraard ook zijn om grote Duitse zaken te vinden.

Tegelijkertijd willen we niet dat verhalen niet verteld worden of ten onder gaan in landen waar ze misschien belangrijk zijn.

Ook dat is een argument om te streven naar een grote internationale samenwerking, zoals we die hebben gehad bij de Offshore-leaks, de Lux-leaks of de Swiss-leaks.

We hebben de bron immers ook allang beloofd dat we dat zullen proberen – ook al zullen we *The New York Times* wel niet meteen aan boord krijgen.

We bellen Gerard Ryle op, de directeur van het International Consortium of Investigative Journalists (ICIJ) in Washington D.C. om hem warm te krijgen voor onze zaak. Het ICIJ is een soort internationale vereniging voor onderzoeksjournalisten, waarvan je alleen op aanbeveling of op uitnodiging lid kunt worden. Het telt nu zo'n tweehonderd collega's uit de hele wereld, sinds 2013 horen wij er ook bij. Op de keper beschouwd is het ICIJ een project van het Center for Public Integrity (CPI), een Amerikaanse non-profitorganisatie voor onderzoeksjournalistiek. De oprichter van CPI is Charles Lewis, een van de belangrijkste onderzoeksjournalisten in de Verenigde Staten, die in de afgelopen dertig jaar talloze successen heeft behaald. CPI en ICIJ worden met geld van donateurs gefinancierd; een van de grote donateurs is de links-liberale miljardair George Soros.

Het ICIJ geeft sinds zijn oprichting in 1997 leiding aan grensoverschrijdende teams die onderzoek doen naar wereldwijde tabakssmokkel, internationale handel in lichaamsdelen of dubieuze projecten van de Wereldbank. Het idee achter ICIJ is dat journalisten meer bereiken als ze hun materiaal delen, zodra het internationaal relevant is. Het resulteert in meer en betere verhalen, omdat telkens specialisten zich ermee bezighouden, vaak de beste onderzoeksjournalisten van een land. De collega's van *La Nación* in Argentinië zitten bijvoorbeeld heel goed in het onderwerp NML, het hedgefonds dat een klacht tegen Argentinië heeft ingediend. Op internet hebben we gezien dat de krant er al jaren over schrijft – terwijl wij bij nul moeten beginnen.

Het telefoongesprek met Gerard Ryle verloopt goed. Na een kwartier besluit hij al om van het materiaal een ICIJ-zaak te maken – hoewel we via de telefoon geen naam kunnen noemen en ook Mossack Fonseca slechts behoedzaam kunnen omschrijven.

Het is belangrijk te weten dat Gerard Ryle een zwak heeft voor brievenbusfirma's: toen hij in 2011 aan zijn functie als directeur van het ICIJ begon, had hij in zijn koffertje een harde schijf met het grootste lek dat tot op dat moment ooit in handen van journalisten was gevallen. Hem waren 260 gigabyte data toegespeeld, en wel vanuit het hart van twee firma's die Portcullis TrustNet en Commonwealth Trust Limited heetten. De kernactiviteit van die twee bedrijven was – net als bij Mossack Fonseca – de verkoop van brievenbusfirma's. Met die gegevens had Gerard Ryle een wereldwijde scoop, er zijn geen andere woorden voor: onder het trefwoord 'Offshore-leaks' onthulden in april 2013 bijna honderd journalisten uit zo'n vijftig landen hoe de machtigen, de rijken en de kwaadaardigen van deze wereld offshorebedrijven gebruiken om hun sporen uit te wissen en hun werkelijke vermogen te verdoezelen. In Duitsland deden wij van de *Süddeutsche Zeitung* daaraan mee, samen met collega's van de Norddeutsche Rundfunk. Het grondpatroon van onze data lijkt dus op dat van de Offshore-leaks. Maar toen wij Ryle belden, hadden wij veel minder, zo'n 50 GB. Wel hebben we het gevoel dat de data over de afzonderlijke firma's vollediger zijn. En vooral: ze zijn van recentere datum. Bij de Offshore-leaks publiceerden we in 2013 informatie uit data waarvan de meest recente uit het jaar 2010 stamden. Nu vinden we steeds weer recente e-mails. We registreren dat met een zekere huivering, want het betekent dat onze bron nog steeds toegang heeft tot de interne data van Mossack Fonseca. Misschien, of eerder waarschijnlijk, heeft de bron die toegang nu nog steeds.

Aan het eind van het gesprek belooft Gerard Ryle in een van de daaropvolgende weken naar München te komen om de bestanden te bekijken.

Als het ware terloops, terwijl we 's avonds nog wat zitten te browsen, stuiten we op iets wat we tot nu toe over het hoofd hebben gezien. Over zeer veel bemiddelaars – dus banken en beleggingsadviseurs – bestaan speciale documenten met aantekeningen voor intern gebruik. De geheimzinnigdoenerij van de Mossfon-medewerkers – afgekorte cliëntennamen en codewoorden – duidt er al op dat er mogelijkerwijs willens en wetens illegale dingen zijn gedaan.[4] Maar wat we daar lezen, gaat nog een stapje verder. Er is sprake van bemiddelaars met 'grote aantallen cliënten met niet-aangegeven bankrekeningen', van een advocatenkantoor dat 'een eigen afdeling alleen voor zwart geld' heeft, en van 'oplossingen' die Mossack Fonseca 'aanbiedt' voor de Europese renteaftrekbelasting.

Als we zoiets lezen, weten we dat we op de goede weg zijn. Als we kunnen aantonen dat Mossack Fonseca willens en wetens hulp heeft verleend bij belastingontduiking, heeft het advocatenkantoor een probleem.

Op dat moment stellen we ons de vraag of Mossack Fonseca ooit vervolgd is voor een soortgelijk delict.

We vinden geen bewijs voor een dergelijke proces tegen het advocatenkantoor. Het lijkt tot nu toe altijd de dans ontsprongen te zijn.

Rond die tijd worden we ons bewust van iets wat ons meer dan wat ook afleidt. Het gaat om de man die al die heimelijke zaken eerst mogelijk gemaakt heeft, en er vervolgens vele miljoenen mee moet hebben verdiend. De man die het advocatenkantoor Mossack Fonseca opgericht heeft en kennelijk al decennialang met alle mogelijke misdadigers zakendoet.

Het gaat om Jürgen Mossack. Hij is een Duitser.

3. Schimmen uit het verleden

Jürgen Mossack doet niet geheimzinnig over zijn afkomst, integendeel. Wie zijn naam op Google intikt, komt al snel terecht op een website waarop duizenden advocaten zich met hun specialisme presenteren. In het profiel van Jürgen Mossack staat: 'Geboren in Fürth, Beieren, Duitsland.'

En toch is Jürgen Mossack in Duitsland een volkomen onbeschreven blad, in Duitse kranten is er geen regel over hem verschenen – hoewel hij een van de meest dubieuze bedrijven in een van de hachelijkste branches leidt. Als Duitser.

Daarmee is deze zaak voor ons in een andere categorie terechtgekomen. Of op een veel hogere niveau? Hoe dan ook. We hebben nu in elk geval een teaser, die behoorlijk aantrekkelijk is: 'Een Duitser helpt enkelen van de ergste misdadigers en dictators van onze tijd om hun sporen uit te wissen.'

[john doe]: Is Jürgen Mossack in Duitsland eigenlijk bekend?

[sz]: Nee, totaal onbekend.

[john doe]: Dat zal wel snel veranderen...

We willen meer te weten komen over de man in het centrum van onze leak en starten een onderzoek, eerst op internet en daarna in internationale persdatabanken. Het resultaat is bijna gelijk aan nul.

Jürgen Mossack, nu eind zestig, wordt hier en daar wel af en toe genoemd, maar er is geen foto van hem, geen groter verhaal. Op internet staan behalve een karige levensloop op de genoemde advocatensite alleen maar banaliteiten, bijvoorbeeld dat Mossack lid is van de Rotary Club Panama, van de International Maritime Association en van diverse beroepsorganisaties die zich met belastingrecht en dergelijke bezighouden. Verder stuiten we op een paar foto's die hem bij verschillende gelegenheden tonen, bijvoorbeeld bij een ontmoeting met de premier en minister van Financiën van de Britse Maagdeneilanden – een van de belangrijkste belastingparadijzen en dus een natuurlijke partner voor Mossack Fonseca.

Jürgen Mossack lijkt niet geïnteresseerd te zijn in al te veel publiciteit, in ons archief zit in elk geval geen enkel interview. Maar hij houdt wel lezingen en schrijft artikelen waarin hij zich krachtig verzet tegen vergaande hervormingen van de offshore-industrie.

We besluiten systematisch te werk te gaan en vragen een kopie van zijn geboorteakte aan. Daarin vinden we de officiële bevestiging dat Jürgen Mossack in Duitsland geboren is: hij kwam op 20 maart 1948 in Fürth ter wereld, in het Rathausstift, exact om 6.25 uur. Zijn geboortenaam is Jürgen Rolf Dieter Herzog, als moeder wordt een verkoopster met de naam Luise Herzog vermeld, als vader een machineconstructeur met de naam Erhard Peter Mossack.

[ ]

Erhard Mossack schijnt in de jaren na de oorlog overgestapt te zijn van de machinebouw naar de journalistiek. In 1951 wordt in *Der Spiegel* een sportjournalist genoemd die Erhard Mossack heet en die voor de Neurenbergse *8-Uhr-Nachrichten* schreef over een mysterieuze, gemaskerde worstelaar, die van de toeschouwers de strijdnaam 'Wurger van Wenen' kreeg. Deze Erhard Mossack speculeerde dat de 'Wurger van Wenen', wiens specialiteit een wurggreep van achteren was, in werkelijkheid misschien de 'beul van Praag' is geweest – een Tsjech die tijdens de nazibezetting 'heel wat Tsjechen aan de Duitse galg' overgeleverd schijnt te hebben. Maar de auteur van *Der Spiegel* komt wel tot de conclusie dat Mossack het bij het verkeerde eind had.

Diezelfde Erhard Mossack openbaarde zich kennelijk ook als auteur van enkele boeken, en een ervan, uit het jaar 1952, draagt de krijgshaftige titel *Die letzten Tage von Nürnberg* (*De laatste dagen van Neurenberg*). Het boek is antiquarisch makkelijk te verkrijgen, het is een zakelijk werk over de laatste oorlogsdagen van Neurenberg, dus voordat de geallieerden de stad definitief innamen. Anders dan de titel suggereert, klinkt uit het boek geen gezindheid door, geen revanchisme, geen ophemeling van de nationaalsocialistische tijd. Onderhoudender is een in 1955 verschenen boekje op groot formaat: *Schmuggelgut für Tanger* (*Smokkelwaar voor Tanger*). Daarin vertelt auteur Erhard Mossack dat hij in 1954 als journalist met de internationale recherche – de centrale van Interpol in Parijs – heeft meegewerkt aan het oprollen van een internationale autosmokkelbende, die in het naoorlogse West-Europa huishield. Op de flaptekst van het boekje staat te lezen: 'Mossack is voor dat doel zelf in Frankrijk en Spanje geweest en heeft de aanvankelijk nauwelijks te achterhalen sporen van de bandieten gevolgd.' Mossack schijnt zelfs een van de gestolen auto's zelf naar Duitsland teruggebracht te hebben, een Mercedes 300.

De auteursbeschrijving in *Schmuggelgut für Tanger* bevat ook de geboortedatum van die Erhard Mossack, 16 april 1924, dezelfde datum die op Jürgen Mossacks geboorteakte staat voor Erhard Mossack. Het is vast en zeker dezelfde man. Ironisch dat zijn zoon een paar decennia later veel abjectere figuren dan smokkelaars helpt via offshorebedrijven hun sporen uit te wissen.

Drie jaar na de publicatie van de stuiversroman, in oktober 1958, verhuist Erhard Mossack volgens het bevolkingsregister naar Lutzerath in Rheinland. In juli 1961 schrijft hij zich daar uit en deelt hij mee dat hij gaat emigreren – 'waarschijnlijk naar de Verenigde Staten', zoals in het bevolkingsregister wordt vermeld. De eerste dertien jaar van zijn leven heeft Jürgen Mossack dus kennelijk nog in Duitsland gewoond.

Dat wordt bevestigd door een artikel dat begin 2012 in een regionale editie van de *Frankfurter Rundschau* verschijnt; het is een portret van een zekere Peter Mossack. Aanleiding voor de publicatie is dat deze Peter Mossack, IT-manager en oprichter van de Lions Club

Justus von Liebig Darmstadt, rond 2010 benoemd is tot honorair consul van de republiek Panama voor de bondsstaten Hessen, Nordrhein-Westfalen, Rheinland-Pfalz, Saarland en Baden-Württemberg.

[ ]

Mossack en Panama? Zeker. Peter Mossack heeft niet alleen dezelfde achternaam, hij is de jongere broer van Jürgen Mossack. In de *Frankfurter Rundschau* vertelt hij dat zijn familie naar Panama is geëmigreerd toen hij zo'n zes jaar oud was. Dat sluit aan op de informatie over zijn vader in het bevolkingsregister. Hij was, vertelt hij aan *FR*, na zijn studie in Panama naar Duitsland teruggekeerd, maar bezocht 'elke twee jaar ongeveer' zijn broer. Die heeft een advocatenkantoor in Panama met een 'groot netwerk'.

Waarom hebben de Mossacks aan het begin van de jaren zestig Duitsland verlaten? Wie na de oorlog zijn geluk in Zuid-Amerika zocht, deed dat vaak om zijn eigen verleden in het Derde Rijk te ontlopen. Wij doen wat navraag bij databanken en archieven in Duitsland en de Verenigde Staten en wachten af. Vaak duurt het weken of maanden voor er antwoord komt. Tot nu toe weten we alleen dat Erhard Mossack naar Duitsland is teruggekeerd en in 1993 in Ainach, niet ver van München, overleden is.

Vaststaat wel dat Erhard Mossack met zijn zoon Jürgen aan het begin van de jaren zestig in Panama verzeild is geraakt. Uit een levensloop van Jürgen Mossack, die we in onze data vinden, leiden we af dat hij na zijn schooltijd heeft gestudeerd aan het Instituto Pedagógico, Las Cumbres, van de universiteit Santa María La Antigua in Panama-stad. Tijdens zijn studie werkte hij bij een advocatenkantoor dat we nu eveneens uit de affaire met de offshorebedrijven kennen: Arosemena Noriega & Castro. Daar werkt Mossack ongeveer vanaf 1970 kennelijk eerst als assistent-advocaat en later, na zijn examen in 1973, als volwaardig advocaat. Daarna is hij twee jaar werkzaam in Londen, voordat hij, nog geen dertig jaar oud, in 1977 in Panama zijn eigen advocatenkantoor opricht.

De big business kan beginnen. Op dat moment is er een militaire junta onder leiding van de corrupte generaal Omar Torrijos aan de macht. Voor een advocatenkantoor dat zich heeft gespecialiseerd in de oprichting van firma's moet zo'n regime geen problemen opleveren. In het bedrijvenregister van Panama zoeken we naar Jürgen Mossack en vinden ettelijke documenten die al kort na de oprichting aantonen dat het advocatenkantoor activiteiten ontplooit. Daarin wordt het advocatenkantoor een *registered agent* genoemd, wat vertaald zou kunnen worden met 'belangen behartigend advocatenkantoor', en Jürgen Mossack zelf wordt omschreven als directeur van talrijke offshorebedrijven. Wat in die tijd waarschijnlijk al betekent: schijndirecteur.

Als in 1983 dictator Manuel Noriega de macht overneemt, gaan de zaken van 'Jürgen Mossack Lawfirm' gewoon door, er is althans in het bedrijvenregister geen terugloop te constateren van het aantal aanmeldingen van nieuwe firma's. Onder Noriega – die op de loonlijst van diverse drugshandelaars staat, zoals later blijkt – wordt Panama het bankencentrum van het Colombiaanse Medellínkartel. Juist omdat daar zaakjes voortreffelijk in het duister kunnen worden afgehandeld.

Jürgen Mossack helpt minstens een van de grote drugsbazen van die tijd: de even wrede als handige Caro Quintero uit Mexico. Quintero laat in februari 1985 de Amerikaanse drugsrechercheur Enrique 'Kiki' Camarena Salazar vermoorden, waarna de Verenigde Staten een wilde jacht op de drugsbaas openen. In april 1985 wordt Quintero in Costa Rica gearresteerd. Slechts een paar dagen eerder heeft een tussenpersoon bij Jürgen Mossacks advocatenkantoor een firma laten oprichten, waarin het vermogen van Caro Quintero wordt ondergebracht. Even later volgt een tweede firma. Die bezit een villa in Costa Rica, die later geconfisqueerd wordt en ter beschikking gesteld aan het Nationaal Olympisch Comité (NOC) van Costa Rica – maar formeel nog steeds eigendom is van de brievenbusfirma van Quintero, waarvoor Jürgen Mossack als schijndirecteur optreedt.

Als het NOC van Costa Rica enkele jaren geleden aan Mossack Fonseca vraagt haar de villa officieel en definitief ter beschikking te stellen, ligt Jürgen Mossack dwars. Vergeleken met Caro Quintero is zelfs de legendarische drugsbaron Pablo Escobar 'een baby', schrijft Mossack; hij wil in geen geval 'bij de mensen behoren die na de vrijlating van Quintero bezoek van hem krijgen'.[5]

Inderdaad komt Quintero in 2013 vrij, na bijna dertig jaar gevangenis. Kennelijk is hij tot dusverre nog niet op bezoek geweest bij Jürgen Mossack. Maar Quintero is intussen wel weer een van de meest gezochte criminelen ter wereld.

Op 1 maart 1986 fuseren de kantoren van Jürgen Mossack en van de Panamese advocaat Ramón Fonseca. Sindsdien bestaat advocatenkantoor Mossack Fonseca zoals we het nu kennen, en het wordt ook dertig jaar na oprichting nog steeds geleid door de beide mannen die er hun naam aan hebben gegeven.

[ ]

Wie onderzoek doet naar de compagnon van Mossack heeft geen enkel probleem aan informatie te komen – het is eerder zo dat je de grote hoeveelheid informatie amper kunt verwerken. Want Ramón Fonseca Mora, zoals zijn volledige naam luidt, is niet alleen een van de belangrijkste politici van Panama, maar ook een bekende en bekroonde schrijver. Fonseca is heden ten dage adviseur van de Panamese president Juan Carlos Varela, met een eigen zetel in het kabinet, en tegelijk een van de vicevoorzitters van regeringspartij Panameñista.[6] Kortom, Ramón Fonseca is in het kleine land een zeer invloedrijk man.

In de Panamese pers was zelfs gespeculeerd dat president Varela Fonseca tot minister van Openbare Veiligheid wilde benoemen, maar daar onder druk van de Verenigde Staten van af had gezien. De Amerikaanse regering had duidelijk gemaakt dat ze een vermoedelijke steunpilaar van het witwassen van geld niet graag op een ministerspost wilde zien. Kennelijk zijn de Amerikanen goed op de hoogte van de zaken van Mossack Fonseca.

Ramón Fonseca is ogenschijnlijk een type politicus dat de openbaarheid en het licht van de schijnwerpers niet schuwt: er zijn talloze foto's van hem, die hem tonen bij bijeenkomsten, hij levert commentaar in kranten, hij is regelmatig actief op Facebook en Twitter, waar hij duizenden volgers heeft. Tegelijkertijd lijkt hij iemand te zijn die geen ruzie uit de weg gaat – hij stelt zijn politieke tegenstanders via Twitter weleens voor om een ruzie uit te vechten op de manier zoals echte mannen dat kennelijk doen, namelijk op de vuist.

Misschien heeft zijn politieke invloed ook te maken met het feit dat Ramón Fonseca een zeer rijk man is. Zijn onderneming is in de loop der jaren steeds groter geworden. 'We hebben een monster gecreëerd,' zei Fonseca in 2008 in een tv-interview – en hij doelde daarmee waarschijnlijk alleen op de grootte van zijn onderneming, Mossfon had toen al enkele honderden medewerkers in tientallen kantoren over de hele wereld in dienst.[7]

Dat monster heeft evenwel, heel anders dan zijn Duitse eigenaar, ook in de pers zijn sporen achtergelaten. Vooral in Latijns-Amerikaanse media wordt Mossack Fonseca direct in verband gebracht met een aanzienlijk aantal corruptie- en witwasschandalen. Meestal hebben die artikelen betrekking op de al in de proloog beschreven verdenking van de Argentijnse officier van justitie dat de vroegere Argentijnse president Cristina Kirchner en haar vermoedelijke zakenpartners via in totaal 123 door Mossfon opgerichte offshorebedrijven meer dan zestig miljoen dollar het land uit hebben gekregen. Al naargelang land en tijdstip van publicatie worden er nog meer verdenkingen aan toegevoegd en opmerkelijke dingen geconstateerd. Steeds weer vallen ook de namen van dictator Bashar al-Assad en Moammar al-Gaddafi, maar dan meestal zonder dat er gedetailleerd wordt beschreven hoe de connecties met Mossack Fonseca precies in elkaar zitten – connecties die door het advocatenkantoor steeds heftig worden ontkend.

Het langste en pregnantste artikel over Mossfon vinden we op de internetsite van het tijdschrift *Vice*. Het medium heeft zijn bekendheid eigenlijk te danken aan even bizarre als onderhoudende verhalen, zoals briefwisselingen met seriemoordenaars, blowen in Palestina of methgebruik in Noord-Korea, maar publiceert ook steeds weer zeer goed onderbouwde reportages. Begin december 2014 publiceert

Vice een verhaal over Mossack Fonseca. Het is een woedende tirade vol met feiten, een afrekening met het Panamese advocatenkantoor, door de auteur 'Evil LCC' genoemd. Vrij vertaald: De kwaadaardige bv.

Daar maken we onze werktitel van: Het advocatenkantoor van het kwaad.

Mossack Fonseca is begrijpelijkerwijs niet blij met dat soort aandacht. Hoe vertoornd ze zijn over het artikel blijkt uit e-mails uit het jaar 2012. Daarin geven medewerkers van Mossfon aan een firma die Mercatrade heet opdracht om iets te doen wat experts 'online reputation management' noemen: het advocatenkantoor moet op Google witgewassen worden. Wie naar 'Mossack Fonseca' zoekt, dient kennelijk liever niet meteen terecht te komen op sites met negatieve artikelen.

De zakelijke relatie wordt na slechts enkele maanden door Mercatrade verbroken en het contract wordt opgezegd. De Googlespecialisten geven uitgeput op, het is blijkbaar niet mogelijk de gehavende reputatie op internet te corrigeren.

Misschien is het zoals bij het weglakken van een vlek. Als die te smerig is, helpt zelfs de mooiste lak niet.

Wie op de homepage van Mossack Fonseca rondsnuffelt, leest daar dat Mossfon een eigen afdeling Compliance heeft. Die zou erop toezien dat werkelijk alle nationale en internationale wetten en bepalingen worden nageleefd.

Dat is de theorie. Een spectaculaire zaak, die we uit de bestanden nauwkeurig kunnen reconstrueren, laat zien hoe Mossfon in de praktijk met compliance omgaat.

[ ]

Het betreft de IJslandse minister-president Sigmundur Davíd Gunnlaugsson. Hij duikt in 2007 op als aandeelhouder van de brievenbusfirma Wintris Inc. op de Britse Maagdeneilanden, samen met zijn latere vrouw, de in IJsland bekende antropologe Anna Sigurlaug Pálsdóttir. Als zijn politieke carrière eind 2009 in een stroomversnelling komt, 'verkoopt' Gunnlaugsson zijn helft van de aandelen in de firma – met een officieel contract – voor het nogal symbolische bedrag van één Amerikaanse dollar aan zijn vrouw. Sindsdien wordt Anna Sigurlaug Pálsdóttir in de documenten van Mossack Fonseca opgevoerd als enige eigenaar, directeur en aandeelhouder – er is zelfs een gescand identiteitsbewijs opgenomen in de digitale map van de firma, die volgens het bedrijvenregister van de Britse Maagdeneilanden nog steeds actief is.[8]

Nu wordt Sigmundur Davíd Gunnlaugsson pas in mei 2013 premier, dus lang na de oprichting van de firma in 2007. Maar hij is op dat moment al wel politicus, en als hij in januari 2009 voorzitter van de IJslandse Vooruitgangspartij wordt, is de oud-student van Oxford nog steeds aandeelhouder van Wintris.[9]

Nu al zou het een behoorlijk goed verhaal zijn: heel Europa vecht tegen belastingontduiking en offshorebedrijven, en in IJsland heeft de huidige minister-president heimelijk een offshorebedrijf. 'Uitgerekend IJsland,' zou je bijna schrijven, want bij het staatsbankroet van het land hebben offshorebedrijven een essentiële rol gespeeld: illegale leningen werden via die bedrijven clandestien verhandeld, enkele betrokken personen zijn erdoor in de gevangenis beland.

Onze krantenreflex is er meteen. We hebben nog geen afspraak gemaakt met Gerard Ryle en het ICIJ. Wat is erop tegen om het verhaal over de IJslandse minister-president direct te publiceren?

Nu is de man nog in functie, wie weet of hij het nog zal zijn als we een paar maanden wachten?

Nu hebben we het verhaal exclusief, wie weet of niet een andere journalist deze tip krijgt?

De zaak zou ons natuurlijk heel erg helpen bij het vinden van Europese partners voor een gemeenschappelijk ICIJ-onderzoek. We zouden een internationaal teamonderzoek geweldig vinden. Maar als we de beste zaak vooraf al publiceren, zal het niets worden.

Uiteindelijk is de fase waarin het onderzoek zich bevindt de beslissende reden het verhaal nog achter te houden. Op dit moment hebben we geen idee wat Sigmundur Davíd Gunnlaugsson met zijn brievenbusfirma heeft gedaan. We kunnen in de bestanden wel zien dat hij een bankrekening bij de Schweizer Großbank Credit Suisse in Londen heeft geopend, maar we kennen het saldo ervan niet. Het verhaal zou Gunnlaugsson zeker onder druk zetten, we kunnen altijd nog vertellen dat een Europese regeringsleider via een Luxemburgse tussenpersoon bij een Panamese provider een offshorebedrijf op de Britse Maagdeneilanden gekocht heeft, die in Londen een bankrekening bij een Zwitserse bank heeft. Dat zou al enkele interessante vragen oproepen. Maar het zou nog beter zijn als we precies zouden weten wat erachter zit. En bij dat onderzoek zou een IJslandse collega enorm kunnen helpen.[10]

Spreekt u IJslands? Wij ook niet. Maar daardoor is het zo goed als onmogelijk onderzoek te doen in IJslandse media. Misschien is het bedrijf allang bekend?

We besluiten het dossier-Gunnlaugsson voorlopig te laten rusten en bellen ICIJ-directeur Gerard Ryle op om hem van de zaak op de hoogte te stellen – voor zover je telefonisch in het post-Snowden-tijdperk vrijuit kunt spreken, de rest komt er gecodeerd achteraan. Nu merken we dat Gerard nerveus wordt. Een regerend minister-president in Europa, dat bevalt hem wel. En hij begrijpt dat we op hete kolen zitten – omdat het hem ook zo is vergaan. Er gebeurt wat we gehoopt hadden: Gerard drijft het tempo op. We lopen onze agenda's door en vinden drie dagen in maart die ons allen goed uitkomen, en hij boekt zijn vlucht vanuit Washington.

En nu terug naar de afdeling Compliance van Mossack Fonseca. De zaak van de IJslandse premier toont aan hoe serieus Mossfon zijn due diligence opvat. 'Due diligence' betekent dat een bedrijf onderzoekt of bij bepaalde personen rekening moet worden gehouden met bijzondere risico's. Een van die risico's hebben we al genoemd in verband met de vriend van Vladimir Poetin, Sergej Roldoegin: als de eindklant de status heeft van een 'politiek geëxponeerde persoon' (PEP), doe je er goed aan te vragen om speciale bewijzen. Bijvoorbeeld vragen waar het geld vandaan komt of wat het doel van de firma is. Hetzelfde geldt als iemand, zoals Sergej Roldoegin, een vertrouwelijke relatie heeft met zo'n PEP.

Dat zou uiterlijk vanaf mei 2013 ook voor de vrouw van Sigmundur Davíd Gunnlaugsson gelden: Anna Sigurlaug Pálsdóttir is sinds eind 2009 enige eigenaar van de brievenbusfirma Wintris, maar ze heeft zonder enige twijfel een vertrouwelijke relatie met een PEP – haar man.

Dat valt inderdaad ook de afdeling Compliance van Mossfon op. Mossfon heeft toegang tot dure databanken waarin duizenden namen zijn opgenomen van mensen die zelf PEP's of VIP's zijn, of in nauw contact staan met PEP's of VIP's. Die databanken worden door hun professionele aanbieders, zoals Reuters, onderhouden en geactualiseerd. Zo komt ook Anna Sigurlaug Pálsdóttir bij een routinecontrole in het vizier van de Compliance van Mossfon. Een medewerker meldt zich daarom in de zomer van 2013 per e-mail bij de Luxemburgse firma Interconsult, die de belangen behartigt van de vrouw van de premier. De cliënte heeft een PEP-status vanwege haar echtgenoot, er is meer informatie nodig om een due-diligencetest te kunnen uitvoeren. Interconsult lijkt die informatie echter niet te geven, want niet veel later komt er een vriendelijke herinnering aan de eerste mail, daarna nog een vriendelijke herinnering en nog een en nog een. Maar ze leveren niets op, ook een jaar na de eerste e-mail is er kennelijk niets gebeurd.

Dreigen de medewerkers van Mossfon in de e-mails die we zien ooit met beëindiging van de zakelijke relatie? Zetten ze hun meerderen in de cc, misschien wel Jürgen Mossack zelf?

Nee. In oktober 2014 houden de vriendelijke herinneringen kennelijk op, maar medio 2015 worden ze hervat. En inderdaad: in oktober 2015 ondertekent de vrouw van de IJslandse premier een formulier dat de herkomst van de middelen van de firma moet verduidelijken. Ze zet een kruisje bij 'Inkomsten uit erfenis/trustfonds' en omschrijft de firma als 'passive non-financial entity'. Een werknemer van Mossfon antwoordt en legt uit dat men nog op verdere documenten wacht 'in deze belangrijke zaak', bijvoorbeeld een kopie van het paspoort, een bewijs van het adres van de eigenaar en een aanbevelingsbrief van een bank of een andere zakenpartner.

Mossack Fonseca heeft dus meer dan twee jaar geduldig gewacht. Keiharde compliance is anders.

Het ziet ernaar uit dat Mossack Fonseca met zijn afdeling Compliance de schijn van rechtmatigheid wil wekken zonder de zaken serieus in gevaar te brengen. Een indruk die we nog wel vaker zullen krijgen.

Maar voorlopig leggen we de zaak van de IJslandse minister-president op de stapel verhalen die we met collega's ter plaatse willen onderzoeken. Op die stapel liggen ook al de dossiers Poetin en de zaak van Argentinië tegen het hedgefonds NML. Als er met onze data een internationaal project tot stand komt, dan zal het ICIJ op zoek gaan naar geschikte onderzoeksjournalisten ter plekke. Als het ICIJ niet meedoet, gaan we het zelf doen.

[ ]

Gunnlaugsson is niet de enige regeringsleider wiens zaken we in die dagen onderzoeken. We stuiten op een andere regeringsleider, als we de bestanden, die maar blijven aangroeien, routinematig afzoeken op verhalen die al op internet verspreid zijn. Een van de op internet genoemde brievenbusfirma's, het Panamese Nicstate Development S.A., vinden we betrekkelijk snel. Ze werd kennelijk aangestuurd door de toenmalige Nicaraguaanse president Arnoldo 'Fat Man' Alemán, die door Transparency International wordt gerekend tot de tien meest corrupte politici aller tijden. Concreet schijnt Alemán via Nicstate en andere schijnfirma's bijna 100 miljoen dollar overheidsgeld in eigen zak te hebben gestoken. Dat beweren de onderzoekers van Stolen Asset Recovery Initiative (StAR), een gemeenschappelijk project van de Wereldbank en het VN-bureau voor drugs- en misdaadbestrijding. Het doel van StAR is staten te helpen bij het terughalen van gestolen vermogen. Anders uitgedrukt: StAR zoekt het geld dat autocraten en dictators hebben geroofd van de mensen in hun land.

Het Stolen Asset Recovery Initiative stuit wel meteen op zijn grenzen zodra de justitie van een land de dingen anders inschat. Zo werd Alemán in 2003 tot twintig jaar gevangenisstraf veroordeeld voor witwassen en corruptie – maar het vonnis werd in januari 2009 door het hooggerechtshof ingetrokken. De oppositie vermoedt dat er binnenlands-politieke redenen in het geding zijn, omdat Alemáns opvolger Daniel Ortega met de partij van de ex-president een coalitie heeft gesmeed – een belangrijke stemming vond zelfs meteen na de opheffing van het vonnis plaats, op dezelfde dag.

In het reeds aangehaalde artikel in *Vice* wordt Alemán genoemd als een van de economisch vruchtgebruikers, dus als begunstigde, van het in Panama opgerichte Nicstate; de StAR legt zelfs gedetailleerd uit hoe het geld weggesluisd is. Nicstate was het middelpunt van een kring van zwartgeldhandelaren, opgezet door vertrouwelingen van Alemán rond een man die Byron Jerez heet. De documenten die wij in handen hebben, bewijzen de connectie: Byron Rodolfo Jerez Solis had niet alleen toegang tot de firma, maar aantoonbaar ook tot de bankrekening die Nicstate bij de Banco Aliado had. Het geld op die rekening, ettelijke miljoenen Amerikaanse dollars, werden later over andere firma's verdeeld of als cheques uitgeschreven – op naam van Maria Fernanda Flores de Alemán. Zijn vrouw.[11]

De firma van de voormalige Nicaraguaanse president werd overigens besteld en geleid door Dresdner Bank Lateinamerika – een van de betrouwbaarste zakenpartners van Mossack Fonseca. Een eerste onderzoek levert meer dan driehonderd firma's op die door deze Duitse bank zijn opgericht.

We zullen er snel aan gewend raken steeds weer op Duitse banken te stuiten.

De Duitse banken zijn er met hun offshorezaken lange tijd zonder kleerscheuren van afgekomen, maar nu lopen ze toch tegen de lamp.

En sneller dan we gedacht hadden.

4. De leugens van de Commerzbank

In de ochtenduren van 24 februari 2015 rijden er politieagenten, officieren van justitie en belastingrechercheurs voor bij de Commerzbank in Frankfurt. De op een na grootste bank van Duitsland zit er in een van de opvallendste kantoortorens van de financiële wijk, 's nachts steken de geel aangelichte drie torens als wijsvingers de lucht in. De architectuur is een signaal: hier is geen ruimte voor twijfel, behoedzaamheid, scrupules. Hier zetelt de macht. Maar op die dinsdagochtend moeten enkele bankiers daar even van afzien, omdat de rechercheurs van de pas opgerichte Ermittlungsgruppe Organisierte Kriminalität und Steuerhinterziehung [Onderzoeksteam Georganiseerde Criminaliteit en Belastingontduiking] allerlei documenten over verborgen gehouden, geheime kapitaalinvesteringen naar buiten slepen.

Enkele dagen eerder krijgen wij een telefoontje van een ingewijde. We proberen meer achtergrondinformatie te verzamelen, en wat we bij ons speurwerk te weten komen, is schokkend: de bank heeft Duitse klanten kennelijk routineus en systematisch geholpen belasting te ontduiken, en een van hun helpers was het Panamese advocatenkantoor Mossack Fonseca.

Het onderzoek vindt plaats op grond van aangekochte bankdata. In een talkshow was er vast meteen over een nieuwe belasting-cd gesproken – hoewel USB-sticks of harde schijven allang de plaats hebben ingenomen van cd's. De data tonen aan dat de Luxemburgse vestiging van de Commerzbank vele jaren achtereen brievenbusfirma's voor haar Duitse klanten heeft opgericht. Zo kan de Duitse belasting omzeild worden, en ook de richtlijn van de EU, die alle Luxemburgse en Zwitserse banken voorschrijft over de winst van niet-aangemelde bankrekeningen globaal tot maximaal 35 procent bronbelasting af te dragen, als die rekeningen van EU-burgers zijn. De Commerzbank richtte voor haar klanten dus brievenbusfirma's in Panama op, die op hun beurt pro-formabankrekeninghouders waren. En omdat offshorebedrijven nu eenmaal geen EU-burgers zijn, was de EU-richtlijn niet van toepassing: de winsten bleven belastingvrij.

Maar dat heet wel belastingontduiking, en als een bank dat op grote schaal bedrijft, kun je wel van georganiseerd bedrog spreken. Daarom draagt de speciale eenheid die op die dinsdag in Frankfurt aanrukt ook de naam 'Georganiseerde Criminaliteit'.

Mossack Fonseca is dus zo goed als officieel deel van de georganiseerde criminaliteit. Zoals ook de Commerzbank en talrijke andere grote Duitse banken.

Kunnen we van een 'financiële maffia' spreken? Waarschijnlijk moeten we dat zelfs.

Als we ons nog voor de inval verder in deze zaak verdiepen, ontdekken we dat de Luxemburgse bankgegevens, die door een klokkenluider aan de Duitse opsporingsambtenaren zijn verkocht, gedeeltelijk overeenstemmen met die in ons materiaal: ze komen ook van Mossack Fonseca. Alleen is wat de opsporingsambtenaren in handen hebben lang niet zo actueel – en het is vooral veel, veel minder, het gaat kennelijk om slechts een paar honderd firma's. Wij hebben er op dat moment al een paar duizend.

Maar voor die paar honderd firma's, horen we later, hebben de Duitse opsporingsambtenaren wel een miljoen euro betaald.

Wat zouden een paar duizend dan waard zijn?

Peter Beckhoff, hoofd van het Finanzamt für Steuerstrafsachen und Steuerfahndung [Belastingdienst voor Fiscale Strafzaken en Opsporing] in Wuppertal, heeft ervoor gezorgd dat de Luxemburgse bankgegevens er kwamen. Beckhoff is degene die de ene belasting-cd na de andere boven tafel weet te krijgen en zijn minister ertoe overhaalt er geld voor vrij te maken en de verantwoordelijkheid ervoor te nemen – in de wetenschap dat het in de politiek op enorm veel weerstand stuit. Waarschijnlijk heeft niemand in Duitsland zoveel gedaan voor een rechtvaardige verdeling van de belastingdruk als Peter Beckhoff, alleen al omdat het bericht van de nieuwe belasting-cd een stroom van belastingaangiften heeft veroorzaakt. Uit de gerechtvaardigde angst misschien zelf op de volgende belasting-cd te staan en in de hoop er met een naheffing van af te komen, hebben talloze burgers aan de autoriteiten laten weten waar ze hun geld verborgen hadden. Vele miljoenen euro's voor de staat.

In belastingparadijzen als Luxemburg wordt Peter Beckhoff gevreesd, in Zwitserland loopt er zelfs een arrestatiebevel tegen hem op verdenking van 'assistentie bij economische spionage' en schending van het bankgeheim. Als Peter Beckhoff daarheen reist, moet hij er rekening mee houden dat hij wordt gearresteerd, en in 2015 hebben talrijke media, waaronder de *Süddeutsche Zeitung*, gemeld dat de Zwitserse geheime dienst zelfs geprobeerd schijnt te hebben een agent op Peter Beckhoff te zetten. In Duitsland, nota bene.

Over het doorzoeken van de Commerzbank zullen vast veel journalisten berichten – dat is wel duidelijk. We zijn bang dat bij de speurtocht naar brievenbusfirma's ook andere journalisten op Mossfon stuiten, en daarmee ook op Jürgen Mossack – en dat de concurrentie aandacht gaat besteden aan die Duitse connectie. Dus we besluiten dat zelf te gaan doen.

Op 18 februari 2015 schrijven we een heel lange e-mail aan Mossack Fonseca met vragen over hun rol bij de belastingontduiking via de Commerzbank. We checken ook een groot aantal beschuldigingen op internet, dus de mogelijke connecties van Mossack Fonseca met Gaddafi, Mugabe of Assad – die we zelf nog niet in onze bestanden gevonden hebben – en wat we verder in de Latijns-Amerikaanse pers ontdekken. Elke beschuldiging die we kunnen vinden, hoe vaag ook maar, nemen we mee – en we confronteren Mossack Fonseca ermee. We willen zien hoe ze reageren.

[ ]

Er meldt zich een vrouw, Ana María Garzón, van Burson-Marsteller, een groot, over de hele wereld actief crisis-pr-bedrijf met het hoofdkantoor in New York. Burson-Marsteller staat erom bekend ook voor negatieve campagnes niet terug te schrikken en er hard in te gaan. Het bedrijf verhuurde zich naar verluidt aan de militaire dictatuur in Argentinië, de Roemeense machthebber Nicolae Ceauşescu en de Indonesische militaire regering na een bloedbad in Oost-Timor – en schijnt in opdracht van de Amerikaanse sigarettenlobby te hebben geprobeerd het passieve roken te bagatelliseren en het kankeronderzoek in diskrediet te brengen.[12]

Burson-Marsteller en Mossack Fonseca, een fraaie alliantie.

Ana María Garzón prijst ons in elk geval voor het feit dat we 'verantwoordelijke journalistiek' bedrijven en Mossack Fonseca de beschuldigingen vooraf voorleggen. Dan stuurt ze een antwoord dat zo vaag en algemeen is dat het die aanduiding nauwelijks verdient: helaas zouden onze vragen al duidelijk maken dat we niet geïnteresseerd zijn in een zakelijke verslaggeving, maar in feite door NML worden aangestuurd. Even ter memorie: NML is het hedgefonds waarvan de oprichter Paul Singer jacht maakt op Argentijns overheidsgeld en daarom Mossack Fonseca als handlanger aanvalt. Singer probeert al geruime tijd nou juist de Mossfon-documenten in handen te krijgen die intussen kennelijk voor het grootste deel voor onze neus liggen.

Op een tweede mail met gedetailleerde verdere vragen antwoordt Garzón al wat nauwkeuriger – en ze ontkent alle beschuldigingen. Bovendien zegt ze dat Mossfon nog nooit is aangeklaagd, zich aan geldende wetten houdt, met overheden samenwerkt, grote waarde hecht aan due diligence en alleen met gerenommeerde tussenpersonen werkt, zoals banken en advocaten.

Een gesprek met Jürgen Mossack wordt afgewezen. Uit principe. Jammer. We zouden hem wel een paar vragen hebben willen stellen, we zouden vooral graag hebben willen weten wie die man is die kennelijk al decennialang wetsovertreders helpt hun sporen uit te wissen.

Maar als communicatiebedrijven communicatie weigeren, is dat voor onderzoeksjournalisten in wezen een goed teken. Meestal betekent dat namelijk dat er genoeg te verbergen is. Je merkt al snel wanneer dat een keer niet het geval is: dan volgt er een ontmoeting of een lang telefoongesprek, en de tegenpartij doet zijn kant van het verhaal uit de doeken. En soms blijft er dan gewoon niets over wat nog dubieus is of nog waard om er kritiek op uit te oefenen. Ettelijke veronderstelde goede verhalen sterven die dood. Heel egoïstisch gezien is alleen dat al een reden altijd de communicatie te zoeken. Want voor een reporter is er niets verwoestender dan de openbaarmaking van zo'n uitleg wanneer de tekst al verschenen is. De gevolgen kunnen variëren van een rechtzetting in de eigen krant tot een aanklacht wegens laster.

Je voelt in elke zin van de antwoorden van Mossack Fonseca aan dat geprobeerd wordt het bedrijf voor te stellen als een normale en serieuze firma. Je kunt aan de antwoorden ook aflezen dat het vooral geen details wil geven.

[ ]

Een van de concrete leugens in het antwoord van Mossfon luidt: Mossack Fonseca werkt nooit met de eindklanten zelf, maar altijd met tussenpersonen zoals advocaten, vermogensbeheerders of banken.[13] Garzón komt met de volgende vergelijking: Mossfon is in wezen zoiets als een groothandelaar, die producten levert aan detailhandelaren alleen zijn de producten in dit geval firma's. En een firma op zichzelf is niet iets wat verboden of slecht is. Aan wie de detailhandelaar de firma's doorverkoopt en wat de eindklanten ermee doen, is de verantwoordelijkheid van de detailhandelaren.

Een interessante vergelijking. Alleen klopt ze niet. Nu al zien we talrijke zaken, waaronder die van de ex-Siemens-man Hans-Joachim K., waarbij Mossfon direct met de eindklanten werkt. En we zien dat Mossfon in veel gevallen heel goed weet wie aan het andere eind de zaken van de firma's leidt.

We houden liever vast aan een beeld van de vroegere Amerikaanse belastingrechercheur Keith Prager. Hij zegt: brievenbusfirma's zijn voor gewiekste criminelen van diverse pluimage wat vluchtauto's voor gewone bankrovers zijn. Ze zorgen ervoor dat criminelen zich uit de voeten kunnen maken.

De dag na de inval bij de Commerzbank koppen wij op de voorpagina van de *Süddeutsche Zeitung*: 'Nieuwe slag tegen Luxemburg', beschrijven op pagina 2 de precieze beschuldigingen tegen de bank en haar Luxemburgse filiaal en brengen op pagina 3, de reportageplek van de *SZ*, een portret van Mossack Fonseca. Een hele pagina.

Voor het artikel over Mossack Fonseca gebruiken we overigens nauwelijks iets uit onze data. Er is nog maar weinig echt goed uitgezocht en bruikbaar, en met halfgare verhalen komen zou geen goed idee zijn in verband met een eventueel internationaal onderzoek.

In plaats daarvan schrijven we over alle beschuldigingen die tegen Mossack Fonseca naar voren zijn gebracht en combineren dat met het hier nog niet bekende feit dat Jürgen Mossack in Duitsland geboren is.

Het is een kwestie van zorgvuldig balanceren.

Om het bedrijf een beetje onzeker te maken schrijven we doelbewust in het artikel dat we 80 gigabyte aan interne data hebben, die tot nu toe nauwelijks geanalyseerd zijn. We zijn er zeker van dat de tekst, al is hij dan in het Duits geschreven, zijn weg naar Panama zal vinden.

In onze bestanden vinden we intussen oude e-mails van onze e-mailpartner Ana María Garzón, waarin gesproken wordt over de zakelijke relatie van Mossack Fonseca en Burson-Marsteller. Begin 2013 stuurt ze Mossack Fonseca een aanbod om een 'crisishandboek' te maken, iets wat niet erg goedkoop is, zien we. Maar Mossfon zou dan wel in geval van een crisis recht hebben op een vierentwintiguursbegeleiding.[14]

[ ]

Maar niet alleen Mossack Fonseca, ook andere bedrijven handelen desastreus als het om de communicatie bij een crisis gaat. Bijvoorbeeld de Commerzbank. Op de dag van de inval en ook nog de dag erna probeert de afdeling Voorlichting van de op een na grootste bank van Duitsland de volgende lezing onder de journalisten te verspreiden: er zijn fouten gemaakt, zeker, maar dat was vroeger, alle dubieuze zaken zijn allang gestaakt. Het betreft, nota bene, 'oude zaken, van tien jaar en langer' geleden; en sinds 2007 is 'alleen al het doorsturen van klanten' naar brievenbusfirma's in Panama 'principieel verboden'.

Oude zaken? Echt waar?

We kijken nog eens in onze bestanden en vinden in een mum van tijd de ene firma na de andere die juist in die periode door de Commerzbank bij Mossack Fonseca zijn besteld ten behoeve van Duitse klanten.

2006. 2007. 2008. 2009. 2010. 2011. 2012. 2013.[15]

We hebben de e-mails van de adviseurs van de bank, de oprichtingsakten, de volmachten voor de klanten, het recht op toegang tot de kluis, en alle firmanamen, van Badenweiler S.A. via Clandestine Ltd. tot en met Pinguin Holding S.A. De eigenaren van die firma's zijn, voor zover we dat konden nagaan, welgestelde, maar in de publiciteit onbekende personen.

Meer nog: er zijn zelfs brievenbusfirma's die door de Commerzbank begeleid werden en in de lente van 2015 nog steeds actief zijn.

Oude zaken?

Als de Commerzbank de waarheid had verteld, had ze een veel beter figuur geslagen. Want waarschijnlijk uiterlijk in 2008 heeft de bank die zaken intern als probleem onderkend en hun aantal teruggeschroefd, we vinden zelfs e-mails en gespreksverslagen van bankmedewerkers die tot hun spijt aan Mossfon-personeel moeten meedelen dat ze dat soort zaken niet meer mogen doen. Maar erg consequent was de Luxemburgse dochter, de Commerzbank International, toch niet. Pas in december 2014 gingen de laatste waarschuwingen uit naar klanten met firma's in Panama die een onduidelijke belastingstatus hadden. Nu was de boodschap duidelijk: wie niet eerlijk wilde worden, moest maar een andere bank zoeken.

Maar de poging om schoon schip te maken is begrijpelijk. De Commerzbank werd immers tijdens de bankencrisis in de jaren 2008-2009 door de Duitse staat gesteund met achttien miljard euro. De toenmalige bestuursvoorzitter Eric Strutz verzekerde in de Bondsdag dat 'de Commerzbank zich uitdrukkelijk distantieert van elk fiscaal delict en mogelijk wangedrag niet tolereert'. Dan is het geen gezicht enerzijds miljarden van de staat te vragen en te krijgen en anderzijds klanten de gelegenheid te geven diezelfde staat op te lichten.

Naast advocatenkantoren, beleggingsadviseurs en accountantsbureaus zijn banken de belangrijkste medespelers in de offshorebusiness. Er zijn maar heel weinig mensen die zich rechtstreeks tot Mossfon wenden. Het zijn veeleer hun banken of advocaten die dat doen. Zij houden de offshoremachine draaiende, zij adviseren, bestellen en beheren – ook ten behoeve van klanten die klaarblijkelijk de fiscus tillen. Ten behoeve van belastingontduikers.

In de bestanden zijn talloze voorbeelden te vinden van adviseurs die Mossack Fonseca nadrukkelijk meedelen, bijvoorbeeld in hotellobby's of in de kantoren van Mossfon, dat hun klanten problemen met de fiscus hebben. Ze zijn dan immers onder elkaar.

Het zijn vooral de grote banken die over de hele wereld geld sturen. Grote Amerikaanse banken – maar ook Duitse banken zijn goed in die business. De Deutsche Bank werd in rapporten van de Amerikaanse Senaat jaren geleden al gehekeld. Jarenlang wierf de onderneming op zijn websites voor offshorediensten: Mauritius bijvoorbeeld was 'een belastingneutrale omgeving'. Toen dat in de media bekend raakte, werd die hint weggehaald.

Pas in de afgelopen tien jaar is die business door de grote banken heel langzaam en aarzelend gereduceerd – het gevaar van ontmaskering was te groot, vergeleken met de nogal bescheiden winsten die dat soort zaken opleverden.

Wie dat een moreel besluit noemt, spreekt meestal in opdracht van een bank.

Onze data laten in aanzet zien hoe verstrikt bijna alle belangrijke Duitse banken waren of zijn in het offshoresysteem.

We zoeken naar de Deutsche Bank. Duizend hits.

De Dresdner Bank? Idem dito.

En dan zijn er nog ettelijke deelstaatbanken met eveneens duizenden hits.[16]

Natuurlijk wordt niet in elk van die gevallen assistentie verleend bij het ontduiken van de belasting – maar wel in heel veel gevallen, zoals we nog zullen zien. Ook staatsbanken helpen klanten om de staat op te lichten. Je moet het lef maar hebben.

De Hypo Vereinsbank schijnt zich niet lang na de inval bij de Commerzbank zelf bij het Openbaar Ministerie in Keulen te hebben gemeld. 'Voor jullie naar ons toe komen, komen wij naar jullie toe,' heeft de bank kennelijk tegen de autoriteiten gezegd, en ze hebben geopenbaard dat ze via hun vroegere filiaal in Luxemburg dezelfde zaken hebben gedaan als de Commerzbank. Het resultaat was een deal van de Hypo Vereinsbank met de autoriteiten: schoon schip inzake zware belastingdelicten in ruil voor strafvermindering. De bank betaalde ruim tien miljoen euro aan de schatkist.[17]

Andere banken volgden dit voorbeeld, ook banken met staatsdeelname, zoals de HSH Nordbank. De deal hier: 22 miljoen euro, zoals onze collega Klaus Ott ontdekte.[18]

[ ]

Terwijl de actuele ontwikkelingen in Duitsland, de inval, de leugens van de Commerzbank en de deals ook in de *Süddeutsche Zeitung* worden beschreven, groeit op de achtergrond de databerg. Af en toe zijn er technische problemen, en soms lijkt het ondraaglijk langzaam te gaan. Maar de berg wordt steeds hoger.

We hebben nu 100 gigabyte.

Ons afdelingshoofd Hans Leyendecker heeft er een gewoonte van gemaakt ons om de dag te vragen of het alweer meer is geworden. Ons enthousiasme heeft hem aangestoken – niet geheel onbelangrijk voor ons en ons project.

In die dagen in maart komt ICIJ-directeur Gerard Ryle naar München om een eerste eigen blik op de bestanden te werpen. Wij zitten in ons kantoor boven in de torenflat van SZ en klikken een dag lang met hem door de offshorebedrijven. Ryles ogen schitteren. Als we hem een paar minuten alleen moeten laten doet hij wat vermoedelijk iedere onderzoeksjournalist als eerste doet: namen zoeken die in zijn eerdere onderzoeken al eens opgedoken zijn. En hij vindt er een aantal.

Onze situatie is Gerard Ryle niet onbekend: je zit boven op een schat, je gaat erin graven, 's nachts, 's ochtends, tussendoor, en alles waar je op stuit kan een zaak worden die een land op zijn grondvesten zal doen trillen. Maar het duurt een eeuwigheid voor het verhaal ook zijn weg naar de media vindt: Ryle heeft de data die de basis vormden voor Offshore-leaks zo'n drie jaar vóór publicatie toegespeeld gekregen. We hopen vurig dat het bij ons sneller gaat.

Offshore-leaks maakte de praktijken van brievenbusfirma's bekend bij een groot publiek. De politieke gevolgen waren enorm: even nam de druk op belastingparadijzen zozeer toe dat de regeringen van Oostenrijk en Luxemburg voor het eerst hun bankgeheim ter discussie stelden. EU-commissaris Algirdas Šemeta zei in die dagen dat Offshore-leaks richtinggevend was voor de toekomstige belastingpolitiek.

Voor het ICIJ was het project een enorm succes: opeens kende de hele wereld het ICIJ. Er volgden de projecten Offshore-leaks China, Lux-leaks en in februari 2015 Swiss-leaks, met de geheime bestanden van de Franse klokkenluider Hervé Falciani.

Na twee dagen in München is Ryle er zeker van dat onze data een volgend project zullen opleveren.

We lopen mogelijke volgende stappen door: hoe komt het materiaal naar Washington, waar het ICIJ zijn hoofdkantoor heeft en waar de dataspecialisten zitten? Wat is een geschikt tijdstip voor openbaarmaking? Welke collega's moeten we als eerste aanspreken?

Steeds weer komen we terug bij de centrale vragen waar we al weken over praten:

Waarom wil de bron per se anoniem blijven?

Welke motivatie heeft de bron?

En vooral: kunnen we het materiaal vertrouwen?

Daarop hebben we geen honderd procent betrouwbare antwoorden. Hoe zou het ook kunnen? Wat we wel hebben, zijn honderden bladzijden documenten die we kunnen controleren, bijvoorbeeld omdat het om stukken gaat die we via navraag bij autoriteiten kunnen verifiëren. We vinden tientallen gerechtelijke dossiers waarmee we de stukken kunnen dubbelchecken, we hebben materiaal uit eerdere onderzoeken, en we vergelijken de informatie uit de leak met publiekelijk toegankelijke databanken.

Elke keer is het resultaat hetzelfde: de informatie klopt.

Een van de zaken die we uitvoerig met Gerard Ryle bespreken is die van Wintris Inc., de vroegere firma van de regerende minister-president Sigmundur Gunnlaugsson. De wereld is er bijkans aan gewend geraakt dat dictators en machthebbers hun vermogen in brievenbusfirma's parkeren, maar een Europese premier?

Wat de zaak nog precairder maakt: we komen erachter dat er sinds maart 2009 een voorschrift van het IJslandse parlement bestaat, de Hagsmunaskráning þingmanna, op grond waarvan parlementariërs aandelen in bedrijven en hun vermogen moeten opgeven. Wie meer dan 25 procent aandelen in een bedrijf heeft, moet dat melden – dat wordt bevestigd door een woordvoerder van het parlement.

Toen die regeling was aangenomen, had Gunnlaugsson, die sinds 2009 in het parlement zit, Wintris Inc. officieel moeten aanmelden. Na een paar kliks weten we dat hij het kennelijk niet gedaan heeft.[19]

Een jaar later hoefde Gunnlaugsson zijn offshorefirma niet meer te verzwijgen, hij had die immers eind 2009 aan zijn vrouw verkocht, voor één dollar.

ICIJ-baas Ryle is enthousiast. Toch vliegt hij terug naar de Verenigde Staten zonder ons een definitieve toezegging te hebben gedaan dat het ICIJ mee gaat doen. Hij wil een paar dagen bedenktijd.

5. De oorlog in Syrië en het aandeel van Mossack Fonseca erin

Het is angstaanjagend.

Als we onze bestanden doorzoeken, komen we telkens weer e-mails tegen die nog maar een paar dagen oud zijn. Het is net alsof we in het nu meelezen. Alsof we in het advocatenkantoor zitten dat zoveel misdadigers behulpzaam is.

Alsof we achter de medewerkers in Panama-stad staan en hun namen ons intussen al vertrouwd zijn – en alsof we over hun schouder meelezen op hun computerscherm.

Alleen zien zij ons niet.

Nog angstaanjagender wordt het als in die e-mails sprake is van ons. Ons, de *Süddeutsche Zeitung*.

Zoals in de e-mail van 9 maart 2015, waarin werknemers van het advocatenkantoor ons SZ-artikel over de inval bij de Commerzbank en de rol van Mossack Fonseca intern rondsturen – zo goed en zo kwaad als mogelijk in het Spaans vertaald door Google Translate. Of de e-mail van 19 februari 2015, waarin gevraagd wordt of de veroordeelde drugshandelaar Arturo del Tiempo Marqués klant van Mossfon is. Journalisten hadden er een dag eerder naar geïnformeerd. Die journalisten waren wij.

Panama leest dus ook wat wij publiceren. Dat weten we nu. Maar zij weten niet dat wij meelezen als zij e-mails schrijven...

Met enige huiver zien we een e-mail waarin de marketingafdeling van Mossack Fonseca waarschuwt voor onderzoekende 'undercoverjournalisten'. Alle collega's van Mossfon worden gemaand voorzichtig te zijn.

We komen bovendien de agenda tegen van de 'Mossfon Corporate Strategy Meetings', een bijeenkomst over strategie in april 2015. Agendapunt 2 is 'Mossfon in de media' en de 'Duitse kwestie'. Blijkbaar worden wij daarmee bedoeld.

Mossfon lijkt zich er bewust van te zijn dat hun soort business in de media kritisch wordt beoordeeld – en daar zijn goede redenen voor.

[john doe]: Goedemorgen.

[sz]: Hallo. Alles goed?

[john doe]: Tot nu toe wel. Er zijn diverse bestanden onderweg.

[sz]: Oké.

[john doe]: Ik geloof dat er bedrijven in zitten die een connectie met dictator Assad van Syrië hebben.

[sz]: We kennen de geruchten dat Mossfon voor Assads mensen heeft gewerkt.

[john doe]: Die geruchten schijnen te kloppen.

[sz]: Hebt u namen van bedrijven?

[john doe]: Een paar. Deze hier zijn een goed begin: Ramak Ltd., Dorling International Ltd., Cara Corporation, Seadale International Corporation, Hoxim Lane Management Corp., Lorie Limited, Drex Technologies S.A.

Het laatste bedrijf, Drex Technologies, komt ons bekend voor. Het dook bij de Swiss-leaks al op. In onze data vinden we Drex Technologies S.A. in een map met nummer 537658 – dat is het interne registratienummer van Mossfon. In de map zitten 124 bestanden, pdf's, e-mails, Worddocumenten, foto's.

Dat is het eerste concrete spoor naar Bashar al-Assad, de dictator van Syrië. We bekijken de firma's nader, we zoeken zelf verder, en inderdaad: Mossack Fonseca beheerde kennelijk een heel netwerk van brievenbusfirma's die allemaal nauwe banden hebben met het regime van de wrede machthebber van Syrië.

Even ter verduidelijking: de naam Assad komt als eigenaar of directeur niet in de documenten voor – probeer buiten Syrië maar eens een bankrekening te openen of een bedrijf te beginnen op naam van Bashar al-Assad. Het zal niet lukken. Voor zoiets hebben dictators, maffiabazen en andere misdadigers hun vertrouwelingen. In het Engels heet dat soort mensen heel beeldend *bagmen*: zakmannen. Bedoeld zijn mensen die voor hun machtige mannen achter de schermen geld binnenhalen, beheren, beleggen en naar de plaats brengen waar er behoefte aan is.

Van de honderdduizenden Syriërs die heden ten dage hun land verlaten, is een aanzienlijk deel niet op de vlucht voor 'Islamitische Staat', maar voor Assad. En helpers als Mossack Fonseca en Assads 'bagmen' zorgen ervoor dat de deviezen voor het regime niet opraken. Deviezen waarmee huurlingen betaald en de gevreesde Shabiha-milities met wapens en voertuigen uitgerust kunnen worden, en waarmee gifgas wordt geregeld en foltergevangenissen kunnen worden onderhouden.

In onze bestanden vinden we tientallen keren de naam Rami Makhlouf, waarschijnlijk de belangrijkste financier van Assad.

Een man die door de oppositie in Syrië gehaat wordt. Toen er in 2011 protesten uitbraken, verbrandden de demonstranten niet alleen afbeeldingen van Assad, maar vernielden ze ook filialen van de telefoongigant Syriatel. Eigenaar ervan is Rami Makhlouf.

Ze schreeuwden: 'Makhlouf is een dief!'

Vermoedelijk is Rami Makhlouf de rijkste man van het land. Naast Syriatel heeft hij aandelen in diverse banken, dutyfreeketens, een luchtvaartmaatschappij en nog veel meer.

In Syrië wordt allang niet meer gevraagd wat van hem is, maar eerder wat niet van hem is.

The New York Times schreef dat Makhlouf symbool staat voor 'de manier waarop vriendjessocialisme door economische hervormingen verandert in vriendjeskapitalisme, waarin de armen armer worden en de rijken, die met elkaar een hecht netwerk vormen, ongelooflijk veel rijker'.

Rami Makhlouf, in 1969 geboren in Damascus, is een neef van Bashar al-Assad. Makhloufs tante Anisa is de vrouw van de overleden president Hafis al-Assad, de vader van de huidige machthebber. Als kinderen waren Rami en Bashar speelkameraadjes, nu zijn het bevriende bondgenoten – de een staatshoofd, de ander zakenman, op wiens geld en connecties Assad altijd kan vertrouwen. Het Amerikaanse ministerie van Buitenlandse Zaken rekent Rami Makhlouf tot de 'financier van het regime', zoals blijkt uit een telegram uit 2007, gepubliceerd door WikiLeaks.

Voor zover bekend heeft Makhloufs rijkdom minder te maken met ijver en hard werken dan met gewetenloos gedrag en bruutheid. 'Rami Makhlouf heeft er intimiderende praktijken op na gehouden en door zijn hechte connecties met het regime van Assad ontoelaatbaar zakelijk voordeel verworven op kosten van gewone Syriërs,' zei in 2008 Stuart Levey, die als staatssecretaris werkzaam was bij het Amerikaanse ministerie van Financiën, afdeling Terrorisme en Financiële Vraagstukken, en die intussen – ironie van de geschiedenis – voor HSBC werkt. Uitgerekend de bank die jarenlang zaken heeft gedaan met Makhlouf, zoals het onderzoek Swiss leaks van het ICIJ aan het licht bracht. In elk geval is de connectie van Rami Makhlouf met Assad geen geheim: hij is een van de belangrijkste steunpilaren van het regime – en juist daarom een vogelvrijverklaarde met wie niemand zaken wil doen.

Mossack Fonseca lijkt dat anders te zien. Het advocatenkantoor werkte jarenlang samen met de man die tussen Dubai en Damascus heen en weer schijnt te pendelen en zich in Syrië om goede redenen amper in het openbare leven vertoont.

[ ]

Het oudste bedrijf van Makhlouf dat we in onze bestanden kunnen vinden, heet Ramak Limited en wordt in 1996 op de Britse Maagdeneilanden opgericht – Makhlouf is dan pas midden twintig. Hij neemt het ene Syrische bedrijf na het andere over, overtroeft concurrenten en wordt rijker en rijker. Assads familie houdt voortdurend haar beschermende hand boven zijn hoofd. Makhlouf heeft op die manier 'op oneigenlijke wijze van de openlijke corruptie van het Syrische regime geprofiteerd en die ondersteund', vinden de Amerikaanse autoriteiten, en ze zetten hem in 2008 op hun sanctielijst.

Sancties zijn een van de belangrijkste volkenrechtelijke wapens om de regering van een land of de heersende elite in te laten binden, bijvoorbeeld om een eind te maken aan het onderdrukken van de eigen bevolking, aan vijandelijkheden jegens andere landen, terrorisme of volkenmoord.

Sancties worden toegepast waar het pijn doet: in de portemonnee. Het principe is relatief eenvoudig: de VN, de EU of afzonderlijke landen als de VS proberen te beoordelen welke personen macht en invloed hebben. In het geval van Syrië zijn dat in de eerste plaats Assad en zijn familie. Dan volgt de kring direct om hen heen: ministers, geheim agenten of financiers als Rami Makhlouf – die ook familie is. Die namen worden op de sanctielijst geplaatst om aan de wereld te laten zien: kijk, wie zaken doet met deze mensen, haalt zich problemen op de hals.

Sinds 2008 mogen Amerikaanse burgers dus geen zaken meer doen met Makhlouf. Op Amerikaanse bodem mag niets gebeuren waarvan hij kan profiteren. Sommige juristen leggen de embargoregels zelfs nog strikter uit: het is verboden zaken met hem te doen in Amerikaanse dollars. Wie deze regels overtreedt, moet er rekening mee houden dat hij bij de volgende reis naar Amerika problemen krijgt. Sanctieovertreders riskeren bovendien dat ze zelf op een sanctielijst terechtkomen, dat hun vermogen wordt bevroren of dat dochterbedrijven in de Verenigde Staten in beslag worden genomen.

In klare taal: je kunt je beter niet inlaten met personen op wie een sanctie rust.

In het geval Mossfon is dat bijzonder belangrijk, want het bedrijf heeft ook kantoren in Las Vegas, Miami en Wyoming. In de Verenigde Staten dus.

Iedere zakenman die goed bij zijn verstand is, zou dus uiterlijk in 2008 alle zakelijke connecties met Makhlouf hebben afgekapt. Maar niet Jürgen Mossack en Ramón Fonseca. De naam Makhlouf komt ook na 2008 nog in de stukken van Mossack Fonseca voor, en zelfs nog na mei 2011, als de Europese Unie het voorbeeld van de Verenigde Staten volgt en ook sancties tegen de Assad-financier Makhlouf oplegt.

Maar juist dit vormt nu het bestaansrecht van brievenbusfirma's: ze zijn bedoeld om de identiteit van de eigenaren te verheimelijken. De grondstof waarvan bedrijven als Mossack Fonseca leven, is discretie, en daarvoor betalen terroristen, wapensmokkelaars en dictators veel geld, en niet alleen zij.

Sancties stuiten bij brievenbusfirma's algauw op hun grenzen: gesanctioneerde personen kunnen zich er betrekkelijk makkelijk achter verschuilen. In plaats van Rami Makhlouf doet dan gewoon een van zijn brievenbusfirma's zaken. En dat merkt in eerste instantie niemand.

Geen wonder dus dat er bij de VN of bij het Amerikaanse ministerie van Financiën hele teams zijn die maar één taak hebben: uitvinden achter welke bedrijven wellicht de financier van een dictator of een terrorist schuilgaat. Want zodra dat bekend is, kan ook dat bedrijf op de sanctielijst worden gezet. Zoals Makhloufs Drex Technologies, het bedrijf waarvan de stukken nu voor ons liggen.

Maar pas vier jaar nadat Rami Makhlouf op de sanctielijst is geplaatst, volgt zijn Drex. Het Amerikaanse ministerie van Financiën motiveerde die stap in juli 2012 met het argument dat Makhlouf het bedrijf gebruikte om 'zijn internationale financiële transacties mogelijk te maken en te beheren'. Het is onduidelijk hoe de Amerikaanse autoriteiten tot die conclusie gekomen zijn. Wij zien het volgende in onze bestanden: volgens de oprichtingsakte wordt Drex Technologies S.A. op 4 juli 2000 opgericht, het bedrijf is officieel gevestigd op de Britse Maagdeneilanden. De naam Rami Makhlouf duikt zo'n tienmaal op in de map van het bedrijf.

[ ]

We vinden niet alleen Rami Makhlouf, maar ook zijn broer Hafez, kolonel en regiohoofd van de Syrische binnenlandse veiligheidsdienst. Hafez Makhlouf, volgens onze data de enige eigenaar van het bedrijf Trading & Contracting Limited, was een tijd verantwoordelijk voor een beruchte foltergevangenis in Damascus. Bovendien vermoeden experts dat hij verantwoordelijk was voor aanvallen met gifgas op de stad Ghouta. In augustus 2013 stierven daar honderden mensen bij een aanval met saringas. Sinds 2007 staat hij op de sanctielijst van de Verenigde Staten, en sinds 2011 op die van de EU. Toch was hij zeker tot 2013 eigenaar van het bedrijf.[20]

En we vinden nog twee broers: Eyad Makhlouf, kapitein in het Syrische leger en officier van de geheime dienst. Omdat hij meegedaan schijnt te hebben aan aanvallen op burgers, zette de EU hem op haar sanctielijst. En Ehab Makhlouf, die ook op de sanctielijst staat, omdat hij vicepresident van Syriatel is en het regime kennelijk van geld heeft voorzien om demonstraties neer te slaan. Hij is af en toe bij diverse bedrijven betrokken, en Hoxim Lane Management Corp. is volgens onze gegevens zijn eigendom.[21]

Hoe kun je met dat soort mensen zakendoen?

Die vraag, zij het minder moralistisch geformuleerd, richt de Zwitserse krant *Tages-Anzeiger* in de lente van 2015 aan Mossack Fonseca. De collega's hebben onze verslaggeving over het advocatenkantoor gevolgd, waarin ook Rami Makhlouf genoemd werd. Op de directe vraag over Rami Makhlouf krijgt de krant dit antwoord: 'Mossack Fonseca WIST NIET dat de heer Makhlouf of enige andere bondgenoot van Assad indirect gebruik- of misbruik maakte van onze diensten.'

Pardon? Mossack Fonseca wist van niets? In hoofdletters?

Makhlouf had niet alleen een bedrijf bij Mossfon, maar een heel netwerk van offshoremaatschappijen – en Mossfon weet daar niets van?

Dat is, beleefd uitgedrukt, niet helemaal conform de waarheid.

Of preciezer gezegd: het is gelogen.

Rami Makhlouf is minstens sinds 1998 aantoonbaar in de dossiers van Mossack Fonseca opgevoerd als meerderheidsaandeelhouder van het offshorebedrijf Polter Investments, hij had 70 procent van de aandelen in handen. Uiterlijk vanaf 1998 wist Mossfon dus dat hij een van hun klanten was. Hoe het advocatenkantoor van Jürgen Mossack over zulke problematische gevallen discussieert, bewijst een e-mailcorrespondentie uit het voorjaar van 2011.

De afdeling Compliance van Mossfon, de afdeling dus die erop moet letten dat bij de dagelijkse gang van zaken alle richtlijnen en wetten worden nageleefd, richt zich tot de partners en bedrijfsleiders: willen ze echt nog zaken doen met Rami Makhlouf? Als iemand op een sanctielijst staat, is dat toch een serieus te nemen waarschuwing en zouden ze zich ervan moeten distantiëren. Ja toch?

De Zwitserse jurist Christoph Zollinger, die als een soort junior partner van het advocatenkantoor optreedt, veegt alle bezwaren van tafel: 'Wat mij betreft,' schrijft hij in een e-mail van 17 februari 2011, 'zijn de Makhloufs als klanten te handhaven – per slot van rekening heeft ook het Londense HSBC kennelijk geen problemen met hen.'[22]

Mossack Fonseca discussieert intern over de problematische personalia van Rami Makhlouf en blijkt er zelfs met HSBC over gesproken te hebben – en dan beweert Mossfon later niet te weten dat de financier van Assad een van hun klanten is?

De waarheid is dat Mossfon er misschien wel jaren aan heeft bijgedragen dat de geldstroom naar Syrië niet is opgedroogd.

Voor Jürgen Mossack – die betrokken was bij het besluit over Makhlouf, blijkt uit onze documenten[23] – kan dit zwaarwegende gevolgen hebben. Althans als wij gelijk hebben met ons vermoeden dat hij naast de Panamese ook nog steeds de Duitse nationaliteit heeft. We hebben in elk geval een kopie van zijn Duitse paspoort in de data gevonden, geldig tot 2006. Hij heeft dat paspoort sinds de jaren zestig telkens weer verlengd – waarom zou hij dat in 2006 niet hebben gedaan?

Als hij de Duitse nationaliteit niet heeft opgegeven, zou hij dat wel eens kunnen gaan betreuren: Duitse staatsburgers hangt bij een overtreding van EU-sancties een straf van maximaal tien jaar gevangenis boven het hoofd. In hun antwoord aan de Zwitserse *Tages-Anzeiger* probeerde Mossack Fonseca de beschuldigingen over gemene zaak maken met dictators te ontkrachten door te zeggen dat het voor Mossfon toch behoorlijk idioot zou zijn zoiets te doen. Want let op: 'Wie zou kunnen geloven dat Mossack Fonseca het risico zou nemen zijn reputatie, die het in ruim zevenendertig jaar zorgvuldig heeft opgebouwd, willens en wetens of ook maar bij vergissing te schaden door criminelen, dictators of witwassers behulpzaam te zijn?' En dat dan, zoals Mossfon in hoofdletters schrijft, 'VOOR EEN JAARLIJKSE VERGOEDING VAN EEN PAAR HONDERD DOLLAR'

Ja, wie gelooft dat? Wie zou kunnen geloven dat Mossack Fonseca niet alleen gewetenloos, maar ook blijkbaar – naar eigen zeggen – nog idioot is ook?

Misschien moet je eerder vragen: wie kan bevatten hoe brutaal Mossack Fonseca eigenlijk is?

Voor ons betekent deze zaak niet alleen dat we de lijn naar Assad kunnen volgen. Ze laat ons ook zien hoe Mossack Fonseca te werk gaat.

Het is een bedrijf dat zonder gewetensbezwaren leugens verspreidt en feiten verdraait, als dat opportuun lijkt.

De zaak-Makhlouf maakt tegelijkertijd aanschouwelijk waarom het bestaan van anonieme brievenbusfirma's een existentieel probleem voor miljoenen mensen is: omdat ze dictators kunnen helpen de sancties van de wereldgemeenschap te omzeilen. Omdat ze meedogenloze machthebbers kunnen helpen de landen die ze in hun macht hebben leeg te plunderen. En omdat ze het hun mogelijk maken het gestolen goed ergens in offshorebedrijven te verstoppen – waarbij het bijbehorende geldbedrag vaak in Zwitserland of Luxemburg wordt gestald. In het geval Rami Makhlouf bij het HSBC in Zwitserland.

[ ]

Mossfon heeft in februari 2015 op het verzoek om informatie van de *SZ* geantwoord dat ze personen die op sanctielijsten staan niet als klanten accepteren. We zoeken daarom de sanctielijsten van de VN, de EU en de VS na, een 'who's who' van dictators, terroristen en volkerenmoordenaars – en hun bedrijven. Het zijn honderden namen, op alle mogelijke manieren geschreven. We vergelijken ze met onze data en kijken verbaasd op.

Doet Mossfon geen zaken met mensen die op sanctielijsten staan?

Onzin.

We vinden handlangers van Afrikaanse dictators, Midden-Amerikaanse drugsbazen, veroordeelde zedendelinquenten, en hun brievenbusfirma's. Het zijn er zo veel dat we snel het overzicht verliezen. We maken lijsten, vergelijken gegevens in de data met informatie van de EU, de VN en de VS. Hier een bloemlezing:

Bredenkamp, John Arnold

De in Zuid-Afrika geboren wapenhandelaar stond van 2009 tot 2012 op de sanctielijst van de EU vanwege zijn 'nauwe contacten met de regering van Zimbabwe'. Het Amerikaanse ministerie van Financiën ziet in hem een 'kompaan van het regime van Mugabe' en zet Bredenkamp in 2008 met twintig van zijn bedrijven op de sanctielijst.[24]

Makhlouf, Ehab

De neef van president Bashar al-Assad van Syrië werd in mei 2011 door de EU op de sanctielijst gezet, omdat hij 'het regime financiert en daarmee helpt demonstraties neer te slaan'.

Makhlouf, Eyad

De neef van Bashar al-Assad en officier van de Syrische geheime dienst werd in mei 2011 op de sanctielijst van de EU geplaatst, omdat hij volgens zeggen heeft deelgenomen aan het neerslaan van protesten.

Makhlouf, Hafez

De kolonel en het vroegere regiohoofd van de Syrische binnenlandse geheime dienst werd in mei 2011 samen met zijn broers op de sanctielijst van de EU geplaatst.

Makhlouf, Rami
De vermoedelijk rijkste man van Syrië werd in februari 2008 door de Verenigde Staten op hun sanctielijst gezet, de EU volgde in mei 2011.

N'Da Ametchi, Jean-Claude
De EU zette de bankier in 2011 op haar sanctielijst, omdat hij geholpen schijnt te hebben bij de 'financiering van de onrechtmatige regering' van de toenmalige president van Ivoorkust, Laurent Gbagbo.[25]

Rautenbach, Muller Conrad
De ondernemer en zijn door Mossfon beheerde bedrijf Ridepoint Overseas Developments stonden van 2008 tot 2014 op de sanctielijst van de VS, vanwege zijn nauwe betrekkingen met de alleenheerser van Zimbabwe, Robert Mugabe.[26]

Stjepanovic, Savo
De Sloveen werd in februari 2015 door de VS op de sanctielijst gezet, omdat hij lid zou zijn van een bende steroïdesmokkelaars.[27]

Ternavski, Anatoli
De Wit-Rus stond van 2012 tot 2014 op de sanctielijst van de EU, omdat hij op vriendschappelijke voet zou staan met de alleenheerser Aleksandr Loekasjenko.[28]

Timtsjenko, Gennadi
De Russisch-Finse oligarch werd in maart 2014 in verband met de Krimcrisis door de VS op de sanctielijst gezet.[29]

Geroutineerd zorgde Mossfon ten behoeve van dat soort mensen jarenlang voor brievenbusfirma's.

Zelfs als bedrijven of hun compagnons in het vizier van de autoriteiten raakten en op sanctielijsten werden gezet, zag Mossfon daar kennelijk niet altijd een dwingende reden in om de zakelijke betrekkingen meteen te verbreken. Dat tonen de volgende zaken aan:

Brodway Commerce
Het bedrijf werd in 2012 door de Amerikaanse autoriteiten op de sanctielijst geplaatst. Een van de directeuren van de onderneming is de als 'koningin van het Zuiden' bekend geworden Marllory Dadiana Chacón Rossell uit Guatemala. Volgens het Amerikaanse ministerie van Financiën heeft ze een van de grootste drugsbendes van Midden-Amerika opgezet.[30]

Drex Technologies S.A.
De VS en de Europese Unie hebben het bedrijf, in 2012 gevestigd op de Britse Maagdeneilanden, op de sanctielijst gezet, omdat het eigendom is van Rami Makhlouf.[31]

Kuo Oil Pte. Ltd.
Dit bedrijf uit Singapore stond van 2012 tot januari 2016 op de Amerikaanse sanctielijst, omdat het in 2010 en 2011 olie ter waarde van meer dan 25 miljoen dollar aan Iran geleverd schijnt te hebben en daarmee het handelsembargo overtrad.[32]

Ovlas Trading S.A.
Het bedrijf werd in december 2010 door de VS op de sanctielijst geplaatst, omdat Kassim Tajideen erachter schijnt te zitten – een belangrijke financier van Hezbollah.[33]

Petropars Ltd.
Het bedrijf stond van juni 2010 tot begin 2016 op de Amerikaanse sanctielijst in verband met de boycot van Iran.[34]

Timpani Exports Limited
De onderneming, gevestigd op de Britse Maagdeneilanden, werd in november 2008 door de VS op de sanctielijst geplaats, omdat het eigendom was van de bovenvermelde John Arnold Bredenkamp, die gerekend wordt tot de kring van vertrouwelingen van Robert Mugabe, de alleenheerser van Zimbabwe.[35]

We sturen onze ontdekkingen ook naar het ICIJ. Inmiddels telefoneren, chatten of mailen we bijna dagelijks met ICIJ-baas Gerard Ryle. Hij stelt vragen, wij antwoorden. De structuur van de bestanden, de belastingparadijzen die we het vaakst in de bestanden aantreffen, de nationaliteit van de mensen wier paspoortkopieën we in de stukken tegenkomen – Gerard wil gewoon alles weten. Alleen: hij heeft nog steeds niet definitief laten weten of hij en het ICIJ aan het project gaan meedoen. Ondertussen gaan we elke minuut dat we vrij zijn op onderzoek uit in de data en vinden steeds weer nieuwe dingen.

[ ]

Zo ernstig als de meeste zaken zijn – wapenhandelaren en dictarors zijn bijvoorbeeld verantwoordelijk voor talloze doden – zo absurd zijn andere. Al heel lang zoeken we steeds weer naar de vroegere Oekraïense minister-president Julia Timosjenko en haar voorganger Pavlo Lazarenko. Zij schijnen in de jaren negentig miljoenen dollars weggesluisd te hebben. Lazarenko werd later eerst door een Zwitserse rechter en daarna door een Amerikaanse rechtbank tot meerdere jaren gevangenisstraf veroordeeld. De Amerikaanse onderzoekers noemden als 'niet-aangeklaagde medesamenzweerder': Julia Timosjenko.[36]

We voeren dus weer 'Lazarenko' in onze zoekmachine in en vinden onder andere een fax, die hoogstpersoonlijk is ondertekend door Pavlo Lazarenko. Niet ergens in de jaren negentig, maar op 21 april 2005.

Het absurde van die fax is dat Lazarenko erin beweert dat hij pas enkele weken eerder heeft vernomen dat hij eigenaar zou zijn van een bedrijf dat Gateway Marketing Inc. heet, een brievenbusfirma beheerd door Mossack Fonseca. Nu vraagt Lazarenko om alle documenten die daarop betrekking hebben.

Hopla, een brievenbusfirma!

Lazarenko stuurt de fax vanuit Californië, waar hij in die tijd in een grotesk grote villa woont; er zijn veel foto's van huis en erf, met zijn zes zwembaden op verschillende niveaus.[37]

We hebben dus opnieuw een regeringsleider respectievelijk een staatshoofd in onze bestanden. Na de sporen die naar Assad, Poetin en de Kirchners leidden, naar de IJslandse premier en de voormalige Nicaraguaanse president Arnoldo 'Fat Man' Alemán, nu dus Oekraïne.

Intussen loont het de zaken te parkeren in een map met een speciale naam: 'Staatshoofden'.

[sz]: In een Zwitserse krant staat een verhaal over Mossack Fonseca en de leak. De auteur heeft er ook bij Mossfon naar gevraagd.

[john doe]: Echt waar? En wat zegt Mossack Fonseca?

[sz]: Ze zeggen: 'Uit onze organisatie is er tot dusver niets gelekt.'

[john doe]: Ha! Geen leak! Als daar geen leak is, waarom heb ik dan al die geheugencapaciteit voor de data nodig...

Waar onze bron de data vandaan heeft? Natuurlijk zouden we dat zo graag zo nauwkeurig mogelijk willen weten. Maar het is niet het belangrijkste.

Het belangrijkste is dat de data echt en maatschappelijk relevant zijn. Relevant zijn ze zonder enige twijfel. En ook de echtheid staat voor ons buiten kijf, na vele contrachecks.

En toch heeft elke onderzoeksjournalist de nachtmerrie dat hij het slachtoffer is van vervalste data. De gedachte dat geen mens zo'n berg data kan vervalsen, helpt ons maar tot op zekere hoogte. Want als er maar één belangrijk document in de data vervalst is, zou de nood al aan de man zijn. Dan ligt het hele project onder vuur – zelfs als 99 procent van de data echt zou zijn.

We hebben onze documenten al vergeleken met gerechtsdossiers, openbare registers en verdere bronnen en zijn niets opvallends tegengekomen. En er is nog iets wat ons extra zekerheid verschaft. We hebben gehoord dat Duitse belastingrechercheurs enige tijd geleden

Mossfon-data hebben gekocht. Die data konden we via omwegen met de onze vergelijken. Weliswaar zijn onze data veel actueler en veel omvangrijker – maar de data over de offshorebedrijven waarover wij en ook de rechercheurs beschikken, spreken elkaar nergens tegen.

We bespreken deze zaken ook steeds weer met Gerard Ryle, directeur van ICIJ.

Wie zou er belang bij kunnen hebben ons voor zijn karretje te spannen?

Wie zou ons beentje willen lichten – en hoe?

Hoe kunnen we de betrouwbaarheid van de bron testen?

Deze en andere vragen lopen uiteindelijk allemaal uit op het inzicht dat niet de bron essentieel is, maar het materiaal. Dat materiaal vertrouwen wij, en dat vertrouwen is gebaseerd op inmiddels honderden contrachecks.

Daarover zijn we het eens met de directeur van het ICIJ, die intussen heeft besloten dat onze data een eigen ICIJ-project waard zijn.

De planning begint.

[ ]

Maar we hebben intussen wel een probleem: er zijn te veel data. We zijn beiden geen expert in de omgang met grote databestanden, ook al hebben we meegedaan aan enkele soortgelijke projecten. Maar het grote verschil is dat de data nu niet ergens anders zijn terechtgekomen, maar bij ons. Met het veiligstellen en het opslaan ervan redden we het nog enigszins. We kopen externe harde schijven van een halve terabyte, we schuiven met data, maken back-ups en versleutelen drives.

Alleen kunnen we niet meer echt zoeken. Al in de afgelopen weken was het zoeken nog maar heel beperkt mogelijk, omdat wij geen tekstherkenning hebben kunnen toepassen op de pdf's en de gefotografeerde contracten. De zoekfunctie van onze pc herkende de tekstinhoud niet. Ze gaf alleen de bestandsnamen weer, en dat het afbeeldingen betrof.

Intussen hebben onze computers het bij 200 gigabyte opgegeven.

IT-experts leggen ons uit dat het onze computers aan ongeveer alles ontbreekt om grote hoeveelheden data te kunnen doorzoeken: geheugencapaciteit, werkgeheugen, rekenkracht.

We hebben dus snel een nieuwe computer nodig. Onze afdelingschef en de hoofdredactie gaan ermee akkoord een nieuwe krachtige laptop aan te schaffen. We krijgen zelfs toestemming om die laptop niet via onze strenge centrale inkoop te bestellen. Het probleem is namelijk dat op onze vraag hoelang het zal duren voor onze speciale laptop bij ons op kantoor staat de expert antwoordt: vier tot zes weken. Als alles goed gaat. We bestellen de laptop online en een week later staat hij al op onze kamer.

De laptop heeft naast enkele technische specificaties vooral één speciaal kenmerk: hij is nog nooit op internet aangesloten geweest. Zijn WLAN [Wireless Local Area Network] is gedeactiveerd en een LAN-kabel zal nooit zijn weg naar de laptop vinden. Zoiets heet *air gap*.

Een van de vele lessen uit de Snowden-leaks is dat een computer alleen enigszins beveiligd is tegen aftappen als hij nooit op internet aangesloten is geweest, als een air gap – dus een luchtleemte – hem scheidt van andere systemen. Geheime diensten kunnen namelijk intussen zelfs uitgeschakelde mobieltjes op afstand aansturen. Het is kinderspel binnen te dringen in een computer die op een WLAN is aangesloten. Bij een air gap moet een geheim agent lijfelijk bij de betreffende pc zijn, dus in de torenflat van de *Süddeutsche Zeitung*, en daarvoor moet hij de veiligheidsdienst bij de ingang passeren.

Om de paar dagen overleggen we samen over de vraag hoe verder te gaan. Het dagelijkse werk stoort slechts zijdelings, een van ons doet onderzoek naar een schandaal met eieren die besmet zijn met de salmonellabacterie, de andere is telkens een paar weken bezig met onderwerpen als de no-spy-affaire of de hackeraanval op de Bondsdag. Verder krijgen we rugdekking van onze collega's Hans Leyendecker en Klaus Ott met hun al bijna angstaanjagende productie van artikelen. Het valt verder niemand op dat de 'gebroeders Obermay/ier' al wekenlang bezig zijn aan een nieuw geheim project.

In die tijd besluiten we ons eerst eens op internationale aspecten te richten. Voordat we de data wereldwijd verspreiden, willen we begrijpen welke betekenis die steeds hoger wordende berg data internationaal kan hebben.

Na de toezegging van het ICIJ begint de leak-machinerie te lopen: Gerard Ryle heeft de dataspecialisten van zijn club ingewijd, de verslaggevers, de organisatoren. Marina Walker, de plaatsvervanger van Ryle, zal het nieuwe project gaan leiden. De Argentijnse werkt al vijftien jaar als onderzoeksjournalist en heeft zo ongeveer alles gewonnen wat er in dit metier te winnen valt: de Investigative Reporters and Editors Award, de prijs van de Overseas Press Club en die van de Society of Professional Journalists. Maar Marina Walker is vooral een fantastische organisator. Ze is geknipt voor dit project.

En er moet een schier eindeloos aantal vragen beantwoord worden. Welke media moeten er meedoen? Wanneer gaan we internationale collega's inwijden? Welke rol speelt de SZ bij dit project precies?

Tegelijkertijd bespreken we ook problemen met betrekking tot de aanpak: welk soort communicatie is veilig? Hoe versturen we de eerste documenten? Welke programma's kunnen we vertrouwen? Ons onderzoek zal veel mensen die met Mossfon zaken hebben gedaan niet aanstaan, en dat maakt van ons allemaal een mogelijk doelwit van bewaking.

Als we praktisch over dat soort vraagstukken discussiëren, voelt dat normaal aan. Versleuteling is niets nieuws. Maar zodra we eraan denken wie er allemaal in de data worden genoemd, gaan we ons ongemakkelijk voelen.

We hebben nu al heel vaak sporen gevonden van personen die kennelijk al mensen hebben laten ombrengen. Willen we daarover schrijven? Willen we in het vizier van de Italiaanse maffia komen? Of van de Russische maffia?

Beide organisaties hebben connecties met brievenbusfirma's van Mossack Fonseca. Een Rus wiens naam we tegenkomen, is wegens wapenhandel van de Russische maffia gearresteerd, een Italiaan wordt gezien als boekhouder van een afdeling van de maffia. We begrijpen nog niet helemaal waarvoor de firma's precies gebruikt zijn.

Maar als de samenwerking met het ICIJ eenmaal loopt, hebben we steun: we kunnen die verhalen overdragen aan collega's in Italië en Rusland.

De collega's daar kunnen de gevaren veel beter inschatten. Leo Sisti van het weekblad *L'Espresso* onthult bijvoorbeeld al ruim dertig jaar criminele intriges. Hij heeft als eerste over de offshorebedrijven van Silvio Berlusconi geschreven, en over de gelden van al Qaida en de Siciliaanse maffia heeft hij boeken gepubliceerd. En hij leeft nog.

[ ]

De Assad-connectie heeft ons in haar ban, we zoeken naar meer personen uit de sfeer van de man die een oorlog voert die tot dusverre al meer dan een kwart miljoen mensenlevens heeft geëist. En we vinden iets. Een man met de naam Suleiman Maarouf duikt als aandeelhouder op van een aantal van onze brievenbusfirma's. Net als Rami Makhlouf wordt ook hij gezien als een goede vriend van Assad. Volgens mediaberichten heeft hij de reputatie de 'Londense fikser' van de Syrische dictator te zijn, een tussenpersoon voor zaken daar.[38]

Een detail in de marge: hij heeft bovendien – dat blijkt uit e-mails die WikiLeaks gepubliceerd heeft – voor Assads echtgenote Asma kostbare mingvazen en designinterieur van Armani gekocht bij het chique warenhuis Harrods, toen zij in Europa allang persona non grata was. Toen honderdduizenden mensen in de Syrische burgeroorlog gestorven waren, deed Asma al-Assad inkopen bij Harrods, waar het juist sale was.[39]

Tien maanden nadat deze Maarouf op de sanctielijst van de EU is beland, meldt de afdeling Compliance van Mossack Fonseca zich bij het kantoor van Mossfon in Londen. Per slot van rekening is hij eigenaar van minstens elf bedrijven, van zeven ervan werd blijkbaar gebruikgemaakt om in Groot-Brittannië onroerend goed te kopen of te onderhouden. De slotsom van de afdeling Compliance: 'Volgens onze risico-inschatting moeten die bedrijven als hoogst riskant worden geclassificeerd.' De werknemers van Mossfon halen Maarouf door de World Check: een van de databanken, waarin alle personen die dubieuze connecties hebben met politici of criminelen zijn opgenomen. Bovendien googelen de werknemers van Mossfon Maarouf en stuiten op de informatie die wij ook gevonden hebben: hij is 'Assads man in Londen' en staat op sanctielijsten.

Maar Suleiman Maarouf blijft klant, ook nog in 2015. Toch betaalt de passiviteit van Mossack Fonseca zich soms uit: sinds 2014 komt Maarouf niet meer voor op de sanctielijst. Onder druk van de advocaten van Maarouf heeft het Britse ministerie van Buitenlandse Zaken hem van de lijst geschrapt – 'wegens ontbrekende juridische bewijzen', zoals dat heet.

Voorts stuiten we op een bedrijf dat Maxima Middle East Trading Co. heet en dat in januari 2013 besluit minstens één rekening te openen bij de Syria International Islamic Bank. Als Syrië allang in de burgeroorlog verzonken is, wordt over de bank verteld dat ze het Assad-regime geld bezorgt en helpt de sancties te omzeilen. In 2012 werd de bank daarom op de sanctielijst van de VS gezet – en toch hielp Mossfon zijn klant daar een rekening te openen.

We stellen ons vooral de vraag waarom dit bedrijf bij die bank een rekening wil openen.

We nemen de onderneming nader in ogenschouw, lopen de documenten door, zoeken in databanken en doen navraag bij experts. We ontdekken dat de Maxima Middle East Trading Co. een kantoor heeft in de vrijhandelszone Sharjah, een van de zeven emiraten van de Verenigde Arabische Emiraten – een berucht centrum voor geheime leveranties aan Syrië. En inderdaad, de Amerikaanse autoriteiten zien het bedrijf als knooppunt van een gecompliceerd netwerk van bedrijven, via welke door middel van vervalste papieren benzine aan Syrië werd geleverd. In december 2014 worden de Middle East Trading Co. en de toenmalige directeur ervan Ahmad Barqawi op de Amerikaanse sanctielijst gezet.[40]

Het Amerikaanse ministerie van Financiën vermoedt dat de firma 'met een Russisch olie- en gasbedrijf samengewerkt heeft om olie te kopen voor de door de [Syrische] regering gecontroleerde raffinaderijen in Homs en Damascus'. Op die manier heeft ze 'geholpen een plan uit te voeren om vliegtuigbenzine aan Syrië te leveren' – de brandstof dus die het Syrische regime nodig heeft om de eigen bevolking te bombarderen.

Bij de zaken van de Maxima Middle East Trading Co. schijnt ook een bedrijf betrokken te zijn dat Pangates International Corporation Ltd. heet.

Het duikt ook in onze data op – zelfs driemaal: eenmaal als bedrijf in het belastingparadijs Niue, eenmaal op Samoa en eenmaal op de Seychellen. In juli 2014 zette de VS het bedrijf op de sanctielijst, omdat ze 'materiële ondersteuning, goederen en diensten ter beschikking stelt van de Syrische regering'.[41]

Van Assad dus. En toch stond het bedrijf intern bij Mossack Fonseca nog een jaar vermeld als zijnde actief. Nog een jaar waarin Mossfon klaarblijkelijk het embargo van de VS schond.[42]

6. Van de Waffen-SS naar de CIA en Panama

259 gigabyte.

260 gigabyte.

261 gigabyte.

Daarmee is onze databerg de grootste leak waar journalisten ooit mee gewerkt hebben. Groter dan de genoemde Offshore-leaks.

Ter vergelijking: de door WikiLeaks gepubliceerde telegrammen van ambassades waren 1,7 gigabyte groot. Swiss-leaks, de documenten van Hervé Falciani: 3,3 gigabyte. Lux-leaks: 4 gigabyte. De Afghanistan-protocollen van WikiLeaks: 1,4 gigabyte.

Natuurlijk is de grootte van een leak niet beslissend. 260 gigabyte aan nietszeggende stukken zijn uiteindelijk niet meer dan 260 gigabyte aan nietszeggende stukken. Bovendien kun je je bij 260 gigabyte weinig voorstellen. Concreet dus: 260 gigabyte zal wel zo ongeveer één miljoen e-mails en meerdere miljoenen bladzijden uit geheime documenten bevatten. Met zoveel informatie kun je wel iets beginnen. Wanneer we de resultaten van ons onderzoek op een bepaald moment in de openbaarheid brengen, zal 'de grootste leak' natuurlijk veel aandacht genereren.

'Willen jullie dat echt, willen jullie echt op een bepaald moment iets publiceren?' zou onze chef Hans Leyendecker nu spottend zeggen; hij fokt ons al langer op met de mededeling dat we in feite geen dagbladjournalistiek meer bedrijven maar zo ongeveer op de harde schijf wonen. Toch is hij degene die het allemaal voor ons mogelijk maakt – en die ons 'nietsdoen' op de krant verdedigt.

Bovendien is de grootte van de leak ons waarschijnlijk behulpzaam omdat wij daarmee onze ICIJ-collega's over de hele wereld nieuwsgierig kunnen maken. Hoe groter het lek, hoe groter de waarschijnlijkheid dat er goede zaken voor de afzonderlijke landen in te vinden zijn. En hoe meer collega's er aan het onderzoek meedoen, hoe meer verhalen we samen aan het licht brengen.

De wereld. Onze leak. Assad, Poetin, IJsland, 500 miljoen. Het is allemaal volkomen absurd.

En het ongelooflijkste is dat onze bron maar blijft doorgaan. Die houdt gewoon niet meer op.

De volgende dag telefoneren we met de directeur van het ICIJ, Gerard Ryle. We brengen hem van de laatste ontwikkelingen op de hoogte en zeggen dat de redenen om in te stappen voor onze ICIJ-collega's steeds beter worden. Hij is er blij mee, maar brengt het gesprek snel weer op de praktische problemen. Het ICIJ zal twee deskundigen naar München sturen: de Spaanse journaliste Mar Cabra, leidster van het ICIJ-datateam, en hoofdprogrammeur Rigoberto Carvajal uit Costa Rica. Beiden zullen onze data kritisch beoordelen en die proberen te begrijpen. Ze moeten ons uitleggen hoe we met die databerg dienen om te gaan en brengen een programma mee waardoor we er beter in kunnen zoeken. Bovendien nemen ze een harde schijf mee naar Washington terug. Natuurlijk versleuteld. Nauwkeuriger uitgedrukt: versleuteld en verstopt.

Dat gaat als volgt. Met versleutelingsprogramma's als TrueCrypt of VeraCrypt – volgens Edward Snowden beten zelfs de NSA-experts daar korte tijd hun tanden op stuk – wordt een externe harde schijf zo geprepareerd dat ze op het eerste gezicht alleen maar slechts versleuteld lijkt. In werkelijkheid staat er op de harde schijf naast de zichtbaar versleutelde drive nog een drive, die onzichtbaar en versleuteld is. Zou Rigoberto of Mar nu door de FBI, de douane of iemand anders gedwongen worden de harde schijf aan te sluiten en een drive te ontsleutelen, dan geven ze het wachtwoord voor de zichtbare drive. Die start dan wel op, maar we hebben daar van tevoren slechts een paar mappen opgeslagen waarin documenten zitten die weliswaar een geheime en belangrijke indruk maken, maar die dat niet zijn.

Het is zichtbaar noch aantoonbaar dat er een tweede drive is.

Het is niet waanzinnig gecompliceerd een harde schijf op die manier te versleutelen, maar het is ook geen routine voor mensen als wij, die het tot nu toe al ingewikkeld genoeg vinden om een zescijferig wachtwoord te onthouden.

Onze nieuwe wachtwoorden zien er ongeveer zo uit: Nvc87sad-5chj56586356%8fc8796c_ndnuc71dehdtg3%$654tz3.

Dat is geen grap. We zijn zonder enige voorafgaande waarschuwing opeens nerds geworden.

Tegelijkertijd is het ook prima zo: het gevoel voor een beetje veiligheid te zorgen is niet slecht. Tot het moment dat Mar en Rigoberto, die we sinds de Offshore-leaks kennen, naar München komen, is het versleutelen van de harde schijven in elk geval onze taak.

[ ]

Als de beide dataexperts zich op weg begeven, zitten wij juist in een uiterst traditioneel onderzoek, we bezoeken archieven en bladeren in vergeelde documenten. Op het moment dat we de gangen van Jürgen Mossack naar Panama gingen volgen, hebben we een aantal verzoeken om informatie gericht aan archieven – we wilden weten of zijn vader een naziverleden had. Of hij dus een reden had naar Zuid-Amerika te verdwijnen.

De eerste resultaten van onze vragen zijn er nu. En inderdaad, Erhard Mossack zat bij de Waffen-ss. In het Bundesarchiv vinden we een 'legeskaart'. Daar staat op dat Mossack in september 1944 is bevorderd tot *Rottenführer*.

In een akte van de Amerikaanse federale politie lezen we nog meer: Erhard Mossack, op 16 april 1924 geboren in Grube Erika, district Hoyerswerda, werd op vijftienjarige leeftijd lid van de Hitler-Jugend en met achttien jaar lid van de Waffen-ss. Daar past bij, wat onder 'bijzondere kenmerken' is vastgelegd: een litteken op de binnenkant van zijn linkerbovenarm, 'waar de tatoeëring met de bloedgroep verwijderd is' – de bloedgroeptatoeëring was een nagenoeg onfeilbare aanwijzing voor lidmaatschap van de ss; veel ss'ers probeerden daarom in de laatste dagen van de oorlog en ook later nog de tatoeage te verwijderen. Erhard Mossack ging volgens de akte in november 1942 kennelijk naar de SS-Totenkopf-divisie, waarvoor hij in het toenmalige Tsjecho-Slowakije, in Finland en in Noorwegen heeft gevochten. In januari 1945 werd hij enkele dagen na zijn bevordering tot Rottenführer naar het westelijk front gestuurd en in maart 1945 door Amerikaanse eenheden gevangengenomen. In december slaagde hij erin te vluchten uit het krijgsgevangenenkamp in het Franse Le Havre en naar Duitsland te ontsnappen.

In 1946 werd hij in Offenbach gearresteerd. Een informant van de contra-inlichtingendienst CIC beweerde dat Mossack 'in het bezit van een lange lijst namen' was die met een ondergrondse organisatie verbonden waren, waarvan Mossack zelf ook lid was. De CIC beoordeelde Mossack als volgt: 'Werkelijk volledig geïndoctrineerd door de nazi-ideologie. Als typische leider van de Hitler-Jugend leeft hij nog steeds in een wereld van nazispreuken en hij is een opmerkelijk specimen van de Duitse jeugd onder Hitler.'

De grote vraag luidt: waarom mocht de man van de Waffen-SS naar de Verenigde Staten reizen? Want dat was het doel dat hij bij zijn uitschrijving in Duitsland had opgegeven.

De verklaring: blijkbaar is Erhard Mossack na de oorlog overgelopen. Daarop stuiten we met een eenvoudige Googlezoekopdracht: we tikken 'Erhard Mossack' in en komen terecht op een website waarop Amerikaanse documenten worden gepubliceerd die betrekking hebben op de Tweede Wereldoorlog. Daar zit ook een namenlijst bij van vermoedelijke nazi's die na de oorlog de Amerikaanse geheime dienst geholpen hebben. Een van de namen is Erhard Mossack.

Dat zou het inreisvisum verklaren, als hij überhaupt naar de Verenigde Staten is gereisd en niet meteen naar Panama. Maar daardoor is het waarschijnlijk dat de beschermende hand van de CIA de reis mogelijk heeft gemaakt. Panama gold als een veilige en aangename vluchthaven voor nationaalsocialisten die om verschillende redenen nu toch niet meer zo welkom waren in de VS. Dat zegt de Amerikaanse auteur Eric Lichtblau in zijn boek *The Nazis Next Door*, zich baserend op diverse voorbeelden.

Hoe gewetenloos de Amerikaanse geheime dienst informanten zocht onder nazi's, bewijst het voorbeeld van Klaus Barbie, de 'slachter van Lyon', die als 'Klaus Altmann' in Latijns-Amerika woonde. Ook Barbie verbleef af en toe in Panama.

Over het werk van Erhard Mossack als informant bestaat een telegram van de CIA waarin hij er niet goed afkomt. In het bericht lijkt het om Cubaanse agenten te gaan, maar de CIA twijfelt er waarschijnlijk aan hoe betrouwbaar Mossack is, en of hij met zijn verleden niet toch problemen kan krijgen.

Maar intussen is wel duidelijk dat Mossack heeft samengewerkt met geheime diensten. De inlichtingendienst van de Bondsrepubliek, de buitenlandse geheime dienst van Duitsland, heeft ons namelijk geantwoord. We wilden weten of er in hun archief materiaal zit over Erhard Mossack. Dat is inderdaad het geval. Maar de inlichtingendienst wil het niet vrijgeven, een openbaarmaking zou onder andere het 'belang van de Bondsrepubliek Duitsland of een van haar deelstaten kunnen schaden'.

So far so mysterious.

Helaas loopt hier het verhaal van Mossack dood. Het enige wat zeker is, is dat ene 'Peter Erhard Mossack' directeur en president wordt van een in maart 1965 opgericht bedrijf, Union Alemana de Exportación S.A.: Duitse Exportorganisatie. Mededirecteur is Luisa Herzog de Mossack, zijn echtgenote. Het bedrijf heeft volgens de documenten tot ongeveer 1970 kantoorruimte gehuurd.

Jürgen Mossack, zoon en offshorekoning, probeert dat bedrijf in 1989 voor 20.000 dollar van de hand te doen aan een Londense advocaat. Maar die wilde, vreemd genoeg, per se een bedrijf hebben dat rond 1960 was opgericht. De Union Alemana de Exportación S.A. was dus vijf jaar te jong. De verkoop ging niet door.

Waarvoor heeft een Londense advocaat in 1989 een offshorebedrijf nodig dat in 1960 is opgericht? Theoretisch kun je daarmee iets voorwenden, bijvoorbeeld dat je al lang actief bent. Als je bijvoorbeeld bij openbare aanbestedingen wilt meebieden, heb je in de regel betere kaarten als je al lang in de business zit en niet pas sinds een paar maanden. Experts spreken in dat geval van 'vintage bedrijven'.

Vintage, omdat de bedrijven eruitzien alsof ze al langer in gebruik zijn. Zoals jeans. Maar wat de aankoopkandidaat van Mossack ermee van plan was, weten we niet.

Omdat de Duitse geheime dienst een muur opwerpt, blijven de exacte bedoelingen en activiteiten van de man van de vroegere Waffen-SS, de latere CIA-informant met een dossier bij de Duitse inlichtingendienst, in het duister gehuld. Maar het lijkt duidelijk dat vader en zoon Mossack volgens eenzelfde uitgangspunt te werk gingen: wees niet al te kieskeurig bij het zoeken naar zakenpartners.

[ ]

Begin mei 2015 landen de twee ICIJ-dataexperts Rigoberto Carvajal en Mar Cabra in München. Als we het verhaal van Erhard Mossack vertellen, zijn ze gefascineerd. Nazi's, dat boeit altijd. Ook de CIA boeit altijd. Maar de combinatie van beide is fantastisch.

Rigo Carvajal en Mar Cabra hebben in München een woning gehuurd, en als we aankomen voelen we ons als in een persiflage van een film over hackers. Alle luiken zijn gesloten, op twee tafels staan laptops, overal liggen kabels, glanzen externe harde schijven, flikkeren beeldschermen en zoemen computers. Verspreid ertussenin USB-sticks, koffiekopjes en rugzakken.

Mar en Rigo grijnzen breed. 'Welkom in de wereld van de data,' zegt Mar. We zetten onze laptops naast die van hen en gaan op in die vreemde kosmos.

We geven hun al het materiaal dat we tot dusverre hebben. Daarna vertellen we alles wat we erover weten: Mossack Fonseca heeft zijn data keurig gestructureerd. Elk bedrijf dat door Mossfon is opgericht, krijgt een identificatienummer. Dan wordt in het systeem een map gemaakt die ook dat nummer krijgt. In die map bergen de medewerkers van Mossfon kennelijk alles op wat met dat bedrijf te maken heeft: oprichtingsakten, kopieën van uitgegeven aandelen, registers van directeur en aandeelhouders, contracten, scans van officiële paspoorten en vooral e-mails die met het bedrijf te maken hebben.

Mar, het Spaanse hoofd van het ICIJ-datateam, heeft temperament voor drie. Als een rubberen bal is ze steeds in beweging, vooral met haar armen, en ze praat schier onafgebroken, zelfs als wíj eigenlijk zouden moeten vertellen wat we allemaal in handen hebben. Op zeker moment lacht ze hees, verontschuldigt zich en zegt: 'Waarom zeggen jullie niet ook eens iets? We zijn toch voor jullie gekomen!' Tegelijkertijd werkt Mar heel gestructureerd. Ze maakt om de paar minuten een nieuw to-dolijstje, zet een nieuwe tijdsplanning in elkaar en ontwerpt bestcase- en worstcasescenario's. Ze heeft de situatie onder controle. En iedereen die er deel van uitmaakt.

Rigo, de programmeur, zit meestal rustig te luisteren. Maar zijn ogen glanzen. Hij stelt slechts af en toe een vraag en je merkt hoe het bij hem werkt. Het is zijn taak de data zo te ontsluiten dat journalisten er optimaal mee kunnen werken. Als een ICIJ-onderzoek wordt afgerond, is er niemand die de data zo goed kent als Rigo. Hij moet elke vertakking begrijpen om uiteindelijk de verschillende tools, die allemaal hun nut hebben, perfect te kunnen programmeren: een meervoudig beveiligde databank voor de geheime documenten, waarop alle journalisten over de hele wereld die aan het project deelnemen, kunnen teruggrijpen. Een veilig forum, waarop ze allemaal met elkaar kunnen communiceren. En een databank alleen voor de structurele data, die visualiseringen mogelijk moeten maken: elk bedrijf en alle daarmee verbonden eenheden moeten daarop zichtbaar worden, dus vooral de aandeelhouders en de tussenpersonen. Met één of twee kliks, dat is Rigo's idee, moeten alle deelnemende journalisten bovendien kunnen zien of een persoon nog bij andere bedrijven betrokken is, en zo ja, welke. En welke andere personen weer bij die bedrijven betrokken zijn, enzovoort. Een zichzelf uitbreidende visualisering als het ware. Rigo is een enthousiast aanhanger van grafische voorstellingen van complexe bedrijfsnetwerken.

Maar simpel is het niet. Want in veel gevallen lezen we in de kolom met eigenaren alleen maar 'The bearer' of 'El portador', Engels respectievelijk Spaans voor 'eigenaarsaandeel'. Dat hebben we bij het begin van ons onderzoek al geleerd: als een offshorebedrijf slechts één eigenaarsaandeel uitgeeft, is de eigenaar van dat bedrijf degene die dat papier fysiek in zijn bezit heeft. Dat heeft het voordeel dat iemand heel makkelijk en zonder sporen achter te laten een bedrijf kan kopen en verkopen, inclusief alles wat het bedrijf bezit, of dat nu een villa op Mallorca is of een scheepslading *Schnellfeuer*-wapens voor een land waar een burgeroorlog heerst. Wie de eigenaar van het bedrijf is, kun je gewoon niet vaststellen – zelfs in de interne mappen van Mossack Fonseca is die informatie vaak niet te vinden, of alleen maar in één van de duizend documenten in een map.

Als we dus ooit iets willen publiceren, en dat hebben we onze hoofdredacteur beloofd, moeten we sneller en effectiever zoeken.

[ ]

We hebben een programma als Nuix Investigator nodig. Nuix is een Australisch bedrijf dat forensische IT-software maakt. Dat wil zeggen dat je daarmee chaotische data kunt ordenen en doorzoeken. Ook pdf's, foto's en scans, die eigenlijk niet te doorzoeken zijn, kunnen erdoor ontsloten worden. En omdat we over duizenden van dat soort data beschikken, is Nuix precies wat we nodig hebben. Alleen, het kost ontzettend veel geld. Het is dergelijke software waar geheime diensten, advocatenkantoren, politiemensen en anticorruptieonderzoekers over de hele wereld meestal mee werken. 'Geen enkele andere software dan Nuix kan grote hoeveelheden data snel genoeg verwerken om binnen het door de SEC gewenste tijdsbestek te blijven,' adverteert Nuix op zijn homepage. De SEC, de U.S. Securities and Exchange Commission, is de controledienst van de beurs en heeft als zodanig met enorm veel data te maken. Als Nuix dat voor elkaar krijgt, moet het programma met onze data niet al te veel moeite hebben.

En hoewel Nuix erg duur is, hebben wij en het ICIJ er bij de Offshore-leaks al mee gewerkt. ICIJ-directeur Gerard Ryle is geboren in Australië, hij heeft het bedrijf ertoe overgehaald het werk van de journalistenorganisatie te steunen met een aantal kosteloze licenties.

Nuix doet het ook voor dit project. Ook wij krijgen een licentie, die Mar en Rigo op een stick voor ons meebrengen. Zo zitten we ietwat eerbiedig voor onze nieuwe laptop, met 500 gigabyte aan geheugencapaciteit, terwijl Mar en Rigo ons uitleggen hoe Nuix werkt. Op het oog erg eenvoudig: een zoekveld, dat je gebruikt zoals bij Google, een leesvenster en een lijst met resultaten. Maar ook het bestandsadres, de omgeving en de boomstructuur van de data is uit de resultaten af te lezen. Bovendien kun je met één klik alle hits exporteren en archiveren, als je even geen tijd hebt om de zoekactie te analyseren.

Wie altijd met kosteloze zoektools heeft gewerkt en dan met Nuix begint, denkt dat hij van een zeepkist in een formule 1-wagen is terechtgekomen.

Het grondbeginsel achter Nuix is eenvoudig: bestanden die moeten worden doorzocht, worden als 'bewijsmiddel' in het programma geüpload en krijgen automatisch een trefwoord, of zoals de professionals zeggen: ze worden 'geïndexeerd'. Dat gaat bij Worddocumenten en e-mails betrekkelijk eenvoudig. Moeilijker is het bij pdf's en fotobestanden – en daarvan zitten er op dat moment al honderdduizenden in de data. Het Nuix-programma moet dus eerst de op de foto's afgebeelde tekst herkennen. Dat gaat met software voor tekstherkenning, de 'optical character recognition', kortweg OCR. Pas als alle documenten met OCR zijn bekeken, is een negatief zoekresultaat ook werkelijk een negatief zoekresultaat. Alleen dan kun je er relatief zeker van zijn dat als het zoeken naar 'Angela Merkel' geen hit oplevert, Angela Merkel niet in de data voorkomt.

Behalve dan als de naam in een verkeerd geprinte en later ingescande fax zit, of als hij op een oude schrijfmachine is geschreven, want dan vindt het OCR-programma geen hit. Je kunt dus nooit definitief uitsluiten dat iemand zaken met Mossack Fonseca gedaan heeft, zolang niet elke pagina persoonlijk gecontroleerd is.

Als Nuix de index voor onze data heeft gemaakt en er de tekstherkenning op losgelaten heeft, kunnen we voor het eerst echt grondig in onze documenten zoeken – op dat moment 350 gigabyte. Mar en Rigo vliegen terug naar respectievelijk Spanje en Costa Rica, en wij gaan weer voor de computer zitten. Alleen: wat zoeken we? Helmut Kohl? Gerhard Schröder? Uli Hoeneß?

[ ]

Toen we eind 2012 met de documenten van Offshore-leaks bezig waren, zaten we een paar weken met zijn vieren in een kamer zonder ramen in het wilde weg trefwoorden in te voeren. Met als gevolg dat namen als Franz Joseph Strauß, Klaus Zumwinkel, Joseph Ackermann of inderdaad Helmut Kohl waarschijnlijk niet alleen door ons alle vier gezocht zijn, maar zelfs door ieder van ons twee- of driemaal. Wie weet nog wie hij tien dagen eerder ingevoerd heeft? Op zeker moment kregen we in de gaten dat we onzinnig bezig waren en we gingen lijsten maken: de belangrijkste Duitse politici, de belangrijkste managers enzovoort.

Ditmaal gaan we van meet af aan strategisch te werk, al zoeken we natuurlijk als we even vrij zijn namen waar we nieuwsgierig naar zijn. Maar tegelijk maken we ook uitgebreide lijsten. Zonder zulke lijsten, dat is ons na het vertrek van Mar en Rigo duidelijk geworden, verliezen we binnen de kortste keren het overzicht en veel tijd. Tijd waaraan het ons ooit zal ontbreken, beseffen we als we de databerg zien.

In feite maken we een inventaris van publieke personen in de Bondsrepubliek Duitsland. We verzamelen alle belangrijke politici, managers, bankiers, sporters, persoonlijkheden uit het openbare leven, we zoeken naar superrijken, naar misdadigers en bedriegers, en we proberen zo veel mogelijk 'schandaleuze mensen' bijeen te brengen, dus iedereen die een rol gespeeld heeft bij de affaire rond de CDU-schenkingen, de Leuna-affaire, de Barschel-affaire of bij andere grote schandalen of corruptiezaken. Onze data gaan immers terug tot de jaren zeventig.

Met die lijsten willen we later in de data gaan vissen. Met Nuix kan dat namelijk: je voert een Exceldocument met namen in en krijgt er een Exceldocument met hits voor terug. De hits zijn procentsgewijs gerangschikt. Bij 'Gerhard Schröder' bijvoorbeeld zou de treffer 'Gerhard Schröder' 100 procent zijn, bij 'Gerhard Schrader' waarschijnlijk zo'n 90 procent, bij 'Gerd Schröder' 80 procent, en bij 'Gerard Schroem' 60 procent of minder. Je moet dus uiteindelijk handmatig de resultatenlijsten doorlopen, hit na hit.

Onze lijst 'affaires partijschenkingen' bevat uiteindelijk 130 namen, de lijst met vroegere Stasi-medewerkers en hun vermoedelijke handlangers daarentegen maar liefst 94.856.

Tegelijkertijd zoeken we steeds weer op begrippen die ons veelbelovend lijken, omdat ze misschien interessante interne e-mails aan het licht brengen. Zo heeft Mossack Fonseca vaak met criminelen te maken, en autoriteiten jagen op hun beurt op criminelen. Misschien moeten we eens op 'huiszoekingsbevel' kijken?

Inderdaad krijgen we dan een hele reeks hits. Een ervan heeft betrekking op een aantal bedrijven op de Britse Maagdeneilanden die er door een organisatie genaamd Libyan Asset Tracing Committee van verdacht worden schijnfirma's te zijn, met behulp waarvan Gaddafi en zijn handlangers 150 miljoen dollar het land uit gesmokkeld hebben. Een beschuldiging die Mossack Fonseca van de hand wijst, maar die blijkbaar zwaarwegend genoeg was voor de in dit soort gevallen bepaald niet overijverige Financial Investigation Agency, de financiële recherche van de Britse Maagdeneilanden: dat vaardigt op 30 oktober 2013 een huiszoekingsbevel uit voor het plaatselijke kantoor van Mossack Fonseca.

Wat we zo goed als nooit aantreffen, is iets als ontsteltenis. Je zou verwachten dat je althans in interne e-mails zinnen zou lezen in de trant van 'Verdomme, hebben we echt Gaddafi's beulen geholpen zijn land leeg te plunderen?'

[ ]

Een nieuw spoor. We maken een nieuwe submap in de map 'Staatshoofden' en noemen hem Gaddafi. De bedrijfsnamen daarin klinken pittoresk, bijna romantisch: Wildwood Traders Ltd., Moon Silk Ltd., Sirvent Star Corporation, Bristows Corp., Regency Belle Corporation, Seafire Systems Ltd., Sea Swells, Morning Star Technology Ltd., Pacific Mist Ltd., HC Nominees (BVL) Ltd. en Albion International Group.

Als we de bedrijven onder de loep nemen, treffen we diverse brieven van overheidsinstanties aan. Daaruit blijkt dat de rechercheurs vermoeden dat de bedrijven toebehoren aan ene Ali Dabaiba. De geleerde aardrijkskundeleraar was onder Gaddafi hoofd van de Organization for Development of Administrative Centers, een gigantische opdrachtenverstrekker van de overheid.[43]

Het spannende aan deze zaak is dat ze zo recent is. We hebben meer informatie nodig.

[ ]

[john doe]: Ik kon vannacht niet slapen, ik moest eraan denken hoe bepaalde personen op deze onthullingen zullen reageren. Het is zeer waarschijnlijk dat een aantal klanten van dat bedrijf zal proberen mij te vinden. En enkele van hen hebben geheime diensten.

[sz]: Goed mogelijk. Wees voorzichtig.

[john doe]: Zal ik doen. Neemt u voorzorgsmaatregelen? De journalisten die hieraan meedoen zullen zich ook niet bijzonder geliefd maken bij de klanten van Mossack Fonseca.

[sz]: We doen wat we kunnen.

Inderdaad worden we met de week voorzichtiger – naarmate er beter te voorspellen valt dat de data wereldwijd grote gevolgen kunnen hebben. Op de redactie wijden we in eerste instantie alleen de mensen in die per se van ons project op de hoogte moeten zijn, de chef van onze redactie en de hoofdredactie. Intussen is ook de samenwerking met het ICIJ geïnstitutionaliseerd. Mar en Rigo hebben de data die ze in München van ons gekregen hebben voorlopig geanalyseerd. Ze hebben eerste tests uitgevoerd om te zien hoe de data het best ontsloten en scans doorzocht kunnen worden; ze hebben ook een versleuteld forum ingericht. Om de paar dagen spreken we nu af met Mar Cabra, Rigo Carvajal, Gerard Ryle en projectleidster Marina

Walker. We praten over de data, de plannen, het werk. En over de vraag tot welke collega's in welke landen we ons gericht moeten wenden. Argentinië is duidelijk: *La Nación.* In Engeland *The Guardian* en de BBC. In Frankrijk *Le Monde* en Edouard Perrin, de onthuller van de Lux-leaks.

Maar we hebben ook journalisten in Rusland nodig. Alleen is dat niet eenvoudig. Er zijn niet zo veel Russische collega's die nog vrij kunnen schrijven. En zij die dat doen, lopen een groot risico. Een pak slaag, gevangenis, hun leven.

Hetzelfde geldt voor China. Mossack Fonseca heeft intussen zo'n tien kantoren in China. Dat wil zeggen dat ze veel rijke Chinezen als klant hebben. Maar we kunnen er onmogelijk een collega uit China of Hongkong bij betrekken.

Waarom niet?

Begin 2014 hebben we met het ICIJ een vervolgverhaal over de Offshore-leaks gemaakt, een onderzoek, in dezelfde data, naar de Chinese eigenaren van brievenbusfirma's. Dat hadden we eerder niet gedaan omdat het te omslachtig was Chinese namen te verifiëren. Toen ontdekten we in de data van de Offshore-leaks dat de machtselite in China op grote schaal in het geheim zaken afwikkelt in belastingparadijzen. Wij stuitten op de brievenbusfirma's van naaste familieleden van belangrijke politici. Verder doken er enkele van de rijkste mannen en vrouwen van het land op, evenals leidinggevenden van overheidsbedrijven die in corruptieschandalen verwikkeld waren.

In die tijd werkten we samen met de krant *Ming Pao* in Hongkong. Het leek duidelijk dat *Ming Pao* een groot risico nam – maar niemand wist hoe groot. Enerzijds zat ze in Hongkong. Anderzijds is het ook in het relatief liberale Hongkong een riskante onderneming om de elite van China te kritiseren. Hoofdredacteur Kevin Lau van *Ming Pao* werd in ieder geval vlak voor de geplande publicatie ontslagen en vervangen door iemand die wat minder kritisch tegenover het regime stond. Er kwam massaal verzet vanuit het personeel, maar zonder succes. Toen we in die tijd onze verhalen publiceerden, waren de meeste berichten in China al na een paar uur gecensureerd. De homepage van de *Süddeutsche Zeitung* – waarop we de belangrijkste resultaten ook in het Chinees hadden gepubliceerd – en andere ICIJ-partners waren niet langer toegankelijk.

Erger nog: Kevin Lau werd korte tijd later door onbekenden gewoon op straat met een mes aangevallen, in de ochtend, toen hij op weg was naar de parkeergarage. Hij werd zesmaal in zijn rug gestoken en raakte zwaargewond, maar overleefde de aanslag wel. De daders vluchtten op een motor. Diverse leden van georganiseerde maffiabenden werden later gearresteerd. Het waren gewillige handlangers: jonge mannen die voor een paar Hongkongdollar journalisten zouden vermoorden. Wie de mensen achter de schermen waren, is nog steeds niet volledig opgehelderd. Waarnemers gaan ervan uit dat de aanvallers Lau niet moesten doden, alleen intimideren.

Voor ons project heeft het ICIJ nu Alexa Olesen aangetrokken. Ze was correspondente van het persagentschap Associated Press in China en heeft als vrije journaliste meegewerkt aan de Offshore-leaks. Ook ditmaal moet ze alle Chinese onderwerpen doen. En inderdaad komt na enkele dagen het eerste succes: ze heeft in de data de kleindochter van een vooraanstaand partijlid gevonden, twee Chinese miljardairs en een filmster.

[ ]

Mar Cabra, het hoofd van het datateam, is dol op lijstjes. Met lijsten valt er orde te scheppen in de chaos van de data. Mar kan zien in welke belastingparadijzen de bedrijven uit de data zitten en in welke landen hun aandeelhouders wonen. Dan kan ze voor afzonderlijke landen aparte lijsten maken – daar zijn later de journalisten in die landen blij mee. Bij het onderzoek naar Swiss-leak hebben dat soort lijsten enorm geholpen. Iedere journalist hoefde niet alle data te doorzoeken, maar kon zich eerst op de data concentreren die over personen uit zijn land gingen.

Want niet overal zullen onze collega's een zo comfortabele positie hebben als wij: op dit moment zijn wij al een halfjaar zo ongeveer vrijgemaakt voor dit project. We weten van vroegere projecten dat in bijvoorbeeld Afrika en Latijns-Amerika collega's werken die daarnaast elke dag voor hun krant moeten schrijven of actuele televisie-uitzendingen over allerlei mogelijke onderwerpen moeten maken. Juist zij zijn erg geholpen met zulke lijsten. Die bieden een aanknopingspunt en sparen wekenlang zoeken uit.

Intussen is namelijk wel duidelijk dat de data die de anonieme bron ons al maanden aan het sturen is het grootste project zal gaan worden dat het ICIJ ooit onder handen heeft gehad. Journalisten uit alle werelddelen zullen eraan deelnemen. Projectleidster Marina Walker van het ICIJ telefoneert dagelijks met het ene ICIJ-lid na het andere om over het project te vertellen: niet veel, want de kring van ingewijden mag in het begin niet al te groot zijn, maar wel allemaal ongeveer tegelijkertijd, zodat ze toehappen en aan het onderzoek gaan meedoen.

Het project heeft zelfs al een werktitel: Prometheus. Net als het ruimteschip in de serie *Star Trek*. Dataspecialist Rigo Carvajal is namelijk altijd de bedenker van de naam van ICIJ-projecten, en Rigo houdt van *Star Trek*. Swiss-leaks heet daarom intern bij het ICIJ Enterprise, Lux-leaks Voyager en het onderzoeksproject naar de dubieuze projecten van de Wereldbank Odyssee. Allemaal ruimteschepen uit *Star Trek*.

Nu dus Prometheus.

[ ]

Het is intussen eind mei, en nog steeds is er geen officieel startsein voor het project gegeven, zodat de ICIJ-leden en de media die al definitief hadden toegezegd, waaronder *Le Monde*, *The Guardian*, het onderzoeksnetwerk Organized Crime and Corruption Reporting Project (OCCRP) of de Zwitserse *SonntagsZeitung*, niet aan het werk kunnen. We mikken immers op publicatie in november. Dat betekent dat het hoog tijd wordt. Er moet eindelijk een openingsbijeenkomst plaatsvinden, zegt Marina Walker, waarbij we gaan plannen, discussiëren en taken verdelen, een ontmoeting die de collega's moet helpen het werk in te schatten dat ze voor het project zullen moeten verzetten. Die bijeenkomsten horen er bij de ICIJ intussen bij, dat is een les die geleerd is van de Offshore-leaks. Toentertijd werd alles wat belangrijk was per mail en telefoon besproken, veel projectpartners kenden elkaar niet persoonlijk, en daarom was het wederzijdse vertrouwen en de wil om informatie te delen – voorzichtig uitgedrukt – niet bij iedereen in gelijke mate aanwezig.

Daarom is sindsdien elk groot project met een bijeenkomst begonnen: bij Lux-leaks was het in Brussel, bij Swiss-leaks in Parijs. Een dag lang legt het ICIJ aan de verzamelde journalisten uit waar het om gaat, bespreekt de uitwisseling van de onderzoeksresultaten en de geplande publicatiedatum. De ontmoeting voor het project Prometheus was eigenlijk voor mei, uiterlijk juni gepland, bij ons in München. Maar de berg data bleef maar groeien, en het werd duidelijk dat als we in juni bijeenkwamen, we nog niet definitief zouden weten wat we eigenlijk in handen hadden. We hebben het tijdstip dus uitgesteld, nogmaals uitgesteld, en nogmaals uitgesteld...

Maar de bron bleef maar doorgaan.

De oplossing nu: er komen twee bijeenkomsten. Een grote ergens in de nazomer in München, in de kantoortoren van de *Süddeutsche Zeitung*, en een kleinere nog vóór de zomervakantie, voor alle media die een groot team op de zaak willen zetten. Als plaats van ontmoeting stelt Marina Washington voor, waar het ICIJ zetelt.

We zeggen toe – ook al zal dat een flinke hap betekenen uit het kleine reisbudget van onze redactie.

In Washington zal ook Julia Stein van de onderzoeksafdeling van de NDR van de partij zijn. Ze is ook lid van het ICIJ en ze is een geweldige collega. Met haar hebben we al samengewerkt bij de Offshore-leaks, de Swiss-leaks en de Lux-leaks. Julia's team is op dit moment al vertrouwd met het project, en steeds meer collega's gaan aan het project meedoen. Ook de WDR doet mee – de *Süddeutsche Zeitung* heeft met beide zenders een onderzoekseenheid in het leven geroepen.

7. Het spoor naar Nyon

Terwijl we afzonderlijke verhalen zo goed mogelijk tot op de bodem uitzoeken, groeien de data maar aan. 400 gigabyte, 500 gigabyte, 600 gigabyte. We zijn allang elk gevoel voor dimensie kwijt. In het begin hebben we ons nog beholpen met de vergelijking in hoeveel gedrukte bijbels je alle data zou kunnen onderbrengen. Op een zeker moment hebben we die vergelijking opgegeven. Wie kan zich nog iets voorstellen bij meer dan een miljoen bijbels?

Voor de internationale samenwerking heeft het ICIJ-datateam intussen een meervoudig versleuteld forum ingericht, de 'iHub'. *Hub* is Engels en betekent zoveel als 'draaipunt', 'brandpunt', de kleine i staat, zoals zo vaak, voor internet. Het forum zou geen betere naam kunnen hebben, het moet in de komende maanden inderdaad het draaiende brandpunt van ons werk worden. Daar moeten alle projectdeelnemers de resultaten van hun onderzoek kunnen delen en de verdere procedure bespreken. Het is een soort Facebook voor onderzoeksjournalisten met discussiegroepjes over afzonderlijke onderwerpen, je kunt zelfs notities van anderen 'liken'. Aanvankelijk hebben alleen de ICIJ-leden en wij toegang. Het wordt tijd dat we de resultaten van ons onderzoek tot nu toe maar eens samenvatten. Dat zal een steuntje in de rug zijn voor de andere journalisten, als ze op zijn laatst tijdens onze bijeenkomst in Washington ook toegang krijgen.

Intussen is er ook een datum voor de ontmoeting: eind juni vliegen we naar de hoofdstad van Amerika. We willen voor die tijd zo concreet mogelijk kunnen worden in de grote zaken die we tot nu toe hebben, dus bijvoorbeeld Rusland, Syrië of IJsland. Er is werk aan de winkel.

[ ]

Eind mei worden we door een spoedbericht ruw gestoord in ons onderzoek: functionarissen van de FIFA opgepakt!

Op de dag voorafgaand aan het 65ste FIFA-congres in Zürich arresteren opsporingsambtenaren zes vooraanstaande functionarissen van de wereldvoetbalorganisatie in een luxe hotel. Onder hen zijn twee vicevoorzitters van de FIFA: Jeffrey Webb van de Kaaimaneilanden en Eugenio Figueredo uit Uruguay.

De actie heeft plaats in het kader van een gerechtelijk onderzoek dat is geïnitieerd door de huidige Amerikaanse minister van Justitie. De Amerikanen willen op niet mis te verstane wijze een boodschap afgeven aan de wereld.

En de wereld kijkt verbaasd toe. In het trage Europa, ook in Duitsland, hebben officieren van justitie en functionarissen het doen en laten van de FIFA in de parallelle wereld van de sport met rust gelaten. Al jarenlang waren er meer dan alleen maar geruchten over gekochte competities, dubieuze betalingen en omgekochte functionarissen. Je hoeft alleen maar even het boek *FIFA-maffia* van onze collega bij de *Süddeutsche Zeitung*, Thomas Kistner, in te zien. Of de films te bekijken van de BBC-journalist James Oliver, die aan Prometheus meewerkt. In de afgelopen jaren heeft hij voor het gerenommeerde Britse televisieonderzoeksprogramma *Panorama* een aantal films gemaakt over de FIFA, de schandalen, de corruptie. Nadat hem een geheime lijst was toegespeeld met betalingen van vele miljoenen door een dubieus sportmarketingbedrijf, onthulde hij dat drie leden van het uitvoerend comité van de FIFA uit de kring van de vroegere FIFA-voorzitter João Havelange smeergeld hadden aangenomen.

Het is dus bekend dat er bij de FIFA van alles en nog wat mis is. Maar tot nu toe heeft niemand iets ondernomen tegen de duidelijk onacceptabele toestanden. Dat doen nu de Amerikanen. Voor het ogen van het publiek laten zij zien dat de FIFA voor hen geen onneembare vesting is. Zij behandelen de FIFA als een 'door oplichters geleide criminele organisatie', waardoor de opsporingsambtenaren het recht krijgen bepaalde wetten toe te passen.

Binnen de FIFA en de Europese voetbalassociatie UEFA rijst er even wat verzet tegen voorzitter Joseph Blatter – voordat hij slechts twee dagen na de arrestaties met 133 stemmen wordt herkozen.

De opsporingsambtenaren in New York richten hun aanklacht tegen veertien personen, de beschuldigingen variëren van witwassen tot bedrog en corruptie. Over een periode van vierentwintig jaar zouden de mannen een systeem ontwikkeld hebben waarin ze zich 'door corruptie in het internationale voetbal' hebben verrijkt. In totaal hebben de functionarissen volgens de aanklacht meer dan 150 miljoen dollar aan smeergeld aangenomen.

Het systeem FIFA.

[ ]

We zorgen ervoor de aanklacht in handen te krijgen; dat soort openbare stukken is in Amerika in een mum van tijd openbaar in te zien op internet. Inderdaad lezen we daar dat veel brievenbusfirma's een belangrijke rol hebben gespeeld in het vermoedelijke smeergeldcircuit van de aangeklaagden. We zoeken in onze data alle aangeklaagden en brievenbusfirma's op.

We vinden meteen drie van de veertien aangeklaagden.

De voormalige Uruguayaanse vicevoorzitter van de FIFA Eugenio Figueredo, een van de zes functionarissen die in Zürich zijn gearresteerd, komt in verband met meerdere firma's in de data voor.[44]

De Argentijnse sportrechtenagent Hugo Jinkis, een van de vermoedelijke betalers van smeergeld, duikt in de data op met zijn bedrijf Cross Trading S.A., dat volgens de aanklacht werd gebruikt om verdachte betalingen van miljoenen dollars af te wikkelen. Met het smeergeld wilden Jinkis en anderen de exclusieve rechten op de Zuid-Amerikaanse voetbalkampioenschappen Copa América en de Copa Centenario veiligstellen.[45]

De derde aangeklaagde is de zoon van Hugo Jinkis, Mariano, die van hetzelfde offshorebedrijf directeur is, samen met zijn vader dus.

We nemen als eerste de map van het bedrijf Cross Trading S.A. door. Dat werd opgericht op de Seychellen, op Niue en in Nevada, er waren dus drie bedrijven met een en dezelfde naam, en daarom zijn er ook drie mappen. Maar in de mappen vinden we geen contracten met de FIFA. Anders dan andere eigenaren van brievenbusfirma's werken vader en zoon Jinkis niet met schijndirecteuren, wat ook betekent dat ze de contracten van mogelijke zaken – zoals bijvoorbeeld in de aanklacht tegen de FIFA genoemd – niet ter ondertekening naar Mossack Fonseca hadden hoeven te sturen. Maar we vinden wel contracten met de UEFA, de Europese voetbalorganisatie, die gevestigd is in het Zwitserse Nyon en die tot dusverre vreemd genoeg buiten alle schandalen gebleven is.

[ ]

In de contracten gaat het om de exclusieve televisierechten voor Ecuador van de UEFA Champions League, de UEFA-cup en de UEFA-supercup in Ecuador – voor verbazingwekkend weinig geld. De contracten liggen alleen maar bij Mossack Fonseca omdat de verantwoordelijken bij de UEFA de papieren die betrekking hebben op die televisierechten naar Cross Trading S.A. op Niue gestuurd hebben, waar het bedrijf geregistreerd staat. Daar openden mensen van Mossack Fonseca de brieven, scanden de contracten en stuurden ze per e-mail naar de Jinkis-clan. In ruil voor een vergoeding, uiteraard.

En daarmee ook naar ons, omdat de medewerkers van Mossfon de verstuurde e-mails keurig in de betreffende bedrijfsmap hebben ondergebracht.

We doen nu iets wat we al heel lang hebben willen doen: we vragen de UEFA heel in het algemeen of ook zij zaken hebben gedaan met de veertien aangeklaagden in het proces tegen de FIFA en hun bedrijven – zonder overigens expliciet Cross Trading te noemen. We willen gewoon weten of de UEFA alleen met vader en zoon Jinkis of ook met de andere te maken heeft gehad.

Het antwoord van de UEFA luidt: 'Volgens de daarvoor verantwoordelijke personen binnen de UEFA zijn er de afgelopen vijftien jaar geen zakelijke contacten geweest met de door u genoemde personen resp. ondernemingen.'

Dat is, voorzichtig geformuleerd, heel eigenaardig. We hebben weliswaar niet expliciet gevraagd naar Cross Trading, maar natuurlijk had de UEFA zakelijke contacten met Hugo Jinkis, die als zaakvoerder van Cross Trading minstens één contract heeft ondertekend. Met naam en toenaam.

Nu zijn de contracten met Cross Trading voor ons natuurlijk nog interessanter. Het gaat om de Champions Leagueseizoenen 2006-2007, 2007-2008 en 2008-2009, om de UEFA-cup 2006-2007, 2007-2008 en 2008-2009, en om de supercup 2007 en 2008.

Voor al die exclusieve televisie-uitzendrechten betaalde het bedrijf van Hugo en Mariano Jinkis volgens de contracten in totaal niet eens 140.000 dollar. Dat lijkt ons verdacht weinig, zelfs als Europese voetbalrechten in Ecuador ongetwijfeld slechts een fractie waard zijn van wat zenders in Duitsland ervoor moeten betalen. Maar Ecuador heeft wel 15 miljoen inwoners, en de Champions League met alle wereldsterren zou ook daar interessant zijn voor voetballiefhebbers.

Een mogelijke verklaring vinden we in de aanklacht tegen de FIFA. De rechercheurs in New York menen over bewijzen te beschikken dat Hugo en Mariano Jinkis omkoop- en smeergeld hebben betaald aan hoge functionarissen van de FIFA en andere organisaties om gunstige uitzendrechten voor voetbalcompetities te krijgen of te behouden – die ze vervolgens veel duurder hebben doorverkocht of door wilden verkopen, vooral de televisierechten voor de Copa América of de Copa Centenario.

Een concreet voorbeeld uit de aanklacht: in de herfst van 2011 hebben vader en zoon Jinkis drie vooraanstaande Midden-Amerikaanse voetbalfunctionarissen naar Uruguay uitgenodigd. Daar hebben de drie functionarissen beloofd Hugo Jinkis en zijn zoon te helpen bepaalde mediamarketingrechten te verkrijgen. Ze werden daar klaarblijkelijk voor beloond: een van de drie zou ongeveer 250.000 dollar gekregen hebben, de andere twee 100.000 dollar. Die 450.000 dollar komen – volgens de aanklacht – van een bankrekening van Cross Trading S.A.[46] Het beloningssysteem van de voetbalmaffia.

De vraagt dring zich nu natuurlijk op of er zich ook zoiets heeft voorgedaan bij de UEFA.

[ ]

We ontdekken dat de televisierechten voor Ecuador, die de UEFA heeft verkocht aan het bedrijf Cross Trading van Jinkis, uiteindelijk terechtkwamen bij de Ecuadoriaanse mediagroep Teleamazonas. Hoeveel heeft Teleamazonas ervoor betaald?

Ook in Ecuador staan we via het ICIJ in contact met collega's, die daar onderzoeksjournalistiek bedrijven – onder behoorlijk moeilijke omstandigheden overigens. We leggen de stand van zaken uit aan onze collega Monica Almeida van de Ecuadoriaanse krant *El Universo*, en na een paar dagen heeft ze inderdaad alle cijfers die wij wilden hebben – en nog veel meer.

Maar alles op zijn tijd.

In de stukken die we al hebben, zien we bijvoorbeeld het contract tussen de UEFA en Cross Trading S.A. van 13 september 2006, waarin het gaat om de exclusieve televisie-uitzendrechten van de Champions Leagueseizoenen 2006-2007, 2007-2008 en 2008-2009. De UEFA krijgt daarvoor in totaal 111.000 dollar. Monica vindt de contracten die de zender met Cross Trading S.A. gesloten heeft, en daarin staat te lezen dat Teleamazonas voor precies dezelfde rechten 311.170 dollar aan Cross Trading S.A. betaald heeft. Het driedubbele. Bij Hugo Jinkis en zijn zoon Mariano bleef dus 200.170 dollar aan de strijkstok hangen, bij slechts één transactie met de UEFA.

En het gaat door. Het tweede contract dat we hebben gevonden, dateert van 23 maart 2007, opnieuw tussen de UEFA en Cross Trading S.A., en ditmaal gaat het om de uitzendrechten van de UEFA-cup voor de seizoenen 2006-2007, 2007-2008 en 2008-2009, en de supercup van 2007 en 2008. Daarvoor betaalt Cross Trading S.A. 28.000 dollar aan de UEFA – en het verkoopt precies diezelfde rechten volgens de papieren uit Ecuador voor 126.000 dollar aan Teleamazonas.

Ruim viermaal zoveel, bijna 100.000 dollar meer.

In wezen zien we daar slechts twee mogelijke verklaringen voor.

Op de belangrijke plekken bij de UEFA zitten incapabele managers, die niet kunnen inschatten wat hun eigen producten waard zijn. Dat zou een kras staaltje mismanagement zijn.

Of Hugo en Mariano Jinkis zijn met de UEFA precies zo te werk gegaan als volgens de aanklacht met de FIFA: ze hebben mensen omgekocht die hun gunstige televisierechten hebben bezorgd – en die rechten hebben ze duur verkocht. Ze hebben daarvoor zelfs hetzelfde middel gebruikt: Cross Trading S.A.

Dan zou het strafbaar zijn.

Een aanwijzing voor die tweede variant is dat de UEFA ontkent ooit zaken te hebben gedaan met vader en zoon Jinkis. Nog even voor de zekerheid, voor het geval de UEFA ooit mocht beweren dat ze niet geweten heeft wie er achter Cross Trading S.A. zit: op het contract staat onder de handtekening van Hugo Jinkis in blokletters: Hugo Jinkis, directeur.

De vergeetachtigheid van de UEFA is in verband met de contracten die we uit Ecuador krijgen nog absurder dan we dachten. De Ecuadoriaanse zender had namelijk ook al in drie eraan voorafgaande jaren de UEFA-uitzendrechten verworven, volgens hetzelfde patroon: via Cross Trading S.A. heeft Teleamazonas bij Hugo en Mariano Jinkis dus ook de rechten gekocht voor de UEFA Champions League, de UEFA-cup en de UEFA-supercup in de seizoenen 2003-2004, 2004-2005 en 2005-2006, voor ongeveer 400.000 dollar. Dezelfde orde van grootte dus als in het andere contract met Teleamazonas dat wij in handen hebben.

Er zijn veel aanwijzingen dat het opmerkelijke model ook in die voorafgaande jaren al is gevolgd: goedkoop van de UEFA naar Cross Trading, en dan duur doorverkocht aan Teleamazonas.

Een calculatie levert op dat Cross Trading in de jaren tussen 2003 en 2009 de televisierechten van de UEFA heeft doorverkocht met een opslag van 600.000 dollar.

De UEFA was dus vermoedelijk verstrikt in uiterst dubieuze en in ieder geval extreem onvoordelige transacties met de sportrechtenagenten die zijn aangeklaagd in het FIFA-proces – en ontkent pertinent dat die transacties hebben plaatsgevonden.

Welkom in het moeras van de sportwereld.

8. Over vissen en vondsten en heel grote kunst

De drang is te groot. De drang om de databerg – die intussen één terabyte heeft overschreden – verder handmatig te doorzoeken. We weten dat het niet erg zinvol is nu in Nuix te gaan zoeken naar afzonderlijke mensen, begrippen of toedrachten: we moeten elke afzonderlijke zoektocht, die nergens toe leidt, herhalen zodra er weer meer data zijn. Maar we houden het niet uit. Steeds weer gaan we snel een halfuurtje achter de laptop zitten en gooien ons net uit in de datazee, die met de week groter wordt. We 'vissen'. Zo noemen onze collega's van ICIJ het, en ze wensen elkaar *happy fishing.*

Het gekke is dat we bijna altijd iets vinden. Telkens als we langer dan twintig minuten trefwoorden invoeren, vinden we wel een spoor, iets wat onwettig, bizar, amusant of gewoon alleen maar spannend klinkt. We kunnen het alleen niet meteen tot op de bodem uitzoeken, omdat we daar geen tijd voor hebben en iedere zaak op zijn eigen manier ingewikkeld is. We stoppen alles wat goed klinkt in een versleutelde map in onze computers, geven de submap een of andere naam en... dan ligt hij daar te liggen.

Maar wat we aantreffen is soms zo goed dat we er toch meteen dieper in duiken. Om de een of andere reden komen we op het idee het woord 'painting' in te voeren – meestal vergeet je snel aan welke impuls je bij het 'vissen' hebt toegegeven – en we krijgen honderden hits. Dat is ook weer niet goed, zo lang willen we niet bezig zijn met toevallig zoeken. Maar een van de eerste hits verwijst naar een schilderij van Amedeo Modigliani dat *Homme assis (appuyé sur une canne)* heet.

Amedeo Modigliani was een Italiaanse schilder die aan het begin van de twintigste eeuw in Parijs woonde te midden van tijdgenoten als Pablo Picasso en Pierre-Auguste Renoir. Een snelle zoektocht leert ons dat hij *Homme assis (appuyé sur une canne)* in 1918 geschilderd heeft. Zoals de naam al aangeeft toont het schilderij een man met een stok, en het is vele miljoenen waard.

In het overzicht op het zoekscherm is al duidelijk dat het bestand dat wordt genoemd een gerechtelijk document is. We roepen het op en zien dat een Fransman, ene Philippe Maestracci, de Helly Nahmad Gallery in New York aanklaagt, juist vanwege dat schilderij van Modigliani. Kort samengevat: Maestracci maakt aanspraak op het schilderij dat door de nazi's is gestolen van zijn grootvader – de Helly Nahmad Gallery verklaart daarentegen dat zij het schilderij niet in bezit heeft en dat het op dat moment ook niet bij hen wordt tentoongesteld.

Helly Nahmad is de zeer rijke zoon van de nog veel rijkere Davide Nahmad, een miljardair van Libanese afkomst met een Italiaans paspoort, domicilie houdend in Monaco. Helly Nahmad is een bekend gezicht in de wereld van de rijken en de schonen in New York. Hij heeft niet ver van Central Park een galerie voor impressionistische en hedendaagse kunst – de Helly Nahmad Gallery.[47]

Onder kunstexperts gelden de Nahmads als de grootste particuliere koper op de internationale markt. Een deel van hun kunstwerken, waaronder talloze Picasso's – hebben ze opgeslagen in een zwaarbeveiligd entrepot in Genève – een zogenaamde *freeport*.

In dezelfde map waarin ook het gerechtelijk document zit – het is een map van een offshorebedrijf dat International Art Centre (IAC) heet – vinden we een fax van de afdeling Wealth Management van een grote bank, verstuurd eind 2011. Ze verzoeken Mossack Fonseca om de door Mossfon aangestelde directeuren van het International Art Centre een document te laten tekenen dat bewijst dat Modigliani's *Homme assis (appuyé sur une canne)* eigendom is van het bedrijf. Bijgevoegd, ach onderzoek is soms zo simpel, is een aankoopbewijs van het veilinghuis Christie's uit 1996 en een document dat kennelijk een soort eigendomsbewijs is. Beide noemen het International Art Centre als eigenaar. Het schilderij wordt volgens de stukken opgeslagen in de freeport in Genève – waar zich ook de kunstwerken van Nahmad bevinden.

Een lang artikel uit *The Wall Street Journal*, verschenen in oktober 2014, helpt ons vervolgens te begrijpen waar het om gaat. Het verhaal zoals verteld in *The Wall Street Journal* begint in 1946 in Parijs met een brief die de Joodse kunstverzamelaar Oscar Stettiner aan de autoriteiten daar richt: hij eist zijn schilderijen terug, die tijdens het regime van de nationaalsocialisten in Frankrijk gedwongen zijn geveild. Stettiner was in 1939 uit Parijs gevlucht, zijn kunstwerken moest hij achterlaten. De nazi's stelden een beheerder voor zijn galerie aan, die in vier openbare veilingen de kunstwerken verkocht, ook *Homme assis (appuyé sur une canne)*.

In 1947 onderzocht een door de staat aangewezen opsporingsambtenaar de aanspraak van Stettiner op de Modigliani. De man kwam tot de conclusie dat ene Van der Klip de *Zittende man* in 1944 had gekocht. Hij noteerde het adres, rue de Courcelles 36 in Parijs. Behalve de Modigliani had de koper ook een tapijt en een schilderij gekocht waarop Oscar Stettiner als kind is afgebeeld.

Oscar Stettiner had het schilderij bijna teruggekregen. De opsporingsambtenaar slaagde erin Van der Klip te vinden en arrangeerde een ontmoeting met hem en Stettiner op een Parijse binnenplaats, waar het schilderij in een berging zou liggen. Van der Klip was bereid het terug te geven.

Maar de Modigliani lag er niet.

Van der Klip beweerde dat hij het schilderij had verkocht aan een zekere monsieur Mariage eu de Saint Pierre. Die was ook bij de ontmoeting aanwezig en verklaarde dat hij de *Zittende man* in oktober 1944 voor 25.000 franc had doorverkocht aan een Amerikaanse officier. Die zou hij in Café du Rohan bij het Place du Palais Royal ontmoet hebben, vlak bij het Parijse Louvre. De opsporingsambtenaar kreeg echter noch de naam noch het adres van de vermeende koper uit Amerika.

De Modigliani bleef bijna vijftig jaar spoorloos.

Pas in 1996 dook het schilderij weer op bij de veiling van Christie's in Londen, waar volgens de documenten het International Art

Centre het verwierf. Over de herkomst stond in de catalogus enkel vermeld dat het schilderij door een anoniem iemand ter veiling werd aangeboden. Het International Art Centre betaalde er 3,2 miljoen dollar voor.

Twaalf jaar later, in de herfst van 2008, was *Homme assis (appuyé sur une canne)* opnieuw te koop, ditmaal bij Sotheby's. De waarde werd toen op 18 tot 25 miljoen dollar geschat. Over de herkomst werd in de catalogus vermeld dat het schilderij wellicht het eigendom was geweest van de Joodse kunsthandelaar Oscar Stettiner. Het was dus niet onwaarschijnlijk dat de Modigliani een door de nazi's geroofd kunstwerk was. De *Homme assis* vond bij Sotheby's geen koper.

Dat schudde Modex kort erna wakker, een Canadees onderzoeksbureau voor kunst dat sinds het midden van de jaren negentig roofkunst van de nazi's opspoort om die vervolgens aan hun rechtmatige eigenaars of erfgenamen terug te geven. In ruil voor een aandeel in de winst, uiteraard. Modex slaagde erin in Frankrijk de enige erfgenaam van Stettiner op te sporen, de latere aanklager Philippe Maestracci, en gaat in diens opdracht op zoek naar het schilderij. En naar bewijzen dat Stettiner echt de eigenaar van het schilderij is geweest. De kunstdetectives vonden in het archief van de Biënnale in Venetië een foto van het schilderij met de mededeling dat Oscar Stettiner het in 1930 aan de Biënnale had uitgeleend.

Alleen, waar was het schilderij nu?

Na de veiling in 1996 heeft de Modigliani eenmaal in het Musée d'Art Moderne in Parijs gehangen, eenmaal in de Royal Academy of Arts in Londen, maar tweemaal in de Helly Nahmad Gallery in New York. Maestracci begint daarom bij Nahmad. Via zijn advocaat stuurt hij twee brieven. Hij verzoekt Nahmad om een gesprek. Het gaat om *Homme assis (appuyé sur une canne)*, en om zijn wens het schilderij terug te krijgen. Maestracci krijgt geen antwoord.

Hij spant daarom een rechtszaak in New York aan tegen de Helly Nahmad Gallery – dat staat in de documenten die wij als eerste in de data zijn tegengekomen. We breiden het onderzoek uit en stellen vast: het proces loopt nog, zij het een paar instanties hoger. We praten met het ICIJ, want die organisatie zit immers in Washington, vanwaar het maar een paar uur treinen is naar New York. Misschien heeft een van onze collega's tijd naar de komende rechtszitting te gaan.

Marina Walker vertelt ons dat collega Jake Bernstein allang met het onderwerp aan de slag is, hij had onze eerste notitie op het forum gelezen en was meteen gaan onderzoeken. Jake heeft bovendien al contact opgenomen met Mondex, het kunstonderzoeksbureau, en met de advocaten van de aanklager.

We zoeken in PACER naar de Modigliani die door de nazi's is gestolen. Die afkorting staat voor 'Public Access to Court Electronic Records', een zeer nuttige databank op internet. Voor een paar cent per document krijg je de stukken van bijna elke rechtszaak die in de Verenigde Staten loopt of heeft gelopen: de stukken van de verdediging en van de aanklager, aangevoerd bewijs. Gewoon zo goed als alles wat er schriftelijk bij een proces beschikbaar is.

We zoeken de zaak Philippe Maestracci versus Helly Nahmad Gallery.

Tientallen bladzijden lang lezen we hoe de advocaat van Maestracci de route volgt van Oscar Stettiner via een voor de nazi's optredende tussenhandelaar en de al genoemde John van der Klip naar de Helly Nahmad Gallery. Het klinkt allemaal logisch en overtuigend.

Maar Helly verzekert schriftelijk dat zijn galerie 'op geen enkel moment' eigenaar is geweest van de Modigliani. Hij had het schilderij alleen eenmaal voor een tentoonstelling in zijn galerie geleend. De advocaten van Nahmad overhandigen de rechtbank bovendien een schrijven van veilinghuis Christie's, volgens welke het schilderij in 1996 niet verkocht is aan de Helly Nahmad Gallery, maar aan het Panamese bedrijf International Art Centre.

Daar heeft Maestracci voorlopig niet van terug. In 2012 trekt hij zijn aanklacht in.

In 2014 probeert hij – eigenlijk een vanuit de rechtbank aangestelde beheerder van 'de erfenis van Oscar Stettiner' – het opnieuw: aangeklaagde is ditmaal niet alleen de Helly Nahmad Gallery, maar ook het International Art Centre, dat immers de vermeende eigenaar van het schilderij is, en bovendien Helly Nahmad zelf en diens vader Davide. Het IAC en de Nahmads laten zich vertegenwoordigen door dezelfde topadvocaat uit New York. En deze verklaart dat het International Art Centre de enige eigenaar is. 'Niemand anders op de wereld, ook niet de aangeklaagden Helly Nahmad Gallery, Helly Nahmad en Davide Nahmad, zijn eigenaar van het schilderij.'

Zuiver juridisch klopt dat. Maar uit onze data blijkt het volgende: het International Art Centre S.A. wordt in 1995 opgericht door Giuseppe Nahmad, oudere broer van Davide Nahmad en oom van Helly Nahmad. In 2008 schrijft hij zijn aandelen in IAC voor de helft over op Davide Nahmad. En we vinden een document van 22 oktober 2014 dat ondertekend is door Davide Nahmad in zijn functie als 'enige aandeelhouder'. Davide Nahmad – die zoals gezegd via zijn advocaat voor het hooggerechtshof van de staat New York nog in 2015 liet beweren dat het schilderij eigendom was van IAC.

De verwarrende eigendomsverhoudingen leiden er dus toe dat de erfgenaam van de Parijse kunsthandelaar als het ware twee processen tegen valse partijen voert. De Nahmads profiteren van hun ondoorzichtige offshoreconstructie.

We zouden graag met beiden hebben gesproken over het IAC en *Homme assis (appuyé sur une canne)*. Maar ons verzoek blijft tot aan het ter perse gaan van dit boek onbeantwoord. De New Yorkse advocaat die de Nahmads en het IAC voor de rechtbank vertegenwoordigt, verklaarde intussen in een interview dat het 'irrelevant' was wie de eigenaar van het IAC was.

En dat is ook inderdaad zo: zelfs als de eiser er uiteindelijk in zou slagen zijn aanspraak tegen het IAC toegewezen te krijgen, kan het gebeuren dat hij het schilderij toch niet in handen krijgt. Een Amerikaans vonnis voltrekken tegen een in Panama gevestigd bedrijf kan een taaie aangelegenheid zijn. Een advocaat, met wie we lang over de zaak hebben gesproken, beëindigde zijn inschatting met de mededeling: 'Veel plezier ermee...'

[ ]

Intussen hebben we nog maar een paar dagen tot de bijeenkomst in Washington. De vlucht is geboekt, we vliegen met United Airlines om 11.40 uur rechtstreeks naar Washington.

De vlucht kan een beetje hachelijk worden, want we nemen onze data mee. We hebben intussen meer dan één terabyte. Dat wil zeggen dat er weer een harde schijf versleuteld moet worden, dat er een geheime ruimte op moet worden gecreëerd en dat de data geüpload moeten worden.

De procedure kennen we zo langzamerhand wel. Alleen hebben tot nu toe andere mensen de harde schijven over de Atlantische Oceaan vervoerd. Ditmaal zal de harde schijf in onze bagage zitten. Dat maakt het er allemaal niet relaxter op.

Wat als we aangehouden worden? David Miranda, de levensgezel van Glenn Greenwald, de vertrouweling van Edward Snowden, werd op het hoogtepunt van de NSA-affaire door de Britse politie vastgehouden op London Heathrow. Beambten doorzochten zijn bagage. 'Ze dreigden de hele tijd met te zeggen dat ik de cel in zou gaan als ik niet meewerkte,' zei Miranda later. Uiteindelijk gaf hij de wachtwoorden voor zijn harde schijven.

Wat als dat ook ons gebeurt? Als de Amerikaanse autoriteiten intussen iets vernomen hebben over de data? Data, die ook voor de politie en de geheime dienst, de fiscus en de beurstoezichthouders interessant zijn? Data, waarin misschien ook smeerlapperij van landen te vinden is?

Zouden wij cool genoeg zijn om alleen het eerste wachtwoord aan de Amerikaanse politie te vertellen – zonder te zweten, te stotteren of een hint te geven dat er nog meer op de harde schijf staat?

Kortom, we zijn in die periode een beetje nerveus.

9. Het Witte Huis om de hoek

Safely landed in Washington.

Nu diep ademhalen en cool blijven. Niet aan de data in de koffer denken. Alles is in orde, zegen we tegen elkaar, we zijn gewoon maar een paar journalisten uit Germany. Maar als we van het vliegtuig naar de bagagehal lopen, voelen we ons toch onbehaaglijk.

De nachtmerrie is dat de douane de harde schijf uit onze bagage haalt.

Het positieve is dat we de data niet eens *kunnen* verraden. Het wachtwoord van de verborgen harde schijf is ongeveer veertig tekens lang, en dat hebben we bewust niet meegenomen, niet op onze pc, niet op ons mobieltje, niet op ons lijf. We hebben alleen het wachtwoord voor het deel van de harde schijf dat we speciaal voor de Amerikaanse douane gevuld hebben met saaie oude mappen. Het wachtwoord voor de verborgen harde schijf zullen we na onze terugkeer in Duitsland versleuteld versturen naar het ICIJ.

Maar bij de douane moeten we wachten. De rij is eindeloos. We zien een lange kronkelige rij met geduldig wachtende mensen. Het is een wonder dat er hier op de luchthaven van Washington niet regelmatig mensen gaan flippen. Lage plafonds, duizenden reizigers die centimeter voor centimeter opschuiven, bezweet en moe van de lange vlucht, overal gestreste volwassenen, huilende kinderen, en ten slotte zijn er dan nog Amerikaanse politieagenten en douanebeambten, die gaan uitmaken of het misschien allemaal voor niets is geweest.

Voor iemand die ook maar enigszins aan een fobie lijdt, moet het hier de hel zijn. Maar voor iemand die niet weet of hij er bij de douane uitgepikt wordt om over mogelijk gestolen data in zijn bagage ondervraagd te worden, is het ook niet bepaald ideaal.

Met trippelpasjes schuifelen we voorwaarts. Op een zeker moment scheiden onze wegen zich, een douanebeambte stuurt ons verschillende kanten op. We gehoorzamen zijn handgebaar. Bij de loketten wachten ons kort aangebonden mannen op, keurende blikken en een professioneel hoofdknikje. Maar geen verdere vragen. We halen onze bagage, en dat was het dan.

De data zijn zo goed als officieel de Verenigde Staten binnengekomen.

[ ]

Het is laat in de middag, en we gaan linea recta naar het ICIJ, in het centrum van Washington. Het ICIJ zit aan de 17th Street Northwest, niet ver van het Witte Huis. Op de tweede verdieping zijn werkplekken voor zo'n tien journalisten. Wij gaan met ICIJ-directeur Gerard Ryle, zijn plaatsvervanger Marina Walker en hoofd van het datateam Mar Cabra bij elkaar zitten om de laatste details voor de volgende dag te bespreken.

Op zeker moment glimlacht Marina ons toe en vraagt: 'Zijn jullie fit voor morgen, voor jullie lezing?'

We knikken vriendelijk.

We hebben niet lang aan onze presentatie kunnen schaven. Marina heeft ons pas een week eerder meegedeeld dat we het project zelf moeten presenteren. Bij de voorbereidende bijeenkomst van de Lux-leaks in Brussel hadden ICIJ-medewerkers de presentatie op zich genomen, hier en daar wat aangevuld door Edouard Perrin, de collega die de data van de leaks het eerst onder ogen had gekregen. Er was een expert uitgenodigd die ons de geheime fiscale schikkingen van grote concerns had uitgelegd. Bij de voorbereidende bijeenkomst van Swiss-leaks ging het ook zo, het ICIJ legde zelf zo veel mogelijk uit waar het om ging: om de schat die klokkenluider Hervé Falciani bij de HSBC had meegenomen. De beide collega's van *Le Monde*, Gérard Davet en Fabrice Lhomme, die het allemaal naar buiten hadden gebracht, zaten glimlachend aan een tafel vragen te beantwoorden. En nu moeten wij dus een lezing houden. In het Engels. In Washington.

We waren lichtelijk gespannen toen we in München de eerste powerpointpagina's in elkaar knutselden. En de nervositeit werd niet minder toen we de mail van Marina Walker lazen: 'Bastian en Frederik, bereid je alsjeblieft goed voor op jullie presentatie, zodat die motiverend en nuttig is voor de andere journalisten.'

Marina is geweldig. Zij is degene die bij de internationale samenwerking de touwtjes strak in handen heeft en die de meewerkende journalisten er steeds weer aan herinnert hoe belangrijk deugden als stiptheid, nauwkeurigheid en betrouwbaarheid zijn. En Marina kan heel direct zijn, zoals zojuist aangetoond.

Maar ze heeft gelijk: veel van de veertig hierheen gereisde collega's weten alleen nog maar vaag waar het om gaat: een leak, geheime offshoredata, eerste spannende sporen. Het is onze taak hen te enthousiasmeren.

Vanwege die mail van Marina hebben we onze lezing in het vliegtuig nog een derde keer doorgenomen. En een vierde keer.

En als we na het gesprek bij het ICIJ in het hotel aangekomen zijn, nog een keer.

[ ]

De volgende ochtend staan we even na negenen, na een peperduur ontbijt en een zweterige wandeling in een zwoele hitte van 30 graden, in de First Amendment Lounge op de dertiende verdieping van het National Press Building in Washington D.C., in een vergaderruimte met uitzicht op het Witte Huis. Tegenover ons collega's uit de hele wereld: Argentinië, Engeland, Costa Rica, Italië, Spanje, de Verenigde Staten en andere landen. Onder hen enkelen van de beste onderzoeksjournalisten van de wereld, zoals James Ball van *The Guardian* en Jake Bernstein, die een paar jaar geleden de Pulitzerprijs gekregen heeft – of Uri Blau uit Israël, die met zijn onderzoek al politieke crises heeft veroorzaakt.

Ze zitten nu met zijn allen aan een lange tafel en luisteren naar ons verhaal.

Onze tactiek in de First Amendment Lounge is meteen de aandacht trekken door te wijzen op de dimensies van de leaks:

- de tot nu toe grootste leak ooit – er is intussen 1,5 terabyte, en het wordt steeds meer.
- Een griezelig actuele leak – de laatste e-mails zijn pas een paar dagen oud.
- Gedetailleerde informatie over zo'n kwart miljoen offshorebedrijven.

We hebben een collega van de afdeling vormgeving op de krant gevraagd een grafiek te maken die de verschillende leaks met elkaar vergelijkt, dus onze 1,5 TB, de 260 gigabyte van de Offshore-leaks en de meeste slechts enkele gigabytes grote (en toch zeer invloedrijke) leaks van WikiLeaks. Dat ziet er inderdaad indrukwekkend uit, en het wordt meteen stil in de zaal.

We hebben de toehoorders voor ons gewonnen, na een paar minuten is onze nervositeit verdwenen, en wij vertellen, vertellen en vertellen. Over Poetins kennelijk beste vriend, over de IJslandse minister-president, over de neef van Bashar al-Assad, over de geheimzinnige Duitser en zijn half miljard dollar in goud op een bankrekening op de Bahama's. Terwijl we spreken, zien we al aan de gezichten van onze collega's dat we hier niemand hoeven te overtuigen om aan het project Prometheus mee te doen.

In feite praten we van negen uur 's ochtends tot aan de middag. We leggen de structuur van de data uit, waar welke informatie te vinden is, hoe je het beste kunt zoeken en wat de problematische punten zijn.

's Middags ontwerpen we gezamenlijk een strijdplan – wanneer we willen gaan publiceren, naar welke onderwerpen we gericht willen gaan zoeken en welke verhalen we groepsgewijs aanvatten. Het werkelijk fantastische is namelijk dat we de expertise van onze afdeling bij de SZ via deze samenwerking even flink opgeschroefd hebben. James Oliver is een van de beste kenners van de FIFA, de Argentijnen kennen het onderwerp Kirchner van haver tot gort, de IJslandse collega kan de zaak van de premier van zijn land veel en veel beter beoordelen dan wij. Maar we worden nog gelukkiger van de reacties van onze collega's. We waren van tevoren al overtuigd van 'onze leak' en ook dat die een internationale samenwerking waard is. Maar het maakt wel verschil dat te horen uit de mond van een Pulitzerprijswinnaar. En mee te maken dat *The Guardian*, de BBC en *Le Monde* even enthousiast zijn en meteen teams op de zaak zullen zetten. De Franse televisiecollega's van het persagentschap Premières Lignes en de Amerikaanse tv-mensen van *Univision* zijn met camera's gekomen en filmen de conferentie – en interviewen ons.

[ ]

De bijeenkomst in Washington verandert de manier waarop wij naar ons werk kijken. Het is niet meer ons kleine project. Het is nu een mammoetproject, en we moeten oppassen dat we niet ten onder gaan aan de daarmee gepaard gaande inspanningen – we zitten per slot van rekening in het centrum van een wereldwijd gecoördineerd onderzoek. Andere media zouden misschien op zoiets berekend zijn, of zouden zich er misschien qua personeel, uitrusting en kosten vlot op kunnen inspelen. Er wordt verteld dat toen WikiLeaks naar *Der Spiegel* ging, er om te beginnen maar liefst dertig mensen werden vrijgemaakt om de stukken te bekijken. Dertig mensen!

De *Süddeutsche Zeitung* is op zoiets niet voorbereid, op geen enkele manier. Hoe zou het ook anders kunnen? Onze onderzoeksredactie bestaat op dit ogenblik uit vier mensen – en van die mensen wordt principieel verwacht dat ze de dagelijkse verslaggeving mede gestalte geven.

Wij hebben niemand die goed overweg kan met datajournalistiek, we hebben niemand in ons team die perfect Spaans spreekt – hoewel meer dan de helft van alle documenten in die taal is opgesteld – en we hebben eigenlijk ook geen budget voor meer medewerkers of voor een fikse uitbreiding van onze technische uitrusting. Alles wat we hebben is het onvoorwaardelijke vertrouwen van het hoofd van onze redactie en de steun van onze hoofdredacteuren Wolfgang Krach en Kurt Kister. Wolfgang Krach was vroeger onderzoeksjournalist bij *Der Spiegel* en is zijn voorliefde voor grote onderzoeksverhalen niet kwijtgeraakt.

Pelotonsgewijs gaan we van het National Press Building op weg naar het restaurant dat het ICIJ voor het avondeten heeft gereserveerd. De tocht draagt er overigens toe bij dat onze feestelijke stemming nog toeneemt, want we komen langs het Witte Huis. Van daar naar Farragut Square en dan via Connecticut Avenue naar Dupont Circle. De wijk dus die we kennen van Amerikaanse series als *House of Cards* of *West Wing*.

Na het eten testen we wonderlijke biersoorten op het terras van een aangenaam rustig restaurant. Steeds komen er collega's bij ons zitten om, typisch voor onderzoeksjournalisten, iets meer over de bron te weten te komen. We hebben intussen geleerd om altijd op dezelfde manier te reageren op de steeds terugkerende vraag of we de bron inderdaad niet kennen.

Is de bron echt anoniem?

We glimlachen.

Ja, zo is het.

We glimlachen.

Het is de waarheid.

[ ]

De derde dag in Washington is een werkdag. De ICIJ-machine draait, de koers ligt vast, het gaat eigenlijk alleen nog maar om de finetuning. Wat zijn de grote zaken? Wanneer komen we ermee naar buiten? Welke onderwerpen pakken we gezamenlijk aan?

Als we in een kleine vergaderruimte bij een gesprek met experts inzake datajournalistiek verschijnen – in de agenda heeft het ICIJ ons uitgenodigd voor een *Geeky data meeting* – overleggen collega's daar hoe ze met speciale programma's de data kunnen filteren, sorteren en doorzoeken. We zitten er vriendelijk glimlachend bij.

Het enige wat we meteen begrijpen is dat heel veel onderzoekswegen afgesloten zijn zolang we op een als het ware ouderwetse manier de data doorzoeken.

We hebben iemand nodig die een expert is op dit gebied.

[ ]

In de marge van de bijeenkomst worden we terzijde genomen door Christophe Ayad, een collega uit Frankrijk. 'Kijk,' zegt hij, 'ik heb in de data Alaa Mubarak gevonden, de zoon van de vroegere president Hosni Mubarak.' De volgende zaak uit de entourage van een president. Onze collega vertelt ons dat hij de zoon van de alleenheerser heeft gevonden in de stukken van een bedrijf dat Pan World Investments Inc. heet.

We halen de erbij behorende bedrijfsmap uit de data en klikken door de documenten, jaar na jaar. Document na document. Niets ongebruikelijks, normale offshorezaken: de oprichtingsakte – opgesteld in 1993 op de Britse Maagdeneilanden –, kostenafrekeningen, af en toe een wissel van de schijndirecteuren. Meer niet.

Ook niet in het jaar 2011, toen alleenheerser Hosni Mubarak door zijn woedende volk uit zijn ambt wordt verjaagd en zijn zonen Alaa en Gamal worden gearresteerd. De twee zijn voor de Egyptenaren het schoolvoorbeeld van een hebzuchtige elite, die zich op kosten van het volk verrijkt en de staat regelrecht uitzuigt. Ze komen voor de rechtbank. Vlak voor onze bijeenkomst in Washington worden ze wegens verduistering veroordeeld – zo ontmoeten werkelijkheid en data elkaar.

Alaa Mubarak, de intussen zelfs veroordeelde zoon van de alleenheerser, is dus al twintig jaar eigenaar – 'UBO: ultimate beneficial owner' – van Pan World. Daar verandert de Arabische Lente niets aan, de val van zijn vader niet, de rechtszaak niet, en de wereldwijde krantenkoppen niet.

Pas als de financiële autoriteit op de Britse Maagdeneilanden in 2013 informatie over Pan World opvraagt, ontwikkelt er zich een interessante dialoog tussen de afdeling Compliance en de juridische afdeling van Mossack Fonseca. Het gaat om informatie die de autoriteiten willen hebben. Beter: om ontbrekende informatie.

Want eigenlijk had Alaa Mubarak al eerder opgevallen moeten zijn; zijn bedrijf, Pan World Investments Inc., had bij een interne controle eigenlijk gekwalificeerd moeten worden als 'high risk'. Maar Mossfon gaf de brievenbusfirma nog in 2012 – dus een jaar na de Arabische Lente – de kwalificatie 'low risk' mee. Nu waarschuwt het hoofd van de juridische afdeling dat dit de autoriteiten in geen geval onder ogen mag komen, het zou de bekentenis zijn dat 'onze risico-inschatting in ernstige mate tekortschiet'.

Alaa Mubarak is per slot van rekening ook niet zomaar een PEP, een politiek geëxponeerde persoon dus, schrijft een medewerkster van de afdeling Compliance: Mubarak is een persoon voor wie sancties gelden, een internationaal vogelvrij verklaarde figuur. De zoon van de vroegere alleenheerser van Egypte werd namelijk in 2011 door de EU op de sanctielijst geplaats 'wegens onwettige aanwending van overheidsgelden'.[48]

Dat zou toch moeten opvallen bij een bedrijf dat op ons verzoek in februari 2015 – in verband met de inval bij de Commerzbank – nog verzekerd had dat de onderneming zich hield aan de 'Ken je klant'-richtlijn en dat ze niet alleen de due-diligenceprocedure bij alle nieuwe klanten volgt, maar ook 'periodieke controles en updates bij bestaande klanten' uitvoert.

Ken je klant?

Een van de advocaten van Mossfon schrijft in augustus 2013 aan haar collega's: 'In werkelijkheid hebben we de economische eigenaar niet meteen geïdentificeerd (zoals we wel hadden moeten doen).' Mossfon had de zoon van een alleenheerser in zijn kaartenbak zitten, ze hadden zelfs een kopie van zijn paspoort – maar hadden klaarblijkelijk geen idee wie hij was.[49]

Nog in ons hotel in Washington stuiten we op een tabel die een medewerker van Mossfon heeft opgesteld, een opsomming van alle Mossfon-bedrijven op de Seychellen – waarbij onderscheid wordt gemaakt tussen eigenaars die Mossfon wél en níét kent. Het resultaat: van de 14.086 bedrijven wist Mossfon slechts van 204 wie de ware eigenaar was.

Dat is een bewijs van onvermogen. En het toont aan hoe onverantwoord Mossack Fonseca met zijn plichten omgaat. Iedere misdadiger zou eigenaar van een van deze bedrijven kunnen zijn, moordenaars, maffiosi of dictators. Mossfon zou hen gewoon professioneel van dienst zijn – en verder geen vragen stellen.

10. Hoe de vonken ervan afspatten

Vertrek uit Washington. Als we op 3 juli 2015 weer in München landen, zitten onze inboxen vol, en driekwart van de berichten heeft hetzelfde onderwerp: 'Persoon XY heeft een nieuwe notitie op het forum geschreven: klik hier.' Die mails zijn meldingen van het versleutelde forum dat het ICIJ voor het onderzoek heeft ingericht. De bijeenkomst in Washington heeft onze collega's kennelijk gemotiveerd, want dagenlang komen er onderzoekstreffers binnen, ook omdat Marina er intussen meer collega's bij betrokken heeft en iedereen in de zoekmachine die voor onze data is gemaakt trefwoorden invoert. Intussen doen er zo'n zeventig journalisten mee aan het onderzoek.

De nieuwe hits: een Uruguayaanse presidentskandidaat, een wapensmokkelaar met een link met de Iran-Contra-affaire, een Peruaans hoofd van de geheime dienst, een Russische miljardair, een bedrijf dat het centrum vormt van een moordcomplot – allemaal goede verhalen.

Veel vondsten wekken onze verbazing: een collega uit de VS vindt Kojo Annan – zoon van de vroegere secretaris-generaal van de Verenigde Naties Kofi Annan. Volgens de documenten had hij twee brievenbusfirma's op de Britse Maagdeneilanden, en nog een op Samoa.

We lezen ons in en zien een gastbijdrage die Kofi Annan in 2013 schreef voor *The New York Times*. De titel was meteen ook een appel: 'Stop de plundering van Afrika'. Annan hekelde de uitbuiting van het Afrikaanse continent met behulp van anonieme brievenbusfirma's en concerns die zich om fiscale redenen in belastingparadijzen hebben gevestigd. Als voorbeeld noemde Annan: Nigeria.

Uitgerekend Nigeria.

Want de mede-eigenaar van een van Kojo Annans bedrijven op de Britse Maagdeneilanden was tot minstens 2015 de zoon van een vooraanstaand ex-Senaatslid uit Nigeria. Uit de data kunnen we niet afleiden waarvoor de firma precies is opgericht. Op verzoek om inlichtingen van het ICIJ verklaarde een adviseur van Kojo Annan dat hij zijn bedrijven leidde 'in overeenstemming met de wetten en voorschriften van het betreffende rechtsgebied'. Als er belasting betaald moest worden, werd die in de betreffende landen betaald. Doel van de bedrijven was de regeling van 'familiaire en zakelijke aangelegenheden'.

Enkele jaren eerder was Kojo Annan in een problematische zaak verwikkeld geweest, namelijk het schandaal rond het Iraakse *oil-for-food*-project. Annan werkte voor een bedrijf dat van de Verenigde Naties (waarvan in die tijd Kofi Annan de secretaris-generaal was) een miljoenenopdracht gekregen had voor het toezicht op de levering van hulpgoederen aan Irak. Een Britse krant had daarover in 1999 voor het eerst kritische vragen gesteld. Ook de manier waarop Kojo Annan zijn vergoeding van de onderneming kreeg, werd ter discussie gesteld. Een commissie onder voorzitterschap van de voormalige baas van de Amerikaanse Centrale Bank, Paul Volcker, stelt later vast dat er 'geen bewijzen' zijn dat Annan senior zich heeft verrijkt. Er werden ook geen bewijzen gevonden voor laakbaar gedrag van Kojo Annan, al was zijn houding tegenover de commissie niet coöperatief geweest. Annans adviseur stelt in een brief vast dat uit het verslag van de commissie duidelijk wordt 'dat de commissie geen enkel bewijs levert en op geen enkele manier constateert dat Kojo Annan met iemand in de Verenigde Naties gesproken heeft of iemand binnen de Verenigde Naties heeft proberen te beïnvloeden om contracten te verlenen aan een bedrijf waaraan hij gelieerd was'.

[ ]

Voor ons is het intussen fascinerend om te zien hoe er opeens leven in onze data komt zonder dat we iets doen. Pats, een nieuwe treffer.

Vaak onverwachts, wegens het tijdsverschil met de VS en Zuid-Amerika. Er wordt nu dag en nacht in de data gezocht, er is altijd wel een tijdzone waarin een collega op zijn computer nieuwe namen in het zoekscherm invoert.

We komen terug van onze lunch – en iemand heeft weer een staatshoofd of regeringsleider te pakken. Als de Europese collega's met de data bezig zijn, kunnen we nieuwe hits als het ware live meebeleven, elk uur weer. Vele sporen zijn spectaculair:

De president van de Verenigde Arabische Emiraten.

De vroegere minister-president van Jordanië.

De familie van een vroegere Zuid-Amerikaanse dictator.

De Palestijnse vicepremier.

Bovendien leidt er een spoor naar Nawaz Sharif, de huidige minister-president van Pakistan. Sharif is in de jaren negentig al tweemaal premier van Pakistan geweest. De Wereldbank noemt in een kritisch rapport twee bedrijven op de Britse Maagdeneilanden die door Sharif gebruikt schijnen te zijn voor dubieuze zaken: Nescoll en Nielson. Via die bedrijven heeft hij luxueus onroerend goed gekocht, onder andere in Londen. Overheidsgeld verandert zo in een handomdraai in een privévilla. We vinden beide bedrijven in de data. De eigenaresse is volgens de documenten tot in ieder geval 2012 Mariam Safdar, geboren Sharif, de dochter van Nawaz Sharif.[50]

We proberen ons telkens in te lezen in binnenkomende zaken om te begrijpen waar het om gaat en of we kunnen helpen – of moeten meedoen. We kennen de exacte structuur van de data vanbinnen en vanbuiten, omdat we er al maanden mee werken. Vaak kunnen we vertellen hoe er nog meer uit te halen valt.

[ ]

In deze dagen, eind juni begin juli, wordt er in de torenflat van SZ aan de rand van München flink verbouwd, oude muren worden afgebroken en nieuwe opgetrokken, bureaus worden samengevoegd en grenzen opgeheven. 'Eén SZ,' heet het project: de onlineredactie van *SZ* en de krant moeten eindelijk samengaan. Tot nu toe zaten de redacties soms wel tien verdiepingen van elkaar verwijderd. Nu moet de politieke redactie van de krant op dezelfde verdieping komen als de politieke redactie van sz.de. In het kader van die verbouwing gaat onze redactie van de 25ste naar de 24ste verdieping.

Ons beiden maakt het helemaal niet uit op welke verdieping we zitten. We hebben geen snel contact nodig met de *newsroom* of met pagina 3. Zoals ons redactiehoofd Hans Leyendecker zegt als hij ons op stang wil jagen: wij schrijven eigenlijk niet meer.

In verband met de verhuizing slaagt hij erin een eigen kamer voor ons project te versieren, een 'war room'. Tegen de muren archiefkasten van een meter hoog en wisbare en magnetische borden. De deur, die net als alle deuren in de torenflat helemaal van glas is, wordt bedekt met een ondoorzichtige folie. Alleen onze redactie kan er naar binnen, de beveiliging en de schoonmakers hebben er geen toegang. Zelfs de hoofdredactie niet.

Het is een goede plek. Het project is nu werkelijkheid geworden. Als eerste officiële handeling bevestigen we een stuk papier aan de muur met daarop de naam van het project: Prometheus. Dan stellen we op een van de whiteboards een lijst op. Een lijst met de sporen naar huidige en voormalige staatshoofden of regeringsleiders.

Eerst het land en dan de soort connectie. Dus:

Pakistan: huidige premier.[51]

IJsland: huidige premier.[52]

Syrië: neef van de huidige dictator.[53]

We komen op ruim tien. De lijst motiveert, elke dag weer. En hij geeft ons een beetje het gevoel dat we niet volledig het overzicht over de nu plaatsgrijpende waanzin verliezen.

En de staatshoofden zijn slechts een prominent deel van onze verhalen, die verder gevuld worden met bekende wapenleveranciers voor de CIA, offshorebedrijven die voor het Iraanse regime oliezaken doen, schatrijke donateurs van Amerikaanse presidentskandidaten.

Het is niet altijd duidelijk of de mensen van Mossfon zich er echt van bewust zijn wiens geld ze beheren. Maar bij hun businessmodel hoort een goedkeurende vanzelfsprekendheid dat wie dan ook met hun hulp zijn sporen uitwist.

Leden van de Siciliaanse maffia? In de data. Leden van de Russische maffia? In de data. Steunpilaren van het Mexicaanse drugskartel Sinaloa? In de data. Medewerkers van geheime diensten? In de data. Loterijoplichters? Economische misdadigers? Bankrovers? Allemaal in de data.

Alles zou in orde zijn, als we niet een pietepeuterig klein probleem hadden. Wij kunnen zelf op dit moment niet in onze data zoeken. In die dagen, medio juli, hebben onze collega's over de hele wereld toegang tot het materiaal van een paar honderd gigabyte. Dat is genoeg voor fantastische vondsten, maar wij hebben hier intussen 1,7 terabyte. En dat kan onze apparatuur niet aan.

De reden: Nuix, het analyseprogramma dat we van het ICIJ gekregen hebben, vreet geheugen. Nuix wordt meestal gebruikt door klanten die heel grote computers hebben, door grote handelskantoren of inlichtingendiensten. Daar speelt geld zelden een rol. Wij hebben een laptop van 1500 euro, voor krantenbegrippen al iets krankzinnigs. Maar de indexering en de tekstherkenning van de 1,7 terabyte zijn te veel gevraagd voor onze computer. Hij telt niet af om aan te geven hoeveel documenten er nog doorzocht moeten worden; we zien een rondje draaien, het symbool dat de computer niet werkt. Niets doet het meer.

De laptop loopt vast. Steeds weer.

Een nachtmerrie.

We moeten naar de hoofdredactie om uit te leggen dat we een nieuwe computer nodig hebben. Alweer. We hebben meer werkgeheugen, meer processoren, meer terabytes nodig. Meer en meer en meer. Het datateam van het ICIJ adviseert ons, de experts van Nuix adviseren ons, en wij vragen nog meer advies aan andere deskundigen.

We zouden ons natuurlijk kunnen verlaten op wat het ICIJ ons aanbiedt: hun datateam indexeert alles wat wij krijgen, laat een tekstherkenningsprogramma draaien en zorgt ervoor dat we de data kunnen doorzoeken. Maar we willen ook over twee jaar nog met de data kunnen werken, hier, ter plekke. Daarom moeten we het zelf zien te regelen.

Uiteindelijk kiezen we voor een pc met 64 gigabyte werkgeheugen. Ter vergelijking: een normale laptop heeft vier gigabyte, desnoods acht. Bovendien bestellen we vier harde schijven, waarvan één een 'SSD' is. We hebben niet veel verstand van techniek, maar intussen wel zoveel dat we weten dat de afkorting SSD betekent dat zo'n harde schijf sneller werkt dan een gewone.

Een paar maal moeten we de collega's van IT en inkoop nog wel verzekeren dat we geen tikfout hebben gemaakt en dat we in alle ernst 'dat megawerkstation' besteld hebben – zo'n computer wordt op de krant als server gebruikt, toch niet om een artikel op te schrijven.

Maar de hoofdredactie wil die computer in huis hebben. Dus komt hij er: computer nummer twee.

Tot de super-pc er is zitten wij met een databerg zonder er fatsoenlijk in te kunnen zoeken, terwijl er zoveel sporen zijn die we graag zouden willen volgen. Oude sporen, zoals de man van 500 miljoen bij Siemens, of Poetins beste vriend, de cellist. En er komen elke dag nieuwe sporen bij.

[ ]

Jake Bernstein, de Pulitzerprijswinnaar bij het ICIJ, heeft er flink de vaart in. Hij heeft al het halve Midden-Oosten in de data opgespoord, bijvoorbeeld de premier van Qatar.

Ditmaal gaat het om Iyad Allawi, tot 2015 de Iraakse vicepremier.

'Telkens als jij iets op het forum zet, heb je een nieuw staatshoofd,' zegt ICIJ-onderdirecteur Marina Walker droog.

Jake vindt Allawi's naam in de stukken van twee bedrijven op de Britse Maagdeneilanden en nog twee in Panama, die inmiddels zijn opgeheven. Hij vindt zelfs een kopie van diens paspoort.

Allawi is de zoon van een welgesteld sjiitisch zakenman. Hij was oorspronkelijk lid van Saddam Hoesseins Baath-partij, maar verliet Irak in de jaren zeventig. Hij sloot zich aan bij het verzet in ballingschap, knoopte kennelijk betrekkingen aan met de CIA en viel al voor de val van Saddam Hoessein op, omdat hij prominente pr-adviseurs aantrok en contact zocht met invloedrijke politici en journalisten in de VS en Groot-Brittannië. Geldzorgen schijnt Allawi nooit te hebben gehad.

Een bijzonder prikkelend aspect: hij was samen met de kinderen van een vroegere premier van Libanon eigenaar van een brievenbusfirma die inmiddels is opgeheven. Dat is een vreemde combinatie, zelfs voor het Midden-Oosten: de voormalige Iraakse vicepremier en de kinderen van een Libanese ex-premier die samen een brievenbusfirma bezitten. Toen ze werd opgericht, in 2005, was Allawi zelfs een paar maanden premier ad interim.[54]

Tegelijkertijd is deze vondst een soort déjà vu. Voormalige of zelfs nog regerende staatshoofden hebben we per slot van rekening al gevonden in Jordanië, Koeweit, Palestina, Pakistan en Qatar.

Het is opvallend hoeveel Arabische staatshoofden hun geld naar het buitenland brengen: zo goed als allemaal. Al bij ons onderzoek naar de Swiss-leaks hebben we Zwitserse bankrekeningen gevonden van twee koningen, een vroegere Egyptische minister van Handel en van de zwager van de voormalige dictator van Tunesië Ben Ali.

Ook in onze data hebben we de nodige moeite om überhaupt overzicht te houden over de vele emirs, alleenheersers, prinsen en sjeiks. Velen van hen heersen over landen die gekenmerkt worden door schrille ongelijkheid. Ze genieten onvoorstelbare luxe, terwijl minstens een deel van hun bevolking van de hand in de tand leeft. Enkele landen in Afrika en het Nabije Oosten worden door een corrupte elite gewoonweg uitgezogen.

Tijdens de Arabische Lente zijn er tientallen buitenlandse bankrekeningen en brievenbusfirma's van Arabische alleenheersers gevonden – maar dat zou wel eens een fractie kunnen zijn van het werkelijke aantal. Tot op de dag van vandaag zoekt de Libische regering naar het verdwenen vermogen van Moammar al-Gaddafi. Voor de bevolking resteert een bitter besef: zelfs als de mensen erin slagen een corrupte heerser af te zetten, krijgen ze bijna zeker niet het geld terug dat hij in het buitenland heeft gestald.

En waarom is het zo gemakkelijk voor dictators en hun families om bijeengegraaid vermogen te laten verdwijnen? Omdat ze gebruikmaken van het systeem van anonieme brievenbusfirma's. Anders gezegd: omdat mensen als Jürgen Mossack en Ramón Fonseca hen helpen hun sporen uit te wissen.

De Wereldbank en de Verenigde Naties hebben in 2011 de problematiek in een uitgebreid rapport belicht: hun analisten hebben in totaal 213 corruptiezaken uit de hele wereld onderzocht, die voor het gerecht zijn gebracht. In 150 zaken werd gebruikgemaakt van minstens één brievenbusfirma, die de ware eigenaar van een vermogen aan het oog onttrok. Het bedrag waarom het ging, was 56,4 miljard dollar.

Pling. De volgende grote treffer.

Deng Jiagui. Een naam die op het westelijk halfrond niemand iets zegt, maar Deng Jiagui is de zwager van Xi Jinping, de president van China. Naaste familie dus. Deng Jiagui had van 2009 tot 2011 twee offshorebedrijven: Wealth Ming International Limited en Best Effect Enterprises Limited, beide gevestigd op de Britse Maagdeneilanden.[55] Dat is hoogst actueel, want uitgerekend zijn zwager, de president van China, heeft enkele jaren geleden gezegd dat hij de zucht naar luxe zou uitroeien, zowel in de onderste rangen, bij 'de vliegen', alsook hoog in het systeem, waar de invloedrijke mensen hun hand ophouden, bij 'de tijgers'.

Nog in 2004 had hij het Chinese politieke kader opgeroepen: 'Houd uw huwelijkspartner, kinderen, familie, vrienden en medewerkers in toom!'

Misschien moet hij eens met zijn zwager gaan praten.

Maar de zaak is ook hoogst actueel omdat steeds weer duidelijk werd dat Chinese politici familieleden als begunstigden hebben ingezet, als ze hun vergaarde bezit wilden versluieren.

We vinden meer prinsenkinderen in onze data – zo worden de directe familieleden van de Chinese machtselite genoemd, die de laatste tijd steeds weer voor negatieve krantenkoppen hebben gezorgd. Het ging nu eens om hun Ferrari's of hun excessieve feestjes, dan weer om hun arrogante gedrag, verkrachtingen en ongelukken door drankmisbruik. Het prominentste geval is de dochter van de voormalige premier Li Peng, die ook bekendstaat als de 'slachter van

Tiananmen', omdat hij in 1989 het bevel gaf het protest op het Plein van de Hemelse Vrede met tanks plat te walsen. Volgens de stukken richtte de dochter van Li Peng, Li Xiaolin, in 1994 met haar man via een advocatenkantoor in Genève het bedrijf Cofic Investment Limited op de Britse Maagdeneilanden op.[56]

De zwager van de Chinese president en de dochter van de vroegere premier – dat zijn weer twee sporen die leiden naar een huidig en een voormalig staatshoofd en regeringsleider, dus die zijn voor onze lijst in onze 'war room'.

[ ]

[john doe]: Ik denk erover na om een noodscenario te maken, voor als ik op reis moet... Zijn er plekken die ik moet vermijden?

[sz]: Misschien China. De zwager van de huidige president en de dochter van een voormalige premier komen in de data voor.

[john doe]: Echt waar? Wow, dat wist ik niet. Maar ik was toch al niet van plan in China te landen.

[sz]: Niettemin.

[john doe]: Ik zal in elk geval niet, zoals Edward Snowden, op de luchthaven van Moskou stranden. Het zou een slecht idee zijn nu naar Rusland te gaan, zoals dat er nu uitziet.

Pling.

Bericht van een collega van *Le Monde*: hij heeft in de data een lijst van vijf pagina's gevonden die medewerkers van Mossack Fonseca hebben opgesteld en rondgemaild. Een lijst waarop de ware eigenaars van tientallen bedrijven staan. Een lijst vol met Russische namen.

Maar het zijn niet zomaar namen.

Er staat bijvoorbeeld de naam op van een direct familielid van een zeer prominente Russische oligarch.

Er is de zoon van Sergej Tsjemesov, die directeur is van het Russische wapenconcern Rostec en die Vladimir Poetin nog kent uit hun gemeenschappelijk KGB-tijd in Dresden – en die sinds 2014 op de Amerikaanse sanctielijst voorkomt.[57]

En – het wordt nog beter – er zijn Boris en Arkadi Rotenberg, twee vertrouwelingen van Poetin en waarschijnlijk enkelen van de belangrijkste zakenpartners van de Russische president. Beiden staan ook op de sanctielijst.[58]

Die namen zullen ons weken bezighouden. Maar we hebben in Washington een speciale werkgroep Rusland opgericht, met de BBC, *The Guardian*, de Zwitserse *SonntagsZeitung* en de Organized Crime and Corruption Reporting Project (OCCRP), die ook Russische collega's heeft, zelfs collega's die nog vanuit Rusland werken. In dat team zullen we de nieuwe spectaculaire namen onderzoeken.

De zaak Rusland, dat staat wel vast, zal iets geweldigs worden.

11. Angst en angsten

[john doe]:	Nog iets: jullie moeten me wel waarschuwen of het een paar weken van tevoren melden als jullie het naar buiten gaan brengen.
[sz]:	Geen probleem.
[john doe]:	Vlak voor de publicatie ga ik het misschien aan mijn familie vertellen. Daar heb ik nog geen besluit over genomen, het kan het risico vergroten. Ik ga het ook een paar vrienden vertellen die ik vertrouw. Alleen voor het geval mij of een van hen iets gebeurt.
[sz]:	Dat kan die mensen in gevaar brengen.
[john doe]:	Weet ik. In zekere zin zijn ze sowieso in gevaar. Ik ga hun niet alles vertellen – alleen wat ze moeten weten, en vooral hoe ze in het ergste geval de *Süddeutsche Zeitung* kunnen bereiken. Als mij iets gebeurt of ik verdwijn, wil ik dat er minstens één persoon is die begrijpt waarom.
[sz]:	Oké.
[john doe]:	Wanneer zijn jullie eigenlijk van plan te gaan publiceren?
[sz]:	Voorjaar. November halen we niet meer, het is te groot geworden.

[john doe]: Voorjaar?!? Wie weet of we dan nog leven...

[sz]: Vast wel.

[john doe]: Zijn jullie niet bang? Jullie als journalist leveren de munitie aan waarmee op machtige mensen zal worden geschoten. Jullie namen staan als auteur vermeld, in alle kranten. De mijne niet. (Hopelijk.)

Die vraag krijgen we nu steeds vaker te horen van ingewijde collega's: zijn we bang?

Zolang we er niet over nadenken, zijn we niet bang. En als we er wel over nadenken? Dan wel een beetje.

Misschien bekruipt ons eerder een gevoel van onbehagen dan dat we bang zijn, iets wat we niet hadden bij onze vroegere reportages. Waarom zou je ook bang moeten zijn als je – zoals wij onlangs deden – onderzoek doet naar de ADAC, de schandalige firma Bayern-Ei, de Katholieke Kerk of zelfs Duitse wapenfabrikanten? Duitsland is een zeer beschaafd land als het om verzet tegen de pers gaat, althans zolang je geen ruzie maakt met neonazi's of salafisten die bereid zijn geweld te gebruiken. Hier wordt hoogstzelden een gerechtelijk onderzoek tegen journalisten ingesteld – zoals in het geval van het blog Netzpolitik.org – en ze worden niet gearresteerd, afgeranseld, ontvoerd of gedood.

Maar dit onderzoek overtreft alles wat we tot nu toe gedaan hebben met een factor tien. Of vijftien? Hoe dan ook, een van de redenen waarom de internationale samenwerking ons een goed idee lijkt, is onze veiligheid. Intussen heeft een driecijferig aantal journalisten toegang tot onze data. Het zou dus weinig zin hebben juist ons uit de weg te ruimen. De verslaggeving zou er niet door eindigen. Ze zou zelfs nog meer aandacht krijgen.

Anderzijds zijn wij het uiteindelijk wel die de data ter beschikking stellen van het ICIJ en daarmee aan tientallen media overal ter wereld. Zou iemand een afschrikwekkend voorbeeld willen stellen om dit soort hinderlijke journalistieke samenwerkingen niet verder te laten groeien – dan was hij bij ons niet helemaal aan het verkeerde adres.

En helaas hebben we intussen genoeg personen gevonden die waarschijnlijk niet wakker zouden liggen, omdat ze een knokploeg op ons af hebben gestuurd.

[ ]

We hebben intussen drie bedrijven kunnen vinden waarin Sergej Roldoegin, de cellist en vriend van Poetin, voorkomt: naast International Media Overseas, die we al aan het begin van ons onderzoek zijn tegengekomen, ontdekken we nog twee bedrijven: Sonnette Overseas Inc. en Raytar Limited. Ze staan alle drie op naam van de man die in 2014 nog in een interview verklaarde geen ondernemer te zijn. En al helemaal geen miljoenen te bezitten. Dan zijn we nieuwsgierig van wie dat dan allemaal wel moet zijn.

De bedrijven zijn onderdeel van een wijdvertakt netwerk van brievenbusfirma's waarbij nog andere personen uit Poetins omgeving betrokken zijn, samen met tamelijk onbekende bankiers en zakenmensen die echter bijna allemaal uit Sint-Petersburg komen – de stad waar de carrière van Poetin begon.

In de stukken over de offshorebedrijven bij Mossack Fonseca is sprake van deals met aandelen van diverse grote Russische ondernemingen. En het gaat om veel geld. Ongelooflijk veel geld.

Veel experts, vooral in het Westen, gaan ervan uit dat het Russische staatshoofd, dat zijn inkomen in 2014 becijferde op 7,65 miljoen roebel (omgerekend 119.000 dollar), via stromannen aandelen in belangrijke grote ondernemingen heeft. De Russische analist Stanislav Belkovski schatte Poetins vermogen in 2007 al op meer dan veertig miljard. Bewijzen kon hij het niet. Er doet een heel aantal van dat soort schattingen van Poetins vermogen de ronde. Ze verschillen alleen wat betreft de hoogte van het bedrag: tien miljard, veertig miljard, tweehonderd miljard. Amerikaanse dollars, uiteraard.

Zit Poetin er dus achter? Dat zou in het plaatje passen.

Onze internationale Rusland-taskforce, een handvol verslaggevers, checkt bedrijf na bedrijf en contract na contract van het moeilijk toegankelijke netwerk om de cellist heen en wisselt wekelijks onderzoeksbestanden uit. Als alle projectpartners over een paar weken in München bij elkaar komen, gaan we over onze vondsten praten. We komen namelijk inmiddels al vreemde documenten tegen: geantidateerde contracten, kredieten die misschien nooit terugbetaald worden, mysterieuze overschrijvingen. We tellen de bedragen bij elkaar op die via de bankrekeningen van de bedrijven binnen het netwerk van Roldoegin gegaan zijn en komen nu al uit op meer dan een half miljard Amerikaanse dollar. En we zijn nog lang niet aan het eind.

In Rusland is sinds het verval van de Sovjet-Unie veel voorstelbaar. Maar een cellist als Roldoegin die honderden miljoenen dollars door zijn handen laat gaan? Dat niet.

Er moeten veel machtiger mensen achter zitten.

Daarmee zijn we terug bij de kwestie van de angst.

Toen het Russische tijdschrift *Forbes* in 2004 voor het eerst een lijst van de honderd rijkste Russen publiceerde (velen van hen vinden we ook in onze data) werd slechts enkele weken later de hoofdredacteur van het tijdschrift voor zijn redactiegebouw doodgeschoten. De Russische journaliste Anna Politkovskaja, die veel over Ruslands oorlog in Tsjetsjenië heeft bericht, werd in 2006 in het trappenhuis van het huizencomplex waar ze woonde vermoord. De opdrachtgevers van de moord zijn tot op de dag van vandaag niet bekend. Maar de datum van de daad kent iedereen in Rusland: 7 oktober 2006, de vierenvijftigste verjaardag van Vladimir Poetin.

Daar is het weer, dat vage onbehagen. Maar wat zullen Roman Anin en Roman Sjlejnov zeggen, onze Russische collega's, die sinds een paar weken ook deel uitmaken van het ICIJ-team? Roman Anin is als sportverslaggever begonnen bij de kritische krant *Novaja Gazeta* en heeft zich binnen een paar jaar naam verworven als een van de hardnekkigste onderzoeksjournalisten van Rusland, omdat hij corruptie en nepotisme bij het leger, in de politiek en in het zakenleven heeft opgespoord en aan de kaak gesteld. Anin heeft bijvoorbeeld de bouwopdrachten voor de Olympische Spelen in Sotsji openbaar gemaakt – opdrachten waarvan volgelingen van Poetin profiteerden. Hij weet dat hij in gevaar is en dat veiligheid niet bestaat.

Sinds 2000 zijn vier collega's bij *Novaja Gazeta* vermoord.

Nu werkt Anin voor het netwerk OCCRP en andere media. Recentelijk schreef hij voor het persagentschap Reuters 'Kameraad kapitalisme' – een serie over de corrupte elite van Rusland.

De andere journalist is Roman Sjlejnov, nu werkzaam als onderzoeksjournalist bij de krant *Vedomosti*, een gemeenschappelijk project van *The Wall Street Journal*, een Russische uitgeverij en de *Financial Times*. Tussendoor werkt Sjlejnov, net als Roman Anin, voor het OCCRP. Hij heeft de laatste jaren veel gepubliceerd over de schandalen die Poetin in zijn carrière hebben begeleid.

De twee collega's kunnen niet op ons meervoudig beveiligde forum komen, want daar heb je onder andere een smartphone voor nodig. Een smartphoneprogramma is deel van het gecompliceerde versleutelingssysteem. Maar Roman Anin en Roman Sjlejnov gebruiken om veiligheidsredenen geen smartphone. Roman Anin heeft op zijn mobiele telefoon al eens spionagesoftware gevonden. Vandaar dat we onze onderzoeksresultaten voorlopig alleen via versleutelde e-mails met beiden uitwisselen. Veiligheid voor alles.

[ ]

Ook wij dwingen ons tot discipline met onze data en apparaten. Alle harde schijven worden altijd versleuteld en alle losse harde schijven in een kluis opgeborgen. Een deel van de harde schijven slaan we op onze redactie op, een ander deel op een veilige plek elders. Onze projectruimte wordt op een speciale manier dubbel beveiligd. De nieuwe computer krijgt zelfs nog een afsluitbare ombouw, die ook nog eens aan de ketting ligt, zodat niet de hele pc onder de arm meegenomen kan worden. Alle schroeven van de ombouw beschilderen we bovendien met glitternagellak.

Inderdaad: glitternagellak. Onze kinderen zouden jaloers zijn als ze dat wisten. Maar een veiligheidsexpert heeft ons dat aangeraden. Dan zouden we het meteen kunnen zien als iemand met de ombouw bezig is geweest, zegt hij. Eenkleurige nagellak is eenvoudig over te lakken. Bij glitternagellak zou dat opvallen.

Maar die maatregelen zijn bedoeld ter bescherming van de data. Glitternagellak zou niet veel helpen als iemand ons zou komen opzoeken.

Maar wat zou er ook helpen? We voelen ons niet zo bedreigd dat we over kogelvrije vesten nadenken, maar raden alle collega's die aan Prometheus meewerken aan om althans hun adressen bij het bevolkingsbureau te laten afschermen. Want eigenlijk kan iedereen zich daar laten doorgaan voor journalist en naar ons adres vragen – en dat zou dan in de regel gegeven worden.

Dat weten we, omdat naam en foto van een van ons al eens op de website van neonazi's aangetroffen is, met een soort signalement. Met daarbij de tip Obermaier eens met een bezoekje te vereren. Sindsdien staat de naam niet meer op de deur, het adres is bij de overheid afgeschermd voor iedereen van buiten die ernaar vraagt. Dat zal voortaan standaard zijn.

Maar nogmaals, we leven in Duitsland, een droomland voor verreweg de meeste onderzoeksjournalisten. Voor onze ICIJ-collega's in Afrika, het Midden-Oosten, Oost-Europa of Latijns-Amerika zullen de onderzoeksresultaten veel gevaarlijker zijn en de bedreigingen meer tot het dagelijkse leven behoren. Een Egyptische collega kreeg bijvoorbeeld al tijdens de publicaties rond de Swiss-leaks in februari 2015 een telefoontje van de geheime dienst: Wee uw gebeente, waarschuwde de man aan de andere kant van de lijn, als u over de volgende onderwerpen bericht. Er volgde een opsomming. De collega heeft de waarschuwing begrepen en er gevolg aan gegeven. Dat zouden wij waarschijnlijk ook gedaan hebben. We zijn tenslotte niet gek.

We hebben begrepen dat het toentertijd om een bepaald koningshuis in het Midden-Oosten ging. Ditmaal zit zo ongeveer elk vorstenhuis uit het Midden-Oosten in onze data, samen met Afrikaanse despoten, Oost-Europese oligarchen, leden van internationaal opererende maffiabendes en andere misdadigers. Een aantal mensen in het steeds groter wordende Prometheus-team zullen niet vrij kunnen berichten – anders krijgen ze problemen.

[ ]

Khadija Ismayilova kan niet eens meedoen aan het onderzoek, ze zit in een gevangenis in Azerbeidzjan. In 2013 hebben we met Khadija gewerkt aan de Offshore-leaks, ze onderzocht de offshoremedewerking van de familie van de president van Azerbeidzjan, Ilham Aliyev. Khadija werkte toen voor Radio Free Europe – inmiddels opgeheven – en het OCCRP, een samenwerkingsverband van onderzoeksjournalisten uit Zuid-Europa, de Kaukasus en Centraal-Azië. Ze doen wat lokale media nauwelijks meer doen, meestal uit angst voor represailles of economische druk: onderzoeken, onthullen en publiceren.

Een aantal leden van de familie van de president van Azerbeidzjan had volgens Khadija's Offshore-leaksonderzoek aandelen in brievenbusfirma's. Alleen al zijn twee dochters Arzu en Leyla hebben klaarblijkelijk in 2008 drie offshorebedrijven op de Britse Maagdeneilanden laten oprichten. De president zelf en zijn vrouw Mehriban – toch maar mooi een parlementslid – hebben in 2003 hun eigen offshorebedrijf gekregen: Rosamund International Ltd.

Wie in Azerbeidzjan zulke zaken onthult, loopt gevaar. Reporters Zonder Grenzen zet Azerbeidzjan in 2015 op de ranglijst van persvrijheid op plaats 162 van de 180 landen.

Khadija Ismayilova liet zich niet afschrikken, hoewel ze steeds bedreigingen kreeg. In 2013 verbleef ze korte tijd in de gevangenis, en toen ze in 2014 terugkeerde van een reis naar Europa, werd ze op de luchthaven van Baku urenlang door de douane vastgehouden. De beambten wilden de inhoud van haar USB-stick zien – ze weigerde, omdat daarvoor geen wettige grondslag was, en ze haalde de politie erbij. Later berichtte ze dat de USB-stick leeg was. Het ging Khadija om het recht.

In december 2014 werd ze opnieuw gearresteerd. Een van de beschuldigingen: ze zou haar ex-vriend tot zelfmoord gedreven hebben. Een absurde aanklacht, zeggen waarnemers, vrienden en collega's. 'Khadija Ismayilova is een hinderlijke boodschapper. Haar aanhouding past perfect bij de inspanningen van de regering van

Azerbeidzjan mensen tot zwijgen te brengen die kritisch tegenover het regime staan,' verklaarde Human Right Watch. 'Deze stap is van dezelfde signatuur als andere pogingen om de vrije media in Azerbeidzjan monddood te maken – Khadija Ismayilova is een van de laatste onafhankelijke stemmen in het land,' zegt Amnesty International.

In de zomer van 2015 werd ze in Baku tot 7,5 jaar gevangenisstraf veroordeeld. Enkele minuten na haar veroordeling plaatste het OCCRP een bericht op zijn website: 'Vandaag heeft de regering van Azerbeidzjan Khadija Ismayilova tot zeven jaar en zes maanden veroordeeld. De regering denkt dat dat ons ervan zal weerhouden door te gaan. Ze heeft het mis.'

Inderdaad vindt Miranda Patrucic, die samen met Khadija bij het OCCRP werkt, ook in onze data de familie van Ilham Aliyev, de alleenheerser van Azerbeidzjan. Khadija Ismayilova had met haar berichten gelijk. Niet dat we daaraan twijfelden. Maar wat we nu voor ons zien toont aan dat ze toentertijd alleen maar het topje van de ijsberg beschreven heeft.

Onze documenten bewijzen onder andere dat de vrouw van Aliyev en – o, ironie – de minister van Belastingen van Azerbeidzjan via een Panamese stichting invloed hebben gehad op het grootste ondernemingsconglomeraat van het land, de Ata Holding. Tot het concern behoren banken, hightechbedrijven, reisbureaus en verzekeringen – er is nauwelijks een sector waar het bedrijt zich niet in mengt. De winst van het concern ging, althans een tijd lang, via een gecompliceerd vlechtwerk van Britse en Panamese bedrijven en stichtingen ook naar twee dochters en een zoon van Aliyev.[59]

Bovendien vinden de collega's van het OCCRP twee tot dan toe onbekende bedrijven van Aliyevs dochters. Ze heten Kingsview Developments Limited en Exaltation Limited. Volgens de documenten werd het laatste bedrijf in 2015 opgericht om daarin Brits vastgoed van ruim een miljoen dollar te verbergen.

12. De miljoenen van Siemens

Terwijl we proberen alle sporen naar staatshoofden te volgen en niets te missen op ons forum, zijn we nog altijd op zoek naar Hans-Joachim K., de vroegere Duitse man van Siemens, op wiens bankrekening op de Bahama's klaarblijkelijk een half miljard in goud terechtgekomen is. We hebben intussen op internet zo vaak naar hem en het ontbrekende puzzelstukje gezocht en we hebben zo vaak de foto's van die lange, magere man met zijn schaarse haren en zijn bril gezien, dat we langzamerhand het gevoel krijgen dat we hem echt kennen. We weten dat hij aan het begin van het vorige decennium CEO van de Siemens-regio in de Andes is geweest, en van 2003 tot 2009 CEO van Siemens Mexico. Een gewichtige figuur. We weten ook dat hij nu als adviseur werkt, we hebben naar de video's van zijn publieke optredens gekeken, we hebben zijn persoonlijke gegevens opgespoord. Maar er ontbreekt iets.

We lopen nog eenmaal alle overschrijvingen na die verband houden met zijn bankrekening bij het filiaal van de Société Générale op de Bahama's. We hebben duidelijk iets over het hoofd gezien: naast de bevestiging van een ontvangst van rond 50.000 dollar in de lente van 2013 staat de aantekening: 'Overschrijving van Gillard Management'. Een nieuw aanknopingspunt.

We vinden in onze data inderdaad een bedrijf met de naam Gillard Management, en de man die het in de zomer van 2007 bij Mossack Fonseca heeft besteld, was Hans-Joachim K. Maar we zien in de digitale map van het bedrijf niet alleen hem, maar ook nog drie andere vroegere medewerkers van Siemens, voor een deel hooggeplaatsten. En ze hebben alle drie net als K. een zwarte kas in Latijns-Amerika beheerd, dat blijkt uit gerechtsdossiers van de Siemens-affaire: het gaat om een voormalige bedrijfsleider van de Siemens-vestiging in Mexico, een in Ecuador levende ex-Siemens-man, en een voormalig commercieel directeur van Siemens in Colombia.

Vier in deze affaire verwikkelde kaderleden van Siemens in één enkel offshorebedrijf?

We hebben meer achtergrondinformatie nodig. In de aanklacht tegen de vroegere baas van Siemens, Uriel Sharef, uit 2006, hebben we gezien dat ook tegen K. een proces is aangespannen. We zorgen dat we de dossiers krijgen en nemen honderden pagina's door. Daarin wordt beschreven hoe een hele ploeg leidinggevenden bij Siemens in Latijns-Amerika vele miljoenen uit de officiële kanalen van de onderneming heeft weggesluisd en naast de eigenlijke kas heeft beheerd – tot ongeveer tien jaar geleden klaarblijkelijk een gangbare praktijk. Die gelden werden als zwarte kas gebruikt, en men kon er vrij over beschikken – bijvoorbeeld om er 'adviseurs' mee te betalen, die het geld dan weer doorsluisden.

Drie van de vier mannen die we nu in de data vinden, geven tijdens hun ondervraging toe – soms concreet, maar meestal vaag – dat ze geld van Siemens via bankrekeningen bij verschillende banken hebben overgemaakt, van het ene offshorebedrijf naar het andere en terug. In de Casa Grande Development, die we maanden geleden al hebben gevonden, waren dientengevolge soms tientallen miljoenen euro gedeponeerd – als zwarte kas van Siemens in Colombia, Ecuador, Venezuela en Peru. K. bepaalde van 2001 tot 2003 als CEO van de 'Andesgroep' de activiteiten van Siemens in die vier landen. Onze documenten tonen nu niet alleen aan hoe die zwarte kas met behulp van Mossack Fonseca heropgericht werd, maar ook hoe na de onthulling van de Siemens-affaire rond 32 miljoen dollar via de trustafdeling van Mossfon teruggeheveld werd naar Siemens.

Nou ja. Dat Siemens een zwarte kas voor smeergeld heeft gehad, is op zichzelf geen verrassing meer. Maar vreemd is wel dat we in de onderzoekspapieren van de zaak-K. zo goed als niets kunnen vinden over Gillard Management.

Waarom was dat bedrijf dan nog jaren na de onthulling van de

Siemens-affaire actief? Waar kwam het geld vandaan? Waartoe diende het?

Het verhaal van Gillard Management begint op 28 augustus 2007. Een medewerkster van Mossfon noteert dat een collega van haar die dag in Panama 'señor K. (een vroegere klant van hem)' heeft ontmoet, en dat ze waren overeengekomen een offshorebedrijf op te richten waarvan de bankrekening zou worden beheerd door Mossack Fonseca. De gelden zouden 'mogelijk uit Luxemburg, Duitsland of Zwitserland' komen; er werd zo'n 2,2 miljoen dollar verwacht.

De geheimzinnigdoenerij rond Gillard Management is indrukwekkend. In de paar maanden dat we met de data bezig zijn geweest, hebben we zeker honderden bedrijven bekeken. Maar zo'n samenzweerderig spektakel zijn we tot dusverre nog niet tegengekomen: de mensen van Siemens ondertekenen hun mails hoogstzelden, en de medewerkers van Mossack Fonseca gebruiken bijna altijd afkortingen. Hans Joachim K. is 'señor K.', zijn collega's bij Siemens ondertekenen als 'L.L.' of 'De heer P.'. Bovendien gaat intern bij Mossfon de opdracht uit dat er geen documenten mogen worden gestuurd aan Hans-Joachim K., alles moet 'hier in het bedrijf blijven, tot er een nieuwe instructie komt'.[60]

Daarmee volgt 'señor K.' een oude richtlijn voor dubieuze zaken: 'Schrift is gif.'

Bovendien moet voor K. een versleuteld en anoniem e-mailadres worden aangemaakt 'om met ons te communiceren'. Dat gebeurt via een bedrijf dat voor de buitenwereld, op hun website, doet alsof het een heel gewoon im- en exportbedrijf is. In werkelijkheid is het van Mossack Fonseca. In de digitale mappen van Gillard Management zien we twee anonieme e-mailadressen van waaruit berichten worden verstuurd. Het ene heeft de codenaam 'Askaban', het andere 'Bruni'. Askaban is de naam van de tovenaarsgevangenis in de magische wereld van Harry Potter. Bruni is, dat ontdekken we bij het doornemen van de opsporingsstukken, de voornaam van de moeder van Hans-Joachim K.[61]

Een anoniem e-mailaccount?

De verklaring daarvoor is te vinden in een interne memo van

Mossack Fonseca: de klanten willen dat het onderwerp 'met de hoogste graad van vertrouwelijkheid' behandeld wordt.

Het geld moest dus naar het nieuw opgerichte bedrijf worden overgemaakt. Om sporen te vermijden werd er via de band gespeeld, via een trustcontract met Mossack Fonseca.

Maar natuurlijk heeft Gillard Management een bankrekening nodig, en voor een bankrekening heeft het weer een 'ware eigenaar' van het bedrijf nodig. De mensen van Siemens kiezen voor de reeds gepensioneerde man uit Ecuador, die bij Mossfon meestal L.L. genoemd wordt. De bankrekening moet geopend worden bij het Zwitserse filiaal van de Hamburgse privébank Berenberg, een bank waarmee Mossack Fonseca al vele jaren goede ervaringen heeft. Maar voor de Berenberg Bank is er dan wel een soort bewijs van goed gedrag van L.L. nodig.

Een Duitse man bij Mossack Fonseca, managing partner op de afdeling Vermogensbeheer, Mossfon-Asset-Management S.A. (MAMSA), neemt die taak op zich. Hij stelt een brief op waarin hij beweert dat 'het te storten bedrag' L.L.'s 'bij leven vergaard spaargeld en erfenis van zijn ouders' is.

Dat wekt verbazing. Dezelfde medewerker van Mossack Fonseca had in een van de eerste mails over de oprichting van Gillard Management gedecideerd gezegd dat de gelden voor de bankrekening uit een andere bron kwamen. En als de bankrekening inderdaad voor het 'bij leven vergaarde spaargeld en erfenis van zijn ouders' bedoeld was, waarom gingen de gelden van de bankrekening dan later naar Siemens?

Ook intern, bij Mossack Fonseca, lijkt de constructie als eigenaardig te worden gezien. Een leidinggevend medewerker spreekt van een 'significant risico' waaraan Mossfon door dat bedrijf is blootgesteld, en van 'delicate transacties'. Hij pleit er echter niet voor om klanten om die reden af te wijzen – maar om hogere kosten in rekening te brengen. Ten slotte wordt besloten de eigenaren van het advocatenkantoor te laten oordelen of de nieuwe klant 'meneer L.L.' acceptabel is – geen standaardprocedure. De leiding moet beslissen, en dat doet ze ook. Jürgen Mossack stemt met een eenregelige e-mail in.[62]

Na de oprichting storten de mensen van Siemens, zo zien we in de data, miljoenen op de bankrekening bij de Berenberg Bank. Ze openen zelfs nog twee andere rekeningen, bij de Société Générale Singapore en bij het Panamese Financial Pacific. Reden: bij een ontmoeting in februari 2008 in een winkelcentrum in Panama-stad leggen K. en L.L. hun Mossfon-contact uit dat ze hun bedenkingen hebben over de bankrekening in Zwitserland. Een andere Zwitserse bankrekening van hen was namelijk even daarvoor door de autoriteiten bevroren wegens verdenking van witwassen.[63]

Op dat moment loopt echter ook al het eind 2006 gestarte onderzoek van de officier van justitie naar de Siemens-affaire, en Hans-Joachim K. wordt langzaam in het nauw gedreven. Het Openbaar Ministerie heeft allang ontdekt dat Siemens in Zuid-Amerika een zwarte kas heeft aangelegd. En in die regio had K. sinds 1996 bijna onafgebroken een leidinggevende positie. Hij besluit om zich vrijwillig bij justitie in Duitsland te melden. Op dinsdag 10 juni 2008 verschijnt Hans-Joachim K. om 13.00 uur bij het Openbaar Ministerie München I, samen met zijn advocate. Hij praat bijna drie uur met de opsporingsambtenaren.

Nog diezelfde dag, slechts enkele uren na het verhoor, schrijft de Duitse contactpersoon van Mossfon duidelijk teleurgesteld een groepsmail: hij heeft 'vandaag een slecht bericht gekregen van de heer K.', en hij zegt dat de Siemens-gelden nu misschien toch naar Duitsland terug moeten. Dat betekent 'dat we die gelden en de klant Gillard zullen verliezen'.

Let wel: het nieuwtje is uitdrukkelijk *niet* dat Mossack Fonseca klaarblijkelijk geholpen heeft zwarte Siemens-miljoenen te verstoppen.

Het nieuwtje is veeleer dat nu de kans bestaat dat die gelden terug moeten en dat Mossfon die zaak dan kwijtraakt.

K. en zijn adviseur bij Mossack Fonseca besluiten dat K. zo snel mogelijk naar Panama moet komen om tijdens een middagetentje in hotel Bristol de zaak te bespreken. Het plan is als volgt: eerst moeten alle drie lopende bankrekeningen van Gillard Management worden opgeheven. Vervolgens moet het geld via de trustafdeling van Mossfon aan Siemens worden doorgestuurd en moet Gillard Management worden opgeheven.[64]

Dat klinkt voorbeeldig, en ook de verklaringen van Hans-Joachim K. bij het Openbaar Ministerie zijn kennelijk geloofwaardig: in 2012 seponeert het Openbaar Ministerie in München de gerechtelijke procedure tegen hem wegens kwade trouw volgens paragraaf 153a van het Wetboek van Strafvordering, in ruil voor een betaling van 40.000 euro. De ernst van het vergrijp stond seponering niet in de weg. K. had steeds weer verklaard, net als bijna al zijn collega's bij Siemens, dat er weliswaar miljoenen gegeven waren aan 'adviseurs' ter bevordering van de zaken, maar of die 'adviseurs' politici en andere beleidsmakers omgekocht hadden? K. verklaart dat hij 'niet gelooft dat die bedragen zijn gebruikt ter "verdeling" aan opdrachtgevers'.

Steeds weer benadrukt K. ook dat hij er altijd naar heeft gestreefd het zwarte geld weer naar Siemens te laten terugvloeien. In werkelijkheid had Hans-Joachim K. eind 2006 al contact gezocht met de afdeling Compliance van Siemens, gesproken over een zwarte kas en gevraagd hoe hij die in de reguliere boekhouding kon laten lopen. Even tevoren, in november 2006, waren er vanuit justitie grote invallen bij Siemens geweest.

In juli 2010 kreeg Hans-Joachim K. een officiële bevestiging van Siemens, volgens welke 'alle door de heer Hans K. beheerde en in verband met het bedrijfsinterne en justitiële onderzoek aangetoonde geldbedragen uiteindelijk door hem op de rekeningen van Siemens AG zijn overgeschreven'.

Maar hoe kon Siemens weten hoeveel geld er nou echt in de zwarte kas zat? In het politieverhoor variëren de saldo's van afzonderlijke rekeningen van 35 tot 55 miljoen dollar – al naargelang de persoon die op dat moment door de ambtenaren wordt ondervraagd. Het Openbaar Ministerie maakt er geen groot geheim van dat het niet precies kan zeggen waar al die miljoenen van Siemens die in de zwarte kas belandden vandaan kwamen en of na de onthulling van het schandaal echt alles weer bij Siemens is terechtgekomen. In het verhoor hecht K. er waarde aan te zeggen dat hij 'niets in eigen zak' heeft gestopt. Het Openbaar Ministerie volgt – ook bij gebrek aan andere aanwijzingen – zijn verklaring en neemt ten gunste van de beschuldigde aan dat hij 'een volledige teruggave' mogelijk heeft gemaakt.

We controleren die inschatting met behulp van onze stukken.

Vanaf de belangrijkste bankrekening van Gillard Management bij de Panamese bank Financial Pacific (de rekening komt identificeerbaar voor in het proces-verbaal van K. in het dossier van de Beierse recherche) gaat in het kader van de teruggave zo'n 4,1 miljoen dollar naar de reguliere bankrekeningen van Siemens. De dubbelzinnige reden van betaling luidt: schulden uit 'vroegere zaken' van Gillard Management en Siemens. Maar de bankrekening is daarmee niet leeg: er blijft zo'n twee miljoen dollar achter. Later gaat dat bedrag naar een nieuwe bankrekening van Gillard Management bij een privébank in het dwergstaatje Andorra, de Andbank.

Pas als in 2012 het proces tegen hem wordt geseponeerd – hij werkt dan al drie jaar niet meer bij Siemens, hij is zelfstandig adviseur geworden – laat Hans-Joachim K. het geld door Mossack Fonseca verdelen. Het leeuwendeel – iets meer dan twee miljoen – gaat naar een bankrekening op nummer bij de UBS in Zürich; als ontvanger wordt een UBS-bankmedewerker genoemd. Die was in de zomer van 2010, aldus de bewijsstukken, een van K.'s 'adviseurs' bij de bank geweest, toen K. rond veertig miljoen euro uit een andere zwarte Siemens-kas door de UBS liet terugstorten naar Siemens.

Het was nog bijna mislukt de twee miljoen over te schrijven naar de UBS-bankrekening op nummer. De afdeling Compliance van Mossack Fonseca lag dagenlang dwars: ze hadden te weinig informatie over de ontvanger, en ze hadden in elk geval al helemaal niet de verplichte kopie van zijn paspoort. De internationale richtlijnen ter bestrijding van witwassen schrijven bij verdacht hoge bedragen bijzondere voorzorgsmaatregelen voor. Maar de accountmanager van K. veegt alle bezwaren van tafel.

De leiding van het advocatenkantoor wordt volgens onze documenten per e-mail op de hoogte gebracht van de transactie en geeft akkoord. Toch vraagt een collega van Mossfon nogmaals waarvoor het geld bedoeld is. Korte tijd later neemt K.'s adviseur contact op met Mossfon en zegt dat hij met zijn opdrachtgever gesproken heeft – maar die 'weet niet wat de begunstigde met de overschrijving doet'. Mogelijk is het geld 'ter opening van een nieuwe bankrekening' of 'worden de gelden verdeeld'.

Met de kennis van nu is het verbazingwekkend dat er nooit over gesproken is dat het geld naar Siemens zou teruggaan.

Vanuit het toenmalige perspectief is het verbazingwekkend dat de overschrijving plaatsvond, hoewel Mossfon klaarblijkelijk slechts schaarse informatie over de begunstigde had. Maar de twee miljoen gaan naar Zürich – en ongeveer 75.000 dollar gaat naar Mossack Fonseca. Provisie.

Wij vragen bij UBS na of de bank op de hoogte is van die schommelingen in de hoogte van de bankrekening, of de bankrekening inderdaad van de medewerker van UBS is en of die zaak intern is onderzocht. Het is niet erg verrassend dat we de mededeling krijgen dat het 'om wettige en regulerende redenen' niet mogelijk is 'in te gaan op afzonderlijke cliënten of transacties'. Zodoende kon de UBS ook niet bevestigen of ontkennen dat de bankrekening van de accountmanager was.

We vinden ook de accountmanager, die intussen niet meer bij de bank werkt. Hij laat ons vriendelijk maar duidelijk weten dat hij over de gebeurtenissen niets kan meedelen – behalve dat hij privé nooit heeft geprofiteerd van Siemens-gelden.

Dat begrijpen we wel. Waarom zou een bankmedewerker dubieus geld laten overmaken uitgerekend naar een bankrekening bij zijn eigen bank? Maar als het geld niet naar de medewerker ging – naar wie dan wel?

Naar Siemens? Dat kunnen we praktisch geheel uitsluiten. In 2012 was de teruggave volgens K. en Siemens allang geschied. Siemens bevestigt tegenover ons nogmaals nadrukkelijk dat na 2010 alleen nog zwart geld is teruggegeven dat eerder in Zwitserland bevroren was geweest. De bankrekeningen van Gillard Management waren niet bevroren, ook niet in Zwitserland.

We zijn nog steeds niet verder.

Maar wat we wel zien: als het geld naar de vreemde UBS-bankrekening op nummer is overgemaakt, staat er nog steeds 70.000 dollar op de rekening. K. laat via een opdracht per e-mail 20.000 overschrijven naar zijn vroegere collega bij Siemens, die de afkorting L.L. draagt.[65] En wat de resterende 50.000 betreft, merkt zijn adviseur bij Mossack Fonseca bij wijze van spreken met een knipoog op dat 'de bank al was meegedeeld' dat het bedrag 'ten gunste van een "vriend" betaald wordt'.[66]

Die 'vriend' is Hans-Joachim K. zelf. Het is de transactie die ons op het spoor van Gillard Management heeft gezet, de 'overmaking van Gillard Management' in het voorjaar van 2013.

Bij een verhoor door het Openbaar Ministerie in München had K. een paar jaar eerder nog verklaard 'nooit privégeld van de bankrekeningen te hebben gehaald'.

We krijgen Hans-Joachim K. ten slotte aan de telefoon. Hij zegt dat aangetoond kan worden dat hij Gillard Management niet kent – hoewel hij aan het Openbaar Ministerie zelfs het rekeningnummer van een van de bankrekeningen van Gillard heeft genoemd. Ook wist hij niets van die overschrijvingen. Wel was in 2014 zijn mailaccount gehackt, dus we zouden wel het slachtoffer zijn geworden van verkeerde informatie. K. mailt ons later zelfs het dossiernummer, en uit een check blijkt dat het correct is. Maar er is nooit enig onderzoek naar gedaan. En vooral: de gebeurtenissen die wij constateren, zijn veel ouder dan 2014, en K.'s e-mails zijn afkomstig van verschillende e-mailaccounts.

K. laat onze vragen meestal afketsen door te wijzen op de hem aangegeven 'hack' van zijn mailaccount – en als we hem ten slotte confronteren met zijn contactpersoon bij Mossfon en zijn vermoedelijke handlanger, beëindigt K. het telefoongesprek. Als we hem per e-mail uitvoeriger beschrijven dat we het vermoeden hebben dat hij geld uit de kas van Siemens heeft verdeeld over dubieuze ontvangers, horen we aanvankelijk niets meer van hem.

Maar er stond niet alleen nog geld op de bankrekening van Gillard Management. Ook Casa Grande Development, het bedrijf dat in de gerechtelijke stukken wordt genoemd, had nog enig vermogen.

Uit Casa Grande kwam een aanzienlijk deel van de 32 miljoen Amerikaanse dollar die via Mossfon terugging naar Siemens, en na de zogenaamd complete teruggave was er nog zo'n driekwart miljoen dollar over.

Een van K.'s ex-collega's bij Siemens – hij wordt intern bij Mossfon afgekort tot RPS – heeft het kennelijk op dat bedrag voorzien. En RPS is bij dat alles verbazingwekkend open met zijn Duitse vertrouwensman bij Mossfon. Hij schrijft dat zijn 'oude kameraad' een 'financieel gat' van ruim een half miljoen bij hem heeft achtergelaten, en 'ze erkennen er geen cent van', 'ik heb dringend cash nodig'.

Hij laat klaarblijkelijk zo'n 420.000 dollar naar zichzelf overschrijven en verzoekt als onderwerp 'grondbelasting' te noteren. Op de rekening staat echter 'adviserende en administratieve diensten'. Vreemd, temeer daar hij de volgende 100.000 dollar aan zichzelf 'leent'. Een terugbetaling kunnen we in onze stukken over Casa Grande niet vinden. Er volgen 45.000 dollar, waar hij om verzoekt wegens een 'te zware schuldenlast' en die als 'overdrachtsbelasting' worden omschreven, en nogmaals 40.000 dollar 'om een tekort aan contanten weg te werken', en zo gaat het maar door.[67]

In totaal zien we rond de 2,8 miljoen dollar, die kennelijk lang na de vermeende afsluitende teruggave van de vroegere zwartgeldrekeningen van Siemens werden afgeboekt.

K.'s 50.000 dollar gaat in maart 2013 naar de bankrekening bij de Société Générale op de Bahama's – waarop in november 2013 volgens onze documenten ook de 484 miljoen dollar in goud terechtkomen. De bankrekening blijft daarna actief, we zien steeds weer hoge bij- en afschrijvingen.

In een van de laatste ons toegestuurde bestandspakketten van onze bron zullen we een afrekening van Vermogensbeheer van Mossfon met Hans-Joachim K. aantreffen. Eind 2014 staan de bijna 500 miljoen dollar niet meer op de rekening. De transactie blijft een raadsel.

Was het een tikfout? Heeft een medewerker van Mossfon per ongeluk de verkeerde valuta aangeklikt? Was het een verkeerde overschrijving? Of heeft K. het geld allang doorgestuurd?

Op onze vraag naar de 500 miljoen verklaart Hans-Joachim K. eerst per e-mail dat hij in zijn leven 'nog nooit zoiets absurds' heeft meegemaakt. Hij zegt niet of de bankrekening van hem is. Telefonisch bevestigt hij dat het zijn bankrekening was, hij bevestigt ook andere bijschrijvingen die we in hetzelfde document vinden. Maar hij blijft erbij dat op zijn bankrekening op de Bahama's nooit dat soort hoge bedragen zijn binnengekomen – en hij zegt opnieuw dat hij gehackt is, onze informatie is vals. We vragen hem om een overzicht van bij- en afschrijvingen in de omstreden maanden – en Hans-Joachim K. zegt dat hij een overzicht bij zijn bank zal opvragen. Tot het ter perse gaan van dit boek zijn die afschriften niet bij ons binnengekomen.

Ons bereikt wel iets anders: spectaculaire nieuwe informatie. Iemand van binnen de UBS verzekert ons op geloofwaardige wijze dat de overschrijving van twee miljoen naar de Zwitserse bankrekening op nummer bij de UBS heeft plaatsgevonden – met details die we in ons gesprek met de bron niet hadden genoemd, zoals de dag van de overschrijving, het bedrag, en de afzender, namelijk Gillard Management. Onze bron noemt alleen een andere naam als eigenaar van de bankrekening. De bankrekening is niet van de UBS-medewerker, maar van Hans-Joachim K. zelf!

Hoewel in de overschrijvingen van Mossfon duidelijk de naam van de bankmedewerker als begunstigde stond? Onze bron binnen UBS verklaart dat het er in wezen niet toe doet wie er als bankrekeninghouder staat vermeld, in veruit de meeste gevallen wordt bij een overschrijving alleen het rekeningnummer gecontroleerd, niet de naam. We doen navraag bij bankspecialisten en ze bevestigen allemaal dat de naam van de rekeninghouder inderdaad niet doorslaggevend is, wel het rekeningnummer. En dat – aldus de bron binnen UBS – hoort in dit geval bij een bankrekening van Hans-Joachim K.

Als dat klopt, dan heeft hij – na het seponeren van de gerechtelijke vervolging tegen hem – het resterende zwarte geld van Siemens gewoon naar zijn eigen bankrekening overgeschreven. De twee miljoen stonden eerst immers op een bankrekening die K. zelf bij het Openbaar Ministerie had aangegeven als een zwartgeldrekening.

We schrijven K. nogmaals een e-mail, waarin we hem gedetailleerd vragen naar de wellicht verduisterde twee miljoen. Geen antwoord. In een volgende e-mail vragen we naar de Zwitserse rekening op nummer. Maar Hans-Joachim K. reageert niet meer.

13. Helpers en handlangers

[john doe]: Wat zal er met Mossack Fonseca gebeuren als het allemaal wordt gepubliceerd?

[sz]: Ik denk dat het bedrijf dan in de problemen komt. Iedereen die in de geheimhoudingsbusiness zit en zoveel geheime data kwijtraakt, kan op veel narigheid rekenen. Niet alleen van zijn klanten.

[john doe]: En Jürgen Mossack en Ramón Fonseca? Zullen ze echt worden gearresteerd en uitgeleverd, of zullen ze proberen te vluchten en zich te verstoppen?

[sz]: Ik denk het niet. Panama heeft zijn wetgeving, als we het goed begrijpen, behoorlijk goed op dat soort business toegesneden. Het overtreden van sancties niet meegerekend. En de Panamese autoriteiten moeten de twee willen vervolgen – wat te betwijfelen valt.

[john doe]: Maar Jürgen Mossack is Duitser.

[sz]: Misschien kan hij beter niet meer al te vaak op reis gaan. Maar als hij in Panama blijft, zal hij weinig te vrezen hebben.

[john doe]: Treurig, maar waarschijnlijk hebben jullie gelijk. Worden jullie als journalist niet woedend dat dat soort mensen de dans ontspringt?

[sz]: Ja, maar strafvervolging is niet onze taak.

Het is augustus geworden, en de hoeveelheid data is tot meer dan 2 terabyte aangegroeid. In deze maanden hebben alleen wij twee al ons door honderden bedrijven en duizenden e-mails heen geklikt. Intussen zoeken meer dan honderd collega's in ruim vijftig landen mee. In totaal hebben de Prometheus-speurders waarschijnlijk al een vijfcijferig getal aan bedrijfsmappen geopend en bekeken. Het beeld van Mossack Fonseca dat zo is ontstaan, is diametraal tegenovergesteld aan het beeld dat het advocatenkantoor zelf probeert te verspreiden: te oordelen naar alles wat wij en onze collega's zien, is het bedrijf juist geen gewoon advocatenkantoor, dat af en toe de onvermijdelijke pech heeft met onrechtmatig handelende klanten te maken te hebben. Veeleer is het een bedrijf dat voor de buitenwereld opereert met welluidende begrippen als compliance en due diligence – maar vanbinnen kennelijk niet zo zuiver op de graat is.

Een goed voorbeeld daarvan is de rol van Mossack Fonseca in de Siemens-affaire inzake de zwarte kas in Latijns-Amerika. Daar speelt Mossfon in wezen slechts een bijrol, de drijvende krachten zijn de managers van Siemens. Maar het advocatenkantoor helpt de managers niet alleen het zwarte geld te verspreiden over legale kanalen, maar laat ook terloops zien wat hun zogenaamde ijzeren principes voorstellen: niet veel.

Als Mossack Fonseca in de afgelopen jaren door journalisten werd aangevallen, liet het bedrijf standaard weten dat ze zelf geen contact hebben met de eindklant, geen banktransacties voor eindklanten verrichten en zich geheel wijden aan de 'hoogste standaard' van due diligence, dus de plicht tot zorgvuldigheid. Bovendien zouden ze nooit onrechtmatige handelingen tolereren, laat staan ondersteunen.

Als we die standpunten lezen zijn we nog altijd sprakeloos, hoewel we na al die maanden allang hadden kunnen wennen aan dat soort smoesjes. Maar het zelfbewustzijn waarmee Mossack Fonseca haar handelen schoonpraat, is telkens weer verbazingwekkend.

De adviseurs van Mossfon kenden managers van Siemens die handelden – eindklanten dus – persoonlijk en ontmoetten hen overduidelijk in Panama, bijvoorbeeld in een hotel of een winkelcentrum. De adviseurs van Mossfon hebben voor individuele personen en voor de verschillende betrokken brievenbusfirma's aantoonbaar bankoverschrijvingen verricht. Ze hebben als 'derde partij' zelfs bankrekeningen voor zwart geld van Siemens geopend, beheerd en later weer opgeheven. In 2012 hebben ze nog zo'n twee miljoen dollar overgemaakt naar een UBS-rekening op nummer, zonder hun due diligence serieus te nemen.

De contactpersoon bij Mossack Fonseca veegde het bezwaar van een Mossfon-collega, dat Siemens-manager Hans-Joachim K. in een smeergeldaffaire verwikkeld was, van tafel met de dooddoener dat dat ouwe koek was. Maar de miljoenen in de bedrijven van die ex-manager van Siemens konden zich juist ophopen door die ouwe koek.

Alleen al in deze zaak negeert Mossack Fonseca zoveel waarschuwingssignalen dat het bijna eng wordt: een deel van de betrokkenen was niet bereid voldoende informatie over zichzelf te geven, ze gebruikten meerdere bankrekeningen, ze gedroegen zich verdacht, gaven tegenstrijdige verklaringen over de herkomst van het geld, en waren zelfs al in verband gebracht met verdenkingen van financiële delicten. Die waarschuwingssignalen, waar witwasexperts steeds weer op wijzen, leert iedereen die in een bank ook maar enige verantwoordelijkheid krijgt te duiden. Ook Mossack Fonseca is niet naïef: we ontdekken dat een dochteronderneming van Mossfon zelfs studieconferenties over de bestrijding van witwaspraktijken aanbiedt.

En toch negeren mensen van Mossfon keer op keer dat soort signalen.

De zaak Siemens toont aan hoe weinig Mossfon geïnteresseerd is in de vraag of er in de door hen beheerde bedrijven dubieuze dingen gebeuren. Op zijn laatst sinds medio 2008 hebben de mensen van Mossfon al kennis gehad van een twijfelachtige kas bij Siemens. Maar Mossack Fonseca heeft zijn mandaat niet opgegeven. Integendeel, de medewerkers hielpen blijkbaar bij het heen en weer schuiven van geld: K.'s vertrouwenspersoon bij Mossfon gaf tegenover de Berenberg Bank duidelijk verkeerde informatie over de oorsprong van het geld – en werknemers van Mossfon maakten dat geld van de ene bankrekening naar de andere over en uiteindelijk naar Hans-Joachim K. zelf en naar een andere collega bij Siemens.

Dat deed Mossack Fonseca allemaal met een vakkundige versluiering van verraderlijke details, met gebruikmaking van codewoorden, afkortingen en zelfs anonieme e-mailadressen.

Maar de mensen van Mossfon gedragen zich niet alleen in de zaak Siemens zo verdacht. We vinden tientallen zaken waarin de afdeling Vermogensbeheer van Mossfon de eindklant – met wie het advocatenkantoor naar eigen zeggen nooit van doen heeft – anonieme e-mailadressen geeft. Die adressen eindigen op '@tradedirect.biz', een mailservice waarvan we nooit eerder gehoord hadden. Op de internetsite www.tradedirect.biz biedt het bedrijf 'global trade and professional consulting' aan, met naar eigen zeggen de focus op 'international exporting and importing'. In feite is er maar één link die op de site de aandacht trekt: 'secure email'. Wie daarop klikt, komt meteen terecht op de aanmeldpagina van een gewone Outlookserver. Precies dezelfde overigens als die van de *Süddeutsche Zeitung*. Maar als je daar inlogt, in welk systeem kom je dan terecht?

Na wat verder onderzoek in de data weten we het: het is een interne mailserver van Mossack Fonseca. Na enig zoeken is duidelijk dat Trade Direct International, waarvan het laatste deel van het e-mailadres door veel Mossfon-klanten voor hun heimelijke communicatie wordt gebruikt, thuishoort in de Mossack Fonseca-kosmos. De aandelen van Trade Direct International zijn volgens onze gegevens in het bezit van Jürgen Mossack en Ramón Fonseca via een schijnfirma, Serena Services LLP, die gevestigd is in Groot-Brittannië. De website, waarop gesproken wordt over import en export, lijkt louter een façade te zijn.[68]

We vinden interne e-mails waarin nauwkeurig is vastgelegd hoe klanten er kunnen inloggen. De e-mails beschrijven de onder schuilnamen aangemaakte klantadressen (bijvoorbeeld 'winniepooh@

tradedirect.biz'), de beeldschermnamen ('Winnie Pooh'), de gebruikersnamen ('winnie') en de wachtwoorden ('win48491'). We zouden theoretisch op tientallen clandestiene e-mailadressen kunnen inloggen. Dat doen we natuurlijk niet, hoe verleidelijk het ook is.

[ ]

De pseudo-identiteiten getuigen vaak van een bizarre smaak; naast 'Winnie Pooh', de beer uit de tekenfilm van Walt Disney, vinden we de tovenaarsleerling 'Harry Potter' en 'Daniel Radcliffe', de acteur die beroemd werd om zijn rol van Harry Potter. Andere aliassen luiden 'fighter', 'panama', 'oktoberfeest', of zelfs 'vader', 'dochter' en 'zoon'.

En het wordt nog gekker: net als in een slechte detective spreken de adviseurs van Mossfon hun klanten in de e-mails ook inderdaad met hun schuilnaam aan:

'Beste Harry.'

'Hallo zoon.'

'Hallo vader.'

Onze favoriete zin komt uit een e-mail aan 'Winnie Pooh': 'Ik beroep me op mijn ontmoeting met Harry Potter.'

'Harry Potter' is overigens een succesvolle Amerikaanse advocaat, 'vader' ook, 'Winnie Pooh' een vrouwelijke manager. En 'fighter', 'vechter'? Een voormalige wereldkampioen boksen...

De e-mails van de klanten komen via de verbinding met de interne server van Mossfon inderdaad alleen met de schuilnamen bij de medewerkers van Mossfon aan, zodat we steeds moeten uitzoeken wie achter 'vader', 'Harry Potter' of 'Bruni' schuilgaat. Opvallend is ook dat klanten met een anoniem e-mailadres bij het vreemde Trade Direct-bedrijf van Mossack Fonseca heel vaak een probleem lijken te hebben met niet-gedeclareerd geld. Maar nog interessanter is dat hun respectievelijke adviseurs bij Mossack Fonseca niet zelden op de hoogte lijken te zijn van die problemen...

Een paar voorbeelden.

Een klant meldt zich, omdat hij een paar cheques ter waarde van zo'n 100.000 dollar wil inwisselen, maar graag 'zonder connectie' met zichzelf of zijn bedrijf. Elke beginnende bankbediende zou dan de vraag stellen: Waarom wilt u dat?

Maar de adviseurs van Mossack Fonseca worden inventief in het aan de hand doen van de beste oplossing aan de klant: een van de voorstellen is het geld in een anonieme stichting onder te brengen, die dan aandelen van een bedrijf koopt, en die stichting doet dan een schenking aan de klant. Of, raadt een van de advocaten van Mossfon aan, er kan een offshorebedrijf worden opgericht, en in de statuten kan dan worden opgenomen dat 'dat bedrijf ABC ook zaken doet onder de naam XYZ en BLA'. Dan kan hij de bankrekening op een van die andere namen laten lopen.

Voor twee andere klanten komt een adviseur van Mossfon met een soortgelijk voorstel. Klant 1 wil graag heel veel geld vanuit de VS naar het buitenland sluizen. Klant 2 wil graag zijn geld vanuit Singapore op nette wijze naar de VS zien te krijgen. Het idee van Mossack Fonseca: de klanten maken het geld aan elkaar over, klant 2 800.000 dollar van zijn bankrekening in Singapore op een bankrekening van klant 1 in Zwitserland, klant 1 binnen de VS van zijn bankrekening op die van klant 2. Dan hebben ze beiden 800.000 dollar op de plek waar ze het geld graag willen hebben. Maar de man van Mossfon wijst er wel op dat er 'nog een reden' moet zijn voor de overschrijving van klant 1 naar klant 2 binnen de VS. Misschien een soort 'service agreement', zodat klant 1 klant 2 betaalt voor – nooit geleverde – diensten.

Mossfon stelt dus inderdaad voor om een schijnovereenkomst op te stellen. Een aanwijzing dat er zaken verdoezeld worden.

De pijngrens van Mossack Fonseca is verbazingwekkend laag. Ze adviseren de klant met het alias 'dochter' zelfs om de referentiebrief voor een overschrijving naar Zwitserland te richten aan Mossfon, want Mossack Fonseca 'is een advocatenkantoor. Zo hoeft niet de schijn of de gedachte op te komen dat u geld het land uit brengt.' Mossfon helpt dus mee aan het opbouwen van een façade. En belooft dat 'we hoe dan ook proberen compliance te voorkomen'.

Pardon? Compliance voorkomen?

Als dat soort voorbeelden zo heel af en toe zou voorkomen, waren ze wellicht verklaarbaar, namelijk als het falen van een enkeling. Maar het zijn geen uitzonderingen. We zien telkens weer dat Mossack Fonseca meedoet aan verdachte transacties of ingaat op verdachte verzoeken.[69]

[ ]

We stuiten bijvoorbeeld op de zaak van een vroeger bestuurslid van Siemens. Hij gebruikte Mossack Fonseca kennelijk om op discrete wijze geld vanuit Zwitserland naar Panama te krijgen. Enkele dagen nadat eind november 2012 het belastingakkoord met Zwitserland in de Bondsraad was gestrand – daarin was voorzien dat belastingontduikers anoniem en ongestraft zouden blijven – kwamen er e-mails bij Mossfon binnen waarin zijn naam werd genoemd. De accountmanager van een klant van de Andbank in Andorra verklaarde dat hij gebruik wil maken van de escrowservice van Mossfon – dus geld via Mossack Fonseca naar elders overboeken.

De klant heeft door zijn business in de VS en Zweden vermogen opgebouwd, zo staat te lezen in een mailcorrespondentie van december 2012. Op een paar Zwitserse bankrekeningen staat iets meer dan 2 miljoen euro en ruim een miljoen Zwitserse frank. Dat geld wil de voormalige manager bij Siemens volgens de e-mails overmaken naar een beleggingsrekening van de Andbank in Panama. In de stukken vinden we ook een kopie van zijn paspoort, dat tot 2014 geldig is, en een aanbevelingsbrief van een vermogensbeheerder in Zürich, waarin staat dat de vroegere man van Siemens sinds 2008 klant is en een 'serieus en achtenswaardig persoon'.

In meerdere tranches ging het geld van een rekening die volgens de stukken niet op zijn naam stond maar op die van een brievenbusfirma, naar een trustmaatschappij, die het weer overmaakte naar de Andbank in Panama – in handen van weer een andere trustmaatschappij. Dat is een bedrijf van Mossack Fonseca. Vanaf die bankrekening, aldus de instructies aan Mossack Fonseca, moesten de miljoenen meteen worden overgemaakt naar de rekening van de 'eindklant'. Maar er moest op worden gelet dat de naam van de rekeninghouder in geen geval op het overschrijvingsformulier werd vermeld.

Op die manier ging er in december 2012 in totaal zo'n drie miljoen euro van Zwitserland naar Panama, zonder dat voor de buitenwereld de naam van de vroegere man van Siemens zichtbaar werd. Maar intern bij Mossack Fonseca is de eindontvanger duidelijk bij name genoemd.

Waarom maakte die 'serieuze en achtenswaardige persoon' het geld niet zonder omwegen over naar een beleggingsrekening in Panama? Waarom werd een veel gecompliceerdere en ook duurdere weg gekozen? Mossack Fonseca bracht voor de geheimzinnige geldtransfer 0,5 procent van het overgemaakte bedrag in rekening, bij zo'n drie miljoen euro dus ongeveer 15.000 euro. 15.000 euro voor een overboeking die met een simpele overschrijving kan worden afgewikkeld en die bij de meeste banken zelfs gratis is.

Maar een overschrijving zou misschien niet verborgen zijn gebleven voor de belastingdienst – en daarmee ook niet de naam van het voormalige bestuurslid van Siemens.[70]

[ ]

De normale business van Mossack Fonseca is niet de trustservice waar het vroegere bestuurslid van Siemens bijvoorbeeld gebruik van heeft gemaakt, maar de massale verkoop van schijnfirma's en stichtingen aan institutionele tussenpersonen. Die tussenpersonen leveren de ondernemingen door aan hun klanten – in het taalgebruik van Mossfon: de eindklanten. In die corebusiness van Mossfon gaat het niet om astronomische vermogens, en er worden geen Harry Potter-mailadressen uitgedeeld. In die ondernemingen stalt de normale, belasting minimaliserende makelaar, tandarts of ondernemer zijn geld. Inderdaad weet Mossack Fonseca over die mensen meestal tamelijk weinig, uit interne stukken van Mossfon is zelfs af te lezen dat het van duizenden offshorebedrijven niet eens de eigenaar kent.

Maar wat ze bij Mossfon vaak heel goed weten zijn de redenen waarom banken en vermogensbeheerders die brievenbusfirma's nodig hebben. Want als verkopers komen de medewerkers van Mossfon hun klanten natuurlijk steeds weer tegen, vooral de regionale verkopers van brievenbusfirma's in landen als Zwitserland, Luxemburg of Groot-Brittannië.

Van zulke gesprekken doen de mensen van Mossack Fonseca verslag, schriftelijk, in daarvoor bestemde ruimtes in het interne computersysteem. De berichten die wij onder ogen krijgen zouden nauwelijks duidelijker kunnen zijn: daar zijn tientallen malen opmerkingen te vinden over banken met klanten die 'ongedeclareerd geld' hebben – en die wat geheimhouding betreft heel 'gevoelig' zijn. Bij een van de klanten noteren de adviseurs dat 'zijn klanten in de regel hun vermogen willen verstoppen voor vroegere echtgenotes en de belastingdienst'. En zo gaat het maar door. Dan zijn er nog ettelijke berichten waarin openlijk vastgelegd wordt dat de in 2005 aangenomen Europese renteaftrekbelasting de zaken met deze of gene klant zou stimuleren. Die belasting geldt namelijk alleen voor bankrekeningen van EU-burgers, niet voor bankrekeningen van Panamese bedrijven. De invoering van die belasting was voor bedrijven als Mossack Fonseca een soort turbobooster: alleen al in Zwitserland nam het aantal bankrekeningen van offshorebedrijven met 10 procent toe. Het aantal privérekeninghouders nam navenant af. Dat doet het vermoeden rijzen dat velen een brievenbusfirma hebben opgericht opdat de rekening niet op naam van henzelf staat, maar op naam van een anoniem bedrijf, waaraan je bij twijfel niet kunt zien wie de eigenaar is.

In de memo's van Mossfon komen de laatste jaren ook steeds weer licht gedeprimeerde notities voor over banken die amper meer zwart geld beheerden en daarom als klant niet meer in aanmerking kwamen.

In diverse gevallen hebben we kunnen constateren dat banken die hun rol als medeplichtige amper verdoezelden, door Mossfon niet geweigerd werden, en ook hun klanten niet. Men stond ze veeleer met raad en daad terzijde: Mossfon deelde mee welke belastingparadijzen voor welke behoefte het beste was en welke constructies het meeste bescherming boden, en ze bezwoeren steeds weer dat de zeer gevoelige gegevens van de ware eigenaren bij Mossfon in veilige handen waren. Ze hadden een state-of-the-artdatacentrum, en de versleuteling van alle communicatie geschiedde volgens 'de hoogste standaard', stelde een accountmanager van Mossfon een Zwitserse klant gerust, die zich na de Offshore-leaks zorgen maakte over de veiligheid van zijn gegevens. Mossfon bezweert ook andere klanten dat alle gevoelige gegevens bij Mossack Fonseca in goede handen zijn en Panama nooit zullen verlaten.[71]

Maar dat is precies wat nu gebeurd is, en niet alleen wij, de journalisten, hebben data in handen. De Duitse belastingdienst heeft, zoals hier eerder al vermeld, volgens onze informatie enige tijd geleden voor één miljoen euro documenten gekocht die betrekking hebben op zo'n zeshonderd bedrijven van Mossack Fonseca met vermoedelijk Duitse eigenaren. De opsporingsambtenaren deden op grond van die data in het voorjaar van 2015 niet alleen onderzoek bij tussenpersonen als de Commerzbank, maar volgens onze berichten ook bij zo'n honderd eindklanten van Mossfon.

De documenten die de opsporingsambtenaren bij hun bezoekjes in beslag hebben genomen, zijn als het ware de contrastukken van de notities in het interne Mossfon-systeem – sommige getuigen van het plan om belasting te ontduiken, andere bewijzen dat er daadwerkelijk belasting ontdoken is.

Het bewijs dat Mossack Fonseca het Duitse burgers mogelijk heeft gemaakt belasting te ontduiken, wordt daarmee juist door de staat geleverd.

Enkele Duitse banken, zoals de Commerzbank of de HSH, hebben vanwege hun handel met Mossack Fonseca al een boete geaccepteerd van miljoenen euro's om de gerechtelijke procedure tegen hen te beëindigen: de Commerzbank 17 miljoen euro, de HSH Nordbank 22 miljoen euro. De bedragen bestaan telkens uit een boete en de afroming van onrechtmatige winsten uit illegale zaken. Tot die betaling waren de banken vermoedelijk niet overgegaan, als ze niet geholpen hadden om belasting te ontduiken.

Overigens was juist de Commerzbank aanvankelijk heel sceptisch over de samenwerking met Mossfon – de medewerkers van de bank waren er zeer bezorgd over dat de geheime business ontdekt kon worden of dat de schijndirecteuren er met het geld van de klanten vandoor zouden gaan. Mossack Fonseca legde het systeem steeds weer uit en stelde toen een bijzondere veilige oplossing voor: bankklanten konden hun geld verstoppen in een offshorebedrijf onder de paraplu van een anonieme stichting. Op die manier hadden de klanten 'het voordeel dat ze tegenover de Duitse belastingdienst naar waarheid de aan het begin aangegeven vragen over het rekeninghouderschap, de economische gerechtvaardigdheid en volmachten kunnen ontkennen'. Vertaald betekent dat: de klanten kunnen tegen de belastingdienst zeggen dat de bankrekening niet van hen is en dat ze er geen toegang toe hebben, omdat de bankrekening pro forma van het bedrijf is en het bedrijf pro forma van de stichting – die de klant als begunstigde opvoert.

Die tip kwam volgens de brief die wij in handen hebben linea recta 'van onze senior partner, de heer Jürgen Mossack' – de Duitse baas van Mossfon.[72] In de praktijk komt Mossack Fonseca de laatste jaren steeds weer in het vizier van officieren van justitie, wegens gerechtelijke onderzoeken waarin de door Mossfon opgerichte bedrijven verwikkeld zijn. In april 2008 bijvoorbeeld komt op het hoofdkantoor in Panama een enigszins paniekerige e-mail van een medewerkster van het kantoor op de Seychellen binnen. Ze schrijft dat de procureur-generaal op de Seychellen zich had gemeld: er liep een gerechtelijk onderzoek tegen vier door Mossfon beheerde bedrijven, en dat was nu al de zesde zaak binnen slechts één maand. De vrouw was kennelijk bang voor 'wat er gebeurt als de zaken voor de rechtbank komen', en ze vraagt: 'Is er een soort uitsluiting van aansprakelijkheid die verhindert dat er een gerechtelijk onderzoek komt tegen ons, het personeel van Mossack?'

In werkelijkheid hebben we tot dusverre geen zaak gevonden waarin Mossfon als medeplichtige is aangepakt. De officieren van justitie hebben zich uiteindelijk steeds op de hoofddaders geconcentreerd, dus de personen of organisaties die hun zaken bij Mossfon wilden versluieren.

Tot nu toe.

Volgens onze informatie stelt de Duitse belastingdienst namelijk op dit moment een gerechtelijk onderzoek in tegen de verantwoordelijken van het advocatenkantoor Mossack Fonseca wegens medeplichtigheid aan belastingontduiking. Dus ook tegen Jürgen Mossack.

De opsporingsambtenaren vragen zich klaarblijkelijk af of het Panamese advocatenkantoor meer wist dan het voor de buitenwereld veinsde te weten.

In tegenstelling tot de opsporingsambtenaren vragen wij ons dat niet meer af. Wij weten het zeker.

Daarmee stort de belangrijkste verdedigingslinie van Mossack Fonseca in.

Natuurlijk weet in wezen iedereen dat offshorebedrijven vaak voor zulke doeleinden worden opgericht. Maar omdat Mossack Fonseca nu eenmaal besloten heeft tegenover ons te doen alsof, moeten we dat toneelspel als zodanig ontmaskeren. Mossack Fonseca vergeleek zich tegenover ons met een groothandelaar die niet wist wat de eindklant uiteindelijk met zijn waren deed. Maar het advocatenkantoor weet juist in veel gevallen donders goed wat er in dat soort bedrijven gebeurt. Mossfon houdt vaak de 'waren' in stand en houdt er zelfs de boekhouding van bij. In de gevallen waarin schijndirecteuren van Mossfon de bedrijven 'leiden', is Mossfon niet zelden zelfs direct bij dubieuze zaken betrokken.

In februari 2015 had Mossfon ons ook nog meegedeeld dat iedere persoon die een volmacht voor een bedrijf wil hebben, eerst gecheckt wordt met een zogenaamde 'World Check'. Opvallende klanten zouden dan niet geaccepteerd worden of kregen geen volmacht. Nu zien we in de data de zaak van een vooraanstaande Zuid-Amerikaanse manager van een staatsoliebedrijf. Zijn naam valt op bij de medewerker van Mossfon, en hij deelt de advocaat van de oliemanager mee dat hij hem geen volmacht kan geven voor het bedrijf. Maar wat wel kan: een volmacht geven aan diens zoon... Er moet dan gewoon niet vermeld worden dat de gevolmachtigde de zoon is van de werkelijke eigenaar.

Het beeld van de groothandelaar klopt niet, maar Mossfon probeert de zaken telkens weer zo voor te stellen. Zo probeert het advocatenkantoor zich te distantiëren van zijn 'ethisch geprovoceerde' eindklanten, zoals Jürgen Mossack dat soort clientèle noemt in een lobbybrief aan de financiële autoriteiten van de Britse Maagdeneilanden. Hij had ook kunnen schrijven: criminele eindklanten.

Ook Jürgen Mossack en zijn partner lijken met ethische provocaties te kampen te hebben.

14. Geheime bijeenkomst met uitzicht op de Alpen

We hebben wel een eigenaardig beroep, laten we dat hier maar gewoon eens opschrijven. We zitten al maanden in onze databerg te wroeten en hebben er nog bijna niemand binnen de *Süddeutsche Zeitung* over verteld. Tot nu toe was dat ook prima, we lopen anders ook niet voortdurend door het gebouw om te vertellen wat we aan het onderzoeken zijn. Maar nu, op deze dinsdag in september, is het toch wel een rare situatie: honderden journalisten uit de hele wereld zijn hiernaartoe gereisd om meer over het project Prometheus aan de weet te komen. Dat betekent dat onze collega's ons in de lift Engels horen praten met onze BBC-collega's en dat ze de Zuid-Koreaanse ploeg voor onze torenflat zien filmen. De collega's van SZ staan achter Ritu Sarin uit India bij de tourniquet in de toegangshal en zitten buiten in de zon voor het café van de torenflat van de SZ naast de Oostenrijkse collega Florian Klenk van *Falter*, die enkelen hier persoonlijk en velen van de televisie kennen. Het begint de mensen op te vallen dat we bezoek hebben. Zelfs de nieuwe hoofdredactrice van *The Guardian*, Katharine Viner, is gekomen om meer over ons project te weten te komen.

En wat zeggen we tegen onze collega's als ze ons in de lift, in het café of in de hal vragen wat er vandaag toch aan de hand is?

Euh... Tja... O, een bijeenkomst? Een soort conferentie?

We stamelen ons door het gesprek heen en vinden zelf dat we ons raar gedragen. We komen pas weer wat tot rust als we ons herinneren waarom we die gewichtigheid en geheimzinnigdoenerij aan de dag leggen: omdat ergens op de wereld iemand bang is voor zijn leven. Onze bron.

Maar natuurlijk wordt er bij de SZ over de bijeenkomst gesproken. We lichten enkele collega's in, omdat zij later een belangrijke rol in het project zullen spelen, bijvoorbeeld de redacteuren Buitenland, met hun expertise en hun correspondenten over de hele wereld. Maar we kunnen amper iemand uitnodigen voor de gesprekken met de ICIJ-collega's, er is gewoon geen plaats meer. Het ICIJ heeft intussen de ene partner na de andere binnengehaald; doel is om uit elk land waar we goede treffers van hebben of goede treffers verwachten, journalisten te hebben zitten. We hebben aanvankelijk 40 aanmeldingen, snel daarna 60 en dan 80 – uiteindelijk zitten er 104 journalisten bij elkaar om te discussiëren.

In de skylounge van de torenflat van de SZ, waar we bijeenkomen, mogen eigenlijk maar tachtig mensen binnen. Maar wat moesten we dan? Collega's zeggen om maar niet te komen? De ruimte is twee etages hoog, met aan drie zijden alleen maar ramen. De bergen in de verte, daar de stad met haar torentjes, en ginds vanzelfsprekend de blauw verlichte Allianz Arena van de voetbalclub München 1860.

We laten de jaloezieën zakken om de beamer te kunnen gebruiken. Terwijl onze hoofdredacteuren Kurt Kister en Wolfgang Krach de gasten begroeten, testen wij nog snel op ons mobieltje de WLAN. Ook die werkt, we kunnen beginnen.

De grote ICIJ-bijeenkomst in München. Twee dagen Prometheus.

[ ]

Al dagenlang is redactiechef Hans Leyendecker in een uitgesproken feestelijke stemming, hij is overduidelijk trots op wat zijn 'jonge lieden' presteren. En natuurlijk, wanneer komen de baas van *The Guardian* en honderd andere topjournalisten langs? Maar we waren de voorafgaande dagen erg druk om het aantal flesjes appelsap naar boven bij te stellen, te overleggen waar de lunchpakketjes moeten worden uitgedeeld, of nog een beamer te regelen voor de werkgroep Zuid-Amerika, we hadden geen tijd om reikhalzend naar de datum uit te zien. Bovendien moesten we onze reservering in een Beiers restaurant in de binnenstad van München steeds weer met enkele plaatsen uitbreiden – we hadden onze collega's beloofd dat ze bier uit veel te grote glazen mochten drinken bij varkensgebraad en *Knödel.* De dag voor de bijeenkomst zijn we met het ICIJ-team uit Washington bij elkaar gaan zitten om de agenda van beide dagen te bespreken.

En dan kan de conferentie beginnen: we vertellen over de leak (actuele stand: 2,4 terabyte, acht miljoen bestanden, 200.000 brievenbusfirma's) en de resultaten tot nu toe (35 sporen die naar staatshoofden leiden), en de collega's van het ICIJ laten de speciaal ontwikkelde onderzoeksplatforms zien voor alle collega's die er in juli in Washington nog niet bij waren. We zijn enthousiast als we horen wat onze collega's die al langer met ons aan het project werken, hebben gevonden en welke ontploffingen ze in hun land verwachten. Er werken nu tweehonderd journalisten uit meer dan 65 landen aan het project, en ze zetten niet allemaal hun resultaten op ons forum. We brengen elkaar op de hoogte van de laatste stand van ons onderzoek.

Leo Sisti uit Italië vertelt over de betrokkenheid van de maffia. Jake Bernstein van het ICIJ vertelt dat hij intussen nog een aantal over de hele wereld bekende kunsthandelaren gevonden heeft, en Edward Scharfenberg uit Venezuela presenteert alle chavista's, die hij in de data heeft aangetroffen, socialisten en aanhangers van de onlangs overleden partijleider Hugo Chávez dus. De IJslandse collega Jóhannes Kr. Kristjánsson komt met zijn onderzoek: naast de huidige premier, die we meteen bij het begin van ons onderzoek al gevonden hadden, is Jóhannes intussen ook nog gestuit op de inmiddels veroordeelde eigenaren van een van de drie grote IJslandse banken die failliet zijn gegaan. Zo gaat het maar door. 's Middags vat plaatsvervangend hoofdredacteur van *The Guardian*, Paul Johnson, zijn indrukken samen in woorden die ons nog wel even zullen bijblijven. Zijn krant, zegt hij, heeft al aan veel fantastische projecten meegedaan: WikiLeaks, Snowden-leaks, Offshore-leaks. 'Maar nooit iets in deze orde van grootte. Het is gewoon niet te bevatten.'

[ ]

Nadat de grote internationale verhalen zijn gepresenteerd, begint het tweede deel van de bijeenkomst: we gaan uiteen in projectgroepen. Er zijn onderwerpen – Rusland, FIFA, wapenhandel – die te groot zijn om door één redactie verwerkt te kunnen worden. De groepen bestaan gedeeltelijk al, maar informatie is duidelijk beter uit te wisselen als je persoonlijk tegenover elkaar zit in plaats van dat je elkaar versleutelde e-mails schrijft of teksten op het forum plaatst. Nu bijvoorbeeld zitten we tegenover onze twee Russische collega's Roman Anin en Roman Sjlejnov. Ze zijn enkele dagen geleden bij onze kleine werkgroep Rusland gekomen, die sinds onze bijeenkomst in Washington alles doorspit wat Russisch is. En dat is nogal wat.

Allereerst natuurlijk Sergej Roldoegin, de cellist en peetoom van Poetins dochter, in wiens bedrijvennetwerk we al meer dan een half miljard dollar hebben gevonden. Dan zijn er ook nog Poetins (inmiddels op de sanctielijst geplaatste) judovrienden Boris en Arkadi Rotenberg, evenals Poetins neef Igor, en een van de rijkste mannen van Rusland: Alisjer Oesmanov.[73] De oligarch heeft in de grondstoffen- en media-industrie een vermogen opgebouwd, bezat op zeker moment meerdere procenten aandelen Facebook, en hij is nog steeds grootaandeelhouder van de Londense voetbalclub Arsenal. Mossfon zelf schat hem intern in als een 'hoogst riskante' klant – maar houdt hem toch aan.[74] De lijst kan makkelijk worden uitgebreid. Al die namen zijn ook interessant omdat de mannen nauwe banden hebben met Poetin – en die heeft het offshoresysteem gehekeld als 'onpatriottisch'. Het maakt dan bepaald geen goede indruk dat zoveel personen uit zijn omgeving uitgerekend in die onpatriottische offshorewereld hun partijtje meeblazen.

Roman Sjlejnov vertelt ons over een andere zaak, die hij juist op dit moment aan het onderzoeken is. Het gaat om het bedrijf Earliglow Limited, dat in 2010 op de Britse Maagdeneilanden is opgericht. In de stukken van het bedrijf heeft Roman een interessant document gevonden waarin te lezen staat dat Earliglow een 'non-direct shareholder' is van het Russische bedrijf Svjazdorinvest.

Svjazdorinvest heeft rond 2010 van het Russische staatsbedrijf Rostec toewijzing gekregen voor de aanleg van een glasvezelkabel tussen China en Rusland. Het gaat naar schatting om een bedrag van 550 miljoen dollar. Een megaproject.

De directeur van Rostec, Sergej Tsjemesov, is een oude KGB-vriend van Poetin, en ook hij staat intussen op de sanctielijst van de EU en de VS. Hij is afgestudeerd aan de Russische Generale Staf Academie en was ooit samen met Poetin in Dresden gestationeerd; later klom hij op tot een van de machtigste contactpersonen van het Russische staatshoofd. Tsjemesov heeft via het staatsbedrijf, waarvan hij de baas is, een miljoenenopdracht gegeven aan een bedrijf dat voor een deel het eigendom is van zijn zoon. Zo doet het zich in elk geval nu aan ons voor. En het wordt nog gekker: ook de dochter van de vicedirecteur van Rostec heeft volgens onze documenten via Earliglow indirect aandelen Svjazdorinvest.[75]

Het ziet ernaar uit dat we hier op een deel van de Rusland-bv zijn gestuit – die gigantische zelfbedieningswinkel in democratische vermomming – waar experts al jaren kritiek op hebben. Karen Dawisha, auteur van het onlangs verschenen boek *Putin's Kleptocracy*, noemt het 'kleptocratisch autoritarisme'.

Roman Sjlejnov vertelt ons dat verhaal nu pas uitvoerig, omdat tot dusverre hij noch Roman Anin toegang hadden tot het forum, uit zelfbescherming.

Na een lange discussie kiezen we samen met het ICIJ de volgende oplossing: de twee mannen krijgen hier in Duitsland smartphones die alleen voor dit project zijn. En waarvan ze zich meteen ontdoen zodra ze het vermoeden hebben dat er een Trojaans paard op geïnstalleerd zou kunnen zijn. Journalisten die in Rusland werkzaam zijn en ook teksten publiceren die kritisch zijn over Poetin berichten regelmatig over inbraken in hun kantoor en woning. Het is eigenlijk vanzelfsprekend dat kantoren en woningen vol afluisterapparatuur zitten. De beide Romans zullen met hun nieuwe smartphone niet telefoneren.

We gaan ze dus met hen kopen. We rijden naar een nabijgelegen elektromarkt en betalen contant, zodat er geen sporen naar ons leiden.

[ ]

Tijdens de bijeenkomst benutten we elke gelegenheid om de deelnemers tot voorzichtigheid te manen. Eén verkeerde zin over de verkeerde persoon, en Prometheus zou in rook opgaan. Mossack Fonseca zou gewaarschuwd zijn, en hun klanten ook. Ze zouden zeeën van tijd hebben om een tegenstrategie uit te werken, terwijl onze verhalen nog niet eens voor de helft onderzocht zijn. Het hele project zou gevaar lopen.

Dat is de *worst case.*

De *best case*: in het voorjaar van 2016 gaan honderden journalisten uit de hele wereld op dezelfde dag op hetzelfde uur met het verhaal over het Panamese advocatenkantoor Mossack Fonseca online – en niemand heeft tot dat moment van het teamonderzoek gehoord.

Tot de vragen waarover we in München lang discussiëren, behoren ook die over de publicatiedatum en de naam van het project, dus onder welk herkenningswoord de publicaties moeten verschijnen. Beide vragen kunnen we niet definitief beantwoorden. De meesten zijn het erover eens dat we moeten aansturen op een zondagavond, om de hele week het onderwerp te kunnen laten overheersen, en dat medio maart of begin april een goed tijdstip is. Maar als er tweehonderd journalisten uit zestig landen zijn, gelden er veel beperkingen. Op 7 en 8 maart verschijnen in Rusland geen kranten: Vrouwendag. Geen optie. Op 13 maart zijn er in Duitsland drie deelstaatverkiezingen. Heel ongunstig, de kranten zouden vol staan met verkiezingsuitslagen. In de week van 20 maart zijn de vrije dagen rond Pasen in aantocht, op 3 april zijn in Peru presidentsverkiezingen.

Potverdorie. We stellen de beslissing uit.

Hetzelfde geldt voor het vinden van een naam. Moet het #globalleaks of #offshoreuncovered zijn? #panamafiles of #theshellgame? #shadowland of #hiddenmoney? Consensus komt er niet, er komen wel twintig voorstellen bij.

De discussies slepen zich voort. Maar dat is de prijs die je betaalt als je zoveel collega's inschakelt. Ook de mix van televisie- en dagbladjournalisten schept problemen. De collega's van televisie hebben bewegende beelden uit Panama nodig, en ze willen die zo snel mogelijk maken, alles moet immers gemonteerd worden, en op het eind wordt het toch altijd al vreselijk krap, zeggen de collega's van de televisie. Maar wij willen niet dat er in de komende maanden twintig televisieploegen opduiken voor het kantoor van Mossack Fonseca. En daar 'totaal onopvallend' gaan draaien.

[ ]

Rita Vásquez staat op en vraagt het woord. Ze is plaatsvervangend hoofdredacteur van *La Prensa*, de Panamese krant die in de bakermat van Mossfon zelf verslag zal doen, onze partner ter plekke. En Rita zegt wat we al dachten: Panama is een klein land en de offshore is een branche waarvan de vertegenwoordigers voortdurend op hun hoede zijn voor onderzoeksjournalisten. Ze denkt dat als ook maar één cameraploeg vreemde vragen gaat stellen niet alleen de mensen van Mossfon heel zenuwachtig worden, omdat iedereen elkaar kent en de branche nauw verbonden is met de politiek – zoals je goed kunt zien in het geval Ramón Fonseca, de adviseur van de president. De televisiecollega's zijn overtuigd. We willen de branche niet nu al zenuwachtig maken.

Als Rita Vásquez over de offshore-industrie praat, luisteren we allemaal met gespitste oren, ze kent de branche beter dan wie ook. Niet alleen omdat ze in Panama woont, een van de zenuwcentra van die industrie, maar vooral omdat ze vroeger zelf manager is geweest van een Panamees offshorefiliaal op de Britse Maagdeneilanden. Ze wil verder niet over haar verleden praten, maar haar ervaring en haar kennis zullen ertoe bijdragen dat we Panama beter begrijpen, het land dat voor Mossack Fonseca ondanks alle wetswijzigingen de ideale standplaats is. En, het zij terzijde opgemerkt, voor een hele reeks andere advocatenkantoren die hun geld met offshorebedrijven verdienen.

Het zal niet eenvoudig worden begrip voor Panama te ontwikkelen – of moeten we zeggen: voor het deel van Panama dat zoveel misdadigers, dictators, corrupte bedrijven en belastingontduikers helpt geld te verbergen. Natuurlijk is Panama niet meer de 'narcokleptocratie', zoals de Amerikaanse senator John Kerry, de latere presidentskandidaat, het land in 1988 noemde, omdat een verbazingwekkend deel van de drugshandel via Panama liep. Maar nog steeds, zo citeert de Britse auteur Nicholas Shaxson een Amerikaanse ambtenaar, zit het land 'vol oneerlijke advocaten, oneerlijke bankiers, oneerlijke verkopers van offshorebedrijven en oneerlijke bedrijven'. Iets zakelijker, maar in de kern even hard, staat het in een rapport dat het Amerikaanse ministerie van Buitenlandse Zaken in maart 2014 heeft gepubliceerd. Panama is nog steeds een 'aantrekkelijke plek voor witwassers', die er vuil vermogen witwassen dat verkregen is via drugshandel, corruptie en belastingontduiking. 'Talrijke factoren hinderen de strijd tegen het witwassen,' zo gaat het rapport verder, onder andere 'het bestaan van aandelen aan toonder', 'gebrekkige samenwerking van regeringsinstanties' of 'een zwakke justitie, gevoelig voor corruptie en nepotisme'. Panama staat ook op de zwarte lijst van belastingparadijzen die de EU in juni 2015 heeft gepubliceerd.

[ ]

Enkele dagen na het vertrek van onze collega's kondigde de Panamese president Juan Carlos Varela een bezoek aan New York aan. Hij gaat een grote toespraak houden. We kijken er via internet naar: Varela schrijdt naar het podium in de grote zaal van de Verenigde Naties, ordent even zijn papieren en begint te spreken. Zestien minuten lang. Het moet een soort bevrijdende actie worden. 'Panama verplicht zich de internationale samenwerking op het gebied van de fiscale transparantie uit te bouwen en die in de richting van een automatische informatie-uitwisseling van fiscale kwesties op bilaterale basis verder te ontwikkelen,' zegt Varela.

Uitgerekend Varela, wiens adviseur de offshoretycoon Ramón Fonseca is, wil een eind maken aan het bestaan van het belastingparadijs? Die indruk wordt wel gewekt. Want wat moet een informatie-uitwisseling anders betekenen dan het einde van het belastingparadijs Panama?

Schrijven we misschien over iets wat op het moment van publicatie allang niet meer actueel is? Vallen we een land aan dat zojuist besloten heeft zich grondig te hervormen? Nou ja, enerzijds gaat het in onze data niet alleen om Panama. Mossfon beheert en/of creeert ook bedrijven op de Britse Maagdeneilanden, de Seychellen, de Amerikaanse staten Nevada en Wyoming, de Bermuda's, de Bahama's, Samoa en British Anguilla. En anderzijds is het de vraag hoe geloofwaardig de aankondiging van Varela is.

[ ]

Niet veel later stellen we vast dat we niet de enigen zijn die kennis hebben genomen van Varela's toespraak.

[john doe]: Ik heb de toespraak van de president van Panama voor de Verenigde Naties beluisterd. Zal hij doorzetten en de data uit Panama echt willen uitwisselen?

[sz]: Dat is moeilijk te geloven.

[john doe]: Dat zou dan wel een probleem voor Mossack Fonseca worden, hè?

[sz]: Als de woorden consequent in daden worden omgezet, wel.

[john doe]: En Ramón Fonseca is de adviseur van Varela.

[sz]: Yep.

[john doe]: Dan zal het nooit en te nimmer gebeuren.

Een paar dagen later speelt onze bron ons een brief toe die de verantwoordelijken bij Mossack Fonseca na de toespraak van Varela aan hun klanten lieten schrijven, dus banken, advocatenkantoren en vermogensadviseurs. Er kennelijk van uitgaand dat hun klanten door Varela's toespraak evenzeer zijn opgeschrikt als wij, zij het om andere redenen, probeert Mossfon ze gerust te stellen: 'We willen u graag verzekeren,' staat er, dat er in Varela's toespraak '*geen verandering van bestaande wetten en regelingen* aangekondigd' is.

Geen verandering? Heeft Varela dan niet gesproken van meer transparantie en van een automatische informatie-uitwisseling? Ja, dat wel. Maar Mossack Fonseca is vol vertrouwen dat het allemaal op Panamese wijze wordt opgelost: een mogelijke 'uitwisseling zal zo vorm moeten krijgen', schrijven ze, dat die 'niet misbruikt wordt om de concurrentiepositie van sommige landen te verzwakken ten faveure van andere'.

Bij het lezen van die zinnen mag niet vergeten worden dat Ramón Fonseca niet alleen een van de vertrouwdste adviseurs van de president is, maar ook nog eens vicevoorzitter van de regeringspartij. Aan zo iemand leent de president zijn oor, en zo iemand kan in geval van twijfel ook de invloed hebben die nodig is om onwelgevallige wetten bij te stellen. Vanzelfsprekend alleen om de concurrentiepositie van Panama te behouden.

In het schrijven van Mossack Fonseca staat verder te lezen dat president Juan Carlos Varela de 'belangen van het land' zal blijven verdedigen.

De belangen van Panama. We zouden niet verbaasd staan als die toevallig parallel zouden lopen met de privébelangen van Ramón Fonseca, lid van het kabinet. En in zekere zin is dat ook zo: hoe meer geld advocatenkantoren als Mossfon naar Panama halen, hoe beter. Dat gold althans tot nu toe.

15. Het advocatenkantoor van het kwaad

Een van de gevolgen van de bijeenkomst in München is dat we ons een paar dagen lang weer helemaal op Mossack Fonseca zelf concentreren, op de diverse zaken van het bedrijf dat achter alles zit wat we tot dusverre hebben ontdekt.

Het probleem is alleen: het is niet één bedrijf. Het zijn er vele. Tientallen.

In de loop van ons onderzoek zijn wij en onze Prometheus-collega's steeds weer op vreemde bedrijven gestuit die tot de Mossfon-kosmos lijken te behoren. Het bewijs is alleen niet zo heel eenvoudig te leveren, omdat de aandelen meestal niet in bezit zijn van Mossack Fonseca of de partners van het advocatenkantoor, maar van Mossfon-holdings – die op het eerste gezicht niet als Mossfon-holdings te herkennen zijn. Het zit gecompliceerd in elkaar.

Mossack Fonseca versluiert voor de buitenwereld niet alleen de eigendomsverhoudingen van hun klanten, maar ook die van zichzelf. Dat heeft objectief gezien het voordeel dat Mossfon zich in geval van juridische problemen bij een van hun bedrijven makkelijk van die dochteronderneming kan distantiëren. In het tijdschrift *Vice* beschrijft Jack Blum, een voormalig opsporingsambtenaar van de Amerikaanse Senaat, die tactiek, die niet alleen gebruikt wordt door Mossfon, maar ook door andere bedrijven. De truc is dat het 'naadloos en verticaal nauw vervlochten organisaties' zijn – 'tot het moment dat een opsporingsambtenaar of een politieagent komt opdagen, dan lossen ze zich in een mum van tijd op in separate eenheden en beweren ze glashard dat ze niet weten wat de andere binnen het systeem allemaal doen. Het is als een in elkaar geknutselde puzzel, die plotseling uiteenvalt als iemand komt snuffelen.'

Maar Mossfon beheert wel degelijk alle eigen bedrijven zelf – en die stukken hebben we ook. Het is alleen een hele klus om bij elk afzonderlijk bedrijf alle sporen te volgen. Net als bij Russische matroesjka's is er steeds weer een nieuw bedrijf dat we moeten openen, en nog een en nog een, tot we uiteindelijk ergens het laatste en kleinste poppetje vinden. Het spoor naar Jürgen Mossack.

Het recentste voorbeeld is de vestiging van Mossfon in de Amerikaanse staat Nevada. Daar loopt al enkele jaren een aanklacht, ingediend door Paul Singer, eigenaar van het hedgefonds NML, een afgeleide van zijn geschil met de Argentijnse staat. Singer wil bewijzen dat de overleden president Néstor Kirchner en zijn vrouw, de voormalige president Cristina Kirchner, zo'n 65 miljoen dollar naar het buitenland hebben gesluisd – kennelijk met behulp van 123 offshorebedrijven, die zijn opgericht door Mossack Fonseca. De Kirchners bestrijden dat, en er is tot nu toe geen enkel bewijs voor. Omdat de advocaten van Paul Singer in Panama geen schijn van kans zouden hebben om de interne documenten langs gerechtelijke weg in handen te krijgen en het merendeel van die bedrijven in Nevada is ingeschreven, eisen ze in die Amerikaanse staat openbaarmaking van de eigendomsverhoudingen.

De strategie van Mossack Fonseca is inderdaad van meet af aan geweest afstand te nemen van M.F. Corporate Services (Nevada) Limited. Jürgen Mossack verklaart nog op 8 juli 2015 – onder ede – dat Mossack Fonseca en M.F. Nevada gescheiden bedrijven zijn, dat M.F. Nevada geen dochtermaatschappij is, en dat Mossack Fonseca ook geen toegang heeft tot 'interne aangelegenheden of de dagelijkse gang van zaken'.

Als we dat in de data controleren, vinden we een e-mailgesprek dat het tegendeel lijkt te bewijzen. In de herfst van 2014 zijn de medewerkers van Mossack Fonseca bang dat het kantoor van M.F. Nevada doorzocht zou kunnen worden – daarvoor waarschuwen de e-mails van advocaten in Nevada. Klaarblijkelijk zou zo'n onderzoek een enorm probleem zijn. Want de opsporingsambtenaren zouden 'makkelijk bewijzen kunnen vinden dat we iets verbergen', schrijft een van de mensen van Mossfon, namelijk de nauwe band tussen Mossack Fonseca Panama en M.F. Nevada. Ze smeden dus een plan met 'als doel dat M.F. Nevada niet met Mossfon in verband kan worden gebracht'.

Het plan luidt als volgt: de enige werknemer in Nevada, Patricia A., moet zich in het dagelijks werk gedragen 'alsof ze een tussenpersoon is, dat is in feite precies wat we willen bereiken'. Daarom wordt er in Panama besloten dat A. een nieuwe telefoon krijgt, 'zodat de directe toegang, die ze heeft, tot het hele adressenboek van Mossfon niet wordt opgemerkt'. De nieuwe telefoon – die Patricia A. volgens latere e-mails ook gekregen heeft – mag bovendien geen geheugen hebben voor gevoerde telefoongesprekken.

[ ]

Het volgende probleem is het interne systeem waartoe Patricia A. toegang heeft. Dat moet 'voor de opsporingsambtenaren verborgen blijven'. Maar na enig geharrewar stellen ze vast dat dat niet gaat. Mossfon Panama besluit daarom na ruggespraak met een bedrijfsleider om haar toegang op te heffen. Maar dat is niet genoeg. Bij een huiszoeking zouden de opsporingsambtenaren op de computer van Patricia A. kunnen vaststellen dat ze tot dan toe gebruik heeft gemaakt van het interne systeem. Die sporen zijn te vinden in de lokale logbestanden, en een zekere Francisco moet 'op afstand' die logs 'schonen'. Ook het kantoor zelf wordt geschoond. 'Toen Andrés [bedoeld is een medewerker van Mossfon. O/O] in Nevada was, heeft hij alles geschoond en alle documenten meegenomen naar Panama,' staat in een van de e-mails.

Bij de maffia hebben ze een woord voor mensen die na de daad alle sporen uitwissen: *cleaners*.

Even ter herinnering: Jürgen Mossack heeft onder ede verklaard dat Mossack Fonseca de interne aangelegenheden of de dagelijkse gang van zaken van M.F. Nevada niet controleert.[76]

Anderzijds: heeft Mossack niet ook verklaard dat M.F. Nevada geen dochtermaatschappij is? Na enig speurwerk vinden we een verzoek om opening van een bankrekening van M.F. Nevada, en in dat verzoek legt Mossfon de eigendomsstructuur bloot: alle aandelen van M.F. Nevada zijn in handen van een offshorebedrijf, Tornbell Associates, dat op zijn beurt voor 45 procent eigendom is van Jürgen Mossack, voor 45 procent van Ramón Fonseca en voor 10 procent van Christoph Zollinger, de Zwitserse junior partner van de twee.[77]

Mossacks bewering dat M.F. Nevada geen dochtermaatschappij van Mossack Fonseca was, is typerend voor de manier waarop het advocatenkantoor en de verantwoordelijke mensen daar de feiten proberen te versluieren.

Daarnaast tracht Mossfon zijn klanten nog op andere wijze te beschermen tegen de hedgefondseigenaar Paul Singer, die dus een rechtsvordering heeft ingesteld: het stuurt e-mails aan de beheerders van betrokken Mossfon-bedrijven en schrijft dat het ze 'slechts het advies kan herhalen' om indien mogelijk geen bezit in die speciale bedrijven onder te brengen. Dat zou theoretisch in beslag genomen kunnen worden, schrijft Mossfon, als de rechtbank Mossack Fonseca uiteindelijk toch zou dwingen alle informatie te verstrekken.

Nu we eenmaal M.F. Nevada als onderneming van de Mossfon-groep hebben ontmaskerd, proberen we de zoektocht naar de bedrijven die gelieerd zijn aan Mossfon systematisch uit te voeren. We zetten alle bedrijven waarvan we al weten dat ze van Mossack Fonseca zijn op een lijst. We komen tot 37. We vermoeden dat er nog heel veel meer zijn.

[ ]

Dan hebben we het grote geluk dat collega Jan Strozyk van de NDR een Exceldocument vindt dat ons enorm vooruithelpt: een soort 'Mossack Fonseca in één oogopslag'. Omdat Mossfon kennelijk een verzekering wil afsluiten, hebben de mensen van Mossfon hun hele universum in een paar tabellen bijeengebracht en de bedrijven geteld die erbij horen. Het is de stand van zaken anno 2014.

Vermoedelijk was een van de voorwaarden van de verzekeringsovereenkomst dat Mossfon zou verklaren waarmee het zijn geld verdient en welke bedrijven erbij betrokken zijn. De ironie wil dat Mossack Fonseca bij hetzelfde concern ook een soort verzekering tegen economische criminaliteit heeft afgesloten. We onderzoeken wat de verzekeraar daar precies onder verstaat en vinden inderdaad een definitie. De verzekering beschermt bedrijven 'tegen de financiële gevolgen van bedrog (door werknemers of derden), diefstal (inclusief overval en inbraak) [*van buitenaf, ten koste van Mossfon,* O/O] en elektronisch bedrog. Het risico behelst "interne" schade door werknemers die het vertrouwen misbruiken dat het bedrijf in hen heeft gesteld, evenals "externe schade"'.

We kunnen niet uitsluiten dat Mossfon zich daarmee ook verzekert tegen wat er op dit ogenblik gebeurt: dat interne data in handen van journalisten vallen.

Door dat document krijgen we in elk geval voor het eerst een betrouwbaar overzicht van het bedrijf. Mossack had in het jaar 2013 bijna honderd ondernemingen met verschillende commerciële doelen en daarbij meer dan honderd aan elkaar gelieerde bedrijven die als schijnbedrijven functioneerden.

Op hoger niveau, boven de dochterondernemingen van Mossfon dus, zijn er volgens het document in totaal twaalf holdings, die allemaal in het Exceldocument worden opgevoerd. In totaal dus duidelijk meer dan tweehonderd ondernemingen.

Mossfon is niet alleen een advocatenkantoor, Mossfon is een inktvis met heel veel armen!

Of dat werkelijk het hele bedrijfsnetwerk is? We zouden er geen eed op durven doen. Maar wat we wel zien, is dat Mossack Fonseca ook diensten aanbiedt voor de registratie van jachten en vliegtuigen, juridisch advies inzake geestelijk eigendom, vermogensbeheer, beleggingen, trustdiensten en de verhuur van virtuele kantoorruimte. Andere bedrijven houden zich bezig met onroerend goed, bankrekeningen, telefoonleidingen, wagenparken en loonadministratie. En voor kantoren in andere landen zijn er natuurlijk aparte bedrijven. Als zo'n vestiging van Mossfon juridisch in moeilijkheden raakt, bijvoorbeeld als beheerder van een bedrijf dat betrokken was bij fraude of het schenden van sancties, kan het Panamese hoofdkwartier er te allen tijde afstand van nemen. Zoals beschreven is door de eerder genoemde speciale opsporingsambtenaar Jack Blum.

In dit overzicht zien we ook voor het eerst hoeveel omzet Mossfon naar eigen zeggen maakt: 42,6 miljoen dollar in 2013. Een getal dat ons verbaast. Natuurlijk zijn de kosten die ertegenover staan niet bijzonder hoog. Een deel van de schijndirecteuren verdient bijvoorbeeld maar zo'n 5000 dollar per jaar. Maar we hadden gedacht dat Mossack Fonseca zich beter zou laten betalen voor zijn grensverleggend handelen en het daaraan verbonden risico.

Het document geeft ook nauwkeurig aan welke bedrijfssectoren welk procentueel aandeel in de omzet hadden. Het is weinig verrassend dat het grootste deel van de omzet wordt binnengehaald met bedrijven die zich aan de corebusiness wijden: de oprichting en het beheer van offshorebedrijven. Maar de sectoren waarin ondernemingen van de Mossack Fonseca-groep direct met eindklanten samenwerken, dragen een niet onaanzienlijk deel aan de omzet bij, namelijk zo'n 12 procent. In 2013 heeft Mossack Fonseca volgens het document in totaal 588 medewerkers, waarvan 342 in Panama, 140 in Azië en 40 op de Britse Maagdeneilanden. Maar ook 6 in Colombia, 3 in Samoa, 5 in Luxemburg en 18 in El Salvador. Je zou denken dat zo'n groot aantal werknemers ook heel veel kosten met zich meebrengt, maar het loon in El Salvador, Panama of op de Britse Maagdeneilanden ligt ver onder het Europese niveau.

[ ]

In totaal heeft Mossfon volgens eigen opgave in de herfst van 2015 bijna vijftig kantoren in meer dan dertig landen. Meer dan dertig van die kantoren zijn dochtermaatschappijen, en de overige 'partnerkantoren' met een voor ons onduidelijke juridische status zijn nog het best te vergelijken met franchisenemers.

Te midden van tweehonderd bedrijven zou je één nietig bedrijfje bijna over het hoofd zien; tot voor kort heette het nog International Outsourcing, maar inmiddels is de naam Mossfon Executive. Het bedrijf is gevestigd in Panama en heeft sinds 2013 twintig werknemers, onder wie mensen wier namen ons na al die maanden in de Mossfon-data vertrouwd zijn: schijndirecteuren en schijndirectrices, stromannen en strovrouwen, die zogenaamd het wel en wee van 'hun' bedrijf leiden.

Zij zijn het die zich steeds weer in de buitenwereld vertonen en die je zelfs kunt googelen. Zij zijn het die opduiken in de internationale media, omdat ze tekenen voor de offshorebedrijven die in de krantenkoppen voorkomen. Op hen rust de zwaarste last: zij zijn de gezichten en de namen bij duizenden bedrijven. Hun namen verschijnen op de sanctielijsten, in aanklachten, in blogs en krantenartikelen. En bij twijfel, zeggen experts uit Panama ons, kunnen ze zelfs aangeklaagd worden voor het doen en laten van de brievenbusfirma's.

Je kunt je voorstellen waarom ze niet gewoon bij Mossack Fonseca op de loonlijst staan.

[ ]

Een van de schijndirectrices bij Mossfon is Leticia Montoya. Ze was directrice van Casa Grande Development, dat voor Siemens in Latijns-Amerika een zwarte kas beheerde, en van het bedrijf waarmee de Nicaraguaanse machthebber Arnoldo 'Fat Man' Alemán en zijn handlangers miljoenen schijnen te hebben weggesluisd. De lijst zou nog veel verder kunnen worden uitgebreid: we zien haar naam alleen al in het Panamese bedrijvenregister staan bij meer dan 25.000 recente en vroegere directeursfuncties.

Even uitschrijven: vijfentwintigduizend.

In dat getal zijn niet opgenomen alle functies die Montoya bij brievenbusfirma's buiten Panama heeft of had. Het totale aantal ligt vermoedelijk aanzienlijk hoger.

Leticia Montoya moet zich de vraag laten weggevallen hoe ze het voor elkaar krijgt haar plichten na te komen als directrice in zo'n warboel van bedrijven.

Maar wie is Leticia Montoya, de koningin van de schijndirectrices?

Volgens een kopie van haar identiteitsbewijs werd ze in maart 1953 geboren in Panama, ze is Panamees staatsburger en heet voluit Leticia Montoya Moran. Ze heeft geen voortgezet onderwijs gevolgd, spreekt volgens onze bronnen amper Engels en woont in een arme buurt buiten Panama-stad. Dat zal niet verbazen: hoewel Mossack Fonseca met de handel in schijndirecteuren miljoenen verdient, laten ze er uitgerekend de schijndirecteuren zelf, die het grootste risico lopen, niet in delen. We krijgen bijna een beetje medelijden als we in een memo lezen dat Leticia Montoya – die volgens een interne lijst sinds oktober 1981 bij Jürgen Mossack in dienst is – een tijdlang amper 400 dollar per maand verdiende.

Een klein sommetje: Mossfon vraagt voor de levering van een schijndirecteur zo'n 450 dollar per jaar. Per bedrijf zet Mossfon in veel gevallen drie schijndirecteuren in, dus 150 dollar per schijndirecteur. Leticia Montoya verdiende daarmee althans een tijdlang zo rond de 4800 dollar per jaar.[78] Als ze directrice zou zijn van slechts 32 actieve bedrijven, dan zou ze precies opbrengen wat ze jaarlijks verdient. Maar Montoya is in werkelijkheid directrice van meer bedrijven. Veel meer bedrijven. In een lijst uit 2012 wordt ze genoemd als directrice van 3143 brievenbusfirma's. Dat betekent dat ze alleen al in 2012 een half miljoen dollar opleverde. Dat is honderd keer meer dan haar loon.

[ ]

Het systeem van schijndirecteuren vereist in wezen slechts drie formulieren om goed te kunnen functioneren – en van die papieren vinden we er duizenden in de data. De stroman, in offshoretaal *nominee director* geheten, garandeert de ware eigenaar dat hij zijn instructies zal opvolgen en geen bezwaar tegen hem of zijn bedrijf heeft (*nominee director declaration*). Daarna geeft hij de ware eigenaar, de *benificial owner*, een volmacht (*power of attorney*), die deze persoon tot feitelijke bedrijfsleider maakt. In het derde document ten slotte – dat niet standaard wordt ingevuld – verzoekt de valse directeur om zijn ontslag (*resignation letter*). De schijndirecteur ondertekent die brief en geeft die aan de ware eigenaar, maar zonder een datum in te vullen – zo kan de echte baas de zogenaamde op elk moment de laan uit sturen, en zelfs met terugwerkende kracht. De zogenaamde directeur is dus vaak van meet af aan al onder curatele gesteld.

Voor de dagelijkse gang van zaken draagt Mossack Fonseca zijn schijndirecteuren steeds weer op allerlei documenten blanco te ondertekenen, het zijn vaak verzoeken om het openen van een bankrekening, maar ook voorgedrukte aandelen, waarop de klanten alleen nog maar de naam van het bedrijf hoeven in te vullen. Indien nodig kan alles dus heel snel gaan: Mossack Fonseca hoeft de schijndirecteuren niet speciaal voor een ondertekening op te roepen.

En het wordt nog absurder: we vinden in de data steeds weer mappen waarin stapels blanco ondertekende papieren liggen. Witte lege vellen met een handtekening van drie schijndirecteuren, in allerlei combinaties. Nu eens ondertekenen de directeuren onder aan de bladzijde, dan weer in het midden, en dan weer bovenaan. Die witte vellen kunnen in theorie overal voor gebruikt worden. Een koopcontract, een nieuwe volmacht, de sluiting van een bedrijf.

[ ]

Ook Jürgen Mossack nam directeursfuncties aan en was stroman. Als 'Jurgen Mossack' haalt hij toch maar mooi zo'n 1500 voormalige of actuele directeursfuncties. Als je de notities in het bedrijvenregister 'Jurgen Mossack 1', Jurgen Mossack7058', 'Jurgen Jurgen Mossack' of andere schrijfwijzen erbij neemt, worden het er nog wel een paar meer.[79]

We vinden een e-mail uit 2008, volgens welke Mossack zelf – en zijn eerste vrouw – niet meer als schijndirecteur opgevoerd mogen worden. Die taak laat hij nu dus vervullen door zijn mensen. En als zij fouten maken, als een schijndirecteur of een schijndirectrice toch wordt aangeklaagd, heeft Mossfon ervoor gezorgd dat het grote geheel er niet onder te lijden heeft: mocht iemand het bedrijf aanklagen, waar veelal schijndirecteuren werkzaam zijn, dan zal hij terechtkomen bij de Mossfon-satelliet Mossfon Executive, een van de ruim tweehonderd Mossfon-bedrijven.

Wat was het beeld ook weer dat de voormalige opsporingsambtenaar Jack Blum gebruikte? Een puzzel die plotseling uiteenvalt zodra iemand begint te snuffelen.

Volgens dat systeem functioneert klaarblijkelijk de hele Mossfon-kosmos. Omdat Jürgen Mossack en Ramón Fonseca eigen bedrijven hebben, bijvoorbeeld voor de trustbusiness, het vermogensbeheer van de klanten, de stichtingen en de meeste kantoren, zou een gerechtelijk onderzoek of een aanklacht eerst altijd alleen een dochteronderneming treffen. Maar die is niet meteen als dochteronderneming te herkennen, omdat ze het eigendom is van een offshorebedrijf, dat op zijn beurt vaak het eigendom is van een stichting.

Dat principe van kleine, losjes met elkaar verbonden eenheden zetten Jürgen Mossack en Ramón Fonseca bijna logisch ook privé voort. Beiden hebben hun vermogen ondergebracht in een netwerk van bedrijven, waarvan de meeste een overzichtelijke functie lijken te hebben. Een van de bedrijven van Jürgen Mossack bezit een paar finca's, een ander een penthouse, weer een ander een helikoptergarage, weer een ander een helikopter, weer een ander een teakhoutplantage, weer een ander goud, en weer een ander een jacht, de Rex Maris, koning van de zee. Jürgen Mossack, de zoon van de Duitse avonturier Erhard Mossack, is door zijn advocatenkantoor zonder enige twijfel steenrijk geworden. Steenrijk, met een rare tic voor offshorebedrijven. Zelfs voor zijn auto's heeft hij bedrijven opgericht, een voor zijn Mercedes, een voor zijn Volvo, een voor zijn Mazda en een voor zijn Chevrolet Tahoe.[80]

Het centrale element van zijn particuliere vermogensplanning lijkt een stichting te zijn die de Mossack Family Foundation heet. Die is eigenaar van de meeste aandelen van zijn privéoffshorebedrijven, daar gaan kennelijk ook de winsten uit de Mossfon-activiteiten naartoe. Belangrijkste begunstigde van de in 1997 opgerichte Mossack Family Foundation is Jürgen Mossack, maar als secundaire begunstigden zijn ook kinderen en stiefkinderen opgenomen. Mossack is drie keer getrouwd, dat tikt aan.

De Mossack Family Foundation heeft net als veel andere stichtingen die Mossfon verkoopt een geheime bankrekening in Zwitserland.

Maar de familie *profiteert* niet alleen van het bedrijf, ze is er zelf allang deel van: een dochter uit het eerste huwelijk en een zoon, ook uit het eerste huwelijk, werken al een aantal jaren bij hun vader, zijn dochter klaarblijkelijk als klantadviseur, zijn zoon als advocaat. Mossacks eerste vrouw was kennelijk een tijdlang schijndirectrice. Twee stiefdochters van Mossack uit zijn tweede huwelijk waren of zijn ook bij Mossfon in dienst, en ook zijn derde vrouw, van geboorte een Cubaanse, heeft als advocate voor Mossack Fonseca gewerkt.

Aan de broer van Jürgen Mossack, Peter, honorair consul van Panama, die in de buurt van Darmstadt woont, wordt intern bij Mossfon ook een bedrijf toegeschreven. Het is onduidelijk of Peter Mossack daar ook daadwerkelijk gebruik van maakt. In februari 2015 verklaarde hij tegenover ons dat hij geen idee had wat zijn broer deed.[81] We hebben zelfs de moeder van Jürgen Mossack met een bedrijf in de archieven van Mossfon gevonden, en ook zijn vader, ex-Waffen-SS-Rottenführer en latere CIA-informant Erhard Mossack.

De familie, *la familia*. Het bedrijf. Alles is één.

16. Spirit of Panama

De betekenis van een van de sleutelfiguren op het Panamese advocatenkantoor hebben we tot nu toe onderschat, wat ons duidelijk wordt als we grondiger onderzoek doen naar Christoph Zollinger. Helemaal aan het begin zagen we de Zwitser als een van de drie vennoten van het advocatenkantoor, alleen al omdat hem samen met Mossack en Fonseca om toestemming werd gevraagd wanneer mensen van Mossfon voor bijzonder moeilijke beslissingen stonden – bijvoorbeeld de vraag of een dubieuze klant al dan niet behouden moest worden. De drie mannen antwoordden dan meestal met korte een- of tweeregelige e-mails, en dan was de zaak afgedaan.

Maar na de inval van de politie in de Commerzbank in februari 2015 en onze berichtgeving erover verscheen eind april 2015 in de Zwitserse *Tages-Anzeiger* een portret van Zollinger, waarin hij werd geciteerd met de uitspraak dat hij al sinds 2011 weg was bij Mossack Fonseca en er bovendien ook geen vennoot was geweest. In zijn antwoorden op de vragen van de krant – haar zusterkrant *SonntagsZeitung* doet intussen ook mee aan het project Prometheus – schrijft Zollinger echter niet alleen dat hij 'geen vennoot respectievelijk firmant van M.F. Panama' is geweest, maar ook dat hij nooit de 'bevoegdheid tot ondertekenen' heeft gehad, 'noch op documenten noch voor bankrekeningen'. Bovendien had hij 'noch de procuratie noch andere volmachten' gehad en was hij ook 'NOOIT lid van de Board of Directors' geweest. En aandeelhouder van Mossfon ook al niet.

Wie in het openbaar zo ferm ontkent, kan maar beter het recht aan zijn zijde te hebben. Alleen al omdat het nogal onaangenaam is in het openbaar op leugens te worden betrapt. We gingen er na het artikel in de *Tages-Anzeiger* voorlopig van uit dat Zollinger de waarheid sprak. Maar we namen ons wel voor om de Zwitser nog eens onder de loep te nemen. We hadden nog tijd genoeg en er waren gewoon te veel eindjes die belangrijker leken.

En dat terwijl er niet veel levensverhalen zijn die zo mooi verteld kunnen worden als dat van Zollinger. Na zijn studie rechten maakt hij een wereldreis en blijft in 1995 in Panama hangen, waar hij eerst bij een internetprovider werkt en vervolgens in 1997 bij Mossack Fonseca begint, aanvankelijk als assistent van de beide oprichters. Hij werkt zich snel op en treedt in 2004 toe tot de directie van het bedrijf. Hij krijgt de Panamese nationaliteit, trouwt met een Panamese en wordt later zelfs 'bijzonder ambassadeur van het ministerie van Buitenlandse Zaken'.

In 2010 maakt hij in zijn Zwitserse vaderland een proefrit in een bobslee over de baan van Sankt Moritz en is zo enthousiast dat hij kennelijk besluit de hoofdpersoon van de bioscoopfilm *Cool Runnings* na te volgen. In die Amerikaanse komedie probeert een Jamaicaans bobsleeteam tegen alle weerstand in zich te kwalificeren voor de Olympische Spelen – de film is geïnspireerd op het waargebeurde verhaal van het Jamaicaanse bobsleeteam, dat in 1988 meedeed aan de Olympische Spelen in Calgary. Zollinger richt in Panama daarom een bobsleeclub op, weet sponsoren als Adidas en BMW te interesseren, neemt een trainer van wereldformaat aan en zoekt via een televisiecastingshow duwers voor zijn bob Spirit of Panama. Er gaat een golf van sympathie door het land, zelfs de president van Panama duimt in het openbaar voor de bobsleeërs, opdat ze hun grote doel zullen bereiken: de Olympische Spelen van 2014 in Sotsji. Niet alleen in Panama en Zwitserland wordt enthousiast aandacht geschonken aan het verhaal van het exotische Zwitsers-Panamese bobsleeteam, ook in de kinderuitgave van *Der Spiegel* verschijnt een tekst over de 'droom op glijders'. Het team rond Zollinger en Eduardo Fonseca – de zoon van Ramón – meent wel een kanshebber te zijn. Totdat Christoph Zollinger zijn voet blesseert en ze zich niet kwalificeren. De droom is voorbij.

[ ]

Zollinger verschijnt weer in ons vizier als we een document vinden met een aanwijzing over de eigendommen van Mossack Fonseca & Co S.A. Daarop wordt, stand van zaken 21 mei 2008, Christoph Zollinger als eigenaar van 10 procent van de aandelen genoemd; er wordt niet vermeld of hij de aandelen direct of indirect heeft. De overige 90 procent is voor de helft in handen van Ramón Fonseca en voor de andere helft in handen van Jürgen Mossack.

Zollinger was dus in ieder geval in 2008 wel degelijk indirect aandeelhouder van Mossack Fonseca & Co – wat hij in april 2015 in de *Tages-Anzeiger* niet meedeelde. We vragen hem er in maart 2016 nogmaals naar, met hetzelfde resultaat. Maar hij geeft toe 'in de dagelijkse omgang als partner aangeduid' te zijn, met een 'dienovereenkomstige' aanduiding onder zijn e-mails.

We nemen andere belangrijke Mossfon-bedrijven door en zijn al snel iets op het spoor in holdings, dus in bedrijven, waarvan de aandelen weer eigendom zijn van andere maatschappijen:[82]

- Christoph Zollinger bezit volgens onze stukken 10 procent van de aandelen van Tornbell Associates – zij het waarschijnlijk indirect – dat onder andere de aandelen van de Mossfon-maatschappij in Nevada bezit.
- Christoph Zollinger heeft 10 procent van de aandelen van Baysal Invest, eigenaar van de afdeling Private Banking, Mossfon Asset Management. Als we hem ernaar vragen bevestigt Zollinger dat hij aandeelhouder van Baysal is geweest, maar verklaart dat de hij die onderneming zelf 'niet kende'.
- Volgens onze data had de privéstichting Panaswiss Foundation, een van de drie Panamese stichtingen die we linken aan Zollinger, 10 procent van de aandelen van M.F. Private Holdings Limited, een Mossfon-holding. Zollinger: 'Mijn stichting was de begunstigde van een foundation, die eigenaar was van M.F. Private Holdings.'

Op dat punt breken we het onderzoek af en buigen ons over de vraag of hij in de raad van commissarissen heeft gezeten. Al na enkele minuten hebben we een Worddocument op het scherm dat keurig zijn directeursfuncties bij de diverse bedrijven van het advocatenkantoor opsomt. Stand van zaken: maart 2015, dus voor het onderzoek van de *Tages-Anzeiger*, was Zollinger directeur bij het advocatenkantoor Mossack Fonseca & Co S.A., de afdeling Private Banking, de afdeling Trust of de Beechfield Corp. Holding.

Personeel van Mossack Fonseca verstuurde zelfs nog in mei 2015 brochures waarin Zollinger, naast Fonseca en Mossack, met foto en levensloop wordt voorgesteld als lid van de raad van commissarissen van Mossfon.

We zoeken nog even naar het letterlijke citaat van Zollinger: 'Ik ben ook NOOIT lid van de Board of Directors geweest.'

Begin maart 2016 vragen we Zollinger ook naar zijn directeursfuncties. Hij beweert nu niet langer dat hij nooit directeur is geweest en zegt dat hij de laatste jaren 'uit de Board van genoemde maatschappijen is getreden'.

Volgende punt. In het voorjaar van 2015 had Zollinger tegenover de *Tages-Anzeiger* verklaard dat hij in 2011 bij Mossfon was weggegaan. Wonderlijk, want we vinden diverse e-mails juist uit het voorjaar van 2015 die zijn verstuurd vanaf zijn Mossfon-e-mailadres. Nog in maart 2015 heeft Zollinger diverse directeursfuncties. De recentste brieven, waarin hij zegt dat hij die functies wil opgeven, heeft hij volgens onze data verstuurd even nadat we eind februari 2015 in de *Süddeutsche Zeitung* voor het eerst geschreven hebben over de intriges van het Panamese advocatenkantoor. En we zien e-mails die een medewerker, ene Andrea N., in juli 2015 schrijft, met als signatuur: 'Assistant to Ch. Zollinger'. In een interne e-mail uit dezelfde maand stelt de personeelsafdeling van Mossfon een lijst van medewerkers op: naast Mossack Fonseca & Co S.A. staat 260, naast 'C. Zollinger' nog altijd 2.

Daarover zegt Zollinger dat hij in 2011 inderdaad als chief operating officer – dus manager – bij Mossfon vertrokken is, maar 'voor de door mij begeleide MF-projecten' een 'MF-emailadres behouden' had en nu 'buiten een opzichzelfstaande, externe adviseursactiviteit' geen functies meer bekleedde. Sinds 2012 had hij bij Mossfon ook 'geen medewerkster' meer gehad.

Bovendien beweert Zollinger in de *Tages-Anzeiger* dat Mossfon 'nooit eindklanten geadviseerd' heeft – hoewel hijzelf directeur en shareholder van de afdeling Private Banking is, die dat nu juist doet, dag in, dag uit.

Ook daar confronteren we hem mee. Zollinger verklaart dat hij in dat gesprek met de *Tages-Anzeiger* 'over de activiteiten van Mossack Fonseca & Co' gesproken had. Eerder had hij ook al beweerd dat de *Tages-Anzeiger* 'uitsluitend' vragen had gesteld over Mossack Fonseca & Co, wat volgens onze informatie onjuist is. Over de eindklanten zei Zollinger: 'Mossfon Trust en Mossfon Asset Management horen traditioneel niet tot het werkterrein van advocaten. Ze adviseren direct klanten, en dat wordt op hun websites ook vermeld.'

Wat we hier zien is opnieuw een karakteristieke poging om de Mossfon-groep geforceerd op te splitsen door juridische spitsvondigheden.

Ten slotte verklaart Zollinger tegenover de *Tages-Anzeiger* dat een van de redenen voor zijn terugtreden uit de Mossfon-groep is geweest dat hij zich 'niet met de offshorebusiness als zodanig kon identificeren' en dat hij 'niet onschuldig voor mogelijke vergrijpen van derden verantwoordelijkheid' wilde dragen.

Te oordelen naar alles wat we in de data hebben gezien, was Christoph Zollinger een van de drijvende krachten van het advocatenkantoor. Hij was in elk geval degene die met kracht had aangeraden Rami Makhlouf, de neef en financieel adviseur van de Syrische machthebber Bashar al-Assad, als klant te behouden – tegen het advies van de eigen afdeling Compliance van Mossfon in.

Zollinger zegt daar nu over dat zijn inschatting toentertijd 'fout' is geweest en dat hij dat betreurt.

We hebben dit hoofdstuk net afgerond als onze collega Julia Stein van de NDR ons de link stuurt naar een YouTube-video. Een filmportret van Mossfon. In minuut acht zegt de spreker, die niet in beeld is, dat in 2004 Christoph Zollinger 'officieel vennoot van de Mossfon Group' is geworden.

17. De wereld is niet genoeg

Ergens aan het eind van de jaren negentig kan Joachim zu Baldernach – hij heet in werkelijkheid anders – zijn bedrijf op de Bahama's niet meer vinden. Om precies te zijn: Baldernach, wiens familie miljarden bezit, heeft zijn bedrijf natuurlijk niet verplaatst, maar is wel alle vijfduizend aandelen aan toonder van de ergens aan het begin van de jaren negentig opgerichte brievenbusfirma kwijt – terwijl die aandelen bij wijze van spreken het bedrijf *zijn*. Offshorebedrijven hebben zelden kantoren of personeel, meestal hebben ze niet eens een eigen brievenbus. Baldernach stuurt dus enigszins verward een fax naar de vestiging van Mossack Fonseca op de Bahama's en vraagt hoe hij aan een nieuw aandeelbewijs kan komen. Maar het probleem voor Mossfonn is nu dat ze niet kunnen weten of Baldernach zijn aandelen en daarmee zijn bedrijf in werkelijkheid niet heeft verkocht, uitgeleend of verpand. Want dat is nu juist de reden waarom aandelen aan toonder in lichtschuwe kringen zo geliefd zijn: je kunt je offshorebedrijf op elk moment verkopen zonder enig spoor achter te laten.

Wat gebeurt er als Mossack Fonseca vijfduizend nieuwe aandelen uitschrijft en een dag later iemand met de verloren vijfduizend aandelen komt aanzetten? Die persoon zou dan de rechtmatige eigenaar van het offshorebedrijf zijn. Uiteindelijk ondertekent Joachim zu Baldernach een *letter of indemnity*, een soort aansprakelijkheidsvrijwaring voor Mossfon, lezen we in onze data. In die brief garandeert Baldernach de aandelen niet overgedragen, uitgeleend of anderszins aangewend te hebben en vrijwaart Mossfon van elk aansprakelijkheid die in verband met de nieuw uitgevaardigde aandelen zou kunnen ontstaan.

Joachim zu Baldernach krijgt nieuwe aandelen. Het offshorebedrijf is weer van hem.

Alleen, waarom heeft Baldernach, nakomeling van een van de rijkste Duitse families, eigenlijk een bedrijf op de Bahama's aangeschaft – en dan ook nog een waarvan hij pas sinds een paar jaar als eigenaar van de aandelen ingeschreven staat en dat tevoren hermetisch afgeschermd was, met schijndirecteuren en aandelen aan toonder, later zelfs met schijnaandeelhouders? Om fiscale redenen? Was het hem erom te doen het vermogen te beschermen? In de familie Baldernach wordt veel geruzied, zoals in zoveel families, ook om geld. Of waren alleen praktische of juridische aspecten doorslaggevend?[83]

Joachim zu Baldernach kreeg zijn offshorebedrijf door bemiddeling van een adviesmaatschappij in Genève, die adverteert met de belofte dat ze belastingen via internationale wegen minimaliseert. Onze stukken wijzen erop dat Baldernach met zijn bedrijf handelde in onroerend goed in Zuid-Amerika, en we kunnen met zekerheid zeggen dat zijn offshorebedrijf eigenaar was van een ander offshorebedrijf, waarin een jacht was ondergebracht.

In het midden van de jaren negentig opende Baldernach via zijn brievenbusfirma een bankrekening in Zwitserland, en zo'n tien jaar later volgde er één in Luxemburg, landen die bekendstaan om hun bankgeheim.

De laatste in onze data zichtbare activiteit van het bedrijf op de Bahama's is de verkoop van een luxe jacht – de schijndirecteuren ondertekenden het contract. Joachim zu Baldernach had namelijk besloten een nog groter jacht aan te schaffen, een geheel op zijn wensen afgestemd megajacht. Ook dat is wederom naar alle waarschijnlijkheid in het bezit van een bedrijf in weer een ander belastingparadijs.

Allemaal perfect georganiseerd door een professioneel *family office.* Maar is het normaal dat je hier een offshorebedrijf opricht, en daar, en ginds, en daarginds nog een?

In de wereld van de superrijken kennelijk wel.

[ ]

Tegen het einde van de vorige eeuw heeft er zich een parallelle wereld ontwikkeld waarin het voor de 'über-rich', zoals de Amerikanen de rijksten der rijken noemen, heel vanzelfsprekend is hun vermogen ergens offshore te stallen. We hebben een driecijferig aantal zeer beroemde en zeer rijke families in onze data, die een deel van hun vermogen hebben gestald in brievenbusfirma's. Ze worden daarbij een handje geholpen door vermogensbeheerders van family offices, exclusieve privébanken en VIP-afdelingen van de grote banken. Wie leden van die zwijgzame branche vraagt waarom het geld bijna automatisch offshore terechtkomt, krijgt te horen dat het bepaald niet altijd om belastingontwijking gaat, om van belastingontduiking maar te zwijgen.

De Deense sociologe Brooke Harrington kan dat bevestigen. Ze weet van wanten, want ze heeft twee jaar lang een opleiding gevolgd tot exclusieve vermogensbeheerder en heeft vooral twee jaar in die wereld geleefd. Ze zat naast haar collega's in dure hotels, bij vervolgcursussen, in het vliegtuig en op congressen. Haar voorbeeld voor dat langetermijn-veldonderzoek was de legendarische Amerikaanse wetenschapper John van Maanen, die zich in de jaren zeventig in Californië tot politieagent liet opleiden om die wereld echt te kunnen begrijpen en om het vertrouwen van zijn gesprekspartners te kunnen winnen. Net als Van Maanen stelde Harrington vast dat de gereserveerdheid wegviel toen ze eenmaal in de groep was geaccepteerd. Haar gesprekspartners begonnen directe en duidelijke antwoorden op haar vragen te geven, en zo kan Brooke Harrington waarschijnlijk als geen ander beschrijven wat de vermogensbeheerders van de superrijken drijft. De über-rich betalen hun helpers royale honoraria om hen, de über-rich, te bevrijden van de verplichtingen 'die de rest van de wereld als deel van het dagelijkse leven ziet', zegt Harrington. Daar kunnen belastingen, schulden en vonnissen deel van uitmaken, maar niet alleen dat. Een van de taken van de vermogensbeheerders kan zijn, zegt Harrington, 'persoonlijke vermogens te onttrekken aan de greep van regeringen', en daarmee ook aan de greep van ex-vrouwen, ontevreden erfgenamen, woedende eisers of crediteuren.

Het gaat offshore niet alleen om de ontwijking van ongewenste belastingen, zegt Harrington, maar ook om de ontwijking van ongewenste wetten, regels of plichten.

In democratieën kun je die uitspraak specificeren: belastingen, wetten, regels of plichten waar de burgers het over eens zijn geworden en die voor iedereen zouden moeten gelden.

Maar zo lijkt het allang niet meer te zijn.

'Op het hoogste niveau van de Amerikaanse economie is het waarschijnlijk de norm, en niet de uitzondering, om een groot deel van je rijkdom offshore te verbergen,' schrijft Nobelprijswinnaar en *New York Times*-columnist Paul Krugman.

Te oordelen naar alles wat we weten en wat we al maanden in onze leak zien, is dat in de rest van de wereld niet anders. We vinden enkele van de rijkste Indiërs, Afrikanen, Australiërs, Russen en Chinezen, miljardairs uit de Verenigde Staten, Europa, Latijns-Amerika en het Midden-Oosten. We vinden alleen al meer dan vijftig miljardairs uit de *Forbes*-lijst van de vijfhonderd rijkste mensen van 2015. En Mossack Fonseca is maar een van de vele grote aanbieders van offshorebedrijven – we hebben het hele plaatje nog lang niet in beeld.

De Franse econoom Gabriel Zucman heeft proberen uit te rekenen hoeveel procent van het wereldwijd vermogen in belastingparadijzen is ondergebracht. Hij komt op 8 procent, rond 5900 miljard euro. Zucman gaat ervan uit dat over drie kwart ervan geen belasting wordt betaald. Leona Helmsley, vrouw van de onroerendgoedmagnaat en miljardair Harry Helmsley, verwoordde dat ooit, met naïeve trots, ietwat directer: 'Belastingen zijn voor kleine lieden.' Een Amerikaanse rechtbank zag dat toch anders en stuurde haar naar de gevangenis vanwege belastingontduiking.

Maar belasting is inderdaad slechts een van de vele prikkels om offshore te gaan. De Britse auteur Nicholas Shaxson, een van de grootste experts op het gebied van belastingparadijzen, vat het in zijn boek *Treasure Islands: Uncovering the Damage of Offshore Banking and Tax Havens* als volgt samen: 'Offshore is een project van de welgestelde en machtige elites, dat hen in staat stelt gebruik te maken van de geneugten van de samenleving zonder er een bijdrage aan te leveren.'[84]

Nicholas Shaxson schrijft ook dat de offshorewereld 'de grootste kracht in de geschiedenis is die vermogens en macht verschuift van de armen naar de rijken'. Inderdaad beschikt de hoogste 1 procent van de wereldbevolking al over meer vermogen dan de rest van de wereld bij elkaar, aldus de niet-gouvernementele organisatie Oxfam. Het is weinig verrassend dat zich rond die ene procent een industrie ontwikkeld heeft die er flink aan verdient en die er slechts op uit is om die kolossale rijkdom nog eens te vergroten. Een deel van die industrie vinden we in onze data terug, in bijna alle landen, duizenden bedrijven. Het zijn de family offices, de vermogensbeheerders, de banken, de beleggingsadviseurs, de belastingexperts en natuurlijk Mossack Fonseca zelf.

Allemaal werkend voor dat *ene* procent.

[ ]

1 procent.

Het is intussen een ingeburgerd politiek begrip geworden, het is een aanduiding voor het rijkste procent van een land. In de Verenigde Staten is uit de omkering van het begrip de slogan van een politieke beweging voortgekomen: 'Wij zijn de 99 procent,' scandeerden de aanhangers van de Occupy Wall Street-beweging, de '99 procent' werd, genoteerd op papier, de lucht in gestoken en op vlaggen geschreven. Het was het zeldzaam geworden protest tegen de uitwassen en de almacht van het kapitalisme. De Amerikaanse auteur George Packer beschrijft in zijn bestseller *De ontluistering van Amerika* nauwkeurig en zonder schuim op de lippen hoe de financiële elite de Amerikaanse economie naar haar hand heeft gezet, welke absurde gevolgen dat voor de rest van het land heeft en waarom niet bepaald politiek geëngageerde burgers zich plotseling midden tussen de demonstrerende Wall Street-bezetters wagen: omdat ze zich verraden voelen door 'die daarboven'.

Bijvoorbeeld door een man als Sanford I. Weill, de oprichter van wat ooit de grootste bank ter wereld was, de Citybank. De bankier met zijn aristocratisch voorkomen geldt als een van de mensen die door hun onverantwoordelijke deals medeverantwoordelijk zijn voor de bankencrisis van 2008. Sanford I. Weill is een van figuren die gehaat worden door leden van de Occupy Wall Street-beweging en was – natuurlijk – een van de klanten van Mossack Fonseca. Hij had bij het Panamese advocatenkantoor een brievenbusfirma, April Fool. Die naam gaf hij ook aan zijn 60 meter lange jacht, omdat Sandy, zoals zijn vrienden hem noemen, zijn vrouw Joan op 1 april 1954 leerde kennen.[85]

Dat is de wereld van dat ene procent.

[ ]

De slogan '99 procent' schept een band tussen de gemiddelde werknemer en de schoonmaakster, de dakloze en de alleenstaande moeder annex buschauffeur, de grafisch kunstenares en de bouwvakker, en allemaal delen ze de woede dat de gewone mensen in tijden van crisis elke dag moeten vechten voor hun geld, terwijl de über-rich erover nadenken hoe de offshorebedrijven moeten gaan heten waarin ze hun nieuwe megajacht, hun penthouse of hun aandelen gaan onderbrengen.

Er bestaat een internetsite waarop die 99 procent zijn woede kan afreageren. Bijvoorbeeld een jonge vrouw die haar tekst op een vel papier voor de camera houdt: 'Ik ben dertig jaar oud, heb een kind en ben getrouwd. In 2006 ging het ons goed, ik werd zwanger, was wegens pre-eclampsie vier maanden aan mijn bed gekluisterd. In die periode werd ik ontslagen. 2011: we hebben al onze bezittingen verkocht om onze dochter te kunnen geven wat ze nodig heeft. Ik kan geen andere baan vinden. Ons huis is openbaar verkocht. IK BEN BANG. WIJ ZIJN DE 99 PROCENT.'

Waarom vertellen we dit? Omdat we mensen zoals deze vrouw tot nu toe niet in de data teruggevonden hebben. En het is geen gewaagde voorspelling dat we die mensen daar ook niet zullen vinden.

Een offshoreconstructie wordt duurder naarmate ze gecompliceerder en hermetischer afgeschermd is. Maar voor een standaardbrievenbusfirma geldt dat ze pas loont als het vermogen groot is.

De financiële offshoredienstverleners vragen jaarlijks flinke vergoedingen, daar komen de honoraria bij voor advocaten die zich bezighouden met de details, en misschien nog een bankrekening in Zwitserland; en dat dan in het ideale geval vele jaren lang. Vaak moet het geld er ook nog eens omslachtig naartoe gesluisd worden, langs omwegen.

Zo ziet Mossfon het ook: 'Veruit de meeste' klanten zijn 'zogenaamde *high net worth individuals*', die een vermogen van boven de 500.000 dollar hebben, schrijft een Mossfon-medewerker aan een Duitse geïnteresseerde, en hij waarschuwt hem dat 'structuren die een hoge mate van vertrouwelijkheid en professionaliteit eisen, in de regel enkele duizenden dollars per jaar kunnen kosten'.

Voor de superrijken is dat geen probleem. En er zijn altijd nóg rijkere mensen: in de wereld van de vermogensadviseurs zijn '*ultra high net worth individuals*', mensen die zonder met de ogen te knipperen dertig miljoen dollar kunnen investeren. Van die soort zijn er inmiddels zo'n 103.000 exemplaren, en het worden er jaarlijks meer.

Daar horen vast en zeker de vele sjeiks uit het Midden-Oosten bij wier bedrijven door Mossfon worden beheerd. Een ervan, Marshdale S.A., koopt in juni 2009 van een Russische oligarch voor een paar honderd miljoen de Ecstasea, het legendarische motorjacht van 87 meter lang. Bij Mossack Fonseca wordt er volgens de documenten die wij hebben intern nog een tijdje gedelibereerd over de vraag wie nu eigenlijk de eigenaar is van Marshdale. Tot een collega uitlegt dat het erop lijkt dat 'de uiteindelijk gerechtigde van het bedrijf zijne hoogheid sjeik Abdullah bin Zayid al Nayan uit de koninklijke familie van Abu Dhabi is, de minister van Buitenlandse Zaken van de Verenigde Arabische Emiraten'.[86]

[ ]

En de Duitse miljardairs en superrijken?

Ook die zijn te vinden.

We zien bijvoorbeeld enkele mannen uit de directie van grote Duitse bedrijven die offshorebedrijven op de Britse Maagdeneilanden kopen, omdat ze hun villa op Mallorca of in het Caraïbisch gebied daarin willen onderbrengen, of omdat de vorige eigenaar hun die villa zomaar wilde verkopen. Een van hen stuurt ons zelfs delen van zijn belastingaangifte om te bewijzen dat het allemaal pluis is. Een ander kondigt meteen per telefoon aan dat hij 'subiet zijn broek zal laten zakken' om te bewijzen dat hij niets te verbergen heeft – en hij nodigt ons uit voor een afspraak met zijn belastingadviseur.

Natuurlijk hebben die constructies naast andere geneugten ook belastingvoordelen. Wie in een land als Spanje een huis koopt, moet tegenwoordig 10 procent overdrachtsbelasting betalen. Maar dat hoeft niet als je niet het huis, maar de aandelen koopt van het bedrijf dat eigenaar van het huis is.

We treffen echter ook veel leden aan van de rijkste Duitse families, die via Mossack Fonseca op andere continenten investeren of delen van hun bezittingen – kunstwerken bijvoorbeeld – offshore ondergebracht hebben of hadden. Industriëlen en prinsen, brouwerijeigenaren en ondernemers, gravinnen en baronnen. In het algemeen: de adel. Habsburg, Stauffenberg, Wittgenstein, Bismarck – leden van al die families hebben connecties met Mossack Fonseca.

Alleen al in het Panamese bedrijvenregister komt zoveel Duitse adel voor dat je zou denken dat iemand er het Duitse adelsregister in leeg heeft laten lopen. En niet alleen zij. Toen we voor de *Süddeutsche Zeitung* in 2013 in het Panamese bedrijvenregister zochten, vonden we een bepaald angstaanjagende hoeveelheid prominente namen: de industrieel Ferdinand Piëch, diverse leden van de familie Porsche, Silvia Quandt (kunstenares en een van de rijkste vrouwen van Duitsland) en anderen stonden er vermeld als directeur van bedrijven in Panama. Piëch en de Porsches verklaarden toentertijd dat de bedrijven deel waren van een nooit gebruikte constructie, die geen enkel belastingvoordeel had opgeleverd, en Quandt deelde mee dat ze geen verklaring had voor het feit dat haar naam erin voorkwam.

Bij Mossack Fonseca vinden we ook het bedrijf Longdown Properties op de Bahama's; Helmut Linssen, de vroegere minister van Financiën in Nordrhein-Westfalen, moest in 2014 vanwege dat bedrijf zijn functie als penningmeester van de CDU neerleggen. De informatie over dat bedrijf was oorspronkelijk gevonden op een zogenaamde belasting-cd. In 2012 was er een strafproces tegen hem begonnen, maar dat werd gestaakt. In de jaren waar het om ging, had zijn offshoreconstructie meer geld gekost dan zijn daar gestalde vermogen – dat in de jaren negentig via een Luxemburgse bank daarnaartoe was gebracht – aan rente had opgeleverd.[87]

[ ]

Nicolas Berggruen, miljardair en voormalig eigenaar van de warenhuisketen Karstadt, is betrokken bij een hele reeks offshorebedrijven, die allemaal te maken lijken te hebben met investeringen in China. Voor de schimmige investeerder is offshore kennelijk niets bijzonders, ook bij zijn Karstadt-investeringen schijnt een belastingparadijsconstructie in het spel te zijn geweest; bovendien schijnen de winsten die Berggruen maakt naar een trust op de Britse Maagdeneilanden te gaan. Op ons verzoek om inlichtingen heeft Nicolas Berggruen tot het ter perse gaan van dit boek niet gereageerd. Zijn vader, de in 2007 overleden kunstverzamelaar Heinz Berggruen, was al niet onbekend met de offshorewereld: hij komt in het Panamese bedrijvenregister voor als directeur van twee intussen inactieve bedrijven.

[ ]

In de parallelle wereld van de rijken en superrijken is het normaal dat bankrekeningen, aandelen, huizen, jachten et alia in handen zijn van offshoreconstructies die deels over meer landen en continenten verspreid zijn. Het bezit van brievenbusfirma's is op zichzelf absoluut legaal, dat hebben we al gezegd. Alleen als mogelijke winsten voor de belasting verzwegen worden, wordt het illegaal.

We kunnen desalniettemin heel wel constateren dat er zich wereldwijd een tweeklassensysteem lijkt te ontwikkelen, waarin de ene klasse heel gewoon belasting betaalt, en de andere klasse, omdat ze er de middelen voor heeft, zelf kan beslissen of ze überhaupt belasting betaalt, en zo ja wanneer en hoeveel.

Het is voor elke democratie een probleem als er zich klassen ontwikkelen die nauwelijks meer iets met elkaar te maken hebben. Maar dat probleem wordt verscherpt als uitgerekend voor de welgestelden andere regels lijken te gelden.

Of geen regels.

18. De uitbuitingsmachine

Wat in Afrika gebeurt, zegt de Britse schrijver en correspondent van de *Financial Times* Tom Burgis, moet je je zo voorstellen: een onzichtbare machinerie is bezig het hele continent leeg te plunderen. Een uitbuitingsmachinerie. Een coalitie van corrupte dictators, grote concerns zonder enige scrupules en gewetenloze banken, die, verenigd in hun hebzucht, innig samenwerken.

Mossack Fonseca is de spil in die machinerie: het advocatenkantoor zorgt ervoor dat zulke dingen in het geniep kunnen gebeuren. Onze data bewijzen hoe alleenheersers en corrupte zakenmensen massaal brievenbusfirma's van Mossfon inschakelen om hun sporen uit te wissen en het geld het land uit te krijgen. Ongelooflijk veel geld.

ICIJ-collega Will Fitzgibbon schrijft ons over de Prometheus-bijeenkomst in Johannesburg, in september: 'Onze collega's hier raken vervuld van de hoop om met behulp van de data in elk geval een paar van de talloze affaires op te lossen die hun Afrikaanse landen al jaren teisteren. Hopelijk zullen ze voor het eerst in staat zijn een kijkje te nemen achter de coulissen van de miljoenen- en miljardenschandalen die tot dusverre nooit zijn opgehelderd.'

Het ICIJ organiseerde de bijeenkomst in Afrika omdat bij onze bijeenkomst in München slechts één Afrikaan aanwezig kon zijn – de Zuid-Afrikaan Justin Arenstein. De anderen hadden er geen geld voor. Ook dat is iets wat ons door dit onderzoek met de maand duidelijker wordt: wij werken onder fantastische omstandigheden. We worden niet bedreigd, gearresteerd of doodgeschoten – en we verdienen met ons werk ook nog eens goed geld, en als we naar

Washington of naar IJsland willen, boeken we gewoon een vlucht.

Het was onze partners van het ICIJ, die vaak met collega's in Afrika samenwerken, allang duidelijk dat er een aparte bijeenkomst in Afrika moest komen. Daarom organiseerden ze een bijeenkomst van Afrikaanse Prometheus-onderzoekers in Johannesburg. Will Fitzgibbon is daarbij de leidende figuur, hij coördineert bij grote projecten van het ICIJ al jaren het deel van het onderzoek dat op dat continent moet worden verricht. De laatste keer ging het bijvoorbeeld over de dubieuze praktijken van een Australisch mijnbouwbedrijf in Afrika.

Voor de bijeenkomst heeft Will een pension in het centrum van Johannesburg afgehuurd. Veertien journalisten uit acht landen – Zuid-Afrika, de VS, Zimbabwe, Namibië, Botswana, Mali, Senegal en Tunesië – hebben het *guest house* twee dagen voor zich alleen. Het is een onderzoekskamp. Will Fitzgibbon legt het project uit, zoals wij dat hebben gedaan in Washington en München, hij vertelt over de eerste grote verhalen, de start van diverse onderzoeken, over de grafische vertaling van de gegevens, en veiligheidsregels bij de communicatie.

Het moet een fantastische bijeenkomst zijn geweest. Will schrijft ons een paar dagen na zijn terugkeer in Amerika dat het stil werd in het vertrek toen hij het project had uitgelegd en iedereen samen in de data ging zoeken. 'Stil van de spanning en de opwinding.' De collega's waren zo verdiept geweest in hun werk dat hij ze had moeten dwingen tot een koffie- en een lunchpauze. Ze wilden gewoon niet ophouden, zo groot was hun drang geweest om in de data naar sporen te zoeken die naar Afrika leiden.

Al na korte tijd hadden onze collega's de eerste treffers. Ze vonden de ene na de andere Afrikaanse politicus en zijn familie. 'En de treffers komen letterlijk overal vandaan,' schrijft Will Fitzgibbon, 'uit Sudan, Senegal, Zuid-Afrika, Egypte.'

Wij zijn ook enthousiast. Achter het idee om onze leak met de wereld te delen, zat immers ook het idee dat alleen op die manier alle belangrijke verhalen verteld kunnen worden. In Duitsland zouden de Afrikaanse verhalen amper gehoor vinden en de aandacht trekken – zoals met onze verhalen ginds zou gebeuren. Tegelijkertijd hebben we het gevoel dat voor veel Afrikaanse landen dit onderzoek belangrijker kan zijn dan voor ons. Bij ons zorgen brievenbusfirma's voor sociale onrechtvaardigheid en zijn ze een middel om delicten aan het oog te onttrekken. In Afrika stort het heimelijk handelen van dictators hele volken in het ongeluk. Dat is een andere orde van grootte.

[ ]

Afrika is onmetelijk rijk. De helft van de wereldwijde diamantvoorraad ligt in Afrikaanse bodem, een kwart van de goudvoorraad, 10 procent van de oliereserves, 9 procent van de gasreserves. Dan is er nog uranium, erts en nog zoveel meer. De bevolking profiteert er praktisch niet van. Het geld verdwijnt eenvoudig op de bankrekeningen van grote multinationals of in de geldpakhuizen van de elites. Experts schatten dat elk jaar meer dan 50 miljard dollar uit Afrika wegvloeit. 50 miljard dollar! Bovendien lopen de Afrikaanse staten zo'n 38 miljard dollar belastinggeld mis, omdat daar opererende bedrijven hun winsten in belastingparadijzen onderbrengen – zoals een groep experts onder leiding van Kofi Annan in 2013 vaststelde.

Ook na de bijeenkomst in Johannesburg vinden onze collega's en wij bijna dagelijks sporen die naar Afrika leiden. Nu eens gaat het om een door Mossfon opgericht bedrijf dat er door de regering van Gabon van wordt beschuldigd 85 miljoen dollar aan belasting ontdoken te hebben, dan weer vinden we in de data de vrouw van een voormalige president van Ghana, dan weer een Nigeriaan die vroeger president van de OPEC is geweest. Er zijn in de Mossfon-data talloze aanwijzingen die naar nog steeds onopgeloste schandalen en affaires in Afrika leiden. Een kleine lijst zonder aanspraak op volledigheid:

- Een zus van de omstreden president van de Democratische Republiek Congo Joseph Kabila is volgens de Mossfon-stukken aandeelhoudster van Keratsu Holding Limited, die volgens ons aandelen heeft in talrijke bedrijven in Congo-Brazzaville.[88]

- Teodoro Obiang, de zoon van de dictator van Equatoriaal-Guinea, was volgens onze documenten eigenaar van het bedrijf Ebony Shine International Limited. Het werd in 2006 opgericht op de Britse Maagdeneilanden. Een rapport van de Amerikaanse Senaat kwam in 2010 tot de conclusie dat Obiang dat bedrijf had gebruikt om met vermoedelijk verduisterd overheidsgeld een Gulfstream-jet te kopen.[89]
- Martina Joaquim Chissano, dochter van de vroegere president van Mozambique, is kennelijk sinds 2013 shareholder van Prima Finance Development Limited op de Britse Maagdeneilanden. Bovendien is Chissano, wier paspoort we in de data aantreffen, directrice van het bedrijf Prima Talent Group, dat investeert in de olie- en gaswinning in Mozambique.[90]
- Naast een nicht van de vroegere president van Malawi Hastings Banda waren tijdelijk maar liefst drie voormalige ministers uit Malawi directeur van het offshorebedrijf Press Trust Overseas Limited: de voormalige minister van Financiën Aleke Banda, de voormalige minister van Buitenlandse Zaken Mapopa Chipete, en de voormalige minister van Economische Zaken Yusuf Mwawa. Dat blijkt in elk geval uit de Mossfon-documenten. Mwawa werd in 2005 gearresteerd, omdat hij met overheidsgeld zijn bruiloft had gefinancierd. Hij werd later tot vijf jaar gevangenisstraf veroordeeld.[91]
- Bruno Itoua, voormalig minister van Energie van de Republiek Congo, vroeger directeur van het oliestaatsbedrijf SNPC en 'zoon honoris causa' van de Congolese president Denis Sassou Nguesso, had volgens de data tijdelijk een volmacht voor het bedrijf Grafin Associated S.A. in Panama.[92]
- De minister van Olie van Angola, José Maria Botelho de Vasconcelos, komt in de data voor als begunstigde van het bedrijf Medea Investments Limited. Het bedrijf werd in september 2001 op Niue opgericht – in die tijd was hij al twee jaar minister.[93]

[ ]

[john doe]: Is er nieuws? En doen er eigenlijk ook Afrikaanse journalisten mee?

[sz]: Ja, een aantal.

[john doe]: En?

[sz]: Ze hebben Kabila's zus gevonden, de zoon van een dictator, talloze schandalen die met olie of ontginningsrechten te maken hebben. En de zoon van Kofi Annan.

[john doe]: De zoon van Annan? Is dat een grap?

[sz]: Nee.

[john doe]: Oei. Daar wist ik niets van. Dat is heel deprimerend.

Politici en hun families – dat is één kant van de zaak. De andere kant bestaat uit grote concerns uit China en het Westen die bereidwillig smeergeld betalen, en bedrijven als Mossfon die ervoor zorgen dat betalingen niet achterhaald kunnen worden. Het zijn zaken die in een parallelle wereld worden afgewikkeld. De publieke opinie hoort er maar zelden over. Neem de Democratische Republiek Congo, het vroegere Zaïre: een arm land, geteisterd door vele oorlogen. Zaïre is 32 jaar lang geregeerd door dictator Mobutu Sese Seko. Na zijn val probeerde een aantal rebellengroeperingen de macht naar zich toe te trekken. Omdat veel andere Afrikaanse staten zich in het conflict mengden en partij kozen, spraken experts van de 'Afrikaanse wereldoorlog'. In 2002 werd weliswaar een vredesakkoord gesloten, maar tot op de dag van vandaag laaien de gevechten steeds weer op.

In 2010 gunde Joseph Kabila – sinds ruim vijftien jaar president van het land – de concessie tot het winnen van olie in het noordoosten van zijn land aan twee bedrijven die in de branche nagenoeg onbekend waren en die pas enkele maanden eerder op de Britse Maagdeneilanden waren geregistreerd. Het waren Caprikat Limited en Foxwhelp Limited, beide opgericht door Mossfon.

Nu is het gebruikelijk dat de staat een groot deel van de inkomsten uit oliewinning krijgt. In Uganda bijvoorbeeld, het buurland van de Democratische Republiek Congo, mag een bedrijf slechts tussen de 20 en 31,5 procent van zijn inkomsten behouden, de rest gaat naar de staat. Maar de twee Mossfon-brievenbusfirma's Caprikat en Foxwhelp mogen tussen de 55 en 60 procent behouden, meldde de Zuid-Afrikaanse nieuwswebsite News24. Dat zou een hoogst ongewone deal zijn. Een deal ten koste van de staat.

Bovendien schijnen de beide bedrijven voor de lucratieve concessies slechts zes miljoen dollar te hebben betaald – terwijl andere ondernemingen naar verluidt het tienvoudige geboden hebben.[94]

Waarom ging Kabila akkoord met zo'n deal? Voor Caprikat en Foxwhelp zetten Khulubuse Zuma, neef van de huidige president van Zuid-Afrika Jacob Zuma, en Khulubuse Zuma's advocaat hun handtekening. Het Zuid-Afrikaanse staatshoofd was enkele maanden vóór de deal op staatsbezoek in Congo geweest, en in het privégesprek met Kabila zou er naar verluidt ook over olie gesproken zijn, bericht News24. Toeval?[95]

De deal was in elk geval zo dubieus dat zelfs Mossack Fonseca ervan opkeek.

In onze data vinden we een e-mail uit de zomer van 2015. Een medewerkster van Mossfon komt daarin tot de conclusie dat achter Caprikat en Foxwhelp een heel vlechtwerk van bedrijven en stichtingen schuilgaat, dat uiteindelijk, als alles ontward en ontraadseld is, eigendom is van een beruchte investeerder: Dan Gertler.[96] Dat is een Israëlische miljardair die zijn vermogen opgebouwd heeft met 'de uitbuiting van Congo ten koste van het Congolese volk', zoals Jean-Pierre Muteba, leider van een non-gouvernementele organisatie (ngo) die zich in het bijzonder richt op de gevolgen van de mijnbouw in Congo, in 2012 in *The Guardian* zei. *The New York Times* noemde hem in 2015 een hedendaagse 'roofridder'.

[ ]

Eind 2015 vliegen we naar Genève, de stad van het geheime geld, daar waar de roofridders wonen. Slechts enkele kilometers van het vliegveld verwijderd, onder aan het Meer van Genève, vind je op rij de filialen van de offshorehelpers die we maar al te goed uit onze data kennen: banken, advocaten en financiële dienstverleners, die hun klanten via Mossfon brievenbusfirma's, stichtingen en bankrekeningen op nummer aanbieden. Vanuit het belastingparadijs Zwitserland helpen ze geld naar andere belastingparadijzen te sluizen. Allemaal heel discreet, uiteraard.

Urenlang lopen we van het ene adres dat we uit de data kennen naar het andere, bekijken het filiaal van de Deutsche Bank in Saint-Gervais Les Bergues, werpen een blik op het Mossfon-kantoor in de rue Micheli-du-Crest en verbazen ons over de elegant getwijnde mannen en vrouwen die uit grote Mercedessen en BMW's met kentekens uit de hele wereld stappen, om vervolgens in de discrete marmeren ingangen te verdwijnen, vaak schichtige blikken om zich heen werpend.

Sightseeing voor offshoreonderzoekers.

Laat in de middag gaan we per trein naar Russin, een plaatsje op slechts een paar minuten van Genève. Jean Ziegler, burger van het kanton Genève, socioloog, emeritus hoogleraar, voormalige volksvertegenwoordiger, heeft daar zijn huis. Ziegler ontvang ons in een Joggingbroek, hij heeft nog geen tijd gehad zich om te kleden. 'Telefonische vergadering met New York.' De tachtigplusser is een drukbezet man. Ooit was hij speciaal verslaggever van de VN op het gebied van honger in de wereld, intussen is hij adviseur van de Mensenrechtenraad van de VN. Al vijftig jaar maakt hij zich kwaad over de verschillen tussen de eerste en de derde wereld. *Wir lassen sie verhungern* (*We laten ze verhongeren*) heette een van zijn laatste boeken. Ondertitel: 'Die Massenvernichtung in der Dritten Welt' ('De massavernietiging in de derde wereld').

Hij is een man die geen blad voor de mond neemt, de stem van de armen, de schrik der machtigen.

Transnationale privéconcerns beschouwt hij als 'kruisridders van het neoliberalisme', de World Trade Organization, het Internationaal Monetair Fonds en de Wereldbank omschrijft hij als de 'drie apocalyptische ruiters van de honger', banken zijn voor hem 'helers van het kapitalistische systeem', en zijn vaderland Zwitserland 'een door banken en bandieten beheerst Disneyland'.

Ziegler kan zijn woede over het turbokapitalisme maar moeilijk in toom houden, zo moeilijk zelfs dat hij voortdurend wel ergens in rechtsgeschillen verwikkeld is, omdat hij weer eens deze of gene bankier beledigd heeft. Zijn huis is daarom eigendom van zijn vrouw, zijn auto is geleaset, zijn schulden lopen in de miljoenen frank. Maar het was het waard, zegt Ziegler. Hij heeft nu eenmaal een uitgesproken rechtvaardigheidsgevoel, en dat begint meteen al bij het woord zelf: 'Je moet het niet hebben over belastingparadijzen,' draagt hij ons op, 'dat klinkt te positief. Schurkenstaten zijn het!'

Ziegler nodigt ons uit plaats te nemen aan een eikenhouten tafel in de woonkamer, schenkt rode wijn in en wil dan wel praten. Over de schurkenstaten...

> 'Er zijn waarschijnlijk weinig misdrijven – om nog maar te zwijgen van de massale belastingontduiking – die niet op de een of andere manier in verband staan met offshorestaten. Nergens op de wereld vind je zoveel criminele energie per vierkante meter als op de Bahama's of in Panama. Zo ongeveer alle transacties met crimineel geld – of het nu van oorsprong crimineel is of crimineel wordt aangewend – worden afgewikkeld via *financial business companies*, trusts, instellingen en stichtingen die in offshorestaten geregistreerd staan. En de gevolgen zijn verwoestend: neem de honderdduizenden doden per jaar...'

De honderdduizenden doden? Dat moet u even uitleggen.

> 'Over de hele wereld woeden volgens de VN op het ogenblik 32 zogenaamde *low intensity wars*, oorlogen met minder dan 10.000

doden per jaar. Op de eilanden van de Filippijnen, maar ook in Darfur, in de Centraal-Afrikaanse Republiek enzovoort enzovoort. Wereldwijd sterven er in die oorlogen honderdduizenden mensen. Dat is instrumenteel alleen maar mogelijk door het bestaan van offshorecentra, via welke bijvoorbeeld wapens worden aangeschaft of bloeddiamanten verkocht.'

Politici op de Maagdeneilanden, de Cookeilanden en de Kaaimaneilanden zullen waarschijnlijk zeggen dat ze niets anders doen dan de oprichting van brievenbusfirma's faciliteren.

'Dat is onjuist. De zogenaamde belastingparadijzen en hun dienstverleners als Mossack Fonseca zijn niets minder dan vijanden van de mensheid.'

Veel offshorelanden hebben gemeen dat ze over zo goed als geen middelen van bestaan beschikken. De business met de brievenbusfirma's zien ze als hun laatste redding.

'Tja, u zegt toch ook niet als uw gezinsbudget te klein is: ik ga nu in de buurt maar heroïne verkopen, ook al weet ik dat het de buren geen goed zal doen.'

Al pratend windt Ziegler zich steeds meer op, er verstrijken één, twee, drie uren. We openen al snel de tweede fles wijn. Het wereldgeweten, zoals bewonderaars Ziegler noemen, heeft behoefte om te praten. Belastingparadijzen, hedgefondsen, Mossack Fonseca, de honger in de wereld – voor hem is het een en hetzelfde onderwerp. Alles hangt samen, het een roept het ander op. Ziegler ziet het grote geheel. Te lang al heeft hij moeten aanzien, zegt Ziegler, hoe over de hele wereld smerige deals ten gunste van de rijken worden gesmeed, hoe politici op geld uit zijn, hun landen uitbuiten en hun zwarte geld met behulp van offshoredienstverleners op de Bahama's, de Kaaimaneilanden of in Panama wegmoffelen.

Ziegler heeft gezien wat voor gevolgen het heeft als Afrikaanse alleenheersers geld naar het buitenland sluizen in plaats van het te investeren in scholen en ziekenhuizen. Hij heeft gezien hoe ziekten als gevolg van honger zich een weg vreten over de gezichten van Afrikaanse kinderen, hij heeft in de lege ogen gekeken van uitgeteerde mannen en vrouwen en hij weet wat honger kan aanrichten: uitmergeling, gehandicapte kinderen, doden.

Plotseling worden onze ontdekkingen heel concreet, we zien de draagwijdte van het handelen van dienstverleners als Mossack Fonseca. Als de regering van een land besluit de juridische eerste steen te leggen voor een staat die als belastingparadijs fungeert, is dat niet zomaar de privéaangelegenheid van die staat. Het is veeleer een probleem voor de hele wereld.

Die 'schurkenstaten', aldus Ziegler, moeten uitgerookt worden. Het betalingsverkeer met daar geregistreerde maatschappijen moet worden stilgelegd. Waarom dat niet allang gebeurd is? Omdat de regeringen onder druk staan – onder de druk van banken, geheime diensten, wereldconcerns en superrijken, de 'werelddictatuur van het geglobaliseerde financiële kapitaal'.

Bij het afscheid drukt Ziegler ons zijn nieuwste boek in handen. *Ändere die Welt!* (*Verander de wereld!*) heet het. 'In hartelijke, solidaire en gewaardeerde vriendschap,' schrijft hij er als opdracht in. Dan sluit hij de deur – een sympathieke luide roeper in een wereld die tegenover de schimmenwereld van de offshore al zo lang opvallend stil gebleven is.

[ ]

Terug in München verdiepen we ons opnieuw in de data en vinden een miljardair die in Afrika steeds weer verwikkeld is in affaires: Beny Steinmetz, de man die tot voor kort een groot deel van de warenhuisketen Karstadt in handen had. Steinmetz is een van de rijkste mensen ter wereld, hij pendelt met zijn privéjet tussen Tel Aviv, Londen, Genève en zijn vele diamantbedrijven. En wie op enige afstand naar Afrika kijkt, heeft het gevoel dat Dan Gertler en Beny Steinmetz het continent onder elkaar hebben verdeeld. De een graait hier, de ander daar. Bij Steinmetz leidt ons dataspoor naar Guinee, een van de armste landen ter wereld.

In het achterland van de West-Afrikaanse staat, midden in de jungle, liggen de Simandou-bergen. De toppen ervan dragen vreemd ontoepasselijke namen als Iron Maiden of Metallica. Dat de bergen genoemd zijn naar heavymetalbands is een toespeling op de schat die in de heuvels sluimert: ijzererts.

Guinee heeft aan het eind van de jaren negentig de Anglo-Australische onderneming Rio Tinto toestemming gegeven dat erts te delven. Er was sprake van de grootste nog niet geëxploiteerde voorraad ter wereld. De ontginningsrechten waren uiterst waardevol, het ging om honderden miljoenen. Maar in 2008 trokken de Guineese autoriteiten de licentie van Rio Tinto plotseling in en gunden die aan een bedrijf dat met diamanten een vermogen had verdiend, maar in de ertswinning niet op veel ervaring kon bogen: Beny Steinmetz Group Resources, afgekort BSGR. Het verhaal wordt nog vreemder, want volgens berichten in de media heeft het bedrijf voor de ontginningsrechten niets aan de Guineese staat betaald. Het schijnt zich alleen bereid te hebben verklaard miljoenen dollars te investeren in het ijzertsveld.

'De paradox van de overvloed' of, iets omineuzer, de 'vloek van de grondstoffen', zo wordt door economen het fenomeen genoemd dat uitgerekend in staten als Guinee, die enorme voorraden olie, gas of edelmetalen hebben, armoede en corruptie heersen. De Amerikaanse economen Jeffrey Sachs en Andrew Warner hebben het verband al jaren geleden onderzocht en vastgesteld dat staten die rijk zijn aan grondstoffen meestal een duidelijk geringere groei tonen dan landen waarin bodemschatten geen grote rol spelen.

Eén jaar nadat Beny Steinmetz de ontginningsrechten had verworven, verkocht zijn BSGR de helft van zijn Simandou-onderneming voor een duizelingwekkende 2,5 miljard dollar aan het Braziliaanse mijnbouwbedrijf Vale.

In dat jaar was de begroting van de Guineese regering 1,2 miljard dollar. BSGR had dus maar even dubbel zoveel gekregen als de regering per jaar ter beschikking heeft. En het gaat dan, let wel, om de regering van een land waarin de kindersterfte zo hoog is dat 104 op de duizend kinderen de vijf jaar niet eens halen. Ter vergelijking: in Duitsland zijn het er nog geen vier. In de Human Development Index van de Verenigde Naties neemt Guinee plaats 179 van de 187 in. De vloek van de grondstoffen.

Het Britse *Independent* sprak in elk geval van de 'corruptste deal van de eeuw'. Geen wonder. Guinee is volgens Transparency International een van de corruptste landen van de wereld. De Guineese dictator Lansana Conté, onder wiens heerschappij Steinmetz de ontginningsrechten kreeg, noemde zijn ministers 'dieven'.

En dat was geen grap.

Als je alle Guinezen die iets van de staat gestolen hebben, zou doodschieten, hield je uiteindelijk niemand meer over, schijnt Conté ooit gezegd te hebben. Voor zichzelf maakte hij kennelijk geen uitzondering.

De kleptocraat overleed in elk geval slechts een paar dagen nadat hij de waardevolle Simandou-concessies op naam had gezet van BSGR. Er kwam een putsch, en toen nog een putsch. Ten slotte werd bij de eerste enigszins democratische verkiezingen in de geschiedenis van het land een man gekozen die Alpha Condé heet. Hij had Guinee verlaten toen het nog door Frankrijk werd geregeerd, hij studeerde rechten in Parijs en doceerde later ook aan de Sorbonne.

Bij zijn ambtsaanvaarding zwoer Alpha Condé de Nelson Mandela van Guinee te zullen worden. Een van zijn eerste officiële acties was een herziening van de Simandou-deals, waarvan de smerige geur tot in alle hoeken en gaten was doorgedrongen. De Sudanese miljardair Mo Ibrahim vatte het tijdens een economische conferentie in Dakar kernachtig samen: eigenlijk was het alleen de vraag of de verantwoordelijken in de regering van Guinee dom of crimineel waren geweest. Of allebei.

De nieuwe president, die wordt bijgestaan door adviseurs als Tony Blair en George Soros, nam Amerikaanse advocaten en risicoanalisten in dienst om na te gaan hoe uitgerekend het Steinmetz-bedrijf BSGR, dat in de ontginning van ijzererts nagenoeg geen ervaring had, die opdracht had kunnen krijgen. En vooral: wie er op de achtergrond aan de touwtjes had getrokken.

De onderzoekers stuitten al snel op een man met ongewoon goede connecties: de Fransman Frédéric Cilins. Hij was na 2000 een vaste gast in Guinee geweest en had altijd cadeautjes voor overheidsfunctionarissen bij zich: mp3-spelers, mobieltjes, dat soort dingen. Niets bijzonders in het Westen, maar begeerd en moeilijk te krijgen in een van de armste landen ter wereld. En daar bleef het niet bij, ook formule 1-modelautootjes versierd met diamanten schijnen in uitgelezen handen overgegaan te zijn. Hij werd door ingewijden al snel de 'Kerstman' genoemd.

Een door Alpha Condé ingestelde commissie kwam in 2012 niet alleen tot de conclusie dat deze Frédéric Cilins een 'geheime stroman' van Beny Steinmetz was, de onderzoekers vonden ook onregelmatigheden bij de Simandou-deal van BSGR. Zo had Frédéric Cilins de voormalige dictator Lansana Conté – de man die Steinmetz de gunning verleend had vlak voordat hij overleed – een gouden horloge versierd met diamanten cadeau gedaan (wat BSGR tegenspreekt).[97]

BSGR bevestigde dat Frédéric Cilins voor het bedrijf had gewerkt, maar dat had met het verwerven van de ontginningsrechten niets van doen gehad.

De autoriteiten van Guinee hebben in 2012 de hand gelegd op contracten die klaarblijkelijk door het offshorebedrijf Pentler Holding en BSGR gesloten waren met Mamadie Touré, een van de vier vrouwen van dictator Lansana Conté. In een van die contracten verklaart een bedrijf dat Matinda heet en eigendom is van Mamadie Touré, zich bereid 'al het mogelijke te doen om van de autoriteiten de handtekening te krijgen voor de mijngebieden in kwestie ten behoeve van het bedrijf BSG Resources Guinea'. In een ander document is sprake van 2,4 miljoen dollar, die Matinda zal krijgen op grond van een 'samenwerkingscontract' met Pentler Holdings. En dan was er nog een contract dat de samenwerking van Touré respectievelijk Matinda met Pentler beëindigt en Matinda een bedrag van 3,1 miljoen dollar toezegt: voor zijn aandeel in de activiteiten in Guinee.[98]

Dat zou je een corrupt contract kunnen noemen. Of moet je het zelfs wel zo noemen? De broer van Mamadie Touré was in elk geval plotseling vicepresident van BSGR Guinea – en BSGR heeft de Simandou-gunning gekregen.[99]

Toen er in 2012 details bekend werden over de dubieuze contracten, trok dat de aandacht van Global Witness. Het was een zaak die geknipt leek voor de ngo, die strijdt tegen corruptie, belastingparadijzen en de uitbuiting van hele landen – temeer omdat de organisatie gesteund wordt door de Amerikaanse miljardair George Soros, die op zijn beurt een van de adviseurs van de nieuwe president Alpha Condé is. De medewerkers van Global Witness stortten zich op de zaak – en vonden al snel het een en ander. BSGR had bijvoorbeeld in een mededeling verklaard dat de vrouw van de dictator niets met de Simandou-deal te maken had. Global Witness bracht daarop een video uit het jaar 2006 naar buiten waarop Frédéric Cilins en meerdere BSGR-vertegenwoordigers samen met Mamadie Touré te zien zijn – bij een manifestatie waarin het Simandou-project centraal stond. BSGR had bovendien beweerd dat Mamadie Touré helemaal niet met president Conté getrouwd was. Global Witness publiceerde prompt een kopie van haar paspoort. Daarop valt het niet over het hoofd te zien: 'Epouse P.R.G': vrouw van de president van de Republiek Guinee.[100]

Global Witness houdt zich al ruim drie jaar op deze manier met BSGR bezig. De man erachter is Daniel Balint-Kurti. Ooit schreef hij als journalist voor *The Times* en *The Independent* over Afrika, nu ondervraagt hij voor Global Witness getuigen, levert documenten en ploegt bedrijvenregisters over de hele wereld door. Zijn doel: bewijzen dat Beny Steinmetz door omkoping aan de Simandou-concessie is gekomen. BSGR spreekt van een 'grove lastercampagne'.

In 2013 diende BSGR een klacht in tegen Global Witness. Het bedrijf van Steinmetz wilde onder andere weten wie de bronnen van Balint-Kurti zijn. De aanklacht werd afgewezen.

We willen met Daniel Balint-Kurti spreken, we willen meer weten. We kunnen hem zelfs in München ontmoeten, hij heeft familie in Beieren. We vertellen hem dat we geïnteresseerd zijn in de Simandou-deal – en in zijn onderzoek tot nu toe.

Uiteindelijk, vertelt Balint-Kurti ons, is hij bij een paar bedrijven terechtgekomen die door Mossack Fonseca zijn opgericht of die er klant van zijn: Pentler Holdings en Matinda op de Britse Maagdeneilanden. De bedrijven waren als een muur, hij kwam er niet doorheen. 'De zaak Simandou is er maar een uit vele. Steeds weer eindigt het corruptieonderzoek van Global Witness bij brievenbusfirma's of soms bij een heel netwerk.'

In deze zaak kunnen we nu echter een geheim deurtje openen, eindelijk inzicht geven in wat er tot nu toe verborgen is gebleven.

Pentler Holdings, zo veel is wel bekend, werd in 2005 op de Britse Maagdeneilanden opgericht, en korte tijd later sloot het bedrijf de eerste contracten af met Mamadie Touré. Maar BSGR beweerde volgens Global Witness met die Pentler niets van doen te hebben.

Zonder onze data zou de zaak hier doodlopen. Van de autoriteiten op de Britse Maagdeneilanden zouden we bij navraag misschien nog te horen krijgen wie de directeuren zijn, maar meer ook niet. We nemen dus de documenten door die in de map Pentler Holdings zitten en ontdekken dat het bedrijf is opgericht in opdracht van Onyx Financial Advisors Ltd., gevestigd in Zwitserland.[101] Ook het bedrijf Onyx, dat volgens interne Mossfon-aantekeningen intussen Invicta Advisory heet, 'staat geheel los en is geheel onafhankelijk van BSGR', zo beweert het bedrijf van Beny Steinmetz in 2013 tegenover de *Financial Times*. Een woordvoerder van BSGR deelt ons eind 2015 mee: 'Pentler is niet gelieerd aan Onyx en is ook nooit eigendom van Onyx geweest.'

Geheel los en geheel onafhankelijk?

Onyx – dat Pentler ooit liet oprichten – en BSGR deelden tot minstens december 2015 aan de Old Park Lane nummer 7 in Londen, niet ver van Buckingham Palace, een verdieping in een klein bakstenen gebouw. De bedrijfsleider van Onyx is tot het ter perse gaan van dit boek ook een van de directeuren van BSGR.[102] Bovendien komen we erachter dat een medewerker van Mossfon in juni 2009 in Genève iemand van Onyx ontmoet heeft. De man van Mossfon hoort tijdens dat gesprek dat de eigenaar van het bedrijf 'een Frans-Israëlische familie' is, 'die zich bezighoudt met de diamanten-, de olie- en de kunsthandel'. Nu: Beny Steinmetz is in Israël geboren, maar heeft ook een Frans paspoort.

Voorzichtig uitgedrukt lijkt dat niet 'geheel onafhankelijk'.[103]

Frédéric Cilins, waarschijnlijk de stroman van Steinmetz, werd overigens in 2013 in Amerika gearresteerd. Hij had Mamadie Touré, de vrouw van de inmiddels overleden dictator Lansana Conté, proberen over te halen alle stukken die te maken hadden met Pentler en BSGR te vernietigen. Onder het genot van een kipsandwich bood Frédéric Cilins geld aan Touré aan, als ze bereid zou zijn de schriftelijke stukken te vernietigen. Frédéric Cilins wilde dus belangrijke bewijsmiddelen in een van de grootste corruptieonderzoeken van Afrika vernietigen. Bovendien zou hij het vliegticket betalen indien Mamadie Touré de Verenigde Staten zou moeten verlaten. Als BSGR het lopende onderzoek door het mijncomité van Guinee zou overleven en de ontginningsrechten zou behouden, zou ze nog eens vijf miljoen dollar krijgen. 'Nummer één' had zijn volledige fiat gegeven. Op de vraag wie nummer een was, zei hij: 'Beny.'[104]

Wat Frédéric Cilins niet wist: Touré had een microfoontje bij zich en nam de gesprekken op. Ze had een deal met de FBI gesloten. Frédéric Cilins werd op 24 april 2014 in Florida gearresteerd; hij verklaarde zich later onschuldig aan de poging bewijsmateriaal te vernietigen. Maar hij zweeg over de man achter de schermen. Hij werd tot twee jaar gevangenisstraf veroordeeld.

In de stukken van het proces is steeds weer sprake van een *Co-conspirator 1*, een medesamenzweerder dus. Na onderzoek door diverse media is duidelijk dat het gaat om Beny Steinmetz. Intussen wordt naar de Guinee-deal ook gerechtelijk onderzoek verricht in Zwitserland en Guinee, wegens verdenking van corruptie. De kantoren van Onyx zijn doorzocht en Steinmetz is meermalen ondervraagd.[105]

In Guinee ontnam de regering van Alpha Condé het bedrijf van Beny Steinmetz uiteindelijk de Simandou-concessie. Er zouden 'precieze en consistente' bewijzen zijn voor 'corrupte praktijken' bij de verlening van de concessie. Naast de Zwitserse, Amerikaanse en Guineese autoriteiten is ook het Britse Serious Fraud Office aan een onderzoek begonnen. We horen dat de Zwitserse opsporingsambtenaren Steinmetz ervan verdenken direct betrokken te zijn bij corrupte handelingen. Pentler zou door Onyx zijn opgericht op instructie van Steinmetz. Een medewerkster van Onyx zou zich praktisch uitsluitend beziggehouden hebben met de administratie van de ondernemingen en stichtingen van Steinmetz, wordt gemeld in Zwitserse gerechtelijke stukken die wij konden inzien. En wat kunnen we anders zeggen dan dat dit exact overeenkomt met wat we in onze data aantreffen.[106]

19. Geheime bijeenkomst in het komitèrom

We staan in Lillehammer op de Lysgårdsbakken, de olympische springschans, en onder ons ligt het dal Gudbrandsdalen, waarin zich het op deze plek tamelijk smalle Mjøsameer bevindt, het grootste meer van Noorwegen. Aan de oever ervan ligt Lillehammer, de stad waar in 1994 de Olympische Winterspelen zijn gehouden. We zien de spoorrails die door het dal lopen, het station waar we die ochtend uit de trein gestapt zijn, en het ietwat gehavende maar sympathieke hotel waar we logeren.

Het Radisson Hotel ligt wat hoger tegen de heuvel aan. Daar zijn nu – van 8 tot 11 oktober 2015 – zo'n negenhonderd journalisten uit ruim honderd landen bijeen voor de 'Global Investigative Journalism Conference'. Het is een conferentie die om de twee jaar wordt gehouden, telkens in een andere plaats. Op het programma staan bijdragen van gerenommeerde journalisten over hun werkwijze, lezingen van experts over perswetgeving, dataspecialisten en undercoverjournalisten. De conferentie heeft niets te maken met ons Prometheus-project, maar enkelen van onze internationale partners zijn wel aanwezig, en we willen van de gelegenheid gebruikmaken hen persoonlijk te spreken.

Negenhonderd onderzoeksjournalisten. Als we dat aan vrienden en collega's vertellen, is de reactie bijna altijd: is het risico van een aanslag dan niet groot? Als je er bijvoorbeeld van uitgaat dat zo'n één op de tien journalisten door zijn onderzoek serieuze vijanden heeft gemaakt, zouden dat voor de politie negentig potentiële motieven zijn als er een bom ontploft. Onder de bezoekers van de conferentie zijn een hoop journalisten uit welvarende landen, zoals wij, die misschien ooit de Duitse inlichtingendienst, de Amerikaanse geheime dienst, de Duitse ANWB of de Duitse regering een beetje op stang hebben gejaagd. Maar er zijn ook veel journalisten die in China, Rusland en Oekraïne, het Midden-Oosten en in Afrikaanse landen werken, en zij lopen echt gevaar. Sommige collega's gaan alleen onherkenbaar het podium op, anderen hebben een schuilnaam of in elk geval niet de naam waaronder ze publiceren. Roman Anin, de Russische ICIJ-collega, met wie we aan het Poetin-verhaal werken, wordt op een van de podia gevraagd of hij niet bang is.

Anin haalt zijn schouders op en zegt: 'Als ze me willen doden, doen ze dat.'

[ ]

De conferentie is voor ons niet alleen spannend omdat de lezingen zo interessant zijn, maar ze helpen ons eigen project ook vooruit. In Lillehammer is ICIJ-directeur Gerard Ryle van de partij, en ook Prometheus-projectleidster Marina Walker, hoofd data Mar Cabra, programmeur Rigo Carvajal en alle anderen die bij het ICIJ werken, en er zijn zeker zo'n dertig journalisten aanwezig die meedoen aan het Prometheus-onderzoek. Intussen zijn er op ons forum al meer dan honderd groepen en staan er tienduizenden notities. Maar het beste is nog altijd om de dingen persoonlijk met elkaar te bespreken, zoals hier in Lillehammer. Steeds weer trekken we ons terug op hotelkamers of zelfs in het kleine *komitèrom*, waar in 1994 de bazen van het Internationaal Olympisch Comité de belangrijkste zaken bespraken, het was als het ware het centrum van de Olympische Spelen.

Minder ideaal wat betreft de geheimhouding is dat sommigen van onze collega's, die samen met ons aan de Mossfon-data werken, het project ook in overvolle zalen ter sprake brengen en ten overstaan van alle anderen over 'jullie fantastische data' praten. Met een dooddoener brengen we ze dan van het onderwerp af of we staren net zo lang zwijgend de lucht in tot de collega het begrijpt.

In Lillehammer tonen we onze ICIJ-dataspecialisten een nieuwe lijst van zo'n 25.000 namen met informatie over overschrijvingen die Mossfon in opdracht van zijn klanten heeft uitgevoerd. Mar, hoofd van de afdeling Data, verkeert in dubio. Enerzijds: hier met dat materiaal! Anderzijds: er is al zoveel en het is zo gecompliceerd...

We vertellen ook dat we een paar dagen voor ons vertrek naar Lillehammer alweer een nieuwe computer besteld hebben, de derde intussen. De tweede, onze bijna splinternieuwe van zesduizend euro, kon de hoeveelheid data niet meer bolwerken, we beschikken intussen over 2,5 terabyte. Het was zenuwslopend, elke zoekopdracht duurde minuten, en als je het gevonden document wilde bekijken, verstreken er weer minuten – als de computer al niet meteen vastliep. Ook al hadden alle experts ons vooraf gezegd dat die pc sterk genoeg zou zijn, hij was het niet.

Toen we die tweede computer bestelden wisten we natuurlijk dat een nóg duurdere computer nog beter zou zijn, laten we zeggen een computer van 17.000 euro. Zoveel zou de versie hebben gekost die de door ons geconsulteerde IT-specialist als beste oplossing voorstelde. Maar dat voorstel voorleggen aan SZ leek ons even absurd als voor te stellen om op de torenflat van SZ een speciale etage voor ons te bouwen.

Maar intussen heeft ons project allang absurde proporties aangenomen en het ging niet langer: zo konden we niet werken. We togen opnieuw met hangende pootjes naar de hoofdredactie, legden voorzichtig de stand van zaken uit en suggereerden nog iets voorzichtiger dat we een duurdere computer nodig hadden – als we althans bij de *Süddeutsche Zeitung* met de data aan de slag wilden blijven. Als we op het ICIJ zouden vertrouwen, hoefde dat niet... Ons nieuwe voorstel: een mega-pc met 128 gigabyte werkgeheugen en vijf SSD-harde schijven met in totaal 8,256 terabyte geheugen. Een verzameling servers verpakt in de kast van één pc. Kosten: 17.484,36 euro.

Onze hoofdredactie besloot hem te kopen.

Als we het tijdens het avondeten aan ICIJ-programmeur Rigoberto Carvajal vertellen, kan hij het niet geloven: '17.000 euro?! Voor één computer? Jullie zijn gek!' Hij lacht zich een kriek en is tegelijkertijd enthousiast, wil elk detail en iedere specificatie horen. We schamen ons bijna een beetje voor dat ding, dus we geven hem aan Vanessa

Wormer, de datajournaliste die sinds september lid is van ons kleine team – we hebben haar uit New York gehaald, waar ze een speciale studie over datajournalistiek aan de gerenommeerde Columbia University heeft afgerond. Ze schrijft programma's voor ons waarmee we de data nog beter kunnen doorzoeken en houdt zich bezig met de hele technische kant van het project. Sinds Vanessa bij ons is, houden we ons alleen nog met de grootte van harde schijven, werkgeheugen of Excelformatering bezig als het echt niet anders kan. Dus bijna helemaal niet meer. En dat is heel rustgevend. Even afgezien daarvan is Vanessa een fantastische journaliste en collega, die ons project zeer vooruithelpt.

Er is nog een andere collega die ons een halfjaar lang zal assisteren: de vrije journalist Mauritius Much. Hij verdiept zich niet alleen enthousiast in elke zaak die we hem voorleggen, vooral op het gebied van sport – hij spreekt ook heel goed Spaans. Niet geheel onbelangrijk, want een aanzienlijk deel van de e-mails en documenten is in die taal opgesteld.

Nu zijn we in het Prometheus-team van de *Süddeutsche Zeitung* al met zijn vieren.

[ ]

Een nauwkeurige vertaling wordt steeds belangrijker naarmate de datum van openbaarmaking dichterbij komt. Er zijn foefjes van de Mossfon-mensen die we pas doorhebben als ze precies zijn vertaald, bijvoorbeeld bij een van onze op dat moment geliefdste onderwerpen: het contact met de 'nominee benificial owner', de uiteindelijk gerechtigde. Het is zo ongeveer het idiootste wat er aan absurditeiten in de daaraan toch al niet arme wereld van de brievenbusfirma's bestaat.

De uiteindelijk gerechtige eigenaar staat in de offshorebranche onomstotelijk aan het eind van de versluieringsketen. Er mogen stromannen als directeur ingezet worden en andere offshorebedrijven als aandeelhouder – als er ergens sprake is van een 'benificial owner' of zelfs 'ultimate beneficial owner', dan is duidelijk dat het bedrijf echt van hem is. Alle ook maar enigszins serieus te nemen banken openen nu bijvoorbeeld alleen nog een rekening voor offshorebedrijven als de 'ultimate beneficial owner' wordt genoemd. De bank moet die uiteindelijk gerechtigde eigenaar dan verifiëren om er zeker van te zijn met wie ze zakendoet. Als je het witwassen van geld, de financiering van terreur en andere strafbare feiten wilt verhinderen, is de regel dat je de persoon aan het eind van de keten kent van essentieel belang.

Maar bij Mossack Fonseca is men blijkbaar van mening dat het een regel is als vele andere regels. Dus wederom een regel die flexibel gehanteerd kan worden.

Herhaaldelijk stelt Mossack Fonseca daarom klanten met een probleem voor om het verifiëringsmechanisme van de banken uit te schakelen: ze bieden aan om een echte persoon als 'nominee beneficial owner' in te zetten, die in plaats van de ware eigenaar, nu 'real ultimate beneficial owner' genoemd, optreedt.

Eigenaar.

Schijn-uiteindelijk gerechtigde eigenaar.

Laatst uiteindelijk gerechtigde eigenaar.

Echt laatst uiteindelijk gerechtigde eigenaar?

Het lijkt wel cabaret. Maar het is niet alleen volkomen absurd, het is ook volkomen verboden. Tot dat oordeel komt ook de hooggeplaatste manager van Mossack Fonseca Ramses Owens, tot enkele jaren geleden nog hoofd van de trustafdeling, als een collega van Mossfon Hongkong hem in mei 2008 daarop aanspreekt. Ramses Owens verklaart dat dit gebruik van een 'nominee beneficial owner tegenwoordig als "illegaal"' wordt gezien. In Panama komt in het Wetboek van Strafrecht een speciaal artikel daarover voor, dat gebruikmaking van 'verborgen begunstigden' verbiedt, evenals het liegen over het 'ware eigenaarschap'.[107]

Maar nog slechts een jaar eerder had diezelfde Ramses Owens juist die service aangeboden aan een klant, als een 'delicate' handeling die Mossack Fonseca uiteraard met de 'grootst mogelijke vertrouwelijkheid' zou uitvoeren.

En diezelfde Ramses Owens biedt die dienstverlening nog ruim een halfjaar *nadat* hij die zelf als illegaal had omschreven aan een klant aan. In januari 2009 meldt er zich een Amerikaanse vrouwelijke klant, voor wie Mossack Fonseca een verborgen buitenlandse bankrekening bij de HSBC beheert. De klant is in paniek, ze vreest dat de HSBC haar naam weet, en ze vermoedt dat een werknemer van Mossack Fonseca die per ongeluk heeft doorgegeven.

Ramses Owens probeert olie op de golven te gieten, hij schrijft dat Mossfon dat terug kan draaien en dat het haar de service 'natural person nominee' kan aanbieden. Dat betekent, legt hij uit, dat er iemand als beneficial owner wordt ingeschakeld, 'wiens naam dan aan de bank wordt opgegeven'. Maar die service is wel 'heel hachelijk', zegt Ramses Owens, en daarom ook heel duur. Het eerste jaar kost het 30.000 dollar, het tweede jaar 15.000 dollar. We hebben er dan ook de handen aan vol, zegt Ramses Owens: 'We moeten de natuurlijke schijnpersoon aanstellen, hem betalen, hij moet een stel documenten ondertekenen waarmee we ons indekken, we moeten ervoor zorgen dat hij kan bewijzen dat hij economisch in staat is over zoveel geld te beschikken, we hebben referenties, bewijs van domicilie enzovoort nodig.' Als de klant het aanbod aanneemt, vervolgt Ramses Owens, dan is het natuurlijk wel duidelijk dat het om een langjarig contract gaat.[108]

We zoeken verder en stellen vast dat de klant het voorstel heeft aangenomen. En ze heeft daarvoor in drie jaar tijd inderdaad ongeveer 60.000 dollar betaald. De man die in haar plaats de 'ware eigenaar' speelt, is bij wijze van spreken de Porsche onder de schijndirecteuren van Mossfon, het is een man die ze in dit soort 'delicate' situaties graag naar voren schuiven.

Zijn naam is Edmund W., en hij is de vroegere schoonvader van Ramón Fonseca.

Edmund W. wordt door Mossack Fonseca meestal als 'natural person nominee' opgevoerd, en er wordt telkens weer op zijn voordelen gewezen: hij is ingenieur, die theoretisch dus veel geld kan hebben, hij heeft het Britse staatsburgerschap, maar woont al lang in Panama en gaat zelden op reis. De grootvader van de kinderen van Ramón Fonseca wordt dus op papier de eigenaar van het bedrijf van die klant, en de HSBC krijgt van Mossfon inderdaad de gegevens van zijn paspoort en zijn elektriciteitsrekening, alsof hij de uiteindelijke eigenaar is.[109]

Dat is allemaal zo overduidelijk verboden dat elke discussie daarover in wezen lachwekkend is. We zijn benieuwd wat Mossfon erover te zeggen heeft.

Maar Mossfon antwoordt niet op de vraag of ze de service van 'national person nominee' aanbieden. Op ons verzoek om informatie stuurt het advocatenkantoor een algemene mededeling, die niet ingaat op de beschuldiging.

Het recentste voorbeeld van de service van 'natural person nominee' dateert van maart 2014: een medewerker van Mossfon biedt die service aan voor het nog steeds fikse bedrag van 10.000 dollar. De klant, een Fransman, haakt daarop in. Hij wil weten of het ook mogelijk is een bankrekening te openen waarbij hij zelfs in de dossiers van de bank 'absoluut niet voorkomt'.

Geen probleem, verklaart de medewerker van Mossfon, er kan iemand tot 'final beneficial owner' benoemd worden, dus tot de 'uiteindelijke gerechtigde eigenaar'. Die persoon wordt dan aan de bank opgegeven en bij die persoon voert de bank de due diligence uit – dus de doorlichting van de 'ware eigenaar'.[110]

We benutten de dagen in Lillehammer ook om onze partners op het hart te drukken ons iets te melden als ze in hun onderzoek duidelijke wetsovertredingen vinden, het niet nakomen van de due-diligenceplicht, vervalsing van de documenten, hulp bij het witwassen van geld. Dat soort zaken. In geval van twijfel kunnen we daar niet genoeg van hebben. In de nissen van de hotellobby, op hotelkamers of tijdens wandelingen vertellen andere Prometheus-onderzoekers steeds dat soort verhalen. Ze zijn allemaal gefascineerd door het gegeven dat Mossack Fonseca zich kennelijk bar weinig aantrekt van wet en moraal.

[ ]

Een paar dagen na onze thuiskomst meldt onze bron zich weer, nu met een vraag waar we knap zenuwachtig van worden.

[john doe]:	Klaar voor meer data?
[sz]:	Serieus?
[john doe]:	Heel serieus.
[sz]:	Oké. Hoeveel?
[john doe]:	Ditmaal minder dan 100 gigabyte. Maar nog steeds een hoop.
[sz]:	Wow! Waanzin!

Nog meer data van Mossack Fonseca. We kunnen de tot nu toe binnengekomen data al amper aan. Als het nieuwe pakket met data binnen is, leggen we het eerst even terzijde. Onze nieuwe reuzencomputer is er nog niet, en we hebben nog een paar miljoen documenten uit de vorige databestanden waar het tekstherkenningsprogramma doorheen moet, zodat we ze kunnen doorzoeken.

Het is te veel van het goede.

Maar we hebben nog een paar maanden de tijd voordat de onderzoeken zullen uitmonden in krantenartikelen.

20. In de macht van het monster

Onder de klanten van Mossack Fonseca zijn we tot nu toe onder andere de volgende criminele groeperingen tegengekomen:

Drugsbazen.

Financiële oplichters.

Maffiosi.

Wapensmokkelaars.

Belastingontduikers.

Sanctieovertreders.

Oplichters in zo ongeveer alle soorten en maten.

En dan is er ook nog de zaak van Andrew M. Hij is in 2009 in Amerika tot acht jaar gevangenisstraf veroordeeld. Zijn delict: hij heeft minstens drie Russische kinderen verkracht. Volgens de opsporingsambtenaren deed hij dat niet alleen uit natuurlijke drang, maar ook uit zakelijk belang. Hij wilde samen met anderen een illegale prostitutieclub met kinderen opbouwen en drie meisjes 'testen'. Andrew M. is naar verluidt een van de geldschieters van die criminele vereniging geweest en heeft geholpen de winsten uit die misdaad wit te wassen door ze weg te sluizen via een brievenbusfirma.

Andrew M. is – met nog een tweede brievenbusfirma – tot op de dag van vandaag klant bij Mossack Fonseca.[111]

Mossack Fonseca is op de hoogte van M.'s misdaad, van zijn veroordeling en van zijn gevangenisstraf, zo blijkt uit onze stukken. En toch handhaaft Mossfon hem als klant.

Maar laten we alles even op een rijtje zetten. Andrew M., die zowel de Amerikaanse als de Russische nationaliteit bezit, laat in 1995 twee bedrijven oprichten op de Britse Maagdeneilanden, blijkt uit onze stukken. Hij geeft niet aan wat het doel ervan is.

Voor de buitenwereld maakt Andrew M. een sprookjesachtig carrière. Op zijn achttiende emigreerde hij met zijn vader naar Amerika, werd vanwege zijn wiskundige begaafdheid aangenomen aan Columbia University in New York en studeerde af met de hoogste cijfers. Daarna vergaart hij binnen enkele jaren een vermogen met de verkoop van speciale brandblussers en de handel in Duitse auto's: in 2004 wordt geschat dat zijn bedrijf ruim tien miljoen dollar waard is. Andrew M. trouwt, krijgt drie kinderen en leeft in een villa in Philadelphia de Amerikaanse droom.

Maar hij heeft nog een tweede leven, een duister leven. Het valt te reconstrueren uit opsporingsdossiers en gerechtelijke stukken. In 2002 gaat de website www.berenika.org online. Die ronselt voor iets wat de makers ervan *romantic studio* noemen. In werkelijkheid is het een kinderprostitutieclub. Dat wordt nauwelijks verdoezeld: al op de startpagina is een naakt meisje te zien met een roos in haar hand. Ze ziet er jong uit, heel jong.

[ ]

De meisjes op berenika.org worden als winkelwaar geordend en naar lengte, gewicht en cupgrootte aangeboden, ze zijn 'jong en fris', staat er, en zijn al te krijgen voor 150 tot 300 dollar per uur. Een hele nacht kost 500 dollar. Op berenika.org staat pro forma dat alle meisjes boven de achttien zijn. Maar wie minderjarige meisjes zoekt, ziet meteen dat hij op de goede site is beland. De klanten van berenika.org worden uiteindelijk naar een onooglijk appartement in Moskou geloodst. Daar worden de misdaden tegen de kinderen gepleegd.

Andrew M. heeft die kinderprostitutieclub medegefinancierd, tot die conclusie komen Amerikaanse opsporingsambtenaren. Ze schrijven dat M. heeft medegefinancierd 'vanuit de verwachting dat hem een deel van de winsten uit de prostituering van volwassen en minderjarige vrouwen zou toevallen'. Hij heeft de website zelfs in het Engels vertaald om westerse klanten te lokken.[112]

Eind 2003 reist M. naar Sint-Petersburg en haalt uit een weeshuis aan de rand van de stad drie meisjes op. Ze zijn dertien en veertien jaar oud. M. belooft hun dat ze op sightseeing gaan. Maar in werkelijkheid dwingt hij ze tot geslachtsgemeenschap. 'Ik heb gesmeekt mij niets aan te doen, ik was nog zo klein,' citeert de Engelstalige uitgave van het Russische dagblad *Pravda* later een van de meisjes. 'Hij gaf me medicijnen tegen de pijn en begon mijn pyjama uit te trekken.' Een ander meisje verklaarde dat ze er niet meer aan wilde denken, het liefst zou ze gewoon vergeten wat hij haar had aangedaan.

Ongeveer in diezelfde tijd richt Andrew M. een stichting op om Russische slachtoffers van terreur – vooral kinderen – te helpen. Hij wordt de voorzitter van het 'team USA' van de stichting. Op avondbijeenkomsten ontmoet hij de Russische ambassadeur in de VS en hij laat zich in zijn rol als weldoener fotograferen op VIP-party's met Hollywoodactrice Heather Graham.

Dat is de schijn.

Maar de Berenika-club komt in het vizier van Russische opsporingsambtenaren, die hun Amerikaanse collega's blijkbaar een tip geven over Andrew M. Als hij in juli 2004 van een van zijn reizen terugkomt, neemt de politie op de luchthaven van Philadelphia zijn laptop in beslag. In het kader van een wereldwijd opsporingsonderzoek worden in 2005 in Rusland vier van zijn handlangers tot gevangenisstraf veroordeeld. M. weet de dans te ontspringen, voorlopig althans. Pas drie jaar later slaagt de FBI erin versleutelde bestanden op zijn eerder op het vliegveld in beslag genomen laptop te decoderen – en ze vinden e-mails die M. linken aan berenika.org.

Later vinden opsporingsambtenaren het bedrijf IFEX Global Ltd., een van de twee brievenbusfirma's die in 1995 door Mossack Fonseca zijn opgericht. Ze vragen de Caraïbische autoriteiten om inlichtingen, want ze willen weten wie er zich achter verschuilt. De financiële toezichtsautoriteiten ter plaatse wenden zich tot Mossfon om informatie over namen en adressen van de IFEX-directeur en de shareholders.

Mossack Fonseca antwoordt de opsporingsambtenaren dat IFEX Global eigendom van een man is die D.G. heet, Andrew M. is alleen maar directeur.

Onjuiste informatie. In de interne Mossfon-stukken die wij in handen hebben, is Andrew M. duidelijk als enige aandeelhouder vermeld. Sinds 1995.

Bovendien verklaart Mossfon dat er geen informatie voorhanden is over andere bedrijven die met IFEX in verband gebracht zouden kunnen worden.

Maar tegelijk met IFEX Global Ltd. heeft M. ook een firma Maga Global Ltd. laten registreren. Mossack Fonseca heeft zelfs een visitekaartje van Maga Global in de dossiers opgenomen: daarop staat Andrew M. vermeld als onderdirecteur.

Als Andrew M. in december 2008 in de VS wordt gearresteerd en veel media met grote koppen berichten over de multimiljonair die kinderen seksueel misbruikt en uitgebuit heeft, krijgt Mossack Fonseca opnieuw een brief van de autoriteiten op de Britse Maagdeneilanden. Ditmaal willen de opsporingsambtenaren alle stukken over de due diligence – de stukken dus die aantonen dat Mossack Fonseca nauwgezet en reglementair gecheckt heeft met wie het daar zakendoet.

Maar Mossack Fonseca kan die niet leveren, omdat het blijkbaar niet voldoende heeft nagegaan met wie het zakendoet. Dertien jaar lang.

Als Andrew M. in 1995 via de Amerikaanse bemiddelaar USA Corporation zijn beide bedrijven op de Britse Maagdeneilanden opricht, hoeft hij Mossfon klaarblijkelijk niet eens een paspoort te geven.

Voor een onderneming die zich onafgebroken beroemt op zijn strenge richtlijnen ziet dat er niet goed uit. De medewerkers van Mossfon worden vanzelfsprekend nerveus. Ze proberen nu in elk geval aan deugdelijke bewijzen te komen en schrijven aan de Amerikaanse tussenpersoon die het bedrijf IFEX ooit voor M. heeft besteld. Die antwoordt dat hij vergeefs geprobeerd heeft de informatie van M. te krijgen.

Hoe zou je hem ook zo snel kunnen bereiken? Hij zit immers in de gevangenis.

Wat USA Corporation kan aanbieden is een schriftelijke verklaring van de Christiania Bank og Kreditkasse, een bank in Noorwegen waar M.'s bedrijf een rekening heeft, en een al drie (!) jaar verlopen rijbewijs. Beide bescheiden stuurt Mossfon in januari 2009 naar de Financial Investigation Agency op de Britse Maagdeneilanden. Bovendien bevestigen ze nu wél dat M. eigenaar van IFEX Global is.[113]

Enkele dagen later geeft Andrew M. voor een districtsrechtbank toe dat hij met drie minderjarige Russische meisjes geslachtsgemeenschap heeft gehad. Het is een deal, horen we. M. geeft de verkrachtingen toe en in ruil daarvoor wordt de aanklacht wegens kinderhandel geseponeerd. Andrew M. wordt ten slotte in september 2009 veroordeeld tot een meerjarige gevangenisstraf. De rechters laten als verzachtende omstandigheid gelden dat hij de drie kinderen een getuigenverklaring voor de rechtbank bespaard heeft en buiten de rechtbank om een regeling met hen heeft getroffen.

Als aangeklaagde partij komt in de stukken van een civiel proces, dat de slachtoffers van M. in 2009 in de VS wilden aanspannen, ook een bedrijf voor dat IFEX Global heet. De ontstane kosten voor de kinderprostitutieclub zijn volgens de aanklacht als bedrijfskosten bij IFEX Global geboekt en de winst uit de illegale zaken heeft via het bedrijf 'de schijn van legaliteit' gekregen. Bovendien werd de homepage van www.berenika.org vanuit M.'s particuliere huis respectievelijk zijn zaak, dus IFEX Global, 'beheerd'. Er bestaat zelfs de verdenking dat met het geld van het bedrijf smeergeld aan Russische beambten is betaald, zodat zij de exploitanten van Berenika met rust zouden laten.[114]

Overigens is in de gerechtelijke stukken sprake van een IFEX Global Inc., niet van het Mossfon-bedrijf IFEX Global Limited.

Meer informatie zou alleen te verkrijgen zijn door volledige inzage in alle gerechtelijke stukken. Met uitzondering van de paar bladzijden die wij hebben, liggen die echter achter slot en grendel. De slachtoffers van M. zijn na diens veroordeling buiten de rechtbank om tot overeenstemming gekomen over een financiële schadevergoeding. En dat betekent ook dat de processtukken niet publiekelijk toegankelijk worden gemaakt.

[ ]

Hoewel media in Amerika en Rusland in 2009 over het vonnis tegen de miljonair berichten, is Mossack Fonseca kennelijk niet van de veroordeling op de hoogte. Pas in het voorjaar van 2014, vijf jaar na de veroordeling, krijgt het advocatenkantoor in Panama in de gaten dat een van zijn klanten een veroordeelde zedendelinquent is. De medewerkers sturen elkaar krantenberichten toe en rangschikken M. onder de 'klanten met een hoog risico'. Ten slotte doet zich ook de vraag voor of Mossfon de autoriteiten op de Britse Maagdeneilanden moet informeren.

De baas van de afdeling Compliance is daartegen, per slot van rekening is IFEX Global 'niet in iets illegaals verwikkeld' geweest, schrijft ze. Uiteindelijk besluit de dienstdoende directrice van het bedrijf de autoriteiten niet op de hoogte te stellen: ze ziet niet hoe het bedrijf zou hebben geprofiteerd van M.'s pedofiele handel en wandel.

Mossack Fonseca houdt dus een veroordeelde zedendelinquent respectievelijk zijn bedrijf als klant aan, iemand die volgens opsporingsambtenaren geld gaf aan een criminele organisatie die het misbruik van kinderen organiseerde.

IFEX Global is op het moment dat dit boek ter perse gaat nog steeds een regulier en actief bedrijf.

Andrew M. werd in december 2015 uit de gevangenis ontslagen.

Jürgen Mossack liet in het verleden via woordvoerders regelmatig verkondigen dat Mossfon illegaal handelende klanten streng uitselecteerde – als ze van dergelijke activiteiten op de hoogte waren.

21. De rode adel

Het is 15 november 2011, als in het Lucky Holiday Hotel, een driesterrenhotel in de heuvels van de Zuid-Chinese metropool Chongqing, een lijk gevonden wordt. De dode in bungalow 1605 wordt snel geïdentificeerd als Neil Heywood, een Britse zakenman, en bijna even snel wordt de vermeende doodsoorzaak vastgesteld: hartfalen door alcoholvergiftiging. Het lijkt wordt gecremeerd zonder dat er autopsie is verricht.

Maar in zijn familie stond Neil Heywood bekend als *teetotaller*, als iemand die nooit alcohol dronk. Waarom zou hij zich dan doodgedronken hebben? Daar komt bij dat Neil Heywood niet zomaar iemand was, hij was goed bevriend met Bo Xilai en Gu Kailai. Bo Xilai, zoon van een van de 'acht onsterfelijken', zoals de revolutieveteranen in China worden genoemd, is op dat moment partijvoorzitter van Chongqing. Gu Kailai, zijn vrouw, dochter van een generaal, is advocaat.

De twee zijn vele jaren lang het droompaar van de Chinese politiek. Bo Xilai is een van de populairste politici van het land, voor hem lijkt de weg al uitgetekend: helemaal naar de top, aan het hoofd van het land met de omvangrijkste bevolking ter wereld. Maar dan overlijdt Heywood.

Zijn banden met de politiek en de onbeantwoorde vragen zorgen ervoor dat er meteen geruchten ontstaan over de ware toedracht van het mysterieuze sterfgeval. Het hoofd van de politie in de stad Chongqing, die van meet af aan in de moord ingewijd schijnt te zijn geweest, laat vóór de crematie heimelijk bloed afnemen bij het lijk. Uiteindelijk is hij er de oorzaak van dat daarmee een vermeend sterfgeval door alcoholvergiftiging de grootste strafzaak uit de recente Chinese geschiedenis wordt. Als bekend wordt dat Heywood koelbloedig is vermoord, eindigt daarmee een shakespeareaans drama om liefde, macht en geld in de wereld van de Chinese elite.

In de herfst van 2011, als Heywood overlijdt, heeft het er nog alle schijn van dat Bo een jaar later in het Permanente Comité van het Politbureau zal worden opgenomen, in het hart van de Chinese macht. Bo had in 2007 zijn functie als minister van Handel opgegeven en was naar Chongqing gegaan; hij begon de stad aan de Yangtze zo te veranderen dat heel China het over hem had: de burgers moeten partijliederen zingen, hij laat de stad met rode vlaggen versieren, hij bejubelt Mao Zedong en verbiedt de regionale televisie reclameboodschappen uit te zenden. Kortom, Bo Xilai laat in Chongqing de tijd herleven dat in China het echte maoïsme nog het ideaal was en het kapitalisme de vijand.

Tegelijkertijd komt hij met de leus 'Versla zwart' en treedt hard op tegen criminaliteit en corruptie. De partijpers bejubelt hem als de felste corruptiebestrijder van het land en als een getalenteerde bevorderaar van economische groei. Al snel is er in het hele land sprake van een 'model Chongqing'.

Dat is de façade. Want al in de jaren negentig, als Bo Xilai nog burgemeester in Dalian is, een havenstad in Noordoost-China, geldt er onder zakenmensen een onuitgesproken regel: wie in de stad een kans wil maken, moet de familie van Bo iets geven. Gu Kailai, zijn vrouw, fungeerde daarbij als 'een soort betaalloket', schreef *Der Spiegel* in 2012. Ze was degene die het entreegeld in ontvangst nam.

In die tijd al is Heywood haar vertrouweling. Heywood zorgt er naar verluidt zelfs voor dat hun zoon Bo Guagua naar een dure privéschool in Londen kan en later in Oxford kan studeren. Als hij daarna in Harvard studeert, rijdt hij in een Porsche en woont in een appartement waarvan de maandelijkse huur overeenkomt met een kwart van het jaarinkomen van zijn vader.

Heywood is zorgzaam. Hij is een man van de wereld, hij draagt linnen colberts en rijdt een luxe auto met het kenteken 007. Blijkbaar is hij niet alleen zorgzaam voor de zoon. Hij en zijn vrienden doen samen zaken en verdienen miljoenen, waarvan kennelijk een deel gestald wordt in offshorebedrijven.

Totdat Heywood doodgaat, onder al die duistere omstandigheden. Als het hoofd van de politie van Chongqing, eigenlijk een vertrouweling en handlanger van Bo Xilai en zijn vrouw, de politicus confronteert met zijn onderzoek, wil Bo er niets van weten, hij gaat tegen hem tekeer, slaat hem en dreigt met ontslag.

De politieman raakt in paniek en vraagt in februari 2012 in het Amerikaanse consulaat in het driehonderd kilometer verderop gelegen Chengdu asiel aan, omdat hij voor zijn leven vreest. Zijn versie van het verhaal luidt: de vrouw van Bo Xilai heeft de zakenman vermoord door hem eerst dronken te voeren en hem daarna gif toe te dienen. Uiteindelijk krijgt het hoofd van de politie geen asiel, hij meldt zich na een paar dagen bij de Chinese autoriteiten.

Zijn verklaringen treffen China in het hart. Een voorbeeldige politicus die verwikkeld blijkt in een moordzaak, en weggemoffeld geld – sensationeel. Wekenlang houdt de affaire China in de ban, de Communistische Partij wordt in de grootste vertrouwenscrisis gestort sinds het bloedbad op het Plein van de Hemelse Vrede. Hoe meer naar buiten komt, hoe slechter wonderkind Bo Xilai erop staat. Uiteindelijk censureert de CP op internet zelfs de woorden 'Bo Xilai' en 'waarheid'.

Gu Kailai wordt uiteindelijk voor haar daad tot een zogenaamde voorwaardelijke doodstraf veroordeeld, het vonnis wordt later omgezet in een levenslange gevangenisstraf. Haar man Bo Xilai wordt in 2013 wegens corruptie veroordeeld tot levenslange gevangenisstraf. Het echtpaar blijkt een duister geheim te hebben, waarvoor Gu bereid was een moord te plegen. Ze vermoordde Heywood kennelijk omdat ze bang was dat hij haar geheim zou kunnen verklappen.

[ ]

We zijn gegrepen als blijkt dat een deel van de zaak met onze data als het ware na te vertellen is, en door veel meer details beter te begrijpen is. We ontdekken namelijk dat Gu Kailai in september 2000 samen met een Franse architect het bedrijf Russell Properties S.A. opricht, gevestigd op de Britse Maagdeneilanden. De ware eigendomsverhoudingen moeten klaarblijkelijk aan het oog onttrokken worden: er zijn schijnaandeelhouders en schijndirecteuren – wat ons in het geval Gu Kailai ook niet verbaast.

Het zou de politieke dood van haar man zijn geweest als bekend geworden was dat ze miljoenen in het buitenland investeerde, temeer daar het geld niet van haarzelf was. Een deel van het geld was afkomstig van een Chinese miljardair die in het kielzog van Bo Xilai rijk geworden was. Hij deed Bo's vrouw Gu en haar zakenpartner 3,2 miljoen dollar toekomen. De architect en Gu zetten dat geld op een bankrekening bij een grote Britse bank.

Gu's echtgenoot Bo Xilai kent de man uit zijn tijd in Dalian: de Fransman was er in een prominente familie ingehuwd en had prestigieuze gebouwen ontworpen. In de zomer van 2001 kochten Gu en de Fransman via Russell Properties een villa aan de Franse Rivièra: boven Cannes gelegen, vierhonderd vierkante meter, zes slaapkamers, vierduizend vierkante meter grond. Een paleis – echt veel te duur voor de vrouw van een Chinese politicus. Bovendien mogen volgens de wet Chinese staatsburgers zonder speciale toestemming per jaar maar 50.000 dollar aan deviezen naar het buitenland brengen.

Niet onbelangrijk: Gu's bedrijf Russell Properties kocht de villa Fontaine St. Georges niet rechtstreeks. Een ander offshorebedrijf, Fontaine St. Georges Residence S.A., trad als koper op, een bedrijf dat weer eigendom was van Russell Properties. Veel geheimzinniger kan bijna niet.

Het probleem was blijkbaar dat Gu Kailai Neil Heywood, de Britse vriend van de familie, in de deal inwijdde. Hij moest de villa in Cannes beheren en helpen die te verhuren. Maar Heywood perste Gu af. Dat was Heywoods doodvonnis.

Twee weken nadat ze Heywood in de bungalow van het Lucky Holiday Hotel het gif had toegediend, probeerde Gu Kailai blijkbaar haar sporen in de offshorewereld te wissen. In de data van Russell Properties S.A., dat bij Mossfon het identificatienummer 6015818 meegekregen heeft, zien we dat de Franse architect op 29 november 2011 benoemd wordt tot enige bedrijfsleider en aandeelhouder.

Daarmee zouden de sporen uitgewist moeten zijn, als de Fransman niet een fout had gemaakt. Als correspondentieadres heeft hij een torenflat in de buurt van het Olympisch Stadion van Beijing opgegeven – en dat is het vroegere adres van het advocatenkantoor van Gu Kailai.

[ ]

De kaders van de Communistische Partij van China omschreven hun land tot nu toe graag met het begrip 'hexie shehui', wat betekent dat de Volksrepubliek een 'harmonieuze samenleving' is.

Maar de zaak Bo Xilai toont aan dat de werkelijkheid er anders uitziet. De sociale spanningen nemen jaarlijks toe. Volgens schattingen van de Wereldbank hebben meer dan driehonderd miljoen mensen in China minder dan twee dollar per dag te besteden. De honderd rijkste Chinezen daarentegen hebben een vermogen van ruim 450 miljard dollar opgebouwd, 4,5 miljard per rijke Chinees.

Een aanzienlijk deel ervan bevindt zich evenwel niet in de 'harmonieuze samenleving', maar in belastingparadijzen, meestal verborgen achter nietszeggende bedrijfsgevels en willekeurige namen van ingehuurde schijndirecteuren.

We hebben immers allang in de geheime stukken Deng Jiagui gevonden, de zwager van de president van China Xi Jinping – de Xi Jinping die zich al jaren opwerpt als de grote voorvechter van transparantie.[115]

Bovendien zijn we gestuit op Li Xiaolin, de dochter van de vroegere premier Li Peng, die vanwege zijn rol bij het bloedbad op het Plein van de Hemelse Vrede in 1989 de 'slachter van Beijing' wordt genoemd. Li Xiaolin wordt tegenwoordig gezien als een van de rijkste vrouwen van China – zonder de connecties van haar vader had ze dat vermoedelijk niet bereikt.[116]

Nu is het zo dat in China politici en hun familie niet verplicht zijn hun vermogen openbaar te maken. De burgers kunnen slechts vermoeden hoeveel geld er in offshorebedrijven zit en hoeveel belasting de staat daardoor wordt onthouden. Ook daarom zijn de verhalen over de zwager van de president Deng Jiagui en de dochter van de vroegere premier politiek zo explosief. Kritische berichten over graaigrage politici en hun familieleden die strenge onthouding prediken en intussen hun zakken volstoppen, zijn in China taboe, ze brengen de toch al breekbare samenhang in die samenleving van extreme tegenstellingen in gevaar. Experts schatten dat alleen al sinds 2000 vanuit China tussen de één en vier biljoen dollar via duistere kanalen verdwenen is.

Het weinige wat er tot nu toe over is gepubliceerd, kwam van westerse journalisten. Het persbureau Bloomberg heeft in 2012 als eerste details over de financiële achtergrond van de familie van de huidige president Xi Jinping onderzocht en bericht hoe familieleden van Xi miljoenen hebben verdiend via de deelname aan bedrijven en de handel in onroerend goed. Bloomberg beweerde niet eens dat Xi zichzelf verrijkt had, maar de staatscensuur blokkeerde op internet meteen de toegang tot die informatie.

Ook toen de *Süddeutsche Zeitung* begin 2014 samen met het ICIJ schreef over de Chinezen die betrokken zijn bij de Offshore-leaks, was de toegang vanuit China tot sueddeutsche.de binnen enkele uren geblokkeerd en ons account bij Weibo, de Chinese pendant van Twitter, opgeheven. Iets dergelijks gebeurde er met *The New York Times*, die berichtte dat familieleden van de president vroegtijdig aandelen gekocht hadden van een bedrijf dat toebehoorde aan de rijkste Chinees, en de aandelen later met een miljoenenwinst van de hand hadden gedaan. De man die deze deal op touw had gezet, was Deng Jiagui, de zwager van president Xi Jinping, de man van wie we kunnen bewijzen dat hij eigenaar is van nog drie brievenbusfirma's die tot nu toe niet publiekelijk bekend zijn.

De offshorezaken van zijn familie zullen Xi Jinping niet ten val brengen, maar misschien vindt hij het niet aangenaam alweer in het centrum van een onthulling te staan, na de Bloomberg-artikelen, de publicaties over de Offshore-leaks en de berichten van *The New York Times*. Per slot van rekening lees je in het Chinese *Volksdagblad*, het partijorgaan van de Communistische Partij, leuzen als deze: 'Wie je ook bent, hoe hoog of laag je ook in de hiërarchie staat, als je de wet overtreedt, word je gestraft.'

Natuurlijk zijn we niet zo naïef te geloven dat die regel net zo goed voor de elite geldt als voor het volk. Maar het zou voor de zoveelste keer zijn dat die tegenstelling in de openbaarheid komt.

[ ]

We maken ons geen illusies: voor Chinese media is het moeilijk om erover te schrijven. Het risico is te groot. De *Süddeutsche Zeitung* en onze projectpartners moeten veeleer de bureaucratische wraak vrezen: journalisten van *The New York Times* en Bloomberg werd het gebruikelijk visum tijdelijk geweigerd. Ook daarom onderzoeken we alleen vanuit Duitsland en laten de correspondent in China van de SZ ginds ongemoeid. Hij woont in de Volksrepubliek en wil daar nog een tijdje blijven.

Juist in de dagen dat we deze zaken bespreken, gebeuren er vreemde dingen. De IT-afdeling van de *Süddeutsche Zeitung* meldt opvallend veel aanvallen op de homepage van de krant. Wil iemand via een geautomatiseerd bezoek van de site de server opzettelijk overbelasten en stilleggen? Dat soort zogenaamde *denial-of-service*-aanvallen behoort tot het standaardrepertoire van Chinese en Russische geheime diensten.

Misschien is het toeval dat die aanvallen enorm toenemen juist nu we onderzoek doen naar China en Rusland. Maar wie kan dat nu al weten? Bij een groot Duits weekblad schijnen ooit, vlak voor een publicatie die zich kritisch uitliet over China, hackers in het redactiesysteem te zijn doorgedrongen om het betreffende artikel te wissen.

Maar hoe massaal de staat ook censureert, op den duur kan alles wat niet over het hoofd te zien valt niet onder de dekens gehouden worden. China's elite sluist zoveel geld weg naar belastingparadijzen dat in 2011 zelfs in een rapport van een Chinese staatsbank te lezen stond dat corrupte Chinezen brievenbusfirma's net zo makkelijk gebruikten als 'handtasjes'.

Een van de grote aanbieders van die 'handtasjes' in China is, weinig verrassend, Mossack Fonseca.

Het Panamese advocatenkantoor heeft op het vasteland van China acht kantoren – zoveel heeft het er in geen enkel ander land. En dan heeft het nog een filiaal in Hongkong. In totaal zijn er dus negen filialen op Chinees grondgebied.

Misschien omdat de vraag groot is?

[ ]

De zoektocht naar goede Chinese verhalen is overigens veel moeilijker dan in nagenoeg alle andere regio's ter wereld. Mossack Fonseca noemt veel Chinese namen alleen in de – meerduidige – transcriptie: een Chinese naam wordt in Romeinse letters 'getranscribeerd'. Maar het Hoogchinees gebruikt iets meer dan vierhonderd lettergrepen, die in verschillende toonhoogten en combinaties voorkomen. Als ze worden uitgeschreven, geven eigenlijk alleen Chinese schrifttekens eenduidigheid. Daar komt bij dat er miljoenen Chinezen zijn met zeer op elkaar lijkende namen. In de Volksrepubliek komen meer mensen met de familienaam Wang voor dan Duitsland inwoners telt. Dat betekent al met al dat het erg veel tijd kost in elk afzonderlijk geval na te gaan of de gevonden naam ook bij de gezochte persoon behoort. Identiteitsnummers moeten vergeleken worden, geboortedata onderzocht en zakelijke adressen opgespoord. Ze kunnen niet allemaal geverifieerd worden, en als we slechts voor 99 procent zeker zijn, laten we een zaak rusten.

In het kleine ICIJ-China-team werkt ook onze collega Christoph Giesen van de economieredactie van de *SZ*, zoals hij dat ook deed bij de Offshore-leaks. Hij spreekt Chinees, gaat regelmatig naar dat land en is er vertrouwd mee. Zonder hem zouden we niets kunnen beginnen. Want elke dag stuiten we in de data op meer Chinezen; uiteindelijk zullen het er ettelijke duizenden zijn. Hier een kleine opsomming uit het onderzoeksteam rond Christoph Giesen en Alexa Olesen, de China-specialiste bij het ICIJ:

– Wallace Yu Yiping, de man van de nicht van de grote Deng Xiaoping, die China bijna twee decennia lang heeft geregeerd. Wallace Yu Yiping komt als directeur en enige aandeelhouder van het bedrijf Galaxia Space Management voor.[117]
– Lee Shing Put, de schoonzoon van de huidige Chinese vicepremier en lid van het Politbureau Zhang Gaoli. Lee Shing Put is aandeelhouder van de offshorebedrijven Glory Top Investments Limited en Zennon Capital Management Limited.[118]
– Zeng Qinghuai, broer van de vroegere vicepresident Zeng Qinghong. Critici verdenken Zeng Qinghong al lang van corruptie. Enkele jaren geleden heeft zijn zoon in Sydney een groot huis van ruim 20 miljoen dollar gekocht – waar dat geld precies vandaan kwam, is tot nu toe nu onduidelijk.[119]

Alle drie, dus Yu, Lee en Zeng, zijn zogenaamde 'prinsenkinderen' (in het Chinees: 'taizidang'): nauwe verwanten van de Chinese machtselite. Politiek ruziën ze met elkaar, maar ze delen hun drang naar geld.

[ ]

Sommige prinsenkinderen hebben in de particuliere sector miljarden verdiend, andere leiden de banken van het land of zitten op ministeries. Enkelen hebben waarschijnlijk geheime bedrijven opgericht om delen van hun rijkdom weg te moffelen, anderen om heimelijk in China te kunnen investeren, zodat niemand vermoedt wie in werkelijkheid de zaken runt. In totaal vinden we in de data acht prinsenkinderen; hun familieleden waren of zijn leden van het Permanente Comité van het Politbureau, China's machtigste orgaan. Ze zijn alle acht bij offshorezaken betrokken.

Het is belangrijk om te weten dat prinsenkinderen het eerste aanspreekpunt voor zakenmensen zijn die in China iets willen bereiken. Als er in China smeergeld wordt betaald, dan gebeurt dat in de regel niet direct aan een politicus zelf. Dat zou te opvallend en te gevaarlijk zijn. Het is veiliger om voor de zoon, de schoonzus of de broer van een politicus bijvoorbeeld rekeningen te betalen of een dure woning te financieren. Als tegenprestatie kunnen de geldgevers ervan op aan dat ze bij lucratieve bouwopdrachten bevoordeeld worden. Het is moeilijk te bewijzen wie met wie zo'n symbiose aangaat.

Een willekeurig geval uit die geheime parallelle wereld die vragen oproept, betreft de in Shanghai wonende ondernemer Zhang Yuping. Hij is sinds 1997 baas van het bedrijf Hengdeli, in de woorden van het bedrijf zelf de 'grootste verkoper van internationaal erkende horlogemerken' in China.

Zhang Yuping liet in 2009 bij Mossack Fonseca het bedrijf Harvest Sun Trading Limited op de Britse Maagdeneilanden oprichten. Een jaar later werd het bedrijf overgeschreven op de naam van een vrouw, ene Li Zidan. In het aandelenregister is de waarde van het enige aandeel één dollar. De nieuwe eigenaresse van het bedrijf, deze Li Zidan, was geen bekende zakenvrouw, en met haar achttien jaar in die tijd nog bijna een kind – maar geen gewoon kind. Li Zidan is een prinsenkind. Ze is de kleindochter van Jia Qinglin, die toentertijd en nog tot in 2012 lid van het Permanente Comité van het Politbureau was – en daarmee de nummer vier in de Chinese hiërarchie. Een van de machtigste mannen van China.[120]

22. De gasprinses en de chocoladekoning

De Cypriotische tussenpersoon komt meteen ter zake: hij wil bij Mossack Fonseca weer een offshorebedrijf oprichten, schrijft hij begin augustus 2014 in een e-mail. De brievenbusfirma moet Prime Asset Partners Limited gaan heten en gevestigd zijn op de Britse Maagdeneilanden. Tot zover geen probleem.

Maar er is één klein dingetje: de klant en toekomstige aandeelhouder, schrijft de tussenpersoon, is 'iemand die in de politiek zit'. Maar het bedrijf zal 'niets met zijn politieke activiteiten' te maken hebben.

Een uiterst beschaafd understatement.

De klant van de Cypriotische tussenpersoon heet Petro Porosjenko, de regerend president van Oekraïne, een land in oorlog.

Porosjenko, nummer 55 op onze aangroeiende lijst met sporen naar staatshoofden, is een van de rijkste mannen van het land; al naargelang de lijst staat hij met zijn vermogen op plaats zes, zeven of acht.

Hij heeft zijn vermogen opgebouwd met chocola en is met zijn bonbons marktleider in Oost-Europa, daarom wordt hij de 'chocoladekoning' genoemd. Tot zijn imperium horen diverse media, auto- en zaaizaadbedrijven en een werf. Hij wordt gezien als wilskrachtig en pragmatisch. Porosjenko raakte al aan het eind van de jaren negentig betrokken bij de politiek, toen Leonid Koetsjma nog president was. Hij is een van de oprichters van de Partij van de Regio's, die later, onder Viktor Janoekovitsj, een vergaarbak werd voor mensen die het land en zijn staatsbedrijven ten eigen bate langzaam leegplunderden.

Maar in 2004 koos Porosjenko de kant van de Oranje Revolutie. Toen honderdduizenden Oekraïners na de presidentsverkiezingen de straat op gingen om tegen de gemanipuleerde overwinning van Janoekovitsj te protesteren, was het Porosjenko's televisiezender die als enige verslag deed van de demonstraties. Uiteindelijk behaalden de demonstranten een succes, de tweede stemmingsronde werd overgedaan – ditmaal won de door een vergiftiging getekende Viktor Joesjtsjenko. Hij werd president, Julia Timosjenko werd minister-president en chocoladekoning Petro Porosjenko werd voorzitter van de Nationale Veiligheids- en Verdedigingsraad en later zelfs minister van Buitenlandse en Economische Zaken.

Een eis van de demonstranten op het Maidanplein was dat de honderd rijkste Oekraïners uit de politiek zouden verdwijnen. Ze richtten zich tegen de elite van het land, dat 48 miljoen inwoners telt, tegen mensen als Julia Timosjenko en Petro Porosjenko, tegen een elite die mateloos rijk is, terwijl volgens een opgave van de Verenigde Naties 80 procent van de Oekraïners onder de armoedegrens leeft. Het was een van de eisen die roemloos sneuvelden. Petro Porosjenko stelde zich in 2014 kandidaat voor het presidentschap en won, onder anderen van Julia Timosjenko. Daarbij heeft wellicht een rol gespeeld dat de oligarch, die van zichzelf beweert geen oligarch te zijn, in de verkiezingsstrijd beloofd had zijn bedrijven te verkopen: 'Als president van Oekraïne wil ik me uitsluitend wijden aan het welzijn van ons land, dat is alles wat ik wil,' zei hij.

Grote woorden. Hij heeft zich er niet aan gehouden.

Porosjenko is de afgelopen jaren zelfs nog rijker geworden, terwijl andere oligarchen in Oekraïne door de crisis heel veel vermogen zijn kwijtgeraakt. Waarom hij meer geluk heeft gehad? Misschien ook wel omdat Porosjenko zich in de zomer van 2014 intensief met zijn vermogen heeft beziggehouden. Buiten Oekraïne, aan het gezicht onttrokken.

In plaats van zich metterdaad uit de economie terug te trekken richtte hij namelijk – via de al genoemde Cypriotische tussenpersoon – slechts twee maanden na zijn verkiezingsoverwinning het bedrijf Prime Asset Partners Limited op de Britse Maagdeneilanden op. Later preciseert Porosjenko's tussenpersoon het doel van het bedrijf als 'holding voor Cypriotische en Oekraïense bedrijven van de Roshen-groep, een van de grootste Europese producenten van zoetigheden'. Het imperium van de chocoladekoning. Dat gebeurt allemaal ver buiten het zicht van de publieke opinie. Dat moest blijkbaar ook zo blijven: in de e-mails staat te lezen dat de communicatie met Mossack Fonseca moet lopen via een 'beveiligd e-mailsysteem'.

Het zou kunnen dat Porosjenko zijn bedrijven in die offshoreholding wilde bundelen om ze beter te kunnen verkopen. Maar misschien wilde hij ook gewoon versluieren dat hij zijn verkiezingsbelofte niet had gehouden.[121]

[ ]

Wat voor de Oekraïense bevolking wel eens veel belangrijker zou kunnen zijn dan de vraag of Porosjenko zijn bedrijven eigenlijk wel wilde verkopen, is de morele kwestie. Want de Oekraïense president laat zijn brievenbusfirma uitgerekend in augustus 2014 oprichten. Op dat moment is het conflict om Oekraïne op zijn dieptepunt, juist in die dagen – van 10 augustus tot 2 september – woedt in het zuidoosten van het land de 'slag om Ilovajsk'. Dagenlang zitten zo'n zevenduizend soldaten, vooral leden van de Oekraïense vrijwilligersbataljons, vast in de stad van 15.000 inwoners, terwijl pro-Russische troepen, gesteund door Russische strijdkrachten en tanks, de stad omsingelen. Vergeefs roepen de omsingelden om hulp. Het leger, waarvan Porosjenko de opperbevelhebber is, stuurt geen bevoorrading.

Na dagen van zware gevechten sluiten beide partijen een wapenstilstandsovereenkomst. De Oekraïense eenheden mogen de omsingelde stad ongehinderd verlaten, als ze hun wapens achterlaten. Als de Oekraïense soldaten wegtrekken, worden ze plotseling door tanks en mortieren beschoten; tot zo'n duizend soldaten zouden naar verluidt gedood zijn. De Oekraïense regering spreekt van een 'bloedbad'.

En wat doet in die dagen president Porosjenko, die toch beloofd heeft zich 'uitsluitend te wijden aan het welzijn van het land'? Hij laat zijn brievenbusfirma registreren.

Terwijl Oekraïense soldaten sterven en de wereld toekijkt bij het conflict, bespreken Mossack Fonseca en Porosjenko's tussenpersoon de details van de holding. Porosjenko zoekt zijn elektriciteitsrekening en laat die waarmerken, zijn paspoort wordt geverifieerd en er wordt een directrice gezocht. Pas één dag voordat de 'slag om Ilovajsk' op 2 september 2014 eindigt, zijn alle belangrijke formaliteiten afgehandeld.

De voorspelling dat Porosjenko's offshorezaken in Oekraïne voor grote krantenkoppen zullen zorgen, is niet bijzonder gewaagd. Het land kreeg in het project Prometheus een uitzonderingspositie, want van praktisch geen enkel ander land vinden we in de data zoveel vooraanstaande politici als van Oekraïne, dat geplaagd wordt door corruptie en wanbeleid. Naast de huidige minister-president Porosjenko vinden we sporen naar twee vroegere premiers: Pavlo Lazarenko zien we met naam en toenaam genoemd als eigenaar van een offshorebedrijf, Julia Timosjenko is indirect betrokken via een bedrijf waarmee ze naar verluidt te maken heeft gehad.

Lazarenko was de man die in april 2005 een fax aan Mossfon had gestuurd met de bewering dat hij pas enkele weken eerder had gehoord dat hij eigenaar was van ene Gateway Marketing Inc., een brievenbusfirma die door Mossack Fonseca opgericht was. Bovendien vinden we nog de burgemeester van Odessa, Gennadi Troechanov, shareholder van een bedrijf dat op de Maagdeneilanden staat geregistreerd. En de zoon van ex-premier Mykola Azarov, en de familie van een vroegere volksvertegenwoordiger, een inmiddels door Zwitserland en de EU op de sanctielijst geplaatste assistent van de ten val gebrachte ex-president Janoekovitsj.[122]

[ ]

Een regerend staatshoofd en twee voormalige regeringsleiders uit een en hetzelfde land? Opnieuw aarzelen we even: moet dat niet meteen in de krant? Even later zitten we voor stapels documenten die we te danken hebben aan Oekraïne-hits en vragen ons veeleer af: krijgen we dat allemaal nog wel onderzocht voor het voorjaar, de beoogde onthullingsdatum die we hebben vastgelegd op onze bijeenkomst in München?

Al weken worden we gekweld door die tegengestelde bewegingen. We kunnen amper wachten tot eindelijk alles gepubliceerd wordt. En tegelijkertijd hebben we dringend meer tijd nodig, veel meer tijd. Er is zoveel te onderzoeken, zoveel te schrijven. Er zijn nog zoveel losse eindjes, zoveel onbeantwoorde vragen, zoveel onderwerpen waarop we ons moeten en willen storten.

Maar er is maar één oplossing: geduld.

We weten niet eens precies hoelang we nog geduld moeten hebben. Sinds we met onze internationale partners het besluit genomen hebben alles gezamenlijk in het voorjaar van 2016 te publiceren, zijn er tientallen sterke zaken bijgekomen, en daarmee nog meer werk dan gedacht. Bovendien hinken we op het technische vlak op alle fronten achter onze deadlines aan, onze in München opgeslagen data zijn nog lang niet allemaal door het tekstherkenningsprogramma gegaan, hoewel er elke week ruim honderdduizend documenten worden verwerkt. De update die we na Lillehammer van onze bron hebben gekregen, is nog niet eens geïndexeerd.

Intussen is wel de vraag beantwoord hoe het nieuwe project moet heten, een vraag die na de bijeenkomst in München nog open was. De naam zal luiden: Panama Papers.

De hashtag op Twitter: #panamapapers.

Het was een voorstel van de voorzitter van het ICIJ, Gerard Ryle. Een toespeling op de Pentagon Papers, de geheime papieren van het Amerikaanse ministerie van Defensie, in 1971 gepubliceerd door *The New York Times*. De Pentagon Papers bewezen dat de Amerikaanse presidenten Harry S. Truman en Richard Nixon gelogen hadden over de oorlog in Vietnam. De Amerikanen hoorden door de onthulling van de krant dat de Vietnamoorlog, tegen de beweringen van Truman en Nixon in, allang was gepland. Wat zij altijd als doel van de oorlog hadden genoemd, het redden van de democratie in Zuid-Vietnam, bleek een smoes.

Een van de vele absurditeiten van dit project is dat in de data ook een van de mensen voorkomt die vermoedelijk bij de Watergate-affaire betrokken waren. Gilbert Straub zou volgens een getuige de 50.000 dollar hebben overhandigd waarmee het zwijgen van de inbrekers in Watergate werd gekocht. En uitgerekend met het Panamese bedrijf van die Straub deed Mossfon, volgens de stukken, zaken in de jaren tachtig.

Pentagon Papers.

Panama Papers.

Het is voortbouwen op iets wat al geweest is – maar dat is goed. Of zijn we allang onze enigszins objectieve kijk op ons monsterproject kwijt? We worden er wel bijna door verslonden. De online presentatie, het logo, de beeldtaal, de eerste grafieken, de speciale publicatie van acht pagina's in de gedrukte uitgave van de SZ op de eerste en tweede dag van de onthullingen, het verloop van de aansluitende serie artikelen. We presenteren ons project aan de andere redacties van de *Süddeutsche Zeitung*, we hebben regelmatig bijeenkomsten met de juridische afdeling, we houden trans-Atlantische telefonische vergaderingen met het ICIJ en besprekingen met collega's in het buitenland. En daar komt ons eigenlijke werk dan nog bij: onze eigen zaken onderzoeken, de vele duizenden hits op onze lijsten naspeuren op relevantie, documenten controleren, interviews afspreken, berichten plaatsen op ons internationale forum en daar de nieuwe zaken doornemen.

We zijn elke dag weer blij dat het Duitse team niet alleen uit mensen van de SZ bestaat, maar ook uit collega's van de NDR en de WDR.

En dan is er nog dit boek. Onze huidige werkverdeling ziet er als volgt uit: een van ons begint 's avonds te schrijven, als de kinderen naar bed zijn. De ander staat om vier uur op en gaat verder – tot vlak voor zevenen iemand uit de kinderkamer komt binnen trippelen. Op den duur houden we dat niet vol, dat beseffen we wel. Maar het einde is intussen in zicht, dus maken we ons leven de komende tijd ondergeschikt aan de databerg.

En natuurlijk is het project tegelijkertijd nog altijd een schitterend geschenk.

[ ]

Als we ons nogmaals verdiepen in de achtergronden van Pavlo Lazarenko's wonderlijke bedrijf – waarvan hij volgens eigen zeggen jarenlang niet afwist – valt ons op dat het niet zijn enige offshorebedrijf is. We zien hem terug in verband met een bedrijf dat Bainfield heet en waarvan hij aandelen heeft. Maar het interessantste bedrijf van Lazarenko is Bassington Ltd., en bij dat bedrijf was naar verluidt ook Julia Timosjenko betrokken – en tegelijkertijd ook bij vermeende corruptie en kwade trouw op grote schaal.

De carrière van Julia Timosjenko begint in het zuidoosten van Oekraïne, in Dnepropetrovsk, kennelijk een soort biotoop voor politieke leiders. Uit die stad zijn ook de vroegere Sovjetleider Leonid Brezjnev, de vroegere Oekraïense premier en president Leonid Koetsjma en ook Pavlo Lazarenko afkomstig. De volksmond spreekt van de 'maffia van Dnepropetrovsk', en dat niet alleen vanwege de concentratie van bekende politici.

In de stad met de voor ons onuitspreekbare naam legt Timosjenko het fundament voor haar latere rijkdom, als het eind van het reëel existerende socialisme al nabij is. In een videotheek verhuurt ze illegale kopieën van Amerikaanse films: *Rambo*, *Pretty Woman*, maar naar verluidt ook pornografisch werk. Timosjenko heeft er blijkbaar al snel haar eerste miljoen mee verdiend. Als de Sovjet-Unie definitief instort, stapt Timosjenko – volgens *Der Spiegel* 'bezeten door geld en macht' – over op de oliebusiness, en in 1995 wordt ze directeur van het concern Verenigd Energiesysteem van de Oekraïne. De jonge vrouw, die in een woonkazerne is opgegroeid, bouwt een vermogen op. Eind 1996 beheerst ze een groot deel van de Oekraïense economie. In datzelfde jaar betaalt haar gasconsortium slechts 11.000 dollar belasting, zoals *The Wall Street Journal* schreef. Een woordvoerder van Timosjenko verklaarde bij navraag dat het 'onwaar' was, en dat 'elk bewijs ontbreekt'.

In die tijd komt Julia Timosjenko herhaaldelijk in een kwaad daglicht te staan. In 1995 bijvoorbeeld wordt ze met een grote hoeveelheid contant geld aangehouden op het vliegveld van Zaporizja;

ze moet meerdere dagen in de gevangenis doorbrengen, voordat ze weer op vrije voeten wordt gesteld. In 2001 wordt ze vanwege gassmokkel en belastingontduiking 42 dagen gevangengezet. Ze wordt ervan verdacht tijdens haar periode als hoofd van het Verenigd Energiesysteem van Oekraïne bij de invoer van gas uit Rusland de zaak opgelicht te hebben – maar tot een proces is het nooit gekomen. De woordvoerder van Timosjenko deelde in dat verband mee dat de regeringen van Leonid Koetsjma en Viktor Janoekovitsj hadden geprobeerd 'Julia Timosjenko politiek en fysiek te vernietigen'. Om die reden zou het Oekraïense Openbaar Ministerie 'valse strafprocessen' in elkaar hebben gedraaid, waarvan het doel was 'Julia Timosjenko politiek in diskrediet te brengen en haar fysiek te isoleren door onwettige gevangenneming'.

In die tijd is het Mossack Fonseca-bedrijf Bassington Limited, waarbij Timosjenko volgens opsporingsambtenaren samen met haar mentor Pavlo Lazarenko betrokken is geweest, allang actief. Lazarenko heeft zijn beste politieke tijd dan al achter zich, hij was van 1996 tot 1997 minister-president van Oekraïne, voordat hij uiteindelijk in een vette walm van geruchten over corruptie aftrad. In 1998 wordt hij bij binnenkomst in Zwitserland gearresteerd op beschuldiging van het witwassen van geld. Bovendien heeft hij naar verluidt als minister-president miljoenen dollars overheidsgeld verduisterd. Hij komt op borgtocht vrij, verlaat halsoverkop het land en wordt een jaar later bij binnenkomst in de VS gearresteerd. Hij moet verschijnen voor een juryrechtbank in San Francisco. In de aanklacht staat dat Lazarenko zich samen met meerdere handlangers 'door oplichting, afpersing, omkoping en verduistering' honderden miljoenen dollars heeft eigen gemaakt. De Amerikaanse opsporingsambtenaren noemden de 'niet-aangeklaagde handlangster' bij naam en toenaam: Julia Timosjenko.

Dat doet geen afbreuk aan haar politieke succes: met geblondeerde haren, die in een strakke haarkrans gevlochten zijn, wordt ze in 2004 eerst de heldin van de Oranje Revolutie, de Jeanne d'Arc van Oekraïne, en daarna minister-president, aanvankelijk van januari tot september 2005 en dan van december 2007 tot maart 2010.

Pavlo Lazarenko zit in een Amerikaanse gevangenis als Julia Timosjenko in Oekraïne regeert. In 2004 wordt hij wegens het witwassen en oplichterij schuldig verklaard. Hij zou 114 miljoen dollar, verkregen door corruptie, naar de VS gesluisd hebben. In het vonnis wordt Timosjenko niet genoemd. Over haar mogelijke deelname aan smerige zaakjes is het een en ander vastgelegd in een ander proces, dat vanaf 2011 in de Verenigde Staten is gevoerd, en ook over de rol van Bassington Limited, het bedrijf dat in 1996 door Mossack Fonseca is opgericht: een bedrijf uit Massachusetts had Bassington in 2011 voor een districtsrechtbank gedaagd, omdat de brievenbusfirma nog 18 miljoen dollar verschuldigd zou zijn, uit een vroegere businessdeal met een bedrijf van Julia Timosjenko. In de aanklacht staat dat Bassington het moederbedrijf van Timosjenko's Verenigd Energiesysteem van Oekraïne is. Via Bassington had Timosjenko Lazarenko omgekocht, ze had de helft van de inkomsten uit illegale handel als kickback betaald. Bassington was 'een essentieel middel' geweest om vermogen van het bedrijf van Timosjenko te versluieren en de 'smeergelden aan Lazarenko te verbergen'. Uiteindelijk oordeelde de districtsrechtbank dat Bassington 18,3 miljoen dollar verschuldigd was aan de eisende partij. Op de beschuldiging van smeergeld ging de rechtbank verder niet in. Een advocaat van Julia Timosjenko verklaarde bij navraag dat Julia Timosjenko en het Verenigd Energiesysteem van Oekraïne 'nooit enige betrekking' met Bassington Limited hadden gehad. Bovendien hadden 'mevrouw Timosjenko noch de aan haar gelieerde ondernemingen [...] illegaal geld aan Pavlo Lazarenko resp. aan de aan hem gelieerde ondernemingen overgemaakt'.

Daarmee zitten we midden in de propagandastrijd om de persoon van Julia Timosjenko. Er is nauwelijks een politicus die zo omstreden is als zij. Voor de een is ze een Oekraïense engel, voor de ander een criminele oligarch.

Toen ze in 2010 de presidentsverkiezingen van Janoekovitsj verloor, werd ze aangeklaagd wegens ambtsmisbruik. Opnieuw ging het over gas. Een rechtbank in Kiev stelde vast dat ze in 2009 als minister-president van Oekraïne een gascontract met Poetin had gesloten dat het land zware economische schade had toegebracht, en veroordeelde haar tot zeven jaar gevangenisstraf. Haar tegenstanders vierden dat oordeel als een vorm van late gerechtigheid, haar aanhangers zien het als de wraakactie van een onrechtmatig regime.

Van buitenaf is het aandeel propaganda in beide verhalen amper te beoordelen. Maar het lijkt duidelijk dat Oekraïne een enorm probleem heeft met haar politieke personeel, een probleem dat allang niet meer alleen maar wel voor een deel in de kaartenbak van de klanten van Mossack Fonseca voorkomt.

[ ]

Mossack Fonseca weet trouwens dat de huidige president van Oekraïne hun klant is. De tussenpersoon uit Cyprus schreef immers dat zijn klant 'in de politiek zit', en bij de standaardverificatie stelde Mossfon vast dat ze de president van Oekraïne als klant hadden. In overeenstemming met de regels vragen ze waarvoor de onderneming dient. Bovendien verlangen de Mossfon-adviseurs van de tussenpersoon van Porosjenko meer bewijzen over de herkomst van het geld en een aantal andere documenten. Ze krijgen uiteindelijk onder andere een soort verklaring van geen bezwaar voor Porosjenko, uitgegeven door de Oekraïense International Investment Bank. Daarin staat te lezen dat Porosjenko zijn bankrekening altijd 'volgens voorschrift en tot onze tevredenheid' heeft beheerd.

Een wat nauwkeuriger blik op dat document en de achtergrond ervan leert dat Petro Porosjenko mede-eigenaar is van de International Investment Bank. Zijn eigen bank heeft dus het bewijs van geen bezwaar afgegeven.

23. Duitsland, met je banken...

En dan nu de Duitse banken.

Of preciezer: de meer dan twintig Duitse banken die in diverse, meestal problematische contexten voorkomen. Wereldwijd hebben er meer dan vijfhonderd banken gebruikgemaakt van de diensten van Mossfon. En als we naar de zeven grootste Duitse banken kijken, zijn er zes die offshorebedrijven aanbieden of beheren of dat in het verleden gedaan hebben, meestal via dochtermaatschappijen in Zwitserland of Luxemburg:

De Deutsche Bank.[123]

De Commerzbank.[124]

De DZ Bank.[125]

De Hypo Vereinsbank.[126]

De Landesbank Baden-Württemberg.[127]

De BayernLB.[128]

Als de Dresdner Bank in 2009 niet was overgenomen door de Commerzbank, zouden het zelfs alle zeven grootste banken zijn geweest.

Bijna alle Duitse banken hebben dus vele jaren lang hun klanten *systematisch* geholpen geld te verbergen via een offshoreconstructie.

Maar precies dat zouden de meeste Duitse banken tot begin 2015 waarschijnlijk krachtig hebben ontkend. En als het was onthuld, zouden ze dat vermoedelijk hebben proberen te bagatelliseren, zoals de Commerzbank eind februari 2015 na de inval van opsporingsambtenaren in hun hoofdkantoor: allemaal oude zaken, tien jaar of langer geleden, allemaal niet zo erg. Die onwaarheid hebben we in de krant en ook hier in dit boek al weerlegd. En zoals gezegd, de

Commerzbank heeft overeenstemming bereikt met het Openbaar Ministerie over het beëindigen van de rechtszaak: in ruil daarvoor moest de bank 17 miljoen euro betalen.

De Commerzbank is nu de derde bank die vanwege haar offshorezaken met miljoenen over de brug moet komen – eerder hebben de Hypo Vereinsbank (HVB) en de HSH Nordbank overeenstemming bereikt met het Openbaar Ministerie, ook zij hebben miljoenen betaald.

De achtergrond van die straffen is dat Duitse opsporingsambtenaren van een klokkenluider geheime documenten over Mossack Fonseca gekocht hebben die bewijzen dat banken respectievelijk hun medewerkers hulp verleend hebben bij het ontduiken van belasting. Die gekochte Mossfon-data zijn weliswaar slechts een fractie van de data die wij in ons bezit hebben en ze zijn behoorlijk wat ouder, maar er zijn overlappingen. We weten dus dat juist de combinatie van Duitse banken met Mossack Fonseca heeft geleid tot strafbare feiten. De Duitse banken zouden waarschijnlijk geen miljoenen euro's hebben betaald als ze ook maar enige kans hadden gezien er ongestraft van af te komen. Die betalingen zijn voor ons juridisch een grote opluchting.

We kunnen daarom hier opschrijven dat Duitse banken – via hun buitenlandse dochterondernemingen – kennelijk actief en systematisch hebben geholpen de belasting te ontduiken. Jarenlang. En vele door hen geleverde brievenbusfirma's zijn nog steeds actief.

[ ]

Maar dat is slechts een van de drie zuilen waarop het bankwezen berust. Naast het bemiddelen en beheren van offshorebedrijven verdienen meer dan tien Duitse banken, en in enkele gevallen waarschijnlijk ook sommige andere instellingen, geld door voor anonieme brievenbusfirma's bankrekeningen te beheren, zonder de voorgeschreven bijzondere zorgvuldigheid in acht te nemen. De derde zuil is het optreden van banken als zogenaamde correspondentbank. Dat betekent dat grote banken het kleinere instellingen die geen of weinig buitenlandse filialen hebben, mogelijk maken geld van het ene land naar het andere te transfereren. Als alle regels in acht worden genomen, is daar principieel weinig tegen in te brengen.

Maar er zijn Duitse banken die volgens de bij ons in handen zijnde documenten als correspondentbank werken voor omstreden geldinstellingen die ervan verdacht worden geld wit te wassen. En dan zitten we snel op een ander niveau, namelijk dat van de verdenking dat banken in dat soort gevallen kennelijk op de koop toe nemen dat ze het geld van drugskartels, wapensmokkelaars en terroristen wegsluizen.

Nog nooit heeft men op grote schaal en met veel details kunnen aantonen dat Duitse banken op zijn laatst aan het eind van de vorige eeuw hun morele kompas verloren hebben. In de mailcorrespondentie tussen medewerkers en bankadviseurs van Mossack Fonseca, gevoerd in de veronderstelling dat ze door niemand van buiten het advocatenkantoor gelezen zouden worden, wordt overduidelijk hoe ze samen onverbloemd en zonder enig schuldbewustzijn in grootse stijl te werk gingen. Als er al een soort probleembewustzijn te constateren valt, dan meestal alleen over de vraag hoe niet betrapt te worden.

Het schoolvoorbeeld van de onheilige alliantie tussen Mossack Fonseca en Duitse geldinstellingen biedt de grootste bank van Duitsland, de Deutsche Bank. Ooit was het een van de meest gerespecteerde ondernemingen van Duitsland, misschien wel van de hele wereld. Nu is het een bank waartegen over de hele wereld tientallen processen worden gevoerd wegens het witwassen van geld, belastingcriminaliteit en rentemanipulatie. In de boeken van Mossack Fonseca komt het concern voor met elf verschillende profielen, bijvoorbeeld als Deutsche Bank Schweiz, Deutsche Bank Luxembourg en Deutsche Bank AG, maar er zijn ook vestigingen in Jersey, Guernsey, Mauritius, Beijing en Shanghai. In totaal heeft de Deutsche Bank voor haar klanten meer dan vierhonderd offshorebedrijven bemiddeld of beheerd; de Zwitserse vestiging betaalde bijvoorbeeld in 2006 zo'n 160.000 dollar alleen al voor de jaarlijkse kosten van het door Mossfon aan haar toegeschreven driecijferige aantal offshorebedrijven.[129]

In mei 2015 stelde auteur Stefan Willeke in *Die Zeit* de retorische vraag of de Deutsche Bank niet eerder als een criminele organisatie moet worden gezien dan als een bank. Het antwoord is in elk geval niet meteen nee.

Bij Mossack Fonseca gold de Deutsche Bank als een moeilijke, maar ook uiterst belangrijke klant. Toen het Luxemburgse filiaal in 2005 in gesprek raakte met Mossfon, probeerden de partners van het advocatenkantoor rond Jürgen Mossack hun beste beentje voor te zetten om het de bank zo makkelijk mogelijk te maken. Toen de Deutsche Bank Luxembourg voordat de zaken van start gingen zelfs kopieën van de identiteitspapieren van de drie partners eiste, stemde Jürgen Mossack niet alleen toe, maar hij vond het zelfs goed 'voor deze ene keer' een kopie van zijn Duitse identiteitsbewijs te sturen.

Maar de Deutsche Bank kreeg ook nog andere privileges: omdat ze 'er net als vele andere Duitse banken een probleem mee hebben de namen van de ware eigenaren van de offshorebedrijven te noemen', zo schrijft een Mossfon-man, is er een speciale oplossing bedacht: voor de bedrijven van de Deutsche Bank werden standaard anonieme aandelen aan toonder verstrekt.[130] Maar desondanks wilden de meeste klanten toch zelf hun Zwitserse kluis kunnen openen. Ze hadden dus een volmacht nodig. Normaal gesproken moesten de Panamese directeuren van hun offshorebedrijven die volmacht ondertekenen – maar die zouden dan de naam van de eindklant kennen. En dat baarde de Deutsche Bank blijkbaar zorgen. De oplossing: Mossack Fonseca stuurde aan de Deutsche Bank blanco volmachten die door de schijndirecteuren waren ondertekend.[131] Daar konden de bankiers dan zelf de ware eigenaar op vermelden, en Mossack Fonseca kreeg niet te horen wie de volmacht kreeg. Bovendien kreeg de Deutsche Bank, bijvoorbeeld in Zwitserland, blanco ondertekende oprichtingsdocumenten voor bankrekeningen.

Beide praktijken weerspreken wat Mossfon ons in februari 2015 had gezegd: het advocatenkantoor had volgens henzelf alleen uit tijdnood heel af en toe blanco documenten verstuurd, en Mossfon had 'kopieën van de volledige documenten' bewaard. Het tegenovergestelde dus van de boven geschetste oplossing.

Om haar service te promoten liet de Deutsche Bank, zoals al vermeld, zelfs een homepage ontwerpen: http://www.dboffshore.com. De site was weliswaar enkele weken na een kritische vermelding in het artikel over de Offshore-leaks in de *Süddeutsche Zeitung* van internet gehaald, maar we vinden nog gearchiveerde screenshots.[132] Daar lezen we dat de kantoren in Jersey en Guernsey al in 1972 geopend zijn, het kantoor van de Deutsche Bank op de Kaaimaneilanden in 1983 en dat op Mauritius in 1999. Een tijdlang stond er zelfs trots in een speciale letter op de site: 'Al ruim 30 jaar aanbieder van financiële offshorediensten.'

De wensen van de klanten waaraan de Deutsche Bank daar tegemoetkwam, waren zeker niet altijd illegaal. Maar soms wel. Tijdens ons onderzoek – in november 2015 – betaalde de Deutsche Bank Schweiz bijvoorbeeld 31 miljoen dollar boete aan de Amerikaanse autoriteiten, omdat ze nog vanaf 2008 tot in 2013 Amerikaanse burgers had geholpen de belastingplicht te omzeilen. 'Deutsche Bank Suisse bood een groot aantal diensten aan en stond praktijken toe waarvan ze wist dat ze Amerikaanse belastingbetalers zouden kunnen helpen – en dat ook deden – vermogen en inkomen te verhullen voor de federale fiscale autoriteiten,' stond er in een mededeling van het Amerikaanse ministerie van Justitie.[133] Ook in Duitsland loopt volgens een van onze informanten een proces tegen de vestiging van de Zwitserse Deutsche Bank.[134]

Hoezeer de Deutsche Bank zich tot in het zeer recente verleden verplicht voelde aan de wensen van haar klanten toe te geven, toont een voorbeeld uit mei 2014, toen ook zij allang met die business had moeten stoppen: Mossack Fonseca vraagt de Deutsche Bank op Guernsey in het kader van zijn gebruikelijke zorgvuldigheidscheck naar de ware eigenaar van een nog actief offshorebedrijf. De medewerkster van de Deutsche Bank weigert mee te werken en verklaart dat ze eerst haar klant moet vragen of hij ermee akkoord gaat. Uiteindelijk blijft de Deutsche Bank erbij dat de naam van de ware eigenaar taboe is, want het ging niet alleen om dat bedrijf, er hing ook nog een stichting aan. In plaats van de naam te geven, verklaart de medewerkster van de Deutsche Bank in de herfst van 2014 dat de klant Mossack Fonseca zal verlaten.[135]

[ ]

We zouden hier nog hele bladzijden kunnen vullen met de offshorezaken van de Deutsche Bank: de zoekterm 'Deutsche Bank' levert in onze data meer dan 15.000 treffers op. Maar al is de Deutsche Bank de grootste en meest scandaleuze, er zijn ook andere.

De Commerzbank hebben we in dit boek al uitvoerig behandeld, zij had immers in februari 2015 te maken met de inval door opsporingsambtenaren en ze hielp kennelijk jarenlang bij het oplichten van de staat – die haar in 2008 met 18 miljard euro belastinggeld in leven hield.[136] Het lijkt ook bijna wel een slechte grap dat uitgerekend de Commerzbank de Dresdner Bank heeft overgenomen – een van de Duitse banken die in Luxemburg de meeste offshorebedrijven had.

Eén afdeling van de Dresdner Bank mag hier onze bijzondere aandacht hebben: de Dresdner Bank Lateinamerika (DBLA), die eerder Deutsch-Südamerikanische Bank heette. De DBLA was in feite een van de eerste banken waarmee Jürgen Mossack aan het eind van de jaren zeventig zakendeed, lang voor de samenwerking met Ramón Fonseca. In die tijd heette zijn advocatenkantoor nog 'Jürgen Mossack Lawfirm'. Intern werd de Dresdner Bank Lateinamerika als klant nr. 17 omschreven. Samen hielpen Mossfon en DBLA honderden klanten aan offshorebedrijven, en onder die eindklanten zaten onder anderen vertrouwelingen van de Nicaraguaanse machthebber Arnoldo 'Fat Man' Alemán en managers van Siemens die hun zwarte kas met behulp van een adviseur van die bank nieuw structureerden. Eind 2004 kocht de UBS de afdeling Particuliere Klanten van de Dresdner Bank Lateinamerika en bracht die grotendeels over naar Hamburg, waar de adviseurs hun werk voortzetten – aan de desk Latijns-Amerika van de Schweizer Bank.

Absurd? Helemaal niet zo absurd: de Duitse banken konden hun Zuid-Amerikaanse klanten zelfs onbekommerd helpen de belasting in hun land te ontduiken. Dat is in Duitsland namelijk niet verboden, zoals Markus Meinzer van het netwerk Steuergerechtigkeit uitlegt: 'Dat is nu juist het krankzinnige. De Duitse regering doet alsof ze belastingontduiking bestrijdt, maar in werkelijkheid kunnen banken vanuit Duitsland legaal handlangers zijn van belastingontduikers overal ter wereld.'

Duitse bankiers maken zich volgens het Duitse recht pas strafbaar als ze dezelfde service aan Duitse klanten aanbieden.

Tegenwoordig is de UBS heimelijk helemaal niet meer zo blij met die aanwas van klanten en de daaraan verbonden risico's – ze heeft intussen ingezien dat vele van haar Zuid-Amerikaanse klanten zwart geld oppotten.

In het kader van haar witgeldstrategie probeert de UBS blijkbaar nu al enkele jaren die klanten af te stoten of ze ertoe te bewegen eerlijk tegenover de fiscus te zijn. Maar we horen dat dit niet altijd even eenvoudig is.[137]

De UBS Hamburg heeft overigens ook een verbazingwekkend aandeel in recent nog steeds actieve bedrijven bij Mossack Fonseca: eind 2015 waren nog ruim zeventig bedrijven gewoon actief.[138]

[ ]

Onder de grote klanten van Mossfon zaten – en zitten deels nog steeds – ook veel banken die door de staat gesteund worden. Bijvoorbeeld de Landesbank Baden-Württemberg (LBBW), de Landesbank Rheinland-Pfalz, de HSH Nordbank en – je zou bijna geneigd zijn te zeggen: vanzelfsprekend – ook de door schandalen geteisterde BayernLB.

Je vraagt je weleens af wat een staatsbankier denkt als hij meehelpt de staat te benadelen.

Misschien: 'Doen ze allemaal.'

Of: 'Merkt toch niemand.'

Hoe dan ook, via de BayernLB-dochteronderneming LBLux en de andere dochterondernemingen van de bank werden honderden offshorebedrijven aan de man gebracht en gebruikt. Ook hier leek men zich niet bewust te zijn van een probleem, in elk geval niet totdat aan het eind van het vorige decennium werkelijk tot in alle uithoeken van het bankwezen was doorgedrongen dat die handel wel eens als een boemerang bij de banken terug zou kunnen komen. En zelfs toen reageerden de banken nog aarzelend. Na een bijeenkomst met vertegenwoordigers van de Luxemburgse dochteronderneming van BayernLB legden Mossfon-medewerkers bijvoorbeeld vast dat het hoofd van de afdeling Vermogensbeheer weliswaar had verklaard dat er nu de strikte order gold om klanten niet langer 'actief' brievenbusfirma's in Panama of andere belastingparadijzen aan te bieden, maar dat als een klant er zelf naar vroeg de bank hem nog steeds zou helpen. En ze zou de belangen van de al bestaande offshorebedrijven – op dat moment nog steeds ruim negentig in Panama – blijven behartigen.[139]

Niet lang daarna begint het grote afstoten. De HSH verkoopt in 2011 haar afdeling Particuliere Klanten in Luxemburg aan de Banque de Luxembourg, de BayernLB volgt dat voorbeeld in 2013 (ook aan de Banque de Luxembourg) en de LBBW verkoopt die afdeling in 2011 aan de Deka-Bank Luxembourg. Nog een dochteronderneming van een Duitse bank...

Hier even in sneltreinvaart: we zien dat ook de HSBC Deutschland bij vele bedrijven genoemd wordt, net als de DZ Bank en de particuliere BHF-bank, en zelfs zulke marginale banken als de intussen door de Commerzbank overgenomen Deutsche Schiffsbank komen als beheerders in de data voor, zij het in dit geval slechts als tussenpersoon bij één offshorebedrijf.[140]

Maar onze stiekeme lievelingsbank wordt in de loop van dit onderzoek de eerbiedwaardige Hamburgse Berenberg Bank. Als Mossack Fonseca die bank aanbeveelt bij zijn klanten, ontbreekt vrijwel nooit de mededeling dat het de oudste bank van Duitsland is, om precies te zijn: de oudste particuliere bank. Ze werd in 1590 opgericht en viert op haar homepage haar 425-jarig bestaan met een soort Berenberg-quiz. De bank, die in haar hoofdkantoor in Hamburg haar particuliere klanten af en toe zelfs door een eigen kok liet verzorgen, leeft van dat image, de traditie van het chique Hamburg.

Uiteindelijk, zo vernemen we van enkele fiscaal opsporingsambtenaren, begon de bank op te vallen, doordat haar naam in de aangifte van veel Duitsers voorkwam.[141] Volgens onze stukken heeft de bank, althans vanuit haar standplaats in Luxemburg en Zwitserland, bij Mossack Fonseca offshorebedrijven voor haar klanten gekocht. Waarschijnlijk niet erg veel, een handjevol slechts, maar enkele ervan – stand van zaken: herfst 2015 – zijn nog steeds actief.[142] Nog veel spannender is dat de Berenberg Bank een van de belangrijkste vertrouwensbanken van Mossack Fonseca is, als het erom gaat bankrekeningen voor offshorebedrijven beschikbaar te stellen.

De tweede zuil van het bankwezen dus.

Als we door de mappen gaan waarin Mossfon de documenten van bijzonder problematische klanten heeft opgeborgen, valt op hoevelen van hen een bankrekening bij het Zwitserse filiaal van Berenberg hebben. In interne Mossfon-e-mails lezen we dat de bank een van de favoriete banken van Mossack Fonseca was. Met Berenberg hadden ze 'heel goede ervaringen' opgedaan, staat er te lezen.

Ettelijke bankrekeningen die officieel op naam staan van bedrijven met de gebruikelijke fantasienamen werden en worden zelfs door Mossfon zelf volledig beheerd. Dat betekent dat een medewerker van Mossfon als geautoriseerde derde persoon overschrijvingen kan verrichten – na ruggespraak met de ware eigenaar. Het is evenwel onduidelijk of de Berenberg Bank altijd wist wie deze ware eigenaar was.

En dat is gevaarlijk. Want in het algemeen geldt: 'Brievenbusfirma's zijn het meest geliefde middel om zwart geld en misdaadwinsten wit te wassen,' zegt Lanny Breuer, die vele jaren de strafkamer van het Amerikaanse ministerie van Justitie heeft geleid. Daar zijn inderdaad vele gedocumenteerde voorbeelden van: de Hezbollah financierde haar aanslagen lange tijd onder andere met de smokkel van sigaretten, een activiteit die ze via diverse brievenbusfirma's afhandelde. De beruchte wapenhandelaar Viktor Boet camoufleerde zijn handel via een tiental brievenbusfirma's, Russische ambtenaren werden aantoonbaar via brievenbusfirma's omgekocht, sancties tegen Iran werden ermee overtreden enzovoort.

Deze voorbeelden hebben geen betrekking op de Berenberg Bank. Maar wie de data van de bank goed bekijkt, vindt ook daar aanwijzingen voor vuil geld – bijvoorbeeld de bankrekeningen waarop zwart Siemens-geld stond.[143]

In wezen zou de handel in bankrekeningen voor offshorebedrijven geen problemen opleveren, als de regels van het 'ken je klant' gevolgd zouden worden. Maar niet alleen bij de Deutsche Bank stellen we vaak vast dat de adviseurs daar de werkelijke klanten helemaal niet lijken te kennen. Zo werd van februari 2007 tot oktober 2011 meer dan zestig miljoen dollar overgeschreven naar een bankrekening van de Deutsche Bank in Hamburg die op naam stond van de brievenbusfirma Val de Loire. Voor het oog van de buitenwereld trad de eerder genoemde Edmund W., de vroegere schoonvader van Ramón Fonseca, als aandeelhouder op, maar in werkelijkheid was Val de Loire van iemand anders – dat blijkt uit een trustcontract dat we vinden. De bank wist daar duidelijk niets van.[144] Sinds 1993 zijn Duitse banken echter verplicht de ware eigenaar – dus de economisch gerechtigde – van alle bankrekeningen te kennen. Als een Duitse bank het gevoel krijgt dat een bedrijf als Val de Loire daarover een valse opgave doet, moet de bank het eigenlijk aan de autoriteiten melden. Edmund W. werkte officieel als controller bij Mossfon en kreeg daarvoor volgens onze documenten een zeer bescheiden jaarsalaris. Er dringt zich een hele reeks vragen op, en we hebben ze voorgelegd aan de Deutsche Bank. Heeft de bank Edmund W. geverifieerd? Zo ja, met welke resultaat? Heeft ze ooit naar de oorsprong van al die miljoenen gevraagd? Is er niemand op het idee gekomen te vragen hoe die Edmund W. in godsnaam in slechts vier jaar tijd meer dan 60 miljoen dollar kon ontvangen?

De Deutsche Bank verklaart dat ze 'principieel geen informatie over mogelijke of daadwerkelijke zakelijke relaties' kan verschaffen.

Bij ons onderzoek stellen we steeds weer vast dat Duitse banken – en nu bedoelen we uitdrukkelijk niet alleen de Deutsche Bank – het niet zo nauw namen met de voorgeschreven verificatie van hun klanten als het hun zakelijke belangen bevorderde. Maar achter elk anoniem bedrijf kan theoretisch een corrupte politicus schuilgaan die geld het land uit sluist, een gewetenloze dictator die wapens voor zijn leger van kindsoldaten betaalt, of een terreurgroep die het voor een aanslag benodigde geld zwart overmaakt.

Een bank die zijn klanten niet kent, neemt die risico's goedkeurend op de koop toe.

24. De rooftocht van de Geldvikingen

'De dag is gekomen,' post het hoofd Data van het ICIJ Mar Cabra op 29 oktober 2015 op ons gemeenschappelijke onderzoeksforum. Alle data die het ICIJ op zijn server geüpload heeft, alles wat we tot dusverre hebben gekregen is nu te doorzoeken. 8,2 miljoen documenten. Veel meer dan twee terabyte.

Happy digging, wenst Mar iedereen toe: Veel plezier bij het graafwerk.

Eindelijk, eindelijk, eindelijk kunnen alle journalisten in alle data zoeken, niet slechts in een deel ervan. Alle journalisten, dat betekent intussen: ruim 320 collega's uit meer dan zeventig landen en ruim negentig verschillende media. Het is de grootste journalistieke samenwerking in de geschiedenis.

Op het forum breekt meteen de hel los. Elke minuut worden er nieuwe hits gepost: een wereldberoemde regisseur, een schaakgrootmeester en diverse vroegere formule 1-rijders. Al na een paar uur post onze Zwitserse collega Titus Plattner enthousiast: 'Wat een verschil! Eerst vonden we zo'n driehonderd Zwitsers in de data, nu zijn het er al meer dan duizend – velen van hen erg interessant! Het hele Zwitserse team is enthousiast.'

Wij ook.

Het grootste effect van de nieuw te doorzoeken data doet zich voor in een land dat door zijn minister-president toch al prominent vertegenwoordigd was: IJsland. Daar werkt onze collega Jóhannes Kr. Kristjánsson aan het onderzoek mee, en Jóhannes schrijft de volgende dag: 'Ik heb de hele nacht koffiegedronken – om te zoeken.' En verder: 'Binnen slechts twintig minuten heb ik in de data grootse ontdekkingen gedaan: Bjarni Benediktsson, minister van Financiën en voorzitter van de Onafhankelijkheidspartij, Ólöf Nordal, pas gekozen vicevoorzitster van de Onafhankelijkheidspartij.'[145]

Het is goed om in dit verband te weten dat de Onafhankelijkheidspartij in IJsland regeert en de vicevoorzitster tegelijk de functie van minister van Binnenlandse Zaken bekleedt. Haar partij vormt met de Vooruitgangspartij de coalitie – waarvan de secretaris ook in de data zit, en natuurlijk de partijvoorzitter: dat is namelijk de premier.

Wat een land. Wat een absurde toestanden.

[ ]

In Reykjavik ontmoeten we onze collega Jóhannes Kristjánsson, waarschijnlijk de bekendste en meest gelauwerde onderzoeksjournalist van IJsland. Vroeger heeft hij gewerkt voor de publieke omroep in IJsland. Hij heeft een opmerkelijke documentaire over de oorzaken van de bankencrisis in zijn land gemaakt, maar ook undercoveronderzoek over drugsmisbruik verricht en zedendelinquenten ontmaskerd. Hij werkt nu als onafhankelijk journalist en houdt zich alleen met het project Prometheus bezig. Zijn verhaal zal in dit land, waarvan het politieke landschap geheel door elkaar geschud is door de bankencrisis van 2008, grote aandacht krijgen.

We zijn premier Sigmundur Gunnlaugsson al vroeg in ons onderzoek tegengekomen. Ter memorie: via de Luxemburgse vestiging van de Landsbanki hebben hij en zijn vrouw bij Mossfon een bedrijf op de Britse Maagdeneilanden opgericht: Wintris Inc. Op die naam hebben ze een bankrekening geopend bij de Credit Suisse in Londen. Het pikante eraan is dat er sinds begin 2009 op IJsland een regeling geldt die parlementariërs voorschrijft bedrijfsaandelen en vermogen openbaar te maken. Gunnlaugsson, die sinds april 2009 in het parlement zit, had Wintris Inc. dus moeten aanmelden, maar dat heeft hij niet gedaan. Eind 2009 heeft hij zijn aandelen in het bedrijf aan zijn vrouw 'verkocht': voor één dollar.[146]

Nogmaals en in alle rust: de IJslandse premier en twee van zijn ministers komen in de data voor. Dat is een derde van het IJslandse kabinet. Daar komen dan nog eens hoge functionarissen van beide regeringspartijen bij, plus tientallen bekende zakenmensen. Het voelt, zegt Jóhannes, die het allemaal nog maar nauwelijks kan bevatten, alsof het halve land erbij betrokken is.

[ ]

Tijdens de lange rit van de luchthaven naar de hoofdstad, nog in de auto dus, vertelt Jóhannes ons waarom de onthullingen komen op een moment dat het land in een bijzondere toestand verkeert. Op het vulkaaneiland midden in de Atlantische Oceaan zijn tot de dag van vandaag de touwtjes in handen van de families die het al eeuwen geleden, toen het land alleen van de visvangst leefde, voor het zeggen hadden. De IJslanders noemen die kliek de 'octopus', omdat de leden ervan als een inktvis hun vele armen uitstrekken. Naar de banken, de grote bedrijven, de partijen. Die machtige elite privatiseerde aan het eind van de jaren negentig in feite het hele land. Eerst de visserijvloot, toen de banken. IJsland werd een van de rijkste landen ter wereld. In Reykjavík bloeiden designerzaken, de chique restaurants waren duurder dan in Londen, op iedere hoek stonden luxe terreinauto's geparkeerd. Volgens een studie uit 2006 waren de 320.000 IJslanders de gelukkigste mensen op aarde. 'En toen werden we wakker,' zegt Jóhannes.

De snelle economische groei en de privatisering hadden namelijk een schaduwkant: de drie grote banken van het land – Kaupthing, Glitnir en Landsbanki – kwamen via gesjacher in handen van uitgerekend de octopussen en hun vrienden. Aanhangers van de Vooruitgangspartij namen Kaupthing over, terwijl Landsbanki naar de groten van de Onafhankelijkheidspartij ging en de Glitnir-bank naar een enorme handelsketen. De nieuwe eigenaren lieten alle terughoudendheid varen en verloren in hun hebzucht elke matiging uit het oog. Regering en parlement zorgden voor een ondergraving van de regels voor hypotheken, en plotseling kon je in IJsland kredieten opnemen tot 90 procent van de waarde van het onroerend goed. Er ontstond een enorme zeepbel.

Toen in 2008 langzaam duidelijk werd dat het zo niet kon doorgaan en de koersen van de grote banken in dreigden te storten, deden de octopussen er zelfs nog een schepje bovenop: ze manipuleerden de aandelenkoersen van de banken. Het principe was even eenvoudig als rampzalig: de banken verstrekten kredieten aan aandeelhouders, die daarmee op hun beurt aandelen bij de banken kochten en daardoor de aandelenkoers kunstmatig opjoegen. De balanswaarde van de drie grootste banken groeide op die manier tot achtmaal het bruto binnenlands product van IJsland. Achtmaal!

Het was het begin van het einde. Toen in september 2008 de financiële markten na het bankroet van Lehman Brothers instortten, konden de banken hun schuldeisers niet meer betalen en bezweken. De staat moest met zoveel geld in de bres springen dat IJsland failliet dreigde te gaan. De bevolking was woedend. Een vroegere staatssecretaris van Financiën werd later veroordeeld tot een gevangenisstraf van enkele jaren, evenals de drie vroegere eigenaren van Kaupthing Ólafur Ólafsson, Hreidar Már Sigurdsson en Sigurdur Einarsson.

Jóhannes lacht. 'Die mensen van Kaupthing heb ik allemaal in jullie stukken gevonden, maar die zitten al in de gevangenis.'

Een gewetenloze elite had binnen enkele jaren een van de rijkste landen van de wereld geruïneerd – zo zien de meesten het hier. En terwijl de gewone IJslander eronder leed omdat de kosten van levensonderhoud stegen, de lonen daalden en de hypotheekschulden de pan uit rezen, hadden veel van de mensen die voor de crisis verantwoordelijk waren hun geld allang het land uit gesluisd.

Geldvikingen, zo noemen de IJslanders nog steeds de onverantwoordelijke waaghalzen die zich in hun begeerte naar meer geld tegelijkertijd verrekend en verrijkt hebben. De Vikingen werden daarbij gesteund door de toenmalige én de huidige regering, bestaande uit de Onafhankelijkheidspartij en de Vooruitgangspartij. Gunnlaugssons Vooruitgangspartij.

[ ]

Inderdaad heeft Wintris, het vroegere offshorebedrijf van premier Sigmundur Gunnlaugsson, zijn bankrekening bij het Londense filiaal van de Zwitserse bank Credit Suisse aan de vooravond van de crisis, maart 2008, geopend, in een tijd dus dat bij de Geldvikingen intern allang duidelijk moest zijn geweest waar IJsland op afkoerste: insolvabiliteit.

Toen we dat in de gaten kregen, namen we elk document nog eens door. We discussieerden met Jóhannes. We spraken met experts. De grote vraag was – en is: waarvoor had de IJslandse premier een bedrijf op de Britse Maagdeneilanden en een bankrekening bij een Zwitserse bank nodig? En vooral: waarom heeft hij ze beide niet keurig aangemeld?

Jóhannes ontdekte dat Wintris voorkomt op de lijst van schuldeisers van Kaupthing en Landsbanki. Later hoorde hij van een bron dat Wintris ook Glitnir-aandelen had gehad. Alleen voor zijn Landsbanki- en Kaupthing-aandelen eiste Wintris na de bankencrash omgerekend meerdere miljoenen euro's.[147]

Een van de twee: Gunnlaugsson en zijn vrouw hadden de aandelen van de drie banken al vóór de crisis gekocht. In dat geval had hij het publiekelijk moeten laten weten, nadat hij in 2009 tot het parlement was toegetreden.[148] Of Gunnlaugsson – afgestudeerd econoom en oud-student in Oxford – en zijn vrouw hebben de aandelen ná de ineenstorting van de drie banken gekocht, toen ze nog maar drie tot vijf procent van hun oorspronkelijke waarde waard hadden. Dat zou betekenen dat ze erop hebben gespeculeerd dat de koersen van de banken snel weer in waarde zouden stijgen.

In geen van beide gevallen staan Gunnlaugsson er goed op. Temeer daar het bezit van de aandelen zijn politiek engagement tot nu toe plotseling in een heel ander licht zet.

Daarbij dient men het volgende te weten: toen het tot de hoge dames en heren van Landsbanki begon door te dringen dat het geld opraakte, bedienden ze zich van een truc om aan deviezen te komen. Ze richtten een online filiaal van Landsbanki op en noemden het Icesave. De dochteronderneming lokte met een duidelijk hogere rente dan gebruikelijk spaarders uit heel Europa, vooral Groot-Brittannië en Nederland, maar ook Duitsland. Toen Landsbanki failliet ging, wilden de honderdduizenden spaarders hun geld terug. Maar omdat Landsbanki allang geen geld meer had, werden in Europa eisen gesteld: de Centrale Bank moest garant staan en daarmee elke IJslandse burger. Groot-Brittannië schakelde zelfs antiterreurwetgeving in om geld van Landsbanki, de IJslandse Centrale Bank en de regering te bevriezen. IJsland, even tevoren nog *everybody's darling* stond op gelijke hoogte met al Qaida.

Evenzeer in paniek was de regering van middenlinks, die in 2009 na de crisis aan de macht gekomen was en de chaos moest ordenen die hun voorgangers van de Onafhankelijkheidspartij en de Vooruitgangspartij hadden achtergelaten. De nieuwe regering onderhandelde met de Nederlanders en de Britten en kon uiteindelijk akkoord gaan met een voorstel: IJsland krijgt nieuwe kredieten, en in ruil daarvoor krijgen Nederlandse en Britse Icesave-klanten hun spaargeld terug – gegarandeerd door de IJslandse staat. Zo zou IJsland zijn reputatie kunnen redden, was de hoop, en de kans op een EU-lidmaatschap niet bederven.

Maar die plannen stuitten op verzet. De IJslanders zouden zich – via hun belastingen – garant moeten stellen voor de avonturen van de financiële elite en jarenlang bezig zijn om de nieuwe kredieten af te betalen. In die strijd betrad een volkomen onbekende groepering de politiek arena: ze noemde zich InDefence (wat staat voor: 'In Defence of Iceland'), zamelden op internet handtekeningen in tegen het voorgestelde akkoord en stuurden experts naar het parlement, die zich tegen het compromis uitspraken. Bij InDefence ontmoetten gewone burgers – een van de leiders is nog steeds pianoleraar – en vooraanstaande politici elkaar.

Een van zijn belangrijkste woordvoerders was uitgerekend Sigmundur Gunnlaugsson, de pas verkozen voorzitter van de Vooruitgangspartij, de man die op dat moment mede-eigenaar van het offshorebedrijf Wintris was en daarmee een van de schuldeisers die van de bank miljoenen terug wilde hebben.

Maar dat hield hij ook binnen InDefence voor zich, horen we uit IJsland.[149]

Uiteindelijk werden er drie referenda gehouden en telkens won InDefence. Het compromisvoorstel van de regering was van tafel. Die openlijke overwinning was het begin van een ontwikkeling die Gunnlaugsson het ambt van premier opleverde.

InDefence eiste ook dat alle schuldeisers een stabiliteitsbelasting van 39 procent aan de staat betaalden, zodra ze hun geld, dat sinds 2008 door de staat was vastgehouden, van hun rekening wilden halen. Maar de regering van Gunnlaugsson kwam in 2015 tot een andere deal met de schuldeisers: een betaling van een 'stabiliteitsbijdrage', die volgens experts ruim twee miljard minder in de schatkist zal doen vloeien. Ook de woedende aanvallen van zijn vroegere InDefence-collega's konden Gunnlaugsson niet op andere gedachten brengen.

Het zal hen niet vrolijk stemmen als ze horen dat de deal erg voordelig uitpakt voor de familie van de premier: de twee miljard die de staat minder krijgt, komt ten goede aan de schuldeisers. Een van de schuldeisers is het offshorebedrijf Wintris.

Gunnlaugsson was dus in zekere zin aan beide kanten van de onderhandelingstafel vertegenwoordigd. Een klassiek belangenconflict – geen slecht idee om dat in de openbaarheid te brengen.

[ ]

In de zomer van 2015 zag Gunnlaugsson hoe de IJslandse belastingautoriteiten met een interessante beslissing geconfronteerd werden: een anonieme klokkenluider bood de autoriteiten een belasting-cd aan. Op de cd stonden geheime data over brievenbusfirma's van vele IJslanders, data die volgens onze informatie allemaal afkomstig waren van Mossack Fonseca – al waren ze duidelijk ouder en minder gedetailleerd dan de data wie wij in handen hebben.

Dat aanbod kwam in de openbaarheid, en heel IJsland deed mee aan de discussie: kopen of niet? Wat de IJslanders niet wisten: ook het bedrijf dat door de premier en zijn vrouw gekocht was, stond op die cd. De baas van de belastingautoriteiten pleitte voor aankoop van de cd. Ze verwachtte er veel van, per slot van rekening zouden zich daarop documenten bevinden over driehonderd tot vijfhonderd brievenbusfirma's van IJslanders. De IJslandse minister van Financiën Bjarni Benediktsson – die uit een beroemde én beruchte octopusfamilie komt – was aanvankelijk sceptisch. Het was 'volkomen ondenkbaar een koffer vol geld aan een anoniem persoon' te geven in ruil voor de data.

Maar de belastingbaas van kreeg haar zin. De data werden gekocht voor omgerekend 200.000 euro. En de minister van Financiën verklaarde in een televisie-interview op de vraag of hij op enig moment vermogen in belastingparadijzen had of transacties via belastingparadijzen had afgehandeld: 'Nee, ik heb nooit vermogen in belastingparadijzen gehad of iets dergelijks gedaan.'

Als we in Reykjavik dit geval met Jóhannes bespreken, wijst hij naar zijn laptop: 'Die zin staat daarop, en wanneer we de zaak publiceren laat ik die aan één stuk door horen.'

In de oktobernacht waarin Jóhannes met veel koffie voor de data zat die eindelijk volledig doorzocht konden worden, was Bjarni Benediktsson een van de eerste namen die hij intikte. Hij vond hem. De minister van Financiën kreeg in 2006 samen met twee andere zakenmensen een volmacht voor het bedrijf Falson & Co op de Seychellen – en in een e-mail van zijn bankadviseur aan Mossack Fonseca staat dat de ware eigenaren 'dezelfde drie als bovenvermeld' waren.[150]

Ook dat bedrijf stond volgens onze informatie op de cd die door de IJslandse autoriteiten was gekocht.

Was Bjarni Benediktsson daarom aanvankelijk zo sceptisch?[151]

Op zijn laatst als Jóhansson Kristjánsson in IJsland zijn verhaal zal publiceren, zal Benediktsson zich moeten uitspreken, en volgens de spelregels van de politiek zal hij juist als minister van Financiën moeilijk te handhaven zijn. Hetzelfde geldt voor de premier. Misschien ook voor Ólöf Nordal, de fungerende minister van Binnenlandse Zaken, die volgens Jóhannes een volmacht had voor een bedrijf dat Dooley Securities S.A. heette.[152]

[ ]

De Panama Papers zullen de regering het vuur na aan de schenen leggen. 'Het IJslandse volk heeft sinds de bankencrisis zoveel meegemaakt dat het geen enkel begrip zal kunnen opbrengen voor een rijke premier en zijn extreem rijke echtgenote, die samen gebruik hebben gemaakt van een offshorebedrijf om heimelijk bankaandelen te kopen,' zegt Jóhannes tegen ons.

Hij zit in een absurde situatie: hij kan wellicht de premier van zijn land uit zijn ambt jagen, hij heeft dé zaak van het jaar in handen, en dat al sinds het voorjaar van 2015 – maar hij moet nog wachten, een eeuwigheid wachten, tot we allemaal tegelijk in het voorjaar van 2016 gaan publiceren.

Bovendien weet hij dat een klein deel van de data al in het land is, in handen van de financiële administratie. En dat dan in een heel klein land waarin bijna iedereen iedereen kent.

'Ik vraag me bijna iedere dag af of de zaak zo lang geheim kan blijven,' zegt hij.

Een heel ander probleem voor Jóhannes is dat hij geen idee heeft waar en hoe hij het verhaal eigenlijk kan publiceren. Hij is televisiejournalist, en IJsland heeft drie grote televisiezenders. Maar hij treft in de data verantwoordelijken van alle drie zenders en/of aandeelhouders en/of naaste familieleden van een van de twee partijen aan.

Jóhannes voelt zich ongemakkelijk bij de gedachte dat hij zijn verhaal aan een van de drie zenders zou aanbieden. Hoe absurd: met elke ontdekking die hij doet wordt zijn scoop groter – en tegelijkertijd ook zijn zorgen om de openbaarmaking.

Tuurlijk, er zijn ook nog de kranten. Alleen: het om zijn moedige onderzoeksreportages bekendstaande *Tabloid DV* is onlangs door een voormalige politicus van de Vooruitgangspartij overgenomen – en die zou nu dan over een van zijn vrienden iets moeten laten publiceren. En bij het vooraanstaande dagblad *Morgunbladid* is de voormalige directeur van de Centrale Bank Davíd Oddssonn hoofdredacteur – hij is een van de spelers die medeverantwoordelijk waren voor de economische crisis.

Jóhannes overweegt intussen zijn onderzoek gewoon op een eigen website te publiceren. De naam Reykjavik Media heeft hij al gereserveerd, evenals de website Rme.is.

Hij lacht. 'Maar de naam maakt me verder niet uit, iedereen in IJsland zal naar die site gaan, als we daar onze verhalen publiceren. Iedereen wil het lezen.'

Niet alleen in IJsland.

25. Doodlopende sporen

Het is herfst geworden, laat in de herfst, en niet alleen wij worden steeds nerveuzer. Onze bron duidelijk ook.

[john doe]: Is het plan nog steeds om er in het voorjaar mee naar buiten te komen? Dat duurt nog vreselijk lang.

[sz]: Klopt. Maar het zijn ook vreselijk veel data. En als we te gehaast doen, vergroten we het risico om fouten te maken.

[john doe]: Zeker. Alleen haat ik het idee zo lang te moeten wachten.

[john doe]: Waarom niet een beetje vroeger? Februari?

[sz]: We hebben maar een kans. En alles moet dan in een keer goed. Elke zaak is op zichzelf verschrikkelijk gecompliceerd, Rusland, IJsland, Siemens, de banken.

[sz]: En zelfs als we vroeger zouden kunnen, dan zouden we partners verliezen, wat minder effect betekent.

[john doe]: Hm. Ik wou dat het project flexibeler was.

[sz]: Wij ook. Maar dat is nu eenmaal niet zo. En we zijn al heel ver gekomen.

Om de paar dagen komt ons kleine SZ-team in onze 'war room' bij elkaar voor de wand met de inmiddels – herfst 2015 – bijna zestig sporen naar staatshoofden en regeringsleiders en bespreken we onze nieuwe ontdekkingen

Hoog bovenaan op de lijst staat het spoor naar de Kirchners, naar de beide voormalig staatshoofden van Argentinië dus, het echtpaar Néstor en Cristina Kirchner.

In feite waren de stukken van deze zaak de eerste die we überhaupt beter bekeken hebben. Intussen hebben we de documenten van bijna al die bedrijven. En om het kernachtig samen te vatten: het overtuigende bewijs voor een connectie met de Kirchners, de zogenaamde smoking gun, hebben we nog niet gevonden.

Ook onze Argentijnse collega's van *La Nación* waren enthousiast over het vooruitzicht geheime zaken van hun voormalig presidente openbaar te kunnen maken. Maar ook zij konden bij hun onderzoek geen bewijzen voor illegaal handelen vinden, of voor verbanden met het presidentenpaar. Intussen zijn we er zeker van: een groot deel van de eerdergenoemde 123 bedrijven houdt in zoverre verband met de Argentijnse zaak dat hier dezelfde interne Mossfon-schijndirecteuren optreden als bij de weinige bedrijven die wellicht echt zijn toe te schrijven aan vertrouwelingen van Kirchner. Voor in ieder geval een groot deel van de bedrijven lijkt te kloppen wat Mossack Fonseca ons daar bij navraag in februari 2015 over heeft gezegd, namelijk dat ze 'niets met de zaak "NML tegen Argentinië" te maken hebben'.

Wie de structuur achter die overige brievenbusfirma's ook heeft bedacht, hij heeft dat goed gedaan. We stuiten op drie of vier, misschien zelfs op meer ondoordringbare lagen waarmee de ware eigenaar beschermd wordt tegen ontdekking. De sporen eindigen bij anonieme bedrijven in Zwitserland en elders.

Dat zijn de grenzen van onze data: wat de klanten tegenover Mossack Fonseca hebben verzwegen, hebben ze tegenover ons verzwegen. Het spoor leidt niet naar de Kirchners, maar naar een blinde muur.[153]

[ ]

Een ander veelbelovend spoor dat we al snel hebben gevolgd is dat naar de voormalige Libische machthebber Moammar al-Gaddafi. We hebben zo'n tien bedrijven gevonden waarvoor ook de opsporingsambtenaren in Libië duidelijk interesse hebben. Via die bedrijven, hebben we in een verzoek om rechtshulp gelezen, schijnen miljoenen aan overheidsgeld weggesluisd te zijn – ook naar de verborgen kas van een vertrouweling van Gaddafi, een man die Ali Dabaiba heet.[154]

Korte tijd nadat Moammar al-Gaddafi in 1969 de Libische koning ten val bracht, werd de geleerde aardrijkskundeleraar Ali Dabaiba burgemeester van de havenstad Misrata. Al snel behoorde Dabaiba tot de inner circle van de alleenheerser: tot de 'maatjes van de leider', zoals de kliek in Libië werd genoemd. Het gigantische opdrachtenorgaan waarvan hij voorzitter was, verstrekte in de loop van de jaren opdrachten ter waarde van miljarden euro's, en vele ervan gingen naar bedrijven die connecties hadden met de familie Dabaiba, aldus de Libische opsporingsambtenaren. Toen economisch onderzoekers de opdrachten beter bekeken, vonden ze volgens berichten in de media een dubbele boekhouding. Een adviseur van Moammar al-Gaddafi verklaarde later tegenover Libische opsporingsambtenaren dat er al heel snel onjuistheden bij ODAC waren opgevallen. Maar ze waren niet nader onderzocht omdat Gaddafi zelf en zijn zonen 'bij de leiding van ODAC betrokken waren'.[155]

Tot zover is alles duidelijk. Maar toen Gaddafi's einde naderde liep Dabaiba over naar de tegenpartij. Hij financierde de Libische rebellen en stelde miljoenen ter beschikking om zijn geboortestad Misrata te verdedigen. In een mum van tijd werd Gaddafi-aanhanger Dabaiba vriend van de rebellen. En dat maakt de zaken zo gecompliceerd.

In Libië is op het ogenblik namelijk niet duidelijk wie eigenlijk aan de macht is. 'Islamitische Staat'? De in Tobroek zetelende gekozen regering? Of de islamitische tegenregering die zich in Tripoli heeft gevestigd? En waar bevindt zich in die mengelmoes Dabaiba? Wie wil hem voor het gerecht brengen, en wie wil dat wellicht verhinderen?

Na de val van Gaddafi bevroor de nieuwe regering het vermogen van 240 vroegere handlangers van de alleenheerser, onder wie Ali Dabaiba. Libië liet Dabaiba zelfs tijdelijk door Interpol zoeken, maar de oproep om hem op te sporen verdween even plotseling van de site van Interpol als hij erop gekomen was.[156] De overgangsregering zette bovendien een opsporingsteam op zijn mogelijke vermogen: als ze het vinden, krijgen ze een paar procent vindersloon.

We worden geconfronteerd met meer dan tien digitale mappen met honderden documenten over brievenbusfirma's die ermee te maken zouden kunnen hebben, en we vragen ons af: zit ergens in onze data wellicht de doorslaggevende aanwijzing?

In een stad op het westelijk halfrond – nauwkeuriger mogen we niet worden – ontmoeten we iemand die ons misschien verder kan helpen. De informant moet anoniem blijven, zijn familie woont nog in Libië, hijzelf heeft een onschuldige baan in het buitenland. Slechts weinig mensen weten dat hij undercover achter het geld van de Gaddafi's en hun bondgenoten aan jaagt – de mensen die Libië met Gaddafi's zegen hebben uitgezogen en hun buit in het buitenland hebben verstopt.

De informant laat ons een diagram op A3-formaat zien: het is een wirwar van vierkantjes en pijlen in tientallen kleuren. Elk vierkantje stelt een bedrijf voor (in totaal zijn het er meer dan honderd), elke pijl symboliseert een connectie, een geldstroom of een compagnonschap. Elke kleur staat voor een land waar de bedrijven zitten. Laten we volstaan met te zeggen dat het er kleurrijk uitziet.

'Ergens daarin,' zegt de informant, 'zitten de miljoenen die eigenlijk van het Libische volk zijn.'

Alleen, waar dan?

Enkele bedrijven in het midden van de grafiek zitten in onze data.

[ ]

Na het gesprek met de informant nemen we de ene map na de andere door. We zoeken naar Gaddafi, zijn kinderen, zijn trouwste bondgenoten en naar Ali Dabaiba. Vergeefs. In plaats daarvan vinden we bij bedrijven die de Libische opsporingsambtenaren aan Dabaiba toeschrijven, steeds weer de naam Riad G., een Brits staatsburger die in Libië naar school is gegaan en in Londen heeft gestudeerd. Zijn Facebookpagina laat zien dat hij bevriend is met de broer van Dabaiba.[157]

We bellen onze informant op en vertellen hem over Riad G. – en krijgen een helder antwoord: 'Wij denken dat Ali Dabaiba G. naar voren heeft geschoven!' Riad G. is dus waarschijnlijk een soort stroman van Dabaiba.

Er is één maar: het is niet meer dan een verdenking. We spreken met Interpol. We willen weten waarom Dabaiba eerst gezocht werd en waarom het verzoek om zijn arrestatie, de zogenaamd *red notice*, vervolgens is ingetrokken. Het antwoord is vaag: alle oproepen tot opsporing zijn in verband met de huidige situatie – bedoeld is de burgeroorlog – geblokkeerd. 'De informatie blijft geblokkeerd tot nadere onderzoeken zijn afgesloten.'

Dan komt er een e-mail van de informant binnen: 'Ga naar Genève,' schrijft hij, daar zou Riad G. op dat moment zijn. Iemand had hem daar in een chocolaterie gezien, in de rue de Rive, vlak bij het Meer van Genève.

Maar de laatste vlucht van München naar Genève is al vertrokken. We spreken met een collega van de Zwitserse *SonntagsZeitung* die aan ons project meedoet, we vertellen hem over de zaak – en hij wil wel. De volgende ochtend staat hij voor het Four Seasons Hotel. Bij de receptie weet niemand ergens van. Ene Riad G. heeft niet in geboekt. Chocolaterie Auer? Daar is hij ook niet. Waar kan hij dan zijn?

Onze collega probeert het in Grand Hôtel Kempinski aan de prachtige boulevard pal aan het Meer van Genève. Achter de spiegelgevel bevindt zich onder andere de grootste suite van Europa, ruim 1000 vierkante meter woonruimte en kogelvrije ramen. Daar komt in dit jaargetijde de geldadel van de Golf en de Maghreb bijeen.

De receptioniste moet enige moeite doen voor ze de kamer van monsieur G. vindt. 'Welke kamer bedoelt u dan? Er staan vijf kamers op zijn naam.'

De man is er met zijn hele familie aangekomen, wellicht niet alleen voor zijn eigen genoegen. Onze collega zet alles op één kaart en belt G. – zijn nummer hebben we van een informant gekregen. Er meldt zich een aarzelende stem. Arabisch accent, stuntelig Engels. Met wie spreek ik, wil de stem weten, en vooral: 'Hoe komt u aan dit nummer?' Hij kan nu niet praten.

Na uren krijgen we hem voor de tweede maal aan de telefoon, hij aarzelt over een ontmoeting. De daaropvolgende dag heeft hij nog dringende zaken te doen, en daarna wil hij een familiedag inlassen.

Uiteindelijk zal hij zich niet meer melden en niet meer op telefoontjes reageren. Hij verlaat Zwitserland zonder dat onze collega met hem heeft kunnen spreken.

In onze data zien we dat een bedrijf van Riad G. een tijdje voor de helft eigenaar is geweest van een hotel in de Schotse Hooglanden. In dat bedrijf zat wellicht Libisch overheidsgeld, schreven Libische opsporingsambtenaren enige tijd geleden in een rechtshulpverzoek aan de Britse en Schotse autoriteiten. Volgens het handelsregister wordt het bedrijf door twee mannen geleid, die, en nu wordt het interessant, beiden in 2008 miljoenopdrachten van ODAC hebben gekregen – het ODAC waar Ali Dabaiba de baas van was.[158]

Maar daarmee lopen onze sporen dood. We ontdekken nog wel dat er een gerechtelijk vooronderzoek tegen beide zakenmannen loopt. Maar beide mannen bevinden zich nog steeds op vrije voeten. En of Riad G. nu de tussenpersoon voor Dabaiba is? We kunnen het gewoon niet zeggen, de data onthullen het niet.[159]

[ ]

De zaken-Gaddafi en -Kirchner zijn niet de enige die zo verlopen. Steeds weer moeten we bedrijven terzijde leggen waar deze of gene verdenking voor de hand ligt en waar we ook allerlei aanwijzingen vinden, maar niet genoeg.

Zeer waarschijnlijk zitten in de mappen direct voor onze neus nog heel veel sporen die uiteindelijk naar spectaculaire namen zullen leiden. Maar we zullen ze niet vinden, omdat de adviseurs ervan voorzichtig genoeg zijn geweest: ze noemen tegenover Mossack Fonseca geen namen.

Dat is frustrerend.

Gelukkig is bij ons onderzoek frustratie niet het overheersende gevoel.

Want we mogen dan geen bewijs hebben dat Cristina Kirchner of Néstor Kirchner te maken heeft met een van de 123 Nevada-bedrijven, we kunnen wel iets vertellen over hun opvolger in het ambt van president. Begin december 2015 schrijft Marina Walker van het ICIJ ons dat onze collega's van de Argentijnse krant *La Nación* de zojuist in de tweede ronde tot president gekozen Mauricio Macri in de data hebben gevonden. De conservatieve ondernemer is nog niet eens aan zijn functie begonnen of we zetten hem al op onze lijst in onze 'war room'. In onze data zien we dat Macri samen met twee andere personen uit zijn directe omgeving in 1998 een bedrijf op de Bahama's heeft laten oprichten. De naam ervan: Fleg Trading. Macri was op dat moment voorzitter van de Argentijnse voetbalclub Boca Juniors en een welgesteld man. In 2007 is hij gekozen tot burgemeester van Buenos Aires. Nu wil het geval dat Fleg Trading volgens de data van Mossfon pas in 2008 gedeactiveerd is. Maar in de stukken van het bedrijf zijn alleen maar documenten te vinden die bewijzen dat Macri een van de directeuren van de onderneming was. Het veld 'aandeelhouder' is in alle documenten waarover wij beschikken leeg. Voor het bedrijf in 2008 door de autoriteiten op de Bahama's gesloten werd, had Mossfon vele malen gevraagd naar de eigendomsverhoudingen – zonder ooit de gevraagde informatie te hebben gekregen.

Toen Macri in 2007 burgemeester van Buenos Aires werd, moest hij zijn bankrekeningen en zijn eventuele bedrijfsaandelen openbaar maken – maar hij schreef in de verklaring die een Argentijnse collega kon inzien niets over een bedrijf op de Bahama's. Een valse opgave kan volgens het Argentijnse Wetboek van Strafrecht bestraft worden met maximaal zes jaar gevangenis.

Geconfronteerd met ons onderzoek verklaarde een woordvoerder van de president dat Macri 'incidenteel' directeur van het bedrijf

Fleg Trading is geweest. Het bedrijf zou onderdeel zijn van de familieonderneming van de Macri's. Inderdaad heeft hij Fleg Trading niet aangemeld – maar dat kwam omdat hij nooit aandeelhouder zou zijn geweest.

26. Huwelijk en geld

Er zijn niet veel foto's van Vladimir Poetin te midden van zijn gezin. Het privéleven van de president is in Rusland taboe. Zijn beide dochters schermt hij goed af van de buitenwereld. Des te verbaasder zijn we daarom als we bij ons onderzoek op internet een ietwat grof gepixelde zwart-witfoto vinden: een jonge Vladimir Poetin, die met een serieuze blik in de camera kijkt. De foto is genomen in 1985 in Leningrad – zoals Sint-Petersburg heette toen de Sovjet-Unie nog bestond. Michail Gorbatsjov was net secretaris-generaal geworden en Vladimir Poetin was nog een kleine onbeduidende KGB-officier. Hij heeft zijn jongste dochtertje Maria op zijn arm, naast hem staat zijn toenmalige vrouw Ljoedmila: ze heeft haar arm in de zijne gehaakt en ziet er gelukkig uit.

Naast Ljoedmila staat een jongeman met een volle haardos en een krachtige blik. Het is Sergej Roldoegin, de peetoom van Poetins dochter. De mysterieuze cellist. Bij ons onderzoek hebben we hem aangetroffen in het centrum van een netwerk van anonieme offshorebedrijven – maar pas nadat we de verschillende camouflagelagen konden verwijderen die er door Mossack Fonseca en het in dit boek al genoemde advocatenkantoor in Zwitserland overheen gelegd waren. Via dat netwerk werd door de jaren heen met behulp van diverse – ook westerse – banken en vele brievenbusfirma's in Panama en op de Britse Maagdeneilanden zo'n twee miljard dollar weggesluisd.

En dat terwijl Roldoegin toch aan *The New York Times* had verteld dat hij geen miljoenen bezit, hij was maar een musicus. Slechts enkele maanden na die mededeling in een artikel over de opvallend snelgroeiende rijkdom van Poetins vrienden, werd een paar miljoen euro overgeschreven naar de bankrekening van een bedrijf van Roldoegin bij de Zwitserse vestiging van een Russische bank die op de sanctielijst stond. Roldoegin, en dat is het curieuze van de zaak, is in Rusland nagenoeg onbekend. Hij is vooral bekend van films of biografieën over Vladimir Poetin, waarin hij een soort sidekick is: de 'beste vriend van Poetin', die zich bewonderend uitlaat over het staatshoofd.

[ ]

Poetin en Roldoegin hebben elkaar in de jaren zeventig leren kennen, toen ze beiden jonge mannen waren. Poetin was als een broer voor hem geweest, zei Roldoegin later in een interview. 's Nachts trokken ze door Sint-Petersburg, zongen en vochten met andere jongeren. Roldoegin schijnt Poetin in contact te hebben gebracht met diens latere vrouw Ljoedmila.

Het contact is kennelijk tot op de dag van vandaag blijven bestaan, hoewel hun levens moeilijk meer van elkaar hadden kunnen verschillen. Poetin werd kort na de doop van zijn dochter Maria naar de DDR overgeplaatst, waar zijn tweede dochter Jekaterina ter wereld kwam. Hij keerde pas na het einde van de Sovjet-Unie naar Sint-Petersburg terug. De KGB-man wordt assistent van de burgemeester, dan diens plaatsvervanger, dan de baas van de binnenlandse geheime dienst FSB, dan de premier. In het jaar 2000 wordt Poetin president. Zestien jaar later is hij machtiger dan ooit tevoren.

Roldoegin werd eerste cellist bij het Mariinski-theater en directeur van het conservatorium in Sint-Petersburg. Hij is een vaak onderscheiden musicus, klaarblijkelijk speelt hij steeds weer op privéavondjes bij Poetin thuis. En hij is een van de zeer weinige mensen van wie Poetin blijkbaar accepteert dat hij persoonlijke dingen vertelt aan journalisten. Zo kon Roldoegin in een interview ongestraft vertellen wat tot dan toe niet publiekelijk bekend was: de Russische president, die zich zo graag voordoet als een jeugdige krachtpatser, is allang grootvader en heeft last van zijn rug.

Peetoom, jeugdvriend, koppelaar en trefwoordleverancier in de Poetin-biografie, ingewijd in zeer persoonlijke dingen enzovoort enzovoort – uit dat alles kun je al concluderen dat Sergej Roldoegin, zo al niet 'beste vriend' dan toch in elk geval een belangrijke vertrouwenspersoon van de Russische president is.

Nu is het zo dat als Poetin inderdaad zo fantastisch rijk geworden is als experts vermoeden, dat niet op zijn visitekaartje zal staan. Officieel zou het geld toebehoren aan mensen die niet in de schijnwerpers staan, onopvallende tussenpersonen, die hij echter onbeperkt vertrouwt.

Mensen als Sergej Roldoegin?

[ ]

In onze data hebben we de cellist, die op onze verzoeken om informatie tot het ter perse gaan van dit boek niet reageerde, gelieerd gezien aan vijf offshorebedrijven: Roldoegin was op zijn minst tijdelijk eigenaar van de drie brievenbusfirma's International Media Overseas, Raytar en Sonnette – en zij hebben weer nauwe banden met de twee bedrijven Sunbarn en vooral Sandalwood Continental Ltd., dat een bijzonder mysterieuze rol speelt binnen het netwerk.

Voor Mossack Fonseca was de officiële contactpersoon voor die bedrijven het al genoemde Zwitserse advocatenkantoor. Ook dat kantoor reageerde niet op een verzoek om informatie. Voor het Roldoegin netwerk is het advocatenkantoor een soort schild. Officieel mag het de contactpersoon voor Mossack Fonseca zijn, op de achtergrond, dat zien we in de stukken van afzonderlijke offshorebedrijven, trekken medewerkers van de Rossiya Bank aan de touwtjes. Bankemployé S. had bijvoorbeeld het recht stukken te tekenen voor Roldoegins bedrijf International Media Overseas, anderen hadden soortgelijke bevoegdheden bij andere bedrijven binnen het netwerk. Rossiya Bank heeft haar hoofdkantoor in Sint-Petersburg en werd in de tijd dat Poetin van zijn functie in de DDR terugkeerde naar die stad opgericht met geld van de Communistische Partij. Voor experts is het 'Poetins bank', diverse goede Poetin-vrienden hebben aandelen – onder wie Sergej Roldoegin. Tijdens de Oekraïne-crisis zette de Amerikaanse regering haar op de sanctielijst, want ze wilde de inner circle van Poetin straffen. Die reageerde prompt. Hij gelastte dat de Staatsbank de Rossiya Bank moest steunen, en diverse staatsenergiemaatschappijen brachten er hun geld onder.

[ ]

Die Rossiya Bank zit nu in het netwerk waar Roldoegins bedrijven onderdeel van zijn.

Welke rol de Rossiya Bank binnen het netwerk speelde, toont een mailcorrespondentie uit het jaar 2009. Een advocate van Mossack Fonseca wendt zich bezorgd tot Jürgen Mossack en zijn Zwitserse compagnon Christoph Zollinger. Een medewerker van de Rossiya Bank heeft zich bij haar gemeld: hij wilde dat Mossfon voor het offshorebedrijf Sandalwood een kredietmaximum van 103 miljoen dollar ondertekent. Het geld zou van een bank op Cyprus komen. We zien het bijbehorende contract van 47 bladzijden, en de bladzijde waarop de garanties moeten worden aangegeven, is leeg. Dat lijkt ons bij een contract voor zo'n hoog bedrag uiterst ongebruikelijk.

Het was een contract dat zelfs Jürgen Mossack blijkbaar verdacht voorkwam. Het gaat waarschijnlijk om geld met een dubieuze herkomst, schrijft hij in een interne e-mail. Het was een 'delicate' zaak.

Een opmerkelijke zin.

Ondanks de bedenkingen van Mossack werd de deal niet afgewezen.[160] Mossack liet wel een letter of indemnity opstellen, een aansprakelijkheidsvrijwaring, een soort belofte van schadeloosstelling. Als er uiteindelijk problemen zouden optreden met het contract, zou de klant verantwoordelijk zijn en niet het offshoreadvocatenkantoor. Het kredietmaximum van 103 miljoen is een van de vele dubieuze zaken die we in het Roldoegin-netwerk tegenkomen. Er stroomde duidelijk ook geld van Russische oligarchen het netwerk binnen. Alleen al in het jaar 2013 verleenden meerdere brievenbusfirma's die gelieerd zijn aan de gebroeders Boris en Arkadi Rotenberg kredieten van zo'n tweehonderd miljoen dollar aan een offshorebedrijf in het netwerk van Roldoegin – en uit de documenten valt niet op te maken of ze ooit terugbetaald zijn. Even tevoren had een bedrijf van Arkadi Rotenberg de toewijzing gekregen voor het pijplijnproject South Stream, waar miljarden mee gemoeid waren, maar dat door de Oekraïne-crisis werd stilgelegd. Op een verzoek om informatie reageerden de Rotenbergs niet.

Volgens onze stukken stroomde er tussen 2009 en 2011 ongeveer één miljard dollar het Roldoegin-netwerk binnen. Een groot deel ervan was blijkbaar afkomstig van de Russian Commercial Bank (RCB) op Cyprus, toentertijd een volledige dochteronderneming van de VTB Bank, waarvan de Russische staat grotendeels eigenaar is. Waar de RCB zulke grote bedragen vandaan had, kunnen we in onze data niet nagaan. Op een verzoek om informatie antwoordde de bank zich niet te kunnen uitlaten over klanten of transacties. Maar ze hield zich naar eigen zeggen aan de wet.

Een insider in de branche verklaarde tegenover onze collega's van *The Guardian* dat Poetin en zijn inner circle de RCB in elk geval in de beginjaren als een soort persoonlijke creditkaart gebruikt hadden, iets wat de bank bestrijdt. 'Als een van Poetins uitverkorenen of zijn vrouw geld nodig had, voor een shoppingtrip, een jacht of een investering, dan stelde de RCB altijd de middelen ter beschikking. De RCB was een zelfbedieningswinkel van de machtselite.' Dat zou kunnen verklaren waarom de Russische regering zich tijdens de eurocrisis van 2013 krachtig verzette tegen de zogenaamde haircut. Daardoor zou alle inleg bij Cypriotische banken, ook de RCB, beperkt worden. 'De Russische leiding op het allerhoogste niveau maakte ons in niet mis te verstane bewoordingen duidelijk dat als we de RCB zouden aanpakken we een reactie zouden beleven zoals we nog nooit gezien hadden,' zei de voorzitter van de Cypriotische Middenpartij later in een radio-interview. De RCB werd in hoge mate uitgezonderd van de regeling.

Experts die gekeken hebben naar de dubieuze kredieten die we in de data aantroffen, zien in de ongebruikelijke voorwaarden – nu eens geen rente, dan weer geen duidelijk zichtbare terugbetaling, of geen garanties – sterke aanwijzingen dat het eerder om financiele cadeautjes dan om kredieten gaat. 'Het heeft er alle schijn van dat belastingontduiking, bedrog en/of andere duistere intriges ten grondslag liggen aan die transacties – met het uiteindelijke doel geld wit te wassen,' zegt David Weber, financieel expert van de universiteit van Maryland.

Maar de enorme kredieten vormen maar één manier waarop de offshorebedrijven in Roldoegins netwerk aan geld zijn gekomen. In mei en juni 2010 bijvoorbeeld krijgt het bedrijf Sunbarn miljoenen dollar voor 'activiteiten van adviserende aard'. Sunbarn zou een ander offshorebedrijf geadviseerd hebben over 'investment en handel' in Rusland en kreeg daarvoor 30 miljoen dollar. Veel wijst erop dat het hier alleen maar om de versluiering van geldstromen gaat die met iets heel anders verdiend zijn. Zo is het geadviseerde offshorebedrijf volgens ons onderzoek in Rusland nooit opgevallen als een 'investeerder en handelaar'.

Geldwitwasexperts kennen de uitdrukking 'activiteiten van adviserende aard' als een makkelijk excuus om op grote schaal geld weg te sluizen.

Al bij ons eerste onderzoek is ons een ander patroon opgevallen dat we 'het ondervangen van dervingskosten' hebben genoemd. Het is uiterst simpel en tegelijk zeer geschikt om geld te verschuiven: een van de offshorebedrijven in het netwerk verplicht zich om van een ander offshorebedrijf uit Belize aandelen in bedrijven te kopen. Het bedrijf in Belize 'faalt' in zijn plicht om die aandelen beschikbaar te stellen – en moet daarvoor 800.000 dollar 'schadevergoeding' betalen. Er is dus onbetwist sprake van een 'transactie', en een duidelijke omschrijving voor de transfer. Roldoegins bedrijf International Media Overseas sluit in februari 2011 een bijzonder winstgevende deal af: het krijgt alle rechten van een lening van 200 miljoen dollar – voor de prijs van één dollar. Volgens het contract, dat zich in de stukken van Mossfon bevindt, levert de lening een rente op van 21.917 dollar per dag, wat in één jaar acht miljoen dollar betekent.

Bovendien stuiten we in dat verband op verdachte, geantidateerde aandelenhandel: bedrijven uit het Roldoegin-netwerk kopen volgens die documenten voor miljoenen dollars aandelen van Russische bedrijven, die in een mum van tijd weer verkocht worden – met een aanzienlijke winst. Bij die winstpakkers kan er natuurlijk sprake zijn van geniale speculanten. Maar er zitten opvallende kanten aan, die ons daaraan doen twijfelen. Een voorbeeld: op 5 juni 2011 vraagt een medewerker van de Rossiya Bank aan Mossfon om de directrice van Sandalwood een aantal aandelentransacties te laten tekenen. Op zichzelf een normale gang van zaken: mannen achter de schermen laten contracten tekenen door directeuren. Maar in dit geval hebben de transacties al vijf maanden eerder, in januari 2011, plaatsgevonden.

[ ]

De dubieuze miljoenenkredieten, de geantidateerde aandelentransacties, de advieshonoraria en de schadevergoedingen, het lijkt allemaal onderdeel te zijn van een gigantisch schaduwsysteem, waarin binnen korte tijd grote hoeveelheden geld via ondoorzichtige offshorebedrijven kunnen worden weggesluisd.

De verliezer daarbij is opvallend vaak de Russische staat.

Nu is het op zichzelf geen goed idee de Russische staat af te persen, tenzij je behoort tot de mensen die het zich dankzij hun contacten kunnen veroorloven.

Niet alleen westerse experts spreken allang van een kleptocratie, als ze het over het Rusland van Poetin hebben. Inderdaad is de politieke carrière van Vladimir Poetin van meet af aan hand in hand gegaan met beschuldigingen van corruptie op grote schaal. De meeste ervan zijn intussen al vergeten.

Maar nu zien we hoe een offshore bewaarde geldzak met honderden miljoenen wordt gevuld, met de medewerking van een oude vriend en vertrouweling van Poetin.

Om de door ons ontdekte deals beter op waarde te kunnen schatten, spreken we met een Europese opsporingsambtenaar, een van de internationaal meest gerenommeerde jagers op witwassers en oplichters. 'Er zijn honderden mogelijkheden om geld uit een land als Rusland te krijgen,' zegt hij, en de mogelijkheden die wij hebben gevonden horen daarbij. Hij sluit uit dat de Russische autoriteiten van niets weten. Voor de jacht op witwassers is in Rusland namelijk een autoriteit verantwoordelijk die Rosfinmonitoring heet – sinds haar oprichting wordt ze steeds geleid door een vertrouweling van Poetin en, anders dan de meeste andere Europese autoriteiten, is ze meer geheime dienst dan politie. Rosfinmonitoring kan e-mails meelezen, telefoons afluisteren en alle bankinformatie van een persoon oproepen. 'Er ontgaat hun niets,' zegt de opsporingsambtenaar met een mengeling van respect en jaloezie.

[ ]

De kleine Rusland-taskforce van Prometheus-rechercheurs, die bij onze bijeenkomst in Washington is gevormd, discussieert intussen vrijwel dagelijks langs versleutelde wegen over resultaten, raadselachtige kredieten, verdachte contracten en onze nieuwste prognoses over het weggesluisde geld.

Onze collega Luke Harding van *The Guardian* drukt het zo uit: we zijn op zoek naar de 'heilige graal van de onderzoeksjournalistiek', het geld van Poetin. Vooral voor onze Russische collega's Roman Anin en Roman Sjlejnov kan dat snel gevaarlijk worden. In Rusland wordt vaak gezegd: journalistiek bedrijven in Rusland is zelfmoord.

Wat moet het dan wel niet betekenen als je achter Poetins geld aan zit?

Samen met de projectleidster van het ICIJ, Marina Walker, besluiten we een werkvergadering te beleggen op neutrale bodem, ver weg van de Russische geheime dienst. Zonder de angst afgeluisterd te worden, willen we met onze Russische collega's over onze ontdekkingen en de verdere werkwijze praten.

[ ]

Vlak voor kerst 2015 reizen we daarom naar Londen. Onze plaats van samenkomst: Kings Place, 90 York Way, het hoofdkantoor van *The Guardian.* We worden op een van de bovenste verdiepingen verwacht, waar aan het eind van een lange gang een vertrek is dat bij onderzoeksjournalisten een legendarische status heeft: 'de bunker'.

In het onopgesmukte vertrek, dat alleen met een sleutel en een speciaal pasje geopend kan worden, heeft *The Guardian* ooit de geheime documenten van NSA-klokkenluider Edward Snowden geanalyseerd. Nu werken hier maximaal tien redacteuren aan de Mossfon-data, die een aantal maanden geleden bij ons in München aangekomen zijn.

De tafels staan dicht bij elkaar, het raam naar de gang is afgeplakt en de tot nu toe gedane ontdekkingen hangen op geeltjes aan de muren, keurig gesorteerd op onderwerp: beroemdheden, huurlingbedrijven, staatshoofden, sporters, politiek. Toen de Snowden-documenten hier werden bewerkt, stonden er zelfs twee beveiligers voor de deur. In die tijd was al bekend dat de data bij *The Guardian* waren. We hopen dat het nu niet zo is.

[ ]

Het is een kleine groep die zich in de bunker verzameld heeft: naast ons de Russische collega Roman Anin, en verder Luke Harding, die ooit Rusland is uitgezet nadat hij in een artikel over Poetins vermogen had gespeculeerd. Marina Walker, Gerard Ryle en de Pulitzerprijswinnaar Jake Bernstein van het ICIJ zijn overgekomen, bovendien zijn er twee BBC-journalisten en onze collega's Julia Stein van de NDR en Petra Blum van de WDR, die nu al maandenlang met de Roldoegin-data bezig is.

Samen discussiëren we over wat we tot nu toe allemaal in de data gevonden hebben: de gebroeders Arkadi en Boris Rotenberg bijvoorbeeld.[161] Of de Russische oligarch en Poetin-vriend Gennadi Timtsjenko, die in de data voorkomt als aandeelhouder respectievelijk gevolmachtigde van diverse brievenbusfirma's.[162]

We moeten ook gnuiven om Dmitri Peskov. Hij is de woordvoerder van Poetin. Hij lag voor het laatst onder vuur, toen hij bij het huwelijk met een bekende skiester een horloge droeg dat veel meer kostte dan Peskov in één jaar verdient. Daarna onthulden bloggers ook nog dat Peskov en zijn vrouw vakantie hadden gehouden op een van de duurste zeiljachten ter wereld. En wat zien we nu in de data? Dat zijn vrouw minstens tot 2014 eigenaar was van een brievenbusfirma met de naam Carina Global Assets. In totaal vinden we in de data connecties met vier Russische ministers en hoge ambtenaren, vier volksvertegenwoordigers en twee gouverneurs. De zoon van de minister van Economische Zaken Aleksej Oeljoekajev was bijvoorbeeld directeur van het offshorebedrijf Ronnieville Limited. De neef van Nikolaj Patroesjev, het voormalige hoofd van de geheime dienst FSB en nu voorzitter van de machtige veiligheidsraad, komt als tijdelijk aandeelhouder van een bedrijf op de Britse Maagdeneilanden voor. De onderminister van Binnenlandse Zaken Aleksandr Machonov beheerste via de brievenbusfirma Northwest Management blijkbaar een heel netwerk van brievenbusfirma's.

Dat zijn allemaal goede verhalen, maar het meest zijn we geïnteresseerd in de zaak van de cellist Roldoegin. We hebben ontdekt dat hij via offshorebedrijven aandelen bezat in Video International. Andere bedrijven die door dezelfde personen van de Rossiya Bank – waarvan Roldoegin aandelen heeft – en het Zwitserse advocatenkantoor beheerd worden als Roldoegins maatschappijen bezitten en verhandelen aandelenopties van de autofabrikant Lada of de tank- en vrachtwagenfabrikant Kamaz. Het zijn aandelenopties met een bittere bijsmaak. Het waren vrachtwagens van die fabrikant die in de oorlog in Oekraïne heel vaak werden ingezet. De witte Russische trucks die zogenaamd met hulpgoederen naar Oost-Oekraïne reden, waren Kamaz-trucks. Ook in Syrië, waar Russische grondtroepen allang het leger van dictator Bashar al-Assad ondersteunen, werden Kamaz-vrachtwagens gezien. Lada is op zijn beurt leverancier van het Russische leger.

[ ]

Daar zitten we dus met zijn allen op een grijze decemberdag in de bunker van *The Guardian* te discussiëren over de eigendomsverhoudingen van Russische banken en te praten over de vraag wie nauwe banden heeft met Poetin en wie allang met hem gebroken heeft. Dan schokt Roman Anin ons plotseling met het resultaat van een onderzoek.

Hij schokt ons in positieve zin.

We springen allemaal op en begin te klappen, we schudden ongelovig ons hoofd.

Wat is er gebeurd?

Even tevoren had persagentschap Reuters onthuld dat Poetins jongste dochter Jekaterina in februari 2013 stilletjes is getrouwd met een man van in de dertig, Kirill Sjamalov. Hij is de zoon van Nikolaj Sjamalov, lid van de legendarische Ozero-coöperatie. Vladimir Poetin had die coöperatie in de jaren negentig opgericht samen met wat vrienden, die even tevoren percelen grond met datsja's hadden gekocht aan het Meer van Komsomolskoje, niet ver van Sint-Petersburg. Wat ooit als een vereniging van datsja-eigenaars begon, stond al snel voor een opeenhoping van macht in een kliek. Ozero-lid Joeri Kovaltsjoek is nu bijvoorbeeld directeur en grootste aandeelhouder van de Rossiya Bank, waarvan ook Nikolaj Sjamalov – de man wiens zoon getrouwd is met Poetins dochter – aandelen bezit.

Poetins schoonzoon werd enkele maanden na zijn huwelijk een nog rijkere man: hij verhoogde zijn aandelenpakket in de petrochemiegigant Siboer van een paar procent naar 21 procent.

Maar nog interessanter dan dat is voor ons de plaats waar het huwelijk plaatsvindt: het skioord Igora, op een uur rijden ten noorden van Sint-Petersburg, niet ver van de Ozero-coöperatie. De plaatselijke bevolking noemt een royaal huis met erf de 'villa van de president', en ze vertellen dat hij daar vaak is – in het kadaster staat een andere eigenaar genoteerd. Op het aangrenzende perceel ligt het skioord Igora.

In februari 2013 reed het prominente bruiloftspaar daar met een slee voor, die getrokken werd door drie witte paarden. Hun gasten kregen sjaals met daarop geborduurd K & K, de initialen van het paar: Katerina en Kirill.

Fotograferen was verboden, en alle bezoekers moesten hun mobieltje bij de ingang afgeven, de veiligheidsmaatregelen waren streng. 'Op iedere hoek stonden bewakers, ze lieten niemand tot het feest toe,' beschrijft een werknemer van het Igora-skioord het tafereel aan een journalist van Reuters. De bruiloftsgasten kregen veel te zien: kunstrijden op de schaats, een lasershow en een nagebouwd Russisch dorp met acteurs en allerlei volksdansen.

Roman Anin nu heeft gecheckt wie op dit moment de eigenaar van dat skioord is. Het perceel hoort toe aan een Russisch bedrijf, Ozon LLC, dat aanvankelijk eigendom was van een ondoorzichtig Cypriotisch offshorebedrijf en – via een tussengeschoven bedrijf – voor 25 procent van de Poetin-vertrouweling Joeri Kovaltsjoek en zijn zoon. De onderneming heeft het stuk grond rond 2012 gekocht. Kovaltsjoek is een van de leden van de Ozero-coöperatie – en in dit oord, mede-eigendom van Kovaltsjoek, trouwden dus de kinderen van twee andere Ozero-leden: de dochter van Vladimir Poetin en de zoon van Nikolaj Sjamalov. Dit vertellen we alleen maar om aan te geven hoe nauw de banden nu nog zijn, negentien jaar na de oprichting van Ozero.

Maar de reden waarom we er in de bunker van *The Guardian* zo blij over zijn is een andere. De naam Ozon LLC zijn we al veel eerder in onze documenten tegengekomen. Ozon LLC kreeg eind 2009 een krediet van rond de vijf miljoen dollar van een van de offshorebedrijven uit het Roldoegin-netwerk, het bedrijf Sandalwood. Ongeveer twee jaar later ging er nog een keer bijna evenveel geld naartoe, opnieuw als krediet. Volgens onze stukken is er nooit terugbetaald, Sandalwood werd in 2013 opgeheven.

Het resort waar Poetins dochter trouwde en waarvan een coöperatievriend van Poetin mede-eigenaar is, kreeg klaarblijkelijk miljoenen, die via een brievenbusfirma uit het netwerk gehaald en versluierd werden. Het geheel werd geregisseerd door de Rossiya Bank, eigendom van een aantal vrienden van Poetin. En het ziet ernaar uit dat de stroman van dat netwerk Poetins beste vriend was: mede-eigenaar van de Rossiya Bank Sergej Roldoegin, peetoom van de andere dochter van Poetin.

Daarmee leidt het maandenlange onderzoek, dat in Panama is begonnen, uiteindelijk naar Igora. Naar de directe familie van Poetin.

Dat is griezelig.

27. Star, star, megastar

Na onze bijeenkomst in Londen wordt het rustiger op het forum en bij ons. Met Kerstmis en Nieuwjaar gebeurt er weinig, ook al kunnen we ons niet volledig ontspannen. Natuurlijk niet. Niet na die nieuwe informatie. Maar dankzij de ongewone rust hebben we de tijd oude zaken nogmaals te bekijken. Op dat moment hebben we allang meer dan zevenduizend notities op het forum. Onmogelijk om dan nog overzicht te houden.

En ook al lijkt het in dit boek misschien zo, onder de klanten van Mossack Fonseca zijn niet alleen maar duistere figuren te vinden. Er zijn ook beroemde regisseurs en actrices, Zuid-Amerikaanse zangers die in hun vaderland verafgood worden, geniale schakers en een hele reeks mannen die grote voetbalclubs bezitten of er de voorzitter van zijn.

We klikken in die rustige dagen rond de jaarwisseling door honderden ontdekkingen en lezen over tientallen ministers, grote dansers en de kleindochter van een van de bekendste kunstenaars van onze tijd, over spionnen die nog met de DDR wapentransacties hebben gesloten en over de vermeende geliefden van een Europese koning.

Er zouden nog zoveel verhalen te vertellen zijn.

Maar we kunnen om juridische redenen alleen de namen noemen van mensen die we voldoende hebben onderzocht. En de hoeveelheid van dat soort zaken is begrensd door onze tijd en energie – we moeten soms ook slapen.

[ ]

De kerstvakantie is nog niet echt voorbij als zich begin januari al de volgende grote zaak aandient.

Lionel Messi. De beste voetballer van de wereld. Misschien wel de beste ooit.

De naam van zijn Panamese brievenbusfirma klinkt een beetje protserig, maar helemaal ontoepasselijk is hij niet: Mega Star Enterprises. Het bedrijf wordt door vijf onbekende schijndirecteuren geleid, maar degene die het kennelijk eigenlijk voor het zeggen heeft, is dé megaster van het internationale voetbal. Dat blijkt uit een document van juni 2013 dat ontdekt is door een Spaanse Prometheus-collega.

In dat document verklaart een medewerker van een Uruguayaans advocatenkantoor aan de offshoreprovider Mossack Fonseca dat de uiteindelijke begunstigden van Mega Star Enterprises Lionel Andrés Messi en zijn vader Jorge Horacio Messi zijn.

Ook dat nog. Lionel Messi zit al behoorlijk in de problemen door de manier waarop hij zijn financiën beheert. In oktober 2015 heeft een Spaanse onderzoeksrechter besloten dat Messi en zijn vader, die zijn adviseur is, aangeklaagd worden wegens belastingontduiking. Het Openbaar Ministerie eist een straf van 4,1 miljoen euro. De hoogte van het bedrag zal de multimiljonair Messi betrekkelijk koud laten, maar het Openbaar Ministerie eist vooral ook bijna twee jaar gevangenisstraf voor de voetballer om wie bij Barcelona alles draait. Het tijdstip van het proces is al bepaald: het begint op 31 mei 2016.

Het zal interessant zijn om te zien hoe de Spaanse autoriteiten op de nieuwe informatie reageren. Mega Star Enterprises komt tot nu toe niet voor in de stukken van het Openbaar Ministerie, bevestigde bij navraag een woordvoerder van de autoriteiten. Maar dat bedrijf kan in het beeld passen, want volgens de aanklacht hebben Messi en zijn vader ook voor de hen ten laste gelegde belastingontduiking brievenbusfirma's gebruikt.

Volgens de aanklacht gebruiken Messi en zijn vader brievenbusfirma's voor de belastingontduiking waarvan ze worden beschuldigd. De Messi's zouden vanaf 2005 voor de schijn beeldrechten voor heel weinig geld verkocht hebben aan offshorebedrijven die gevestigd zijn in Latijns-Amerikaanse belastingparadijzen als Belize en Uruguay. Daardoor zouden reclame-inkomsten ter waarde van 10,1 miljoen euro naar die belastingparadijzen zijn gegaan en bijna niet fiscaal belast zijn. Bovendien zouden de Messi's tegenover de belastingdienst belangrijke gegevens hebben verzwegen, zodat die niets van de geldstromen naar het buitenland wist. Zo zou Messi in de jaren 2007 tot 2009 ongeveer 4,1 miljoen euro belastingen hebben ontdoken.

Mega Star Enterprises wordt op 8 februari 2012 door een offshoreaanbieder in Panama opgericht; de aandelen worden in anonieme aandelen aan toonder uitgegeven. In opdracht van Messi treden tussenpersonen van het genoemde Uruguayaanse advocatenkantoor op in voorkomende zaken. Dit is de eerste link met de beschuldigingen in de aanklacht: datzelfde advocatenkantoor stelt negen dagen later een bevestiging op dat Lionel Messi de enige aandeelhouder is van de brievenbusfirma Firma Jenbril S.A. – die in het middelpunt van de bekende beschuldiging wegens belastingontduiking staat. Mega Star en de in de aanklacht genoemde Jenbril worden op de achtergrond dus door hetzelfde Uruguayaanse advocatenkantoor beheerd.

De tweede link wordt ontdekt in de zomer van 2013, als het gerechtelijk onderzoek tegen Messi openbaar wordt gemaakt. Op 12 juni 2013 bericht het Spaanse persagentschap EFE voor het eerst over het proces, en de internationale media volgen het voorbeeld. Meteen de volgende dag melden Lionel Messi's Uruguayaanse advocaten zich per e-mail bij Mossack Fonseca, omdat ze voor Mega Star Enterprises, zoals volgens de e-mail tevoren telefonisch besproken is, een andere offshoreaanbieder willen aanstellen. In de toekomst moet Mossack Fonseca de brievenbusfirma beheren.

Mossack Fonseca staat erop om een aansprakelijkheidsvrijwaring te krijgen: het advocatenkantoor Mossack Fonseca en hun ingeschakelde schijndirecteuren worden schadeloosgesteld voor alle 'bezwaren, eisen, klachten, onenigheden, processen, kosten en uitgaven' die Mega Star Enterprises betreffen. Het document dat wij hebben, d.d. 23 juli 2013, draagt de handtekening van Lionel Messi en Jorge Horacio Messi.

Kennelijk maakte het Panamese bedrijf deel uit van de offshoreconstructie die Lionel Messi door het Uruguayaanse advocatenkantoor liet organiseren. Maar welke rol Mega Star in het bedrijvennetwerk van de Messi's speelt, is moeilijk uit de papieren op te maken. Als algemeen bedrijfsdoel is in een van de documenten globaal aangegeven: 'investeringen'. Maar tot dusver hebben we in de data van de leak nog geen concrete verdragen of zaken aangetroffen. Maar dat kan ermee te maken hebben dat de Messi's zichzelf of andere betrokken personen volmachten voor het bedrijf gegeven hebben – waardoor er geen documenten ter ondertekening naar Mossack Fonseca hoeven. In elk geval verzekeren 'Horacio Jorge en Lionel Andrés Messi' volgens een schrijven op 23 juni 2013 Mossack Fonseca dat in geval van beëindiging van de zakelijke relatie met het Uruguayaanse advocatenkantoor ze zullen helpen 'alle en elke afzonderlijke volmacht die de maatschappij aan derden heeft overgedragen [...] te herroepen'.

Met zo'n volmacht kan er elk soort contract worden afgesloten, dus bijvoorbeeld bankrekeningen openen of onroerend goed kopen. En van buitenaf is dan toch niet vast te stellen van wie het bedrijf eigenlijk is – de aandelen worden immers anoniem gehouden, zoals al gezegd.

Het Spaanse Openbaar Ministerie zal er vermoedelijk heel erg in geïnteresseerd zijn wie met zo'n volmacht is uitgerust – en waarvoor.

Maar wat er ook in de contracten van Mega Star Enterprises staat, Lionel Messi zal de verdedigingsstrategie die hij tot nu toe heeft gevolgd nauwelijks hoeven te veranderen. De strategie van de aanvaller van FC Barcelona is duidelijk, en ze is nagenoeg identiek aan die van Franz Beckenbauer in de DFB-zaak: 'Ik kijk nooit naar wat ik onderteken,' zei Messi volgens krantenberichten tegen een onderzoeksrechter, 'als mijn vader het zegt, onderteken ik alles blind.' En: 'Ik onderteken wat mijn vader zegt dat ik moet ondertekenen, ik kijk niet, ik concentreer me er niet op en ik stel geen vragen.'

Maar die strategie lijkt niet echt te werken. Het Spaanse Openbaar Ministerie gelooft hem weliswaar als hij zegt dat het initiatief van zijn vader is uitgegaan – en die neemt alle schuld ook bereidwillig op zich – maar de belastingdienst heeft niettemin besloten dat ook Lionel Messi zelf aangeklaagd moet worden. Ook de voetbalprofessional had de gebeurtenissen verdacht moeten vinden, argumenteert de vertegenwoordigster van het Openbaar Ministerie, bijvoorbeeld toen hij een belastingteruggave voor de jaren 2007 tot 2009 kreeg. Volgens het persagentschap AFP is er in de motivatie van het besluit sprake van 'redelijke aanwijzingen voor criminele handelingen van beide aangeklaagden'.

In onze data zien we dat op 1 december 2015 het eigenaarschap van Mega Star Enterprises verandert. De eerder uitgegeven anonieme aandelen aan toonder worden vervangen door gewone aandelen, die in handen zijn van Lionel Messi's vader. Het Uruguayaanse advocatenkantoor heeft nog wel een verzoek: een vertegenwoordiger vraagt Mossfon de volgende dag om te bevestigen dat de aandeelhouders van de door hen beheerde bedrijven niet in het openbare bedrijvenregister van Panama worden opgenomen. Als dat standaard zou zijn voorzien, vragen de advocaten om de nodige documenten ten einde dat te verhinderen.

Lionel Messi en Horacio Messi hebben tot het ter perse gaan van dit boek niet gereageerd op een herhaald verzoek om inlichtingen van het ICIJ en de *Süddeutsche Zeitung*.

De nieuwe ontwikkelingen zullen de gang naar de rechtbank voor Lionel Messi – die in deze dagen, januari 2016, opnieuw tot wereldvoetballer van het jaar gekozen wordt – niet eenvoudiger maken.

28. De vierde man en de FIFA

Het einde van de crisis bij de FIFA is van buitenaf nauwelijks als zodanig te herkennen. Maar de FIFA zelf heeft dat einde uitgeroepen, respectievelijk de nieuwe president ervan, de Zwitser Gianni Infantino. Vlak na zijn uitverkiezing in het Züricher Hallenstadion verklaart hij in de gebruikelijke pittige woorden van een FIFA-voorzitter: 'We zullen het imago en het respect van de FIFA herstellen, iedereen in de wereld zal waarderen wat wij, wat ieder van u voor de toekomst van de FIFA zal doen. We moeten trots zijn op de FIFA. Iedereen moet trots zijn op de FIFA.'

Infantino's eerste woord op het podium was trouwens: 'Oef.'

Dat denken wij ook: Oef.

Want de naam Gianni Infantino staat al op onze lijst sinds medio 2015, toen we in de data de dubieuze handel van de UEFA met de televisierechten in Ecuador tegenkwamen, rechten die de tv-rechtenhandelaren vader en zoon Jinkis kochten van de UEFA en daarna voor het drievoudige bedrag aan de zender Teleamazonas doorverkochten.

We krijgen de inschatting van een insider uit kringen van opsporingsambtenaren die zich met de FIFA bezighouden. Voor hem is dat contract in een verhouding van 1:3 'zeer verdacht'. Vooral als die rechten, zoals in dit geval, bij voorbaat al waren doorverkocht.

Een deskundige inzake sportrechten vindt dit model eveneens dubieus.

Volgens de opsporingsambtenaren in New York zag het commerciële model van vader en zoon Jinkis er zo uit: om goedkoop aan televisierechten te komen en om ze duur te kunnen doorverkopen kochten ze functionarissen van de FIFA om.[163] Als die beschuldigingen kloppen, zou het volgens dat patroon zijn gegaan. Maar wel met het belangrijke verschil dat we geen aanwijzing hebben gevonden voor omkoping bij de UEFA.

Toen we de contracten tussen de UEFA en Cross Trading vonden, hebben we weinig aandacht besteed aan de handelende personen aan de kant van de UEFA. Op de twee contracten tussen de UEFA en Cross Trading staan in totaal vier handtekeningen van officiële functionarissen die bevoegd waren om te ondertekenen. Drie van hen bekleedden in 2015 al geen belangrijke positie meer bij de UEFA of hadden de bond verlaten.

Maar de vierde man was Gianni Infantino. De huidige voorzitter van de FIFA.

Dat is explosieve stof.

Alles even op een rijtje. Het contract waarin Infantino wordt genoemd, heeft betrekking op de Champions Leaguerechten van 2006-2009 voor Ecuador. De tweede pagina van het contract is de bladzijde met de handtekeningen, waarop drie personen genoemd worden die het contract moeten ondertekenen: voor Cross Trading Hugo Jinkis, voor de UEFA de toentertijd plaatsvervangende secretaris-generaal van de UEFA, en Gianni Infantino, wiens functie wordt omschreven als 'Director Legal Services'. Dat checken we even, en inderdaad was Infantino in die tijd directeur van de afdeling Rechten bij de UEFA.

Van een deskundige op het gebied van sportrechten horen we dat bonden dat soort contracten normaal laten controleren door hun rechtenafdeling. De poging om bij de UEFA na te vragen of dat toen ook is gebeurd, loopt aanvankelijk stuk op het absurd rigide persbeleid van de bond: dat is een interne UEFA-aangelegenheid, wordt ons gezegd. Later verklaart de UEFA dat haar rechtenafdeling elk van dat soort contracten checkt.

Maar waarom zou het hoofd van de rechtenafdeling een contract ondertekenen waarvoor hij geen verantwoordelijkheid hoeft te nemen? De UEFA deelt bij navraag mee dat Infantino heeft getekend, omdat alle contracten worden ondertekend door twee directeuren die bevoegd zijn om te tekenen. In het contract ging het om kleine bedragen, verklaarde een woordvoerder van de UEFA bovendien, en Cross Trading was opgetreden als de bevoegde koper van de rechten namens Teleamazonas. Welke contracten Cross Trading met Teleamazonas had gesloten, daar had de UEFA niets mee te maken. De UEFA kende alleen het bod van 111.000 dollar.

Feit is dat het Infantino's afdeling was die de transactie met de Jinkis liet passeren en de twee momenteel aangeklaagden in het FIFA-proces Hugo en Mariano Jinkis aan honderdduizenden dollars heeft geholpen. Een transactie waarover de UEFA op het moment dat de secretaris-generaal ervan Infantino heette, meedeelde dat er 'geen zakelijke contacten' zijn geweest met de genoemde Hugo Jinkis, maar wiens naam duidelijk leesbaar drie centimeter onder Infantino's naam staat.

Dat is belangrijk: de beide Argentijnen hebben niet anoniem gehandeld. Cross Trading is een in de branche bekend bedrijf van de Jinkis, een dochteronderneming van het nog bekendere bedrijf Full Play (die ook in de FIFA-aanklacht wordt genoemd). En als hoofd van de rechtenafdeling van de UEFA had Infantino ook moeten weten met wie hij daar zakendoet. Maar juist dat was niet het geval: de UEFA verklaarde bij navraag dat ze niet had geweten wie er achter Cross Trading zat.

Onze collega Catherine Boss van de Zwitserse *SonntagsZeitung* wilde Infantino toch al vragen of hij als UEFA-functionaris in het verleden zakelijk of anderszins te maken heeft gehad met de aangeklaagde handelaren in sportrechten. Dat doet ze dan ook, en ze noemt onder anderen Hugo Jinkis, Mariano Jinkis en Cross Trading.

Gianni Infantino laat antwoorden dat hij 'in geen van zijn functies bij de UEFA persoonlijk met een van de hieronder genoemde personen of organisaties zakelijk of welbewust elders te maken heeft gehad'. Later laat de FIFA weten dat ze die informatie enkel had gegeven op basis van de inlichtingen die de UEFA haar had verstrekt. Interessant is dat de verklaring over de betrokkenheid van Infantino woorden als 'persoonlijk' en 'welbewust' bevat, hoewel de FIFA achteraf beweert dat alleen onderzoek van de UEFA tot die verklaring zou hebben geleid.

De ontwikkeling van deze zaak was voor ons enigszins absurd. Infantino was als secretaris-generaal van de UEFA al een belangrijke persoon, en zijn betrokkenheid bij deze zaak is interessant. In die tijd was hij na Platini immers de belangrijkste man van de UEFA. Platini werd wegens een dubieuze betaling van miljoenen geschorst en moest zijn plan laten varen zich tot opvolger van Blatter als nieuwe president van de FIFA te laten kiezen. En plotseling lazen we dat de UEFA akkoord ging met Infantino als nieuwe kandidaat, waarbij hij in het begin overigens nauwelijks kans leek te maken. Begin 2016 kondigden vervolgens steeds meer nationale bonden aan in februari op hem te zullen gaan stemmen. In een interview in *Die Welt* verklaarde hij aan de vooravond van de verkiezingen dat hij van de 209 stemmen er 105 binnen had. Uiteindelijk kreeg hij 115 stemmen.

En opeens werd de vreemde zaak over de UEFA en Ecuador bijzonder spannend.

Voor de Wereldvoetbalbond is dit voorval ook onaangenaam omdat deze verkiezing de bond uit de grootste crisis, de FIFA-affaire, had moeten halen sinds de oprichting ervan, 111 jaar geleden.

[ ]

In de beschrijving van de FIFA gebruikt de Britse onderzoeksjournalist Andrew Jennings net als onze SZ-collega Thomas Kistner al langer het begrip 'maffia'. En inderdaad werd in de afgelopen tien jaar het ene schandaal aan het andere geregen. Het ging om betaling van smeergeld in verband met ISL, de marketingpartner van de FIFA, om dubieuze verkiezingen bij het voorzitterschap, om mogelijke omkoping bij het toekennen van de wereldkampioenschappen voetbal. Voor de buitenwereld probeerden Sepp Blatter en zijn collega's in het uitvoerend comité van de FIFA na elk schandaal de indruk te wekken dat het van nu af aan beter zou gaan. Achteraf maken die verzekeringen een absurde indruk.

Het ethisch comité van de FIFA, naar alle waarschijnlijkheid het enige nog integere comité van de bond, had de afgelopen maanden de handen vol: ze moesten niet alleen hun eigen baas Sepp Blatter schorsen, maar ook de baas van de UEFA Michel Platini, de secretaris-generaal van de FIFA Jérôme Valcke, en een hele reeks andere hooggeplaatste functionarissen als Jack Walker, Chuck Blazer, de kandidaat voor het voorzitterschap Chung Mong-Joon, en de ex-vicevoorzitter van de FIFA Eugenio Figueredo.

De taak van het ethisch comité van de FIFA is nagenoeg onuitvoerbaar: het moet het internationale voetbal zuiveren. De geloofwaardigheid van dat comité staat of valt natuurlijk vooral met de persoonlijke integriteit van zijn leden – zoals bijvoorbeeld de Duitse voorzitter van de rechtsprekende kamer Hans-Joachim Eckert, jarenlang strafrechter bij de rechtbank in München. Je zou verwachten dat ook alle andere leden van beide kamers brandschoon zijn, als het ware de morele hoogwaardigheidsbekleders van de aangeslagen wereldbond. Maar dat is duidelijk een dwaalleer.

Want uitgerekend in Eckerts kamer vinden we iemand die zelf diep in het moeras zit dat de opsporingsambtenaren in New York nu proberen droog te leggen. Het gaat om Juan Pedro Damiani, een invloedrijke advocaat uit Uruguay, tevens voorzitter van de voetbalclub Peñarol.

Een van de specialiteiten van Juan Pedro Damiani is het beheer van brievenbusfirma's. Zijn advocatenkantoor is een van de belangrijke klanten van de offshoreprovider Mossack Fonseca. Het advocatenkantoor J.P. Damiani beheert meer dan vierhonderd bedrijven. Alleen dat al is niet ideaal voor iemand die de ethiek van anderen moet beoordelen.

Maar het word nog vreemder: drie van Damiani's jarenlange klanten zijn volgens de stukken die in ons bezit zijn aangeklaagd in het proces tegen de FIFA.

Een van hen is de voormalige vicevoorzitter van de FIFA, Eugenio Figueredo, die in 2015 in Zwitserland is gearresteerd. De andere twee zijn de beide Argentijnse tv-rechtenhandelaren Hugo Jinkis en Mariano Jinkis die, zo blijkt uit ons onderzoek, via hun Mossfon-bedrijf Cross Trading ook met de UEFA zaken hebben gedaan en die volgens de aanklacht tegen de FIFA gebruik hebben gemaakt van brievenbusfirma's om smeergeld te betalen.[164]

Bij Mossack Fonseca hebben de twee meteen maar even drie brievenbusfirma's met dezelfde naam Cross Trading laten oprichten in drie verschillende belastingparadijzen: op het eiland Niue, in de Amerikaanse staat Nevada en op de Seychellen. Het advocatenkantoor van Juan Pedro Damiani beheerde de twee bedrijven op Niue en in Nevada.

Wie nu de moeite neemt om de FIFA-aangeklaagden na te lopen, zal steeds weer op de naam Cross Trading stuiten. Betalingen van smeergeld liepen via bankrekeningen van Cross Trading-bedrijven, bijvoorbeeld de overschrijving van vijf miljoen dollar op 17 juni 2013 naar een bankrekening van Cross Trading bij de Zwitserse Hapoalim Bank in Zürich. Overigens wordt uit de aanklacht niet duidelijk welke van de drie Cross Tradings de bankrekening had – en op ons verzoek om informatie ging het Amerikaanse ministerie van Justitie niet in. De overschrijving van vijf miljoen schijnt deel van een groter plan te zijn geweest: de voorzitters van enkele Latijns-Amerikaanse bonden kregen miljoenen dollars smeergeld om de rechten van bijvoorbeeld de Copa América aan vader en zoon Jinkis en hun zakelijke partners te garanderen.

De klantenadviseurs bij Mossack Fonseca wisten dat ze met heel speciale lieden zakendeden, iemand uit de leiding van Mossfon schreef dat het om Argentijnse eindklanten ging die 'een bijzondere opvatting van vertrouwelijkheid' zouden hebben.

En de man die deze vertrouwelijkheid georganiseerd en beschermd heeft en die de Jinkis kennelijk nodig hadden voor hun transacties met functionarissen van de FIFA, is Juan Pedro Damiani. De stukken van de Panama Papers tonen aan dat Damiani er vanaf de oprichting van de eerste Cross Trading in 1998 in Niue tot aan de afwikkeling van de Cross Trading in Nevada in 2015 bij betrokken was.

Hij doet dus al meer dan vijftien jaar zaken met personen die volgens de aanklagers van de FIFA FIFA-functionarissen hebben omgekocht. En uitgerekend hij moet dan voor een schone FIFA zorgen?[165]

Is dat complete waanzin – of gewoon de FIFA?

Als men ten voordele van Damiani aanneemt dat hij tot aan de aanklacht van de opsporingsambtenaren in New York niets heeft geweten van de beschuldiging van omkoping tegen de Jinkis, had hij ten laatste op dat moment zijn betrokkenheid kunnen openbaren en uit de ethische commissie moeten stappen. Temeer daar de Jinkis niet zijn enige probleem zijn.

Juan Pedro Damiani werkte aantoonbaar sinds 2002 voor Eugenio Figueredo, de gearresteerde ex-vicevoorzitter van de FIFA. In die tijd was Figueredo voorzitter van de Uruguayaanse voetbalbond. Hij kan in verband worden gebracht met een hele reeks offshorebedrijven die bij Mossack Fonseca zijn opgericht; de meeste van die bedrijven werden door het advocatenkantoor van Damiani beheerd.

Nog in februari 2015 regelde Damiani volgens onze stukken een volmacht voor Figueredo's vrouw, zodat zij voor een van de bedrijven handelend kon optreden.

De arrestatie van Eugenio Figueredo op 27 mei 2015 in Zürich schokt Damiani en Mossfon. De volgende dag gaan er opgewonden e-mails heen en weer. Mossfon laat de schijndirecteuren terugtreden en de volmacht voor de vrouw van Figueredo herroepen.

In juni 2015 vraagt het hoofd van de afdeling Compliance bij Mossfon zich in een interne mail enigszins radeloos af of van het vastgoed van Figueredo aangetoond kan worden dat de investeringen niet afgerekend zijn met geld dat 'van de FIFA afkomstig is', en ze vraagt: 'Hebben we daarvoor bewijzen in de bedrijfsdossiers?' Inderdaad verklaart de intussen aan Uruguay uitgeleverde ex-functionaris bij zijn ondervraging dat hij niet alleen smeergeld heeft aangenomen – hij becijfert de hoogte ervan op zo'n 50.000 dollar per maand – maar vertelt hij ook hoe hij dat geïnvesteerd heeft. Hij had zijn illegale en legale inkomsten op één hoop gegooid en daarvan vooral in Uruguay vastgoed gekocht. Daarvoor had hij, aldus het Uruguayaanse weekblad *Búsqueda*, dat processen-verbaal kon inzien, Panamese bedrijven gekocht van het advocatenkantoor Juan Pedro Damiani.[166]

Op de vraag van Mossfon of er geld van Figueredo 'van de FIFA' afkomstig zou kunnen zijn, stuurt advocatenkantoor Damiani een lijst met het vermogen dat Figueredo in de nog actieve Mossfon-bedrijven heeft ondergebracht. Daarbij zit veel vastgoed in Uruguay.[167] In januari 2016 legde Damiani voor de rechtbank in Uruguay een getuigenis af. Hij noemde slechts drie offshorebedrijven (wij zien er zeven) die hij aan Figueredo geleverd heeft. Ook zou zijn advocatenkantoor nooit honorarium hebben gekregen van Figueredo. Zijn advocatenkantoor zou alle informatie aan de autoriteiten hebben verstrekt en nooit goederen hebben verborgen.

De Uruguayaan Damiani mag in de rechtsprekende kamer van het ethisch comité van de FIFA niet meestemmen over zijn landgenoot Figueredo, omdat rechters die uit hetzelfde land afkomstig zijn als de personen over wie ze oordelen zich van stemming moeten onthouden. Maar: drie van zijn klanten zijn aangeklaagd, en over een van hen moesten zijn collega's in het ethisch comité van de FIFA stemmen. En Juan Pedro Damiani? Houdt hij zich stil en zegt hij niets?

Bij navraag door ons en het ICIJ verklaarde een woordvoerder van Damiani dat deze vanwege het lopende onderzoek maar beperkt informatie kan verschaffen. Maar Damiani heeft de autoriteiten en ook de ethische commissie van de FIFA geïnformeerd.

Een woordvoerder van de ethische commissie van de FIFA bevestigde dat bij navraag – maar Damiani had de commissie pas op de avond van 18 maart 2016 op de hoogte gesteld over zijn zakelijke relatie met Eugenio Figueredo, één dag *na* ons verzoek om informatie aan hem. De ethische commissie heeft de volgende dag een vooronderzoek ingesteld om de situatie helder te krijgen. De zakelijke relatie met Hugo en Mariano Jinkis is naar onze informatie niet aan de orde gekomen.

Advocatenkantoor Mossack Fonseca verklaart dat ze geen enkele aanwijzing heeft dat de door J. P. Damiani beheerde bedrijven in verband kunnen worden gebracht met onregelmatigheden.

Juan Pedro Damiani, de hoeder van de ethiek: hij is nu een zaak voor zijn collega's.

Zelfs de kleinste schaduw die op een van zijn leden valt, is voor het ethisch comité meteen een probleem – dat vertellen insiders ons in alle discretie.

Het ethisch comité van de FIFA heeft naar buiten toe alleen zin als het ethisch onaantastbaar is. Alleen dan kan het comité intern drastische besluiten doorzetten, zoals de in december 2015 opgelegde schorsing van de eigen voorzitter Sepp Blatter en de voorzitter van de UEFA Michel Platini.

[ ]

Hier sluit de cirkel: ene Michel Platini, volgens de papieren die wij hebben woonachtig in de kleine gemeente Genolier in het Franse deel van Zwitserland, krijgt namelijk op 27 december 2007 van Mossack Fonseca een permanente algemene volmacht voor het Panamese bedrijf Balney Enterprises Corp. De volmacht wordt door de particuliere bank Baring Brothers Sturdza op hetzelfde moment besteld als het offshorebedrijf, dus die volmacht is er van meet af aan. Dat model gebruikten veel banken om de ware eigenaar van een bedrijf niet te hoeven noemen. Dat maakt het waarschijnlijk dat deze Michel Platini niet alleen de gevolmachtigde, maar ook de eigenaar van het bedrijf is.

Wie de werkelijke eigenaar van Balney Enterprises Corp. is, kan op grond van de data die in ons bezit zijn niet worden gezegd: alle aandelen zijn anoniem aan toonder.

We stellen snel vast dat de Michel Platini in onze dossiers de echte Michel Platini is: de gemeente Genolier ligt vlak bij Nyon, en in Nyon zit het hoofdkantoor van de UEFA. Toen Michel Platini in 2007 voorzitter van de Europese voetbalbond werd, was een van zijn verkiezingsbeloften dat hij in de buurt van het hoofdkantoor zou gaan wonen, zodat hij zich met de dagelijkse gang van zaken kon bezighouden. De omgeving van Genolier, fraai gelegen aan het Meer van Genève, is geliefd bij welgestelde en beroemde mensen, Sean Connery en Phil Collins wonen er bijvoorbeeld. De grote sir Peter Ustinov woonde en overleed zelfs in Genolier. Het Zwitserse boulevardblad *Blick* berichtte lang geleden al dat Platini van plan was zich te vestigen in de wijk Les Terrasses du Léman. Precies dat adres vinden we op de algemene volmacht in onze data.

Maar uit de documenten over Michel Platini blijkt niet wat het bedrijf precies doet. Dat heeft er ook mee te maken dat het geen schijndirecteuren nodig heeft om contracten te ondertekenen. Platini heeft immers een algemene volmacht, en dat betekent dat hij nagenoeg onbeperkt uit naam van het bedrijf kan handelen. Platini zou dus een bankrekening kunnen openen, contracten ondertekenen, vastgoed kopen – wat dan ook. De tegenwoordige tijd is op zijn plaats, want het bedrijf is nog actief, althans volgens de stand van zaken van eind 2015.

Maar waarom heeft Michel Platini zoveel macht bij een offshorebedrijf?

De enige concrete aanwijzing is een schrijven dat op 12 augustus 2015 bij Mossack Fonseca arriveert: een brief van de tussenpersoon, de particuliere bank Baring Brothers Sturdza. Het schrijven heeft als onderwerp: 'Re: account n° [rekeningnummer gewist door de auteurs] – BALNEY ENTERPRISES CORP'.

Daarmee is duidelijk dat het bedrijf een bankrekening heeft. Wij kennen zelfs het nummer.

We vragen het na bij de adviseur van Michel Platini, en het antwoord komt snel: de Zwitserse autoriteiten zijn op de hoogte van alle bankrekeningen en het vermogen van Michel Platini. Bij navraag verklaart de adviseur dat de autoriteiten in het bijzonder geïnformeerd zijn over die bankrekening bij Baring Brothers Sturdza – en Platini had om persoonlijke redenen voor een offshorebedrijf als eigenaar van de bankrekening gekozen. Ook had hij die bankrekening nooit gebruikt in verband met FIFA- en UEFA-belangen.

We proberen opnieuw informatie te krijgen en vragen sinds wanneer de Zwitserse autoriteiten op de hoogte zijn van die bankrekening, of Platini ons een bewijs daarvoor kan leveren en of er ooit een gerechtelijk onderzoek is geweest naar die bankrekening.

Die vragen, zegt de adviseur, moeten we aan de Zwitserse autoriteiten stellen, en niet aan Michel Platini. Maar de Zwitserse autoriteiten geven er natuurlijk geen informatie over – en daar moet de pr-adviseur van Platini ook van op de hoogte zijn.

29. De 99 procent en de toekomst van belastingparadijzen

De meer dan 2,6 terabyte aan data afkomstig van de servers van het Panamese advocatenkantoor Mossack Fonseca zijn gedetailleerder, directer en recenter dan alles wat tot dusverre maar denkbaar was. Vele maanden lang hebben we bijna live meebeleefd hoe Mossack Fonseca voor bijna iedereen die iets te verbergen heeft een oplossing op maat biedt. Er is in elk belastingparadijs altijd wel een passend kruipgaatje te vinden – als het niet een bedrijf op de Seychellen is, dan wel een Panamese trust of een stichting op de Bermuda's, of combinaties van twee, drie of vier van die bouwstenen. In de geglobaliseerde wereld lijkt er nauwelijks een wet te bestaan die niet kan worden omzeild of van zijn scherpe kantjes kan worden ontdaan via een paar brievenbusfirma's.

De Britse auteur Nicholas Shaxson slaat de spijker behoorlijk op de kop: 'Offshore is niet alleen een plek, een idee, een manier om dingen af te wikkelen, of een wapen van de financiële industrie. Het is ook een proces: een neerwaartse wedloop naar waar de regels, de wetten en de uiterlijke tekenen van de democratie stuk voor stuk worden gesloopt.'[168]

Consequent aangewend, biedt offshore een plek waar het er vrijwel totaal onverantwoordelijk aan toegaat. We horen steeds weer in gesprekken dat het voor autoriteiten zo goed als onmogelijk is een reeks bewijzen voor de rechtbank hard te maken, als de opsporingsambtenaren op een netwerk van brievenbusfirma's stuiten dat zich uitbreidt over vijf, tien of dertig belastingparadijzen.

Dat verstoppertje spelen heeft zwaarwegende gevolgen, en lang niet alleen wanneer er duidelijk sprake is van het camoufleren van criminele handelingen. Ook de legale constructies van de offshorewereld scheppen problemen van enorme omvang. Een expert van het Tax Justice Network verklaarde in 2008 in een hoorzitting van de financiële commissie van het Lagerhuis zelfs: 'De huidige kredietcrisis in de financiële sector was zonder offshorecentra onmogelijk geweest.'

De effecten van de financiële crisis raakten de veroorzakers ervan amper, en dat kan niet erg verbazen. Terwijl banken met miljarden euro's gered werden en bijna alle verantwoordelijken er zonder een gerechtelijk onderzoek, om nog maar te zwijgen van een proces, van afkwamen, werden de slachtoffers, de mensen die gigantische kredieten aangesmeerd hadden gekregen, in de steek gelaten, vaak zonder baan, huis en vooruitzicht op de mogelijkheid ooit weer schuldenvrij te kunnen leven. Wie zijn geld in een offshoretrust in veiligheid had gebracht, hoefde zich daarentegen geen zorgen te maken.

[ ]

Een ander facet komt in ons boek amper aan de orde: de belastingtrucs van internationale concerns als Amazon, Starbucks en Apple. In hun nog altijd onbeteugelde verlangen naar belastingminimalisering zijn offshorebedrijven de belangrijkste middelen. Staten waarin die concerns opereren en hun geld verdienen, en de bevolking ervan, lopen miljarden aan inkomsten mis – dat werd voor het laatst duidelijk door de Lux-leaks. EU-voorzitter Jean-Claude Juncker mocht dan wel de handelwijze van zijn land verdedigen, waarvan hij lang premier is geweest, een onderzoek door de EU logenstrafte hem: Luxemburg heeft naar het oordeel van de EU-commissie de online boekhandelaar Amazon illegale belastingvoordelen geboden. Overigens speelt Mossack Fonseca bij dergelijke concerns amper een rol, reden waarom dit onderwerp in dit boek nauwelijks aan bod komt.

Het is overduidelijk dat een schrikbarend groot deel van de vooraanstaande figuren in de financiële wereld zich via brievenbusfirma's onttrekt aan de invloed van de regelgevende organen van hun land.

Daarmee ondergraven zij de idee van de democratie: als de regels van een maatschappij, door allen zo overeengekomen en gedragen, niet gelden voor mensen die het zich op grond van hun macht en hun vermogen kunnen veroorloven ze te ontlopen, verliezen ze hun betekenis.

Waarom zouden anderen die regels dan blijven accepteren?

Waarom moet de 99 procent dan accepteren dat hun regeringen alleen nog maar theoretisch invloed hebben op de superrijke 1 procent van de maatschappij? De werknemer ziet machteloos op zijn loonstrook wat de staat inhoudt. Maar wie zijn dividenden via een brievenbusfirma op de Britse Maagdeneilanden in ontvangst kan nemen, kan zelf beslissen of hij die winst ook opgeeft aan de samenleving waarin hij leeft en waarvan hij de voordelen en de bescherming geniet.

Het gevoel dat 'zij daarboven', in de financiële wereld, kunnen doen wat ze willen, is niet alleen een gevoel.

Het is de realiteit.

De Deense sociologe Brooke Harrington, de vrouw die zich twee jaar lang liet opleiden tot vermogensbeheerder en voor een soort veldonderzoek in die wereld dook, waarschuwt terecht voor een 'neofeodale concentratie van rijkdom'. Een kleine groep rijke mensen verbergt niet alleen haar geld en mijdt belastingen, ze mijden ook wetten.

De leden van de internationale financiële elite knutselen als het ware hun eigen rechtssysteem in elkaar. Wat in het ene land niet kan, wordt gewoon in een ander rechtsgebied gedaan. Harrington identificeert als onmisbare handlangers en als verschaffers van de faciliteiten voor die ontwikkeling: offshoreproviders, dus bedrijven als Mossack Fonseca.

[ ]

Maar de internationale financiële wereld is slechts een van de talloze profiteurs van de offshore-industrie. En in de financiële wereld probeert men nog steeds, en deels met succes, de activiteiten binnen de regels van de wet te laten plaatsvinden. Wel hebben we samen met onze uiteindelijk ongeveer vierhonderd internationale collega's ook talloze misdadigers gevonden die offshore ronddartelen. De Japanse maffia, de Italiaanse maffia, de Russische maffia. Drugskartels, wapensmokkelaars, terreurfinanciers. De vermoedelijke handlangers van slachters als Assad en Gaddafi. Witwassyndicaten. En dan nog tientallen gevallen van corruptie.

Kortom, de georganiseerde criminaliteit in haar verschillende vormen gaat net als individueel optredende oplichters en misdadigers offshore – en slaagt er zo in haar sporen uit te wissen en haar misdaden te versluieren.

Ook dat is de realiteit.

Het goede nieuws is dat die realiteit niet onomkeerbaar is.

De beoefende onverantwoordelijkheid in de offshorecentra van deze wereld berust op wetten die veranderd kunnen worden.

De experts die we gesproken hebben, zijn het er in hoge mate over eens wat passende maatregelen hiertegen zijn. In de kern van de zaak gaat het vooral om twee dingen.

De eerste grote stap is een goed functionerende, wereldwijde, automatische uitwisseling van bankrekeningen. De Duitse autoriteiten zouden er dan automatisch achter kunnen komen welke Duitsers bijvoorbeeld op de Bahama's een bankrekening hebben. Maar zo'n informatie-uitwisseling blijft nutteloos als een bankrekening wordt beheerd door een anonieme brievenbusfirma. Want als een Duitser zich achter een brievenbusfirma verbergt op naam waarvan zijn bankrekening staat, zouden de Duitse autoriteiten er nooit achter kunnen komen.

Daarvoor, en om ettelijke andere redenen, zijn wereldwijde transparante bedrijvenregisters nodig. Daar moeten de ware eigenaren van bedrijven en stichtingen in staan – met als voorwaarde dat valse informatie strafrechtelijk vervolgd en zwaar gestraft wordt. Dat zou de tweede stap zijn.

Op die eenvoudige wijze kan het eind van belastingparadijzen ingeluid worden.

Daarmee zouden veel activiteiten die Mossack Fonseca aanbiedt om het ware eigenaarschap van de door hen verkochte maatschappijen te verheimelijken, verboden zijn: schijnaandeelhouders, anonieme aandelen aan toonder en natuurlijk de gehuurde 'ware eigenaars', die in werkelijkheid stromannen zijn. De schijndirecteuren zouden overbodig zijn, omdat de bezitters van de bedrijven toch al bekend zijn.

Advocatenkantoren als Mossack Fonseca beweren graag dat maar een fractie van hun klanten illegale ambities heeft. Het zou hoogst interessant zijn te zien hoeveel offshorebedrijven actief zouden blijven als hun eigenaars publiekelijk bekend werden.

Het is dus allemaal afhankelijk van de vraag of deze stappen consequent worden uitgevoerd.

Herhaaldelijk lezen we van verdedigers van belastingparadijzen (ze prijzen ze meestal voor iets wat ze 'belastingconcurrentie' noemen) dat die hervormingen niet in de praktijk kunnen worden gebracht. En inderdaad kun je je afvragen waarom belastingparadijzen zouden inbinden.

Nu, de Franse schrijver Gabriel Zucman heeft in zijn boek *Belastingparadijzen* onderzocht hoe die automatische informatie-uitwisseling en het register van ware eigenaren desnoods met behulp van dwang en sancties kunnen worden opgelegd.

Zucman betoogt dat ook landen als Luxemburg en Zwitserland het roer zullen omgooien zodra ze geconfronteerd worden met drastische stappen als een handelsboycot. Bij kleinere landen zou de dreiging met sancties al kunnen volstaan, en indien niet: dan wel veel kleine tussenstapjes op weg naar een handelsboycot. 'Geen enkel land kan zich tegen de gemeenschappelijke wil van de Verenigde Staten en de grote landen van de Europese Unie verzetten,' schrijft Gabriel Zucman.

[ ]

Hier en daar camoufleren de lobbyisten van de belastingontduikers en -vermijders hun bedoelingen met de vermeende zorg dat enkele van de in dit verband bekende plekken – de Britse Maagdeneilanden,

Samoa, de Cookeilanden – geen toekomst hebben zonder hun bestaan als belastingparadijs.

John Christensen van het Tax Justice Network, die zelf van het belastingparadijs Jersey afkomstig is, kan de vraag niet meer horen. 'We hebben een geromantiseerde kijk op eilanden,' zegt hij. 'Hier in de buurt van Londen is een aantal jaren geleden een gigantische staalfabriek gesloten. Een hele stad werd werkloos. Dan kun je neoliberaal onderkoeld antwoorden: "Zulke dingen gebeuren, dat is de markt." Laten we ons even voorstellen dat die stad toevallig de enige stad op een eiland was geweest – was het dan allemaal erger geweest?' Hij glimlacht. 'Of anders gezegd: als de bewoners van een van die eilanden zouden leven van het beroven van cruiseschepen – zouden we dan ook medelijden hebben? Waarschijnlijk niet. Maar die eilanden helpen wel al jaren hele samenlevingen te plunderen! Misschien moeten we gewoon maar zeggen dat het tegenwoordig heel goed te doen is om een eiland te verlaten. En er zijn eilanden die zo weinig te bieden hebben wat het leven er draaglijk maakt, dat ze het best onbewoond kunnen blijven.'

Een ander bezwaar tegen een automatische dataregeling en transparante registers van ware eigenaren van bedrijven luidt dat de aantasting van de privésfeer immens zou zijn. Echt waar? In die registers zouden de namen moeten komen van de eigenaren, hun geboortedatum, een zakenadres en het aantal aandelen dat ze hebben. Meer is er niet nodig. En als dat te veel is – een offshorebedrijf is geen verplichting.

En alleen ter memorie: het belastinggeheim is op zichzelf geen universeel mensenrecht. In delen van Scandinavië, bijvoorbeeld in Noorwegen, zijn belastinggegevens al jaren openbaar. In Zweden bestaat niet alleen het waardepapierenregister, waarin staat wie aandelen of leningen heeft, maar vanaf een zeker inkomen zijn er ook alfabetische lijsten van welgestelde burgers met salaris, kapitaalopbrengsten en vermogen. En toch staan Zweden en Noren er niet om bekend dat ze jaloerse mensen zijn.

Wie de kosten, de gigantische operatie of de bureaucratie hanteert als argument tegen het register, kan het best even denken aan de miljarden die de staten jaarlijks mislopen door belastingparadijzen. De huidige situatie kost de samenlevingen veel en veel meer.

En wie zegt dat daarmee de eigenaren mogelijk blootgesteld worden aan openlijke beschuldigingen, heeft niet begrepen dat het nu juist gaat om het bestrijden van de georganiseerde onverantwoordelijkheid. De angst dat wanbeleid en onethisch of onwettig gedrag dan toe te schrijven zijn aan concrete personen, is geen legitiem excuus voor bedrijven om de ware eigenaar geheim te houden.

Het laatste bezwaar dat we tegenkomen luidt dat foute regimes informatie uit die registers kunnen gebruiken om hun tegenstanders te vervolgen. Theoretisch is dat juist. Maar enerzijds getuigt het van een bijna naïeve kijk op foute regimes als dat in Syrië, want de verantwoordelijke mensen daar weten heel goed wie hun politieke tegenstanders zijn en waar hun geld zit. En anderzijds zien we in de data van ons leak net als in de data van Offshore-leak en Swiss-leak alleen in uiterst zeldzame gevallen de bergplaats van het vermogen van mensen uit de oppositie. Maar we hebben honderden voorbeelden van corrupte hoge ambtenaren en de bondgenoten van foute regimes die hun miljoenen aan het oog onttrekken.

[ ]

Als we een einde kunnen maken aan de activiteiten van belastingparadijzen, moet de vraag niet luiden, zoals eerder al geformuleerd: waarom zou de samenleving dat accepteren?

Maar: waarom accepteert de samenleving dat?

En nauwkeuriger geformuleerd: waarom accepteert de politiek dat? Waarom treden grote landen er niet gewoon radicaler tegen op? Het gaat immers niet alleen om gerechtigheid, maar deels ook om ongehoorde misdrijven.

Omdat juist grote landen heel wat te verliezen hebben – en uiteindelijk met sancties tegen zichzelf zouden moeten dreigen.

De Verenigde Staten hebben hun belastingparadijzen binnen de eigen grenzen, zoals Nevada, Wyoming of Delaware; in de twee eerstgenoemde staten heeft Mossack Fonseca zelfs eigen kantoren.

Een Amerikaans wetsontwerp tegen misbruik van offshore, in 2007 mede ingediend door de toenmalige senator Barack Obama, is tot op heden niet aangenomen. Groot-Brittannië heeft in zijn invloedssfeer enkele van de belangrijkste belastingparadijzen, bijvoorbeeld de overzeese gebieden en de Kanaaleilanden. Alleen al op de Britse Maagdeneilanden heeft Mossack Fonseca meer dan 100.000 bedrijven opgericht.

En Duitsland?

Duitsland geldt – bij een verbaal vergaande ontvankelijkheid voor hervormingen – als een van de landen die in Europa op de rem trappen. Telkens wanneer wordt geprobeerd meer transparantie te krijgen via de EU of andere organisaties, proberen Duitse vertegenwoordigers in de coulissen dat juist te verhinderen – dat krijgen we steeds weer te horen. De macht van de financiële lobby is ook in het achtste jaar na het uitbreken van de wereldwijde financiële crisis ongebroken. Ook in Duitse banken liggen vele miljarden aan buitenlands geld – een flink deel ervan zeer waarschijnlijk fiscaal onbelast.

Want Duitse banken maken zich alleen aan belastingontduiking schuldig als ze dat in het binnenland doen; belastingontduiking in Brazilië of Nieuw-Zeeland valt niet onder het Duitse recht.

Bovendien zijn er ook in Duitsland anonieme bedrijven, ook bij ons zijn de zogenaamde aandelen aan toonder toegestaan. Ze maken van de mensen die de aandelen fysiek in hun bezit hebben eigenaar van een bedrijf.

Ook voor Duitsland zou een publiek register van ware eigenaren en aandeelhouders van alle bedrijven iets nieuws zijn. Maar wel iets wat allang wordt geëist en waar allang over wordt gepraat. Openlijke voorstanders zijn bijvoorbeeld de organisaties Attac, Netzwerk Steuergerechtigkeit en Transparency Deutschland. Zo verklaarde bijvoorbeeld Detlev von Larcher van Attac vlak na onze publicaties over de Offshore-leaks in de lente van 2013: 'We moeten een eind maken aan anonieme ondernemingen. Brievenbusfirma's hebben geen economische functie en dienen alleen kleptocraten, belastingontwijkers en geldwitwassers. Als Duitsland hierbij op de rem staat, zijn alle stevige woorden tegen belastingparadijzen niets anders dan huichelarij.'

Maar het absurdste is dat er allang is besloten het ondernemingsregister inclusief de ware eigenaren in te voeren. Op de G8-top in 2013 in Noord-Ierland hebben de deelnemende staten daarover overeenstemming bereikt. Het is alleen niet consequent in praktijk gebracht. Groot-Brittannië wil er op zijn kerngrondgebied mee beginnen – de beruchte Britse overzeese gebiedsdelen blijven erbuiten. Andere landen hebben verklaard dat ze zo'n register gaan opzetten, maar het zal alleen maar te raadplegen zijn door de landelijke overheid. Het is echter belangrijk dat zo'n register ook toegankelijk is voor wetenschappers en niet-overheidsorganisaties – experts dus die er de tijd en de gelegenheid voor hebben. Want de staat heeft tot nu toe beide niet.

[ ]

Voor Mossack Fonseca zou een internationaal offensief tegen belastingparadijzen een bedreiging van zijn bestaan zijn. Maar dat offensief zou op het moment waarop de Panama Papers gepubliceerd worden vermoedelijk niet het grootste probleem zijn.

In veel landen waar onze ICIJ-collega's publiceren, zullen rechtshandhavers zich voor Mossfon gaan interesseren. De Duitse opsporingsambtenaren doen dat al. Ook de veiligheidsdiensten zullen hun oren spitsen, ze zouden wel eens zeer geïnteresseerd kunnen zijn in geldstromen en verduisteringszaken – per slot van rekening hebben we vele klanten geïdentificeerd die uit landen komen van waaruit terreuracties worden gefinancierd.

De nationale opsporingsambtenaren zullen hun lol op kunnen: werknemers van de Mossack Fonsecagroep hebben volgens onze observatie vaak grensverleggend, deels zelfs onwettig of crimineel gehandeld.

Steeds weer benadrukt Mossack Fonseca dat op zijn advocatenkantoor de due diligence op de eerste plaats komt – de zorgvuldigheidsplicht om te checken met wie er zaken worden gedaan. We hebben er veel voorbeelden van hoe de ene uitzondering na de andere wordt toegestaan, zodra een goede klant de ware eigenaar niet wil noemen.

Maar met zijn lakse beleid is Mossack Fonseca duidelijk geen uitzondering: een team Amerikaanse en Australische onderzoekers heeft in 2012 ongeveer 3700 offshoretussenpersonen uit 182 landen aangeschreven om te proberen een bedrijf op te richten. De helft van de tussenpersonen voerde de voorgeschreven identificatie niet uit, en bijna een kwart hoefde niet eens identiteitspapieren te zien. Daarbij hadden de onderzoekers bij hun aanvraag laten doorschemeren dat ze corruptie wilde versluieren of zelfs terreur wilden financieren. De reacties waren schokkend: vele tussenpersonen zagen alle waarschuwingssignalen opzettelijk over het hoofd. Een tussenpersoon antwoordde aan een van de zogenaamde klanten die zich zo presenteerde dat de verdenking van terreurfinanciering zeer voor de hand lag: 'Het lijkt alsof u een bedrijf anoniem voor de staat wilt oprichten, klopt dat? Dat kunnen we voor een toeslag van 25 dollar regelen. Als we maar één bedrijf voor u oprichten en niet meer, hebben we van u helemaal geen documenten nodig.'[169]

Ook onze kijk op de zaken is veranderd, maar niet alleen door de data en de wandaden die we aantroffen. Ook door gebeurtenissen waarover bijvoorbeeld Daniel Balint-Kurti van Global Witness ons vertelt. Hij onderzocht heimelijke zaken in Burundi, het ging zoals meestal om miljoenen die het land uit gesluisd werden, een land, vertelt Daniel, waarin de mensen zo arm zijn dat veel gezinnen maar om de dag kunnen eten: de ene dag eten de ouders, de volgende dag hun kinderen.

Die mensen zijn de slachtoffers van de offshorebranche. Ook omdat economische juristen in Europese hoofdkantoren goed nadenken over de vraag hoe hun Afrikaanse dochterondernemingen via offshorebedrijven zo weinig mogelijk belasting betalen in de landen waar ze zitten, ontbreekt het de staat daar aan geld voor scholen, kleding en voedsel. Afrika verliest volgens een studie van het Tax Justice Network tweemaal zoveel geld door belastingvlucht als er via ontwikkelingshulp binnenkomt.

Maar het zijn niet alleen de armen die eronder lijden. Terrorisme, drugssmokkel en illegale wapenhandel zijn misdrijven die ons allemaal aangaan en waarop mede door de versluieringssystemen van de offshore-industrie nauwelijks greep te krijgen is. En alleen de Europese Unie al verliest per jaar een biljoen euro door belastingontduiking en belastingontwijking.

De kosten van het model belastingparadijs worden gedragen door de samenleving van die landen waarvan de belastingen door brievenbusfirma's gedrukt worden, waarvan overheidsgeld uit het land wordt gesluisd en in het Caraïbisch gebied verborgen wordt. En door de bevolking van alle landen waarvan de staatshoofden geld verduisteren en op particuliere bankrekeningen verbergen.

Om op het eind nog een beetje optimisme tentoon te spreiden: de internationale wereldgemeenschap zal ongetwijfeld tot handelen overgaan. Wel twijfelachtiger is of de hervormingen van de EU, de OESO of de VN ver genoeg zullen gaan – vermoedelijk zal dat voorlopig niet het geval zijn – maar er zullen vervolgstappen komen. Daar zorgt de publieke druk wel voor, die door de Panama Papers vast en zeker zal toenemen – dat fenomeen konden we bij de Offshore-leaks en de Lux-leaks al waarnemen.

Maar er is nog iets.

Niemand die ergens in het geniep zakendoet en daarbij digitale sporen achterlaat, is tegenwoordig nog veilig. Wat hij ook doet, waar hij het ook doet. Wie een anonieme brievenbusfirma koopt, moet weten dat geheimhouding in dit digitale tijdperk een illusie is.

Ergens zullen er altijd medewerkers zijn die de handelwijze niet langer willen aanzien. Ergens zullen er altijd activisten zijn die gaten in de databanken vinden. Ergens zullen er altijd technici zijn die een paar gigabyte aan data onderscheppen.

Dit lek is niet het eerste lek. Maar misschien is het desondanks een begin.

Het begin van het eind van belastingparadijzen.

30. Het koude hart van de offshorewereld

Panama-stad. De aanblik is al vanuit de verte overweldigend: tientallen wolkenkrabbers, de een nog hoger dan de ander, aaneengeregen aan de rand van de Stille Oceaan. Getuigen van een rijkdom die ook uit de big business van het geheime geld afkomstig is. Bienvenidos a Panamá. Welkom in Panama.

Ons vliegtuig bevindt zich op de aanvliegroute; beneden, voor de kust, zien we containerschepen wachten om het Panamakanaal binnen te varen, aan de horizon het oerwoud en daartussen het financiele district, waar ook Mossack Fonseca zijn hoofdkantoor heeft: het advocatenkantoor waarvan het doen en laten ons nu al ruim een jaar bezighoudt. We hebben intussen enkele duizenden pagina's interne documenten van het advocatenkantoor gelezen, kennen klanten en medewerkers, we weten wie het niet zo nauw neemt met de wetten en wie met zijn bedenkingen regelmatig wordt overstemd door de anderen. Hier, dat is wel duidelijk, zal het project 'Panama Papers', dat bij ons begonnen is, de grootste weerklank vinden. Nu we over enkele weken beginnen met de publicatie, zijn we zelf op pad gegaan – pathetisch gezegd: naar het hol van de leeuw. Zolang het nog onopvallend mogelijk is, willen we onszelf een beeld vormen van Mossfon, de medewerkers ervan en het belastingparadijs Panama.

De vlucht is een goede gelegenheid nog even goed door te ademen en tot ons te laten doordringen wat ons eigenlijk is overkomen. Dat een anonieme bron zich uitgerekend bij ons heeft gemeld, met de vraag: 'Geïnteresseerd in data?' – en dat daaruit het tot nu toe grootste onderzoeksproject ter wereld is ontstaan. Dat er intussen zo'n vierhonderd journalisten uit meer dan tachtig landen aan werken, dat wij sporen van tientallen staatshoofden in de data gevonden hebben en sporen naar schandalen in zo ongeveer elk land ter wereld, naar de FIFA en haar voorzitter, naar de UEFA en haar voorzitter, diverse maffiaorganisaties, Hezbollah, al Qaida, de Oekraïense president, de IJslandse premier (die onlangs nog uitverkoren is tot IJslands 'zakenman van het jaar' – samen met de minister van Financiën, die we ook in de data zijn tegengekomen) – en naar Vladimir Poetin.

Maar nu zijn we blij dat het weldra gaat beginnen. Want het project sloopt ons en onze krachten. We helpen het ICIJ met de organisatie en journalisten op de hele wereld met hun onderzoek. In de *Süddeutsche Zeitung* werken alleen in ons onderzoeksteam nu zeven mensen enkel en alleen aan de Panama Papers: behalve wij beiden de dataexpert Vanessa Wormer, freelance journalist Mauritius Much en de SZ-collega's Katrin Langhans, Hannes Munzinger en Gianna Niewel. En een met de dag groter wordend team dat de verhalen digitaal, online en in druk zal laten schitteren, er zal een speciale SZ-internetsite komen (www.panamapapers.de), al weken lang werkt een illustrator exclusief voor ons project, er zal een making-of-film gemaakt worden, enzovoort. De hele SZ is geïnfecteerd, op diverse redacties zitten collega's met ons op een aantal zaken. De afgelopen weken hebben we vele dagen zitten plannen hoe de lay-out eruit moet zien, en hoe de illustraties en grafieken.

En daar kwamen dan nog urenlange gesprekken met de hoofdredactie en onze advocaten bij. Het gaat erom goed door te spreken wie we met naam en toenaam kunnen noemen en wie niet, op welke plekken we onze formuleringen misschien moeten afzwakken en waar we zelfs nog wat agressiever kunnen zijn. 's Nachts krijgen we steeds minder slaap, in de weekeinden steeds minder tijd voor ons gezin. We zijn allang opgehouden te tellen hoeveel koffie en Red Bull we elke dag in ons lichaam gieten. Er is gewoon te veel wat nog gedaan moet worden.

Het vooruitzicht dat dit nu spoedig allemaal voorbij is, houdt ons op de been – samen met de dagelijks groeiende spanning over hoe het allemaal zal verlopen. En of er vóór de publicatie echt niets naar buiten lekt – waar we eerlijk gezegd geen rekening mee houden. Er zijn intussen te veel mensen bij betrokken.

[ ]

Pas een paar weken geleden is het hele Prometheus-team in rep en roer gebracht door een bericht: de Braziliaanse politie heeft een aantal Mossfon-medewerkers tijdelijk aangehouden. Ze zouden betrokken zijn bij het zogenaamde Lava Jato-schandaal: een corruptieschandaal in Latijns-Amerika, misschien wel het grootste schandaal ooit. In de kern gaat het erom dat de Braziliaanse regeringspartij en haar coalitiegenoten geld hebben aangenomen dat voortkomt uit contracten die voor veel te veel geld zijn afgesloten tussen het semioverheidsolieconcern Petrobras en diverse bouwconcerns. In totaal zouden er miljarden dollars in duistere kanalen zijn verdwenen. Ook ex-president Lula da Silva wordt ervan verdacht erbij betrokken te zijn.

Het politieonderzoek loopt al sinds 2014, maar er komen steeds weer nieuwe onfrisse praktijken aan het licht. Om het overzicht niet te verliezen, nummeren de Braziliaanse officieren van justitie de diverse fasen van het gerechtelijk onderzoek en geven er goed klinkende bijnamen aan mee.

In fase 22 – codenaam 'Triplo x' – hebben de opsporingsambtenaren nu Mossfon op de korrel genomen. Een gearresteerde Mossfon-medewerker wordt ervan beschuldigd dat hij voor de politie documenten heeft achtergehouden en uiteindelijk vernietigd. Naar verluidt zou het vooral gaan om due-diligenceformulieren: papieren dus die aantonen hoe serieus – of in het geval van Mossfon eerder: hoe onserieus – het advocatenkantoor de controle van zijn klanten heeft genomen, hoe zeer Mossfon erop heeft gelet alleen keurige klanten te accepteren. De Braziliaanse officier van justitie Carlos Fernando dos Santos Lima zei onlangs tijdens een persconferentie, hoewel het gerechtelijk vooronderzoek nog liep, dat er duidelijke bewijzen waren dat Mossfon een 'grote witwasmachinerie' was.

Mossack Fonseca publiceerde daarop een persbericht waarin het benadrukte dat alle Mossfon-kantoren zich hielden aan de 'hoogste due-diligencestandaard' en volgens alle internationale wetten en regels werkten. En bovendien stond Mossack Fonseca Brazilië los van Mossack Fonseca & Co Panama. Met het Lava Jato-schandaal had het advocatenkantoor in elk geval niets te maken. Het was het oude liedje: alles op orde, het advocatenkantoor volgt de wet, en als er iets verkeerd is gegaan, dan op kantoren die niet direct aan Mossfon gelieerd zijn. We zijn benieuwd wat er van die argumentatie overblijft als in meer dan tachtig landen de resultaten van het Panama Papers-onderzoek worden gepubliceerd.

Vooral onze Braziliaanse partners zijn dezer dagen nerveus. Ze zijn bang dat door de arrestatie en de huiszoeking van het Braziliaanse Mossfon-kantoor het werk van de afgelopen maanden teniet wordt gedaan, dat al vóór onze wereldwijde publicaties langdurig onderzochte details aan het licht komen. De projectleidster van het ICIJ, Marina Walker, moet nu troosteres en maanster zijn. Ze moet de moed inspreken dat het verhaal overeind zal blijven, want per slot van rekening heeft zelfs de Braziliaanse politie niet zoveel informatie als wij. Tegelijkertijd moet ze manen dat iedereen zich echt aan het afgesproken tijdstip houdt en niet iemand uit paniek te vroeg gaat publiceren.

[ ]

Ook wij zijn in de voorafgaande weken al meermalen door collega's van andere Duitse media gevraagd met welk project we in godsnaam bezig zijn. Dat verontrust ons natuurlijk. Anderzijds is wel duidelijk dat zoiets niet totaal geheim kan blijven. Per slot van rekening werken er wereldwijd honderden collega's aan het project, als ieder slechts aan één andere persoon iets verraadt, zijn het al bijna duizend mensen die ervan weten. Bovendien is één blik in de krant voldoende om te zien dat de gebroeders Obermayer/ier al maanden niets meer gepubliceerd hebben.

Wij proberen in elk geval zo rustig mogelijk te blijven. Enkele collega's weten dat wij aan iets groots bezig zijn, maar ze hebben kennelijk geen flauw idee aan wat precies. Toen een collega van een tijdschrift ons tijdens een recente avondbijeenkomst met een knipoog zei dat we het dezer dagen vast en zeker zwaar hadden, antwoordden we heel direct: Zeker. Ja, onze kinderen, dat is op het ogenblik inderdaad behoorlijk vermoeiend. De een gaat voor het eerst naar de kleuterschool en de andere is net bezig met zijn eerste oefeningen op zijn loopfietsje.

[ ]

Toen we in München op het vliegtuig stapten, was het 5 graden, op het Aeropuerto Internacional de Tocumen stappen we uit bij 35 graden en 60 procent luchtvochtigheid. Wat een omschakeling. Vreemd, we zijn nog nooit in Panama geweest en toch zien we na een paar meter al bekende dingen: de Tocumen Royal Saloon bijvoorbeeld. In die VIP-lounge, dat weten we uit onze data, ontmoeten medewerkers van Mossfon graag hun belangrijke klanten die op doorreis zijn. Zo zal het ons die dagen nog vaak vergaan: we zien dingen en ontmoeten mensen die we nog nooit gezien hebben, maar die ons uit de data allang vertrouwd zijn.

Onze projectpartners van de krant *La Prensa* hebben voor ons verblijf in Panama een chauffeur geregeld, een zwijgzame man, een beer van een vent. Een eigen chauffeur, dat is nieuw voor ons. Met engelengeduld loodst hij ons door het spitsuur. Ons doel zijn de torenflats in de verte, het Distrito Financiero. We rijden langs slums waaraan je kunt aflezen dat er in Panama nog veel mensen wonen die niet genoeg geld hebben voor drie maaltijden per dag. En op een paar honderd meter van die armoedige krotten verheffen zich gevels die glinsteren in de zon. Torenflats in alle denkbare vormen en hoogten. De Trump Tower bijvoorbeeld lijkt op een gigantisch zeil, andere wolkenkrabbers zien eruit als raketten, fakkels, of melkpakken waar een reus een deuk in geslagen heeft. Elke maand komen er nieuwe torenflats bij. Steeds hoger, steeds vreemder. Ook dat is Panama. Het opvallendst is tot nu toe de 243 meter hoge Tornillo, ook wel bekend als de Revolution Tower, een gebouw dat als een schroef om zijn eigen as draait.

Het gebouw van Mossack Fonseca, in de gevel waarvan zich de Tornillo spiegelt, lijkt daarentegen niet van deze tijd te zijn: het telt maar drie verdiepingen en ligt in een zijstraat; op de begane grond is een artsenpraktijk gevestigd. De beide bewakers houden iedere voorbijganger argwanend in de gaten, ook wij worden sceptisch bekeken als we langzaam met de auto langs het gebouw rijden en met ons mobieltje onopvallend foto's maken. Is de donkerharige vrouw die haar Toyota juist op de parkeerplaats zet misschien Leticia Montoya, de *queen of offshore*, de vrouw die op papier directeur is van duizenden bedrijven? Of zit in de zwarte SUV die net de ondergrondse parkeergarage van Mossfon in rijdt misschien Jürgen Mossack zelf? De verleiding is groot gewoon uit te stappen, het gebouw binnen te lopen en de mensen van Mossfon te confronteren met onze ontdekkingen.

Maar we moeten nog een paar dagen geduld hebben. Dan gaan de artikelen met al onze beschuldigingen de wereld in. Dan zullen we trouwens alweer vertrokken zijn. Om veiligheidsredenen.

[ ]

We rijden naar *La Prensa*. De redactie zit op een industrieterrein in het noordoosten van Panama-stad, naast een bouwmarkt en een autohandelaar. Het is een krant van de oude stempel: van de kantoren op de eerste verdieping kijk je de drukkerij in, waar op dat moment de editie van de volgende dag wordt gemaakt. In het hele gebouw ruikt het naar drukinkt.

Het is het rijk van Rita Vásquez. De adjunct-hoofdredacteur van *La Prensa* ontvangt ons op haar kantoor, een sober vertrek zonder ramen. We kennen Rita al van onze projectbijeenkomst in München, ze is een vrouw met een bijzondere achtergrond: ooit werkte ze zelf in de offshorebranche, op de Britse Maagdeneilanden, ze kent veel medewerkers van Mossfon persoonlijk. Nu roept ze eerst haar team bij elkaar: haar echtgenoot Scott Bronstein, het onderzoekstalent Ereida Prieto-Barreiro en Rolando Rodríguez, de grote Panamese onderzoeksjournalist, die al vele schandalen heeft onthuld. Ze vertellen ons over hun ontdekkingen tot nu toe: de sporen naar invloedrijke Panamese ondernemingen, grote schandalen van de laatste jaren, een voormalig president. 'Die zaak zal inslaan als een atoombom,' zegt Scott. Wat de aandacht van de binnenlandse en buitenlandse media betreft, ziet hij de Panama Papers als de Amerikaanse invasie in 1989.

De hele wereld keek toen naar Panama.

Voor *La Prensa* zijn de Panama Papers een project dat eigenlijk te groot is. De krant heeft maar een oplage van ongeveer 40.000 – en de lezers zijn vooral te vinden in de bovenlaag van de bevolking, waaruit ook de Panameños die ze bijna dagelijks in de data vinden afkomstig zijn.

Geen wonder dus dat het project top secret is. Op de redactie van *La Prensa* weten er tot nu nog geen tien mensen van. Het risico is te groot dat er iets naar buiten dringt. In Panama kent iedereen iedereen. Minstens één medewerkster van Mossfon heeft vroeger zelfs bij *La Prensa* gewerkt. Rita en haar collega's zien haar regelmatig op grillparty's en bij het golfen.

Maar Panama is vooral een gewelddadig land. Wie te veel vragen stelt, loopt gevaar. De collega's onderzoeken op het ogenblik een Panamese onderneming die in een gewelddadig schandaal verwikkeld is – de Mossfon-data geven een heel nieuwe kijk op de zaak. Ook autoriteiten zijn erbij betrokken. Maar een van de opsporingsambtenaren is al spoorloos verdwenen. Er wordt vermoed dat hij dood is. Een andere betrokken ambtenaar werd op weg naar een bespreking neergestoken.

Ook *La Prensa* houdt met het ergste rekening. De redactie heeft een tijd geleden al wat kogelvrije vesten aangeschaft. Zodra de publicaties beginnen, moeten alle betrokken journalisten er een dragen. Als ze de deur uit gaan, moet een bodyguard hen begeleiden. De bodyguard die wij hebben aangezien voor onze chauffeur. Rita maakt zich namelijk ook zorgen om onze veiligheid.

[ ]

Onze bodyguard, die in deze dagen inderdaad niet van onze zijde zal wijken, rijdt ons naar Altos del Golf. In die villawijk woonde vroeger ook Panama's alleenheerser Manuel Noriega. Voor de huizen staan dure terreinwagens en limousines, vanuit elke hoek staan camera's op de bezoekers gericht, prikkeldraad en elektrische hekken moeten ongewenste bezoekers op afstand houden. Bewaakt door een aantal veiligheidsmensen wonen hier twee voormalige presidenten van Panama, en ook Mossfons mede-eigenaar Jürgen Mossack schijnt hier te wonen.

Voor ons zijn deze dagen een spoedcursus offshorekennis van land en volk. We rijden zigzaggend door Panama-stad, die tropische versie van New York, we rijden naar de oude stadskern Casco Viejo, het financiële district, de satellietstad Costa del Este, we ontmoeten regeringsadviseurs, overheidsambtenaren, witwasexperts, voormalig opsporingsambtenaren en vertegenwoordigers van de Panamese orde van advocaten. We volgen hun redeneringen, luisteren naar wat sommigen zeggen, namelijk dat al die verhalen over het belastingparadijs een hoop geleuter zijn, gevoed door de jaloezie van andere landen, op gang gehouden door de VS, die de aandacht alleen maar willen afleiden van het feit dat ze met Delaware en Nevada eigen belastingparadijzen hebben. We horen enthousiaste verhalen over het feit dat Panama een paar dagen eerder eindelijk is geschrapt van de grijze lijst van de OESO en discussiëren over de vraag waarom het land dan toch nog altijd op de zwarte lijst van de EU staat. We luisteren naar de critici die ons uitleggen dat het zonneklaar is: de rijkdom van Panama ontstaat ook doordat veel adviseurs ziende blind zakendoen met allerlei dubieuze klanten, met drugsdealers, oplichters en sanctieovertreders.

Met elk gesprek wordt ons duidelijker hoe verscheurd Panama is, hoe verhard de fronten zijn tussen de apologeten van het belastingparadijs en de voorvechters van transparantie. Maar het wordt ons vooral duidelijk welke juridische problemen Mossfon en zijn eigenaars nog staan te wachten. Er is jarenlang zakengedaan met mensen die op sanctielijsten staan, er is het feit dat het advocatenkantoor kennelijk niet in staat is de economisch gerechtigden van alle door hen beheerde bedrijven te noemen, en er is het gebruik van de 'nominee beneficial owners'.

Wat ons niet loslaat is de kwestie van de schijndirecteuren: Carlos Barsallo, de voorzitter van het ethisch comité van de Panamese orde van advocaten, vertelt ons dat zulke schijndirecteuren wegens het overtreden van de wet door de bedrijven waarvan ze – althans op papier – directeur zijn, ter verantwoording kunnen worden geroepen en dat hun eventueel een eis tot schadevergoeding wacht van vele miljoenen dollars.

Of de schijndirecteuren die we in de Mossfon-data gevonden hebben dat weten? Mensen als Leticia Montoya, de offshorekoningin, die directeur was van meer dan 25.000 bedrijven. Daaronder zaten bedrijven die er een zwarte kas op na hielden en bedrijven die ook in het gerechtelijk onderzoek inzake het FIFA-schandaal naar boven komen. Als Montoya slechts voor de handelwijze van één enkel bedrijf voor het gerecht zou moeten komen, kan dat al haar ondergang betekenen. Want ze verdient ellendig weinig, dat hebben we ook gezien. Waarom doet ze het dan? Dat willen we haar vragen. Uit de data weten we waar ze woont.

[ ]

We verlaten met onze chauffeur de glinsterende wereld van Panama-stad. Aan de overzijde van het Panamakanaal rijden we veertig minuten landinwaarts, naar Vacamonte. De wind waait plastic zakken over straat, naast een kiosk brandt afval, het stinkt. Lage huizen, sommige meer bouwval dan krot, de een na de ander. De jonge mannen die we naar de weg vragen, kijken argwanend. Langzamerhand begrijpen we waarom Rita ons alleen met zijn vieren hierheen wilde laten gaan.

Vacamonte is een no-goarea, zelfs onze collega's van *La Prensa* zijn hier nog nooit geweest. Hier woont onze offshorekoningin.

Na een zoektocht van een halfuur vinden we het huis van Leticia Montoya: een voor deze omgeving statige bungalow. Er staat een Japanse auto onder een carport, ernaast ligt speelgoed, een nors uitziende oude heer doet open. Nee, zijn vrouw is er niet. Wat willen we dan van haar?

Tja, hoe zullen we het zeggen? We willen over haar offshorebedrijven praten. Hoe ze het voor elkaar krijgt duizenden ondernemingen te leiden. En of ze weet welke schandalige bedrijven daar wel niet tussen zitten?

Het is een vreemd gesprek. Montoya's echtgenoot lijkt helemaal niet zo goed te weten wat zijn vrouw beroepshalve allemaal doet. Op een zeker moment haalt hij zijn mobieltje tevoorschijn en geeft haar nummer. We moeten haar maar bellen.

Maar ze neemt niet op. Op haar display heeft ze nu wel het nummer van onze collega bij *La Prensa.*

[ ]

Op de terugweg praten we lang door over die vreemde constructie met een schijndirecteur. Voor mensen die iets te verbergen hebben, zijn ze praktisch, voor bedrijven als Mossack Fonseca zijn ze big business. Maar hoe zit het met de schijndirecteuren zelf? Zij zijn de uitgebuite klasse van de offshorewereld, mooier kan je het niet maken.

Even later rinkelt het mobieltje van de collega van *La Prensa.* Leticia Montoya belt. Woedend: waarom heeft haar man, dat rund, ons eigenlijk haar nummer gegeven? schreeuwt ze in de telefoon.

Natuurlijk is ze directeur van duizenden bedrijven.

Maar hoe krijgt ze het dan voor elkaar om in die wirwar van duizenden offshorebedrijven haar plicht te doen?

Ze is verbazingwekkend open: 'Waarvoor die bedrijven dienen als ze verkocht worden, waar het precies om gaat, daarvan heb ik geen idee.'

Voor de rest, zegt ze, moeten we ons maar tot de *registered agent* wenden – en dat is, zoals we weten, in dit geval Mossack Fonseca.

Dan hangt ze op.[170]

[ ]

Hierna gaan we op weg naar Ramses Owens. Hij heeft tot 2010 als advocaat voor Mossfon gewerkt, of nauwkeuriger: bij M.F. Trust, een van de afdelingen die direct met de eindklanten zelf werken. We kennen hem van honderden e-mails, vele ervan heeft hij opgesierd met smileys. Vandaar onze bijnaam voor hem: Smiley Man. Het was Ramses Owens die aan Mossfon-klanten de hier in het boek al genoemde service van de 'nominee beneficial owner' of 'natural person nominee' aanbood en de daarvoor bestemde documenten toestuurde: een werkelijk persoon, die zich in plaats van de werkelijke eigenaar bij banken of elders voordoet als de ware eigenaar van het bedrijf. Alle voorzorgsmaatregelen in verband met het witwassen van geld worden daardoor ad absurdum gevoerd. Want hoe moet bijvoorbeeld een bank checken of een klant crimineel is, als ze denkt de gegevens van de klant te checken maar in werkelijkheid alleen de opgaven van een stroman controleert – zonder ooit te horen dat achter hem iemand anders schuilgaat?

Owens werkt tegenwoordig slechts op een paar honderd meter afstand van Mossfon, hij heeft een eigen advocatenkantoor. Hij heeft het samen met een studiegenoot opgericht. Ze waren de twee beste rechtenstudenten van hun studiejaar, zegt Owens kort na de begroeting. Bescheidenheid is niet aan hem besteed. Hij leidt ons door zijn advocatenkantoor, spreekt dwepend over de privékok die elke dag voor hem en zijn collega's kookt, vertelt over de hoge standaard waaraan zijn advocatenkantoor zich verplicht voelt. Op een tafel in zijn kamer laat hij alle tijdschriften en kranten zien waarin over hem geschreven is.

Owens is een man die graag in de schijnwerpers staat. Hij stemt meteen in met een interview, en het is ook geen enkel probleem als we het met een camera willen opnemen. 'Ik heb niets te verbergen,' zegt hij. Het is belangrijk dat de branche zich openstelt voor journalisten. Het gaat tenslotte om de goede reputatie. En die heeft zeer geleden sinds het Amerikaanse tijdschrift *Vice* over Mossfon en hem heeft bericht. Owens twijfelt er niet aan: dat was allemaal doorgestoken kaart van Joodse republikeinen.

We moeten grijnzen. *Vice* heeft over allerlei geruchten geschreven, wij zullen binnenkort harde bewijzen leveren. Wat zal hij dan wel niet zeggen? Een samenzwering van CIA en vrijmetselaars?

Owens is in elk geval niet te stoppen. Hij dweept met compliance en due diligence, met regels over transparantie, met maatregelen die verhinderen dat duistere figuren van hun aanbiedingen gebruikmaken. Potentiële klanten bij wie duidelijk is dat ze brievenbusfirma's opzetten om belasting te ontduiken worden niet geaccepteerd. Advocatenkantoren die brievenbusfirma's oprichten, moeten zich per slot van rekening aan de regels houden. Enzovoort.

Het zijn woorden die absurd klinken uit de mond van een man als Ramses Owens, die we met allerlei hoogst dubieuze connecties in onze data tegenkomen. En hij doet er zelfs nog een schepje bovenop. Mossfon, zegt hij, heeft het hoogste level van integriteit en prestige.

We veranderen van onderwerp. We zouden het graag even willen hebben over de 'nominee beneficial owner', zeggen we, dus over de service die Owens in zijn tijd bij Mossfon aanbood.

We hadden verwacht dat hij er wat omheen zou draaien of zich met holle frases zou willen redden, zoals advocaten graag doen als het lastig wordt.

Maar Owens zegt iets verbazingwekkends: in zijn ogen is dat geld witwassen.

De beneficial owner, de uiteindelijk gerechtigde, moet ten slotte openbaar gemaakt worden, zegt hij, wie dat niet doet en iemand naar voren schuift die moet pretenderen dat hij de ware eigenaar is, handelt illegaal. Owens pakt een boek dat op zijn bureau ligt: de Código Penal, het Panamese Wetboek van Strafrecht. Hierin, zegt Owens veelbetekenend, kun je nalezen dat op het gebruik van een 'nominee beneficial owner' een meerjarige gevangenisstraf staat.

We zijn perplex.

Zelfs nadat we meer dan een jaar in de krochten van Mossack Fonseca hebben verkeerd, zijn er toch nog dingen die ons volkomen verbijsteren. En het mooiste is: we hebben Owens gefilmd, we hebben hem op band.[171]

[ ]

De laatste autorit door Panama-stad. Nog eenmaal het huis van Jürgen Mossack, nog eenmaal het financiële district, nog eenmaal het gebouw van Mossack Fonseca. Dan rijden we naar het vliegveld Tocumen, waar de Mossfon-mensen graag in een exquise lounge hun klanten adviseren, die daarvoor speciaal hiernaartoe vliegen.

Vanuit de lucht een laatste blik op Panama.

We zullen hier niet meer terugkomen.

Epiloog

Het is de avond van 3 april 2016, even na halfacht. We hebben nog ongeveer een halfuur voordat om 20.00 uur de Panama Papers openbaar worden gemaakt – dan worden namelijk de onderzoeksresultaten op de homepage van de *Süddeutsche Zeitung* gepubliceerd. In werkelijkheid zijn de webpages met onze teksten nu al 'live', online dus, zij het nog niet officieel. Onze internetcollega's hebben een ingenieuze site gebouwd, die live getest moeten worden. Dat vinden we natuurlijk minder aangenaam, maar onze bezwaren worden door onze collega's geroutineerd terzijde geschoven: in het halve uur tot het moment van publicatie zullen onze Panama-teksten niet te vinden zijn. Je zou al moeten weten dat wij aan dat project werken en wat het precieze adres van de website is. Wat dus wil zeggen: je zou er gericht naar moeten zoeken. We testen het een en ander, lopen nog eenmaal de Engelse vertalingen door en bereiden de eerste tweets voor, zodat we precies om 20.00 uur van start kunnen.

Onze verhalen voor de eerste dag zijn allang geschreven. Alle juridische toetsingen zijn verricht, alle correcties doorgevoerd, alle grafieken gemaakt. De eerste kranten zijn gedrukt en zijn in vrachtwagens onderweg naar de lezer.

Alles is klaar. Nog vijftien minuten.

Overbodig te vermelden dat we allemaal zenuwachtig zijn. We hebben ruim een jaar aan deze zaak gewerkt en niemand weet wat er nu gaat gebeuren. Hoe zullen andere media het ontvangen? Wat zullen de mensen in de buitenwereld zeggen? Of zal het niet veel aandacht krijgen, zal het als 'de zoveelste leak' worden afgedaan?

Plotseling roept een collega: 'Edward Snowden heeft net over ons getwitterd!'

We kijken elkaar verbijsterd aan. Het is 19:48 uur. Edward Snowden?

We gaan naar Twitter, en inderdaad heeft Edward Snowden zijn bijna twee miljoen volgers dit bericht gestuurd: 'Het grootste lek in de geschiedenis van de datajournalistiek is zojuist live gegaan, en het gaat over corruptie.'

Snowden geeft een link naar de homepage van de *Süddeutsche Zeitung*, naar onze Engelse tekst over IJsland en de brievenbusfirma's van minister-president Sigmundur Gunnlaugsson en twee andere kabinetsleden.

Als Snowden ons onderzoek verspreidt, is dat een goed teken. Even later worden we geretweet door WikiLeaks. En dan is het 20 uur.

De waanzin barst los.

Even later is #panamapapers met honderdduizenden tweets trending topic op Twitter. Wereldwijd. De volgende dag zullen de Panama Papers op alle continenten bekend zijn. In Thailand en Zuid-Korea staat het onderwerp even prominent op de voorpagina's als in Canada, Zuid-Amerika, Afrika en Australië, en in Europa sowieso. In Amerika beheerst de zaak dagenlang de voorpagina's van *The Washington Post*, *The Wall Street Journal*, de *Financial Times* en *The New York Times* – hoewel al die media niet meededen aan het project. Alle grote nieuwszenders doen er verslag van, overal zijn de Panama Papers het grote onderwerp van die dagen.

Een van de belangrijkste onderzoeksjournalisten ter wereld, Bob Woodward, de onthuller van het Watergate-schandaal, de man die de Amerikaanse president Richard Nixon ten val heeft gebracht, noemt ons project 'een triomf voor de journalistiek'. *The New York Times* schrijft dat het misschien de journalistiek zelf heeft veranderd.

[ ]

Enkele weken na de onthulling kunnen we al vaststellen dat het niet alleen veel beter ontvangen is dan we ooit hadden kunnen denken, maar dat ook de politieke reacties veel krachtiger zijn dan verwacht.

Barack Obama bepaalt zijn houding tegenover de Panama Papers door belastingontwijking een urgent probleem te noemen, de landen van de G20 reageren met een nieuwe lijst maatregelen, en het Europees Parlement komt zelfs met een eigen onderzoek.

Maar er is ook een hele reeks concrete maatregelen. In veel landen zijn er invallen en huiszoekingen door de politie, in Zwitserland bijvoorbeeld worden de kantoren van de UEFA en haar marketingagentschap doorzocht, en op het vliegveld van Genève wordt de *Homme assis (appuyé sur une canne)* van Amedeo Modigliani in beslag genomen. In El Salvador wordt de vestiging van Mossack Fonseca doorzocht, en ook in Peru.

En ten slotte doet de politie een inval in het hoofdkantoor van Mossack Fonseca in Panama. De opsporingsambtenaren blijven er zelfs een hele nacht doorwerken. Zevenentwintig uur lang kammen ze de verdiepingen uit en nemen blijkbaar grote hoeveelheden data mee. In een ander gebouw van Mossfon in Panama-stad vinden de opsporingsambtenaren later een enorme berg documenten die door de shredder zijn gehaald.

In veel landen wordt vanwege de Panama Papers een gerechtelijk onderzoek gestart tegen honderden personen, oplichters, drugsbazen en particulieren, maar ook tegen de Mossfon-eigenaren Jürgen Mossack en Ramón Fonseca. De Financiële Autoriteit in New York heeft dertien banken – waaronder de Deutsche Bank, ABN AMRO en Société Générale – gelast alle informatie te overhandigen over hun zakelijke contacten met Mossack Fonseca. Tegelijk komen veel regeringsleiders onder druk te staan, in IJsland, Argentinië, Malta en Pakistan.

Maar laten we even alles op een rijtje zetten.

[ ]

In IJsland was de betrokkenheid van premier Sigmundur Gunnlaugsson al drie weken voor de publicatie van de Panama Papers bekend. Er was een gedenkwaardig interview met hem aan voorafgegaan, dat Zweedse collega's samen met onze IJslandse collega Jóhannes Kristjánsson hadden afgenomen. Na een paar onschuldige vragen – over zijn visie op brievenbusfirma's, de IJslandse bankencrisis, de moraal en de ethiek in de offshorewereld – kwam voor de premier de aap uit de mouw.

'En hoe zit het met u, meneer de minister-president, hebt u zelf connecties met een offshorebedrijf, of hebt u die gehad?'

'Ik? Nee...'

Gunnlaugsson weet kennelijk even niet meer hoe hij verder moet, hij begint te hakkelen en te stamelen.

Ja, hij heeft met bedrijven samengewerkt die connecties hadden met offshorebedrijven. Maar dat had hij allemaal keurig aan de belasting opgegeven. Wat was dat trouwens voor een ongebruikelijke vraag? 'Ik kan u garanderen dat ik nooit iets van mijn vermogen heb verborgen.'

Vraag: 'U hebt dus zelf nooit connecties gehad met een offshorebedrijf?'

'Zoals ik al zei: mijn vermogen is altijd openbaar geweest.'

Dan de beslissende vraag: 'Wat kunt u me vertellen over het bedrijf Wintris?'

Stilte. Premier Gunnlaugsson slikt.

'Nu, voor zover ik me herinner is dat een bedrijf dat gelieerd was aan een bedrijf waar ik in de raad van commissarissen heb gezeten.'

Stilte.

'En dan was er een bankrekening die zoals ik al zei keurig aan de belasting was opgegeven. Sinds de oprichting.'

Gunnlaugsson wordt langzaam achterdochtig. Op dat moment treedt onze IJslandse collega Jóhannes, die zich tot dat moment op de achtergrond gehouden had, naar voren.

'Waarom hebt u uw connectie met Wintris nooit openbaar gemaakt?'

Langzaam verliest Gunnlaugsson zijn beheersing.

'Ik heb al gezegd dat het in mijn belastingaangifte staat, van meet af aan.'

Waarom heeft hij het bedrijf dan niet aan het parlement gemeld? Omdat het register daar om 'specifieke informatie' vroeg.

'Is dat bedrijf van u?'

'Mijn vrouw heeft haar deel van het familiebedrijf verkocht. De bank heeft advies gegeven hoe het geld geïnvesteerd kon worden, en het resultaat was dat bedrijf.'

'Wat voor aandelen heeft dat bedrijf?'

Nu staat Gunnlaugsson op. Hij breekt het interview af en loopt weg.

Nog voordat het interview wordt uitgezonden, schrijft de vrouw van de regeringsleider op Facebook dat zij de enige eigenaar was van het bedrijf Wintris. Haar man geeft intussen interviews aan een krant en aan de radio. Het zal hem niet helpen.

Op 3 april zendt onze collega Jóhannes Kristjánsson het interview op de televisie uit, het programma heeft een kijkdichtheid van meer dan 50 procent en wordt binnen een paar uur tijd duizenden keren op internet bekeken. Een commentator spreekt van de 'grootste vertrouwensbreuk in de geschiedenis van het IJslandse parlement'. Nog op de avond van de uitzending gaat het gerucht dat Gunnlaugsson zal aftreden, de volgende dag zijn er in IJsland massademonstraties, duizenden mensen vullen het plein voor de Althing, het IJslandse parlement. Ze rukken aan de hekken, slaan er met fietshelmen en pannendeksels op. Bananen, blikjes en rollen wc-papier vliegen tegen de voorgevel van het parlement.

Er waren waarschijnlijk meer dan 20.000 mensen op straat om het aftreden van de premier te eisen. Voor IJsland en zijn 330.000 inwoners een enorm aantal. Stel je even voor dat er zeven miljoen mensen tegen Angela Merkel zouden demonstreren.

Daarna begint er een onwaardig schouwspel. Gunnlaugsson verklaart dat hij niet zal aftreden, een dag later zegt hij dat hij wel zal aftreden – en herroept dat even later weer. Uiteindelijk verklaart hij zijn functie op termijn te zullen opgeven.

Daarmee was Sigmundur Gunnlaugsson de eerste regeringsleider die zijn functie moest neerleggen vanwege de data die onze bron – intussen wereldwijd bekend als 'John Doe' – ruim een jaar geleden aan ons doorgegeven had.

[ ]

Onze Britse collega's waren bij hun onderzoek al snel gestuit op Blairmore Holdings, een investeringsfonds, in 1982 in Panama opgericht door Ian Cameron, de vader van de huidige Britse premier. Voor ons was het een zaak uit vele. Natuurlijk was het pikant dat uitgerekend de vader van de man die zich graag opwerpt als iemand die het voortouw neemt in de strijd tegen belastingparadijzen, ondoorzichtige bedrijfsconstructies in dat soort landen heeft opgezet. Maar kun je een zoon de daden van zijn vader verwijten? Wij vonden van niet.

Maar waar we niet op gerekend hadden, was dat David Cameron geprofiteerd zou kunnen hebben van juist dat fonds – en dat hij bovendien koos voor een zeer ongelukkige communicatiestrategie. Hij liet een woordvoerster op dag één van de wereldwijde Panama-onthullingen bondig verklaren: 'Dat is een privéaangelegenheid.' Op dag twee legde hij zelf een verklaring af – met een zin die aan duidelijkheid niets te wensen lijkt over te laten: 'Ik heb geen aandelen, geen brievenbusfirma's, geen offshorestichtingen, niets van dat al. Dat is, denk ik, een heel duidelijke mededeling.' Op dezelfde dag publiceerde het kantoor van de premier een schriftelijke verklaring: 'Om duidelijk te zijn: noch de premier noch zijn vrouw en hun kinderen profiteren van offshorebeleggingen. De premier bezit geen aandelen.' Op dag drie voegde Camerons woordvoerder eraan toe: 'Er zijn geen offshore-investeringen of -stichtingen waarvan de premier, mevrouw Cameron of hun kinderen in de toekomst zullen profiteren.'

De premier had dus de suggestie van de hand gewezen dat hij nu en in de toekomst persoonlijk voordeel zal hebben van offshorebedrijven. Maar hoe zat het met het verleden?

Daarop gaf Cameron in een televisie-interview met de commerciële zender ITV News het antwoord: 'We hebben vijfduizend aandelen in Blairmore Investment Trust gehad. Die hebben we in januari 2010 verkocht.' De premier gaf toe dat hij had geprofiteerd van het offshorefonds van zijn vader. Bij diverse demonstraties in Londen hebben sindsdien duizenden mensen zijn aftreden geëist.

[ ]

Bijna tegelijkertijd demonstreerden een paar duizend mensen in Malta voor het gebouw waar de regeringsleider kantoor houdt en eisten het aftreden van de sociaaldemocratische premier Joseph Muscat. 'BARRA!' stond er op de spandoeken te lezen, Maltees voor 'd'r uit', 'wegwezen'. Er was al snel sprake van een 'tweede IJsland' – een tweede eilandstaat waarvan de regering in een crisis werd gestort door de Panama Papers.

Twee vertrouwelingen van premier Muscat – minister van Energie en Gezondheid Konrad Mizzi en chef-staf Keith Schembri – hadden kennelijk via een netwerk van bedrijven in Panama en trusts in Nieuw-Zeeland geld aan het oog van de Maltese fiscus onttrokken. Beiden gaven toe dat ze de bedrijven en stichtingen in bezit hebben. Maar tegelijkertijd verzekerden ze dat ze niet geweten hadden dat ze dat in Malta aan de autoriteiten hadden moeten melden.

[ ]

In Argentinië hebben de Panama Papers de in november 2015 gekozen president Mauricio Macri in de penarie gebracht. Volgens onze documenten was hij korte tijd directeur geweest van de brievenbusfirma Fleg Trading Ltd. Bovendien werd bekend dat hij pas enkele weken eerder zijn aandelen in een waterkrachtonderneming van een offshorebedrijf van zijn vader had gemeld. Drie maanden na zijn ambtsaanvaarding.

Maar dat is nog niet alles. Ook veel vertrouwelingen van Macri komen in de Panama Papers voor of werden in verband gebracht met de onthullingen over offshorebedrijven, bijvoorbeeld Néstor Grindetti, vroeger Macri's wethouder van Financiën; ze reisden in 2013 samen naar Panama, officieel vanwege een stedenbouwkrediet. En Daniel Angelici, die met Macri's hulp voorzitter werd van de voetbalclub Boca Juniors. Macri's commissaris mensenrechten Claudio Avruj, en Gustavo Arribas, een man van de geheime dienst. Een paar broers van Macri, en zijn neef Jorge, burgemeester van de gemeente Vicente López aan de rand van de hoofdstad Buenos Aires.

Het links georiënteerde dagblad *Página/12* drukte op de voorpagina een foto van Macri af die zijn hoofd heeft laten zakken – met de kop erboven: 'Panamacri'. Intussen stelt het Argentijnse Openbaar Ministerie een onderzoek in: iemand van de oppositie heeft een klacht tegen Macri ingediend. Ook de nationale anticorruptieautoriteiten gaan zich met de zaak bezighouden.

[ ]

In Pakistan kwam de huidige premier Nawaz Sharif onder vuur te liggen, toen bekend werd dat zijn kinderen brievenbusfirma's hebben en dat ze in Londen voor miljoenen euro's aan vastgoed bezitten. Toen Sharif in april Pakistan verliet om zich in Londen aan een medische ingreep te onderwerpen – dat werd als officiële reden aangegeven – waren er meteen geruchten dat hij niet zou terugkeren tot het onderzoek naar de zaak zou zijn afgesloten. De oppositie heeft opgeroepen massaal te demonstreren.

In Spanje trad minister van Industrie José Manuel Soria af, nadat hij dagenlang zijn betrokkenheid bij offshorebedrijven had proberen schoon te praten. Een van zijn uitvluchten: de in de Panama Papers genoemde persoon was een naamgenoot.

In Denemarken werden de verantwoordelijke functionarissen van de drie grootste banken – Nordea, Danske Bank en Jyske Bank – in het parlement onderworpen aan een verhoor. In Finland hieven partijen en de machtige vakbond hun bankrekeningen bij Nordea op. In Oostenrijk en Nederland moesten hooggeplaatste bankiers het veld ruimen. In Chili gebeurde hetzelfde met het hoofd van de vestiging van Transparency International. Hij kwam in de Panama Papers voor met minstens vijf brievenbusfirma's.

Bij de FIFA diende Juan Pedro Damiani, een van de oprichters van de ethische commissie, zijn ontslag in, nadat in de Panama Papers was onthuld dat hij zaken had gedaan met drie aangeklaagde FIFA-functionarissen.

[ ]

Maar de Panama Papers hadden ook deprimerende gevolgen.

In China werd het begrip 'Panama Papers' enkele uren na de eerste publicaties al gecensureerd. Een advocaat werd opgepakt, omdat hij een karikatuur had verspreid. De fotomontage toonde twee voormalige en de huidige leider van de Communistische Partij, Deng Xiaoping, Jiang Zemin en Xi Jinping, bij het doorwaden van het Panamakanaal.

In Hongkong werd Keung Kwok-yuen, adjunct-hoofdredacteur van de krant *Ming Pao*, slechts enkele uren na de onthullingen in de Panama Papers ontslagen. De officiële reden: de krant moet bezuinigen.

Onze krantencollega's in Panama moesten de eerste edities over de Panama Papers op een geheime plek produceren. De angst dat iemand hen met geweld zou hinderen in hun werk was te groot.

In Venezuela werd een van onze collega's door haar krant *Últimas Noticias*, die de regering gunstig gezind is, ontslagen. Ze had tegenover haar werkgever verzwegen dat ze aan het Panama Papers-project meewerkt – uit angst dat de krant de betrokkenen vooraf zou waarschuwen.

De homepage van onze Tunesische partners – het webmagazine *Inkyfada* – werd het slachtoffer van een aanval door hackers, nadat het bericht had over de offshoreconnecties van een vroegere adviseur van de president.

En in Ecuador twitterde president Rafael Correa de namen van de journalisten die aan het Panama Papers-onderzoek hadden meegedaan. De boodschap was helder: hij wilde hen onder druk zetten. Enkele dagen later werd bekend dat ook Correa in de Panama Papers voorkomt, in verband met een bedrijf waarvan de activiteiten bij het ter perse gaan van dit boek nog niet definitief duidelijk waren.

[ ]

De zaak die ons de meeste zorgen baarde in verband met de mogelijke gevolgen waren de onthullingen over Poetins beste vriend Sergej Roldoegin. Uit veiligheidsredenen hebben we in dit geval het langst gewacht met het informeren van de betrokkenen. Want een van hen is per slot van rekening Vladimir Poetin. En zijn reactie was onvoorspelbaar. Onze Russische collega's vreesden voor hun leven.

Het was wel een raar gevoel een paar dagen voor de publicatie tientallen vragen te stellen aan Poetins persoonlijke woordvoerder Dmitri Peskov – de Peskov overigens wiens vrouw we in de data als tijdelijke eigenaar van een brievenbusfirma hadden gevonden. We rekenden er niet op dat we antwoord zouden krijgen.

Op tweede paasdag stond Peskov de Russische pers te woord. Hij had, vertelde hij, vragen gekregen 'alsof het om een verhoor ging'. Die waren onderdeel van een 'informatieaanval'. Er werd geprobeerd de familie van de president 'informatiegewijs te treffen'. In die informatie was sprake van een hoop offshorebedrijven, en van ondernemers die Poetin persoonlijk nooit ontmoet had. Peskov vermoedde dat er niet alleen journalisten achter de 'aanval' zaten, maar ook 'vertegenwoordigers van speciale diensten en andere organisaties'.

Het komt niet elke dag voor dat de woordvoerder van de Russische president op een verzoek van journalisten om informatie met zo'n woedeaanval reageert. Beter gezegd: het was nog nooit voorgekomen.

Voor twee van onze Russische collega's waren de gevolgen ingrijpend: hun foto's werden op de Russische televisie getoond, ze werden er uitgemaakt voor agenten die propaganda voor Amerika maken. De hoofdredacteur van *Novaja Gazeta* werd zelfs gechanteerd om het verhaal niet te publiceren. Hij publiceerde toch, en nu dreigt er een belastingcontrole voor hem – een veelvoorkomende represaillemaatregel in Rusland. Onze Russische collega Roman Anin schreef ons een paar dagen later: 'We hebben nergens spijt van en zijn bereid de consequenties te dragen.'

Bijna twee weken na de onthullingen was Poetin te gast bij *Een directe lijn met Vladimir Poetin*. Eens per jaar beantwoordt de Russische president in die televisie-uitzending vragen van Russische burgers.

Hij maakte van zijn optreden gebruik om ons aan te vallen: 'Waar komen die provocaties vandaan? We weten dat er daar medewerkers zijn van officiële Amerikaanse instellingen. Waar is het artikel als eerste verschenen? Ik heb het gisteren aan Peskov gevraagd, mijn persvoorlichter: in de *Süddeutsche Zeitung*. De *Süddeutsche Zeitung* is onderdeel van een mediaholding, en die mediaholding is het eigendom van een Amerikaanse financiële organisatie: Goldman Sachs.'

Maar die bewering is onjuist. De *Süddeutsche Zeitung* is direct noch indirect eigendom van Goldman Sachs. Het is voor de volle 100 procent een dochteronderneming van de Süddeutsche Verlag. En die is voor 18,75 procent eigendom van een Münchense uitgeversfamilie en voor 81,25 procent van de Südwestdeutsche Medienholding – en ook die is geen eigendom van de Amerikaanse investmentbank. Later heeft het Kremlin zijn excuses aangeboden voor die verkeerde voorstelling van zaken.

In het gedoe ging een belangrijke uitspraak bijna ten onder: Poetin heeft in *Een directe lijn* toegegeven dat de informatie in de Panama Papers overeenkomt met de waarheid. 'De informatie is waarheidsgetrouw,' zei hij. Enkele dagen later wees hij een verzoek om een interview met de *Süddeutsche Zeitung* af.

[ ]

Heel eerlijk gezegd hadden we niet heel veel verwacht van onze publicaties. We hebben gehoopt op de belangstelling van onze lezers en gespeculeerd over gratuite wensen van politici over de hele wereld. Maar echte veranderingen, echte vooruitgang in de strijd tegen de offshorewereld? Dat niet.

'Panama is de laatste grote weigeraar die blijft toestaan dat offshorefondsen verborgen worden voor de fiscus en justitiële vervolgers,' zei Angel Gurría, hoofd van de OESO, de organisatie van geïndustrialiseerde landen, enkele uren na het begin van onze publicaties.

Enkele dagen later kondigde de president van Panama Juan Carlos Varela aan dat hij de *bearer shares*, de aandelen aan toonder, zou gaan afschaffen. Bovendien zal Panama gaan meedoen aan de wereldwijde uitwisseling van fiscale en financiële gegevens. Tot nu toe zijn er 97 landen die hebben toegezegd eraan deel te zullen nemen, inclusief de Britse Maagdeneilanden, Luxemburg, Zwitserland en de Kanaaleilanden. Panama is land nummer 98.

Maar de effectiefste maatregel tegen belastingparadijzen is in onze ogen een wereldwijd register waarin de ware eigenaren van brievenbusfirma's openlijk staan vermeld. Dat is, zoals de Britse minister van Financiën George Osborne het uitdrukt, 'een klap met de hamer tegen iedereen die zijn belasting in duistere hoeken verbergt'. Maar in de strijd tegen belastingparadijzen hebben wij tot nu toe nog geen hamer gezien, hoogstens fluwelen handschoenen.

Het debat dat door de Panama Papers is ontketend – en dat nog lang niet ten einde is – laat zien dat er een andere wereld mogelijk is.

Maar we moeten het wel willen.

Dankwoord

In de eerste plaats willen we onze bron bedanken. Hij heeft ons de 2,6 terabyte aan interne data toegespeeld waarop dit onderzoek berust. Met de verspreiding van het materiaal is hij een groot risico aangegaan – en met zijn moed heeft hij de tot nu toe grootste grensoverschrijdende journalistieke samenwerking ooit mogelijk gemaakt. Zonder de bron had niet bekend kunnen worden hoe de elite van IJsland een heel land om de tuin heeft geleid, hoe de vriendenkring van Vladimir Poetin kennelijk miljoenen wegsluist en hoe wapensmokkelaars, drugsdealers, maffiosi en geheime diensten hun geldstromen aan het oog onttrekken – en dat allemaal overduidelijk met de hulp van Mossack Fonseca.

Onze dank gaat uit naar uitgeverij Kiepenheuer & Witsch, omdat ze dit juridisch riskante boek uitbrengt. Dank voor al het vertrouwen! En dank aan de geweldige advocaat Sven Krüger, die ons door Kiepenheuer & Witsch ter beschikking is gesteld. We zijn ons ervan bewust dat zoiets geen vanzelfsprekendheid is. Nog grotere dank gaat uiteraard uit naar Martin Breitfeld, voor de vele telefoontjes, het behulpzame commentaar en de bemoedigende woorden – maar vooral voor de spoedredactie. Dit boek is letterlijk pas in de laatste minuut afgekomen. Zonder zijn geduld en rust vooral op de laatste meters zou dat ons nooit zijn gelukt.

We willen de *Süddeutsche Zeitung* bedanken. Zonder zo'n fantastische redactie was het niet mogelijk geweest dit boek te schrijven. We willen hier vooral bedanken: Wolfgang Krach en Kurt Kister, die het maandenlange onderzoek van meet af aan hebben gesteund; Hans Leyendecker, die ons steeds weer heeft aangespoord; Vanessa

Wormer, die de data getemd heeft; Mauritius Much, die zich door honderden contractpagina's heeft geploeterd; bovendien Klaus Ott, Bastian Brinkmann, Christoph Giesen, Gianna Niewel, Katrin Langhans, Elena Adam, Hannes Munzinger – en niet in de laatste plaats de collega's van het archief, die maandenlang zeer veel geduld hebben gehad met onze deels zeer gecompliceerde verzoeken.

We willen vooral ook onze ICIJ-collega's bedanken, de dataspecialisten Mar Cabra, Matthew Caruana Galizia en Rigoberto Carvajal; en Gerard Ryle en Marina Walker voor hun behoedzame coördinatie, zij konden ook door een verandering op relatief korte termijn van de publicatiedatum niet van hun stuk gebracht worden.

Onze dank gaat uit naar de ongeveer vierhonderd journalisten uit meer dan tachtig landen, die dit onderzoek pas hebben gemaakt tot wat het nu is. We willen hier even op de voorgrond plaatsen Oliver Zihlmann, Titus Plattner en Catherine Boss voor hun onderzoek in Zwitserland; Roman Anin en Roman Sjlejnov, die bij hun onderzoek in Rusland hun leven op het spel hebben gezet – moge er altijd een beschermende hand boven hen zijn. We danken Jóhannes Kristjánsson voor de vele gesprekken die ons een geheel nieuwe blik op IJsland gegeven hebben. Pulitzerprijswinnaar Jake Bernstein verdient onze dank voor zijn steun in het Modigliani-onderzoek. Bovendien willen we Vlad Lavrov bedanken door zijn hulp inzake Oekraïne – we zijn ons ervan bewust dat het onderzoek voor hem een heel bijzondere en hachelijke bergtocht is geweest. Per slot van rekening komt in de Panama Papers ook de eigenaar voor van de *Kyiv Post*, de bezitter van de krant dus waarvoor Vlad werkt. Heel veel dank ook aan Monica Almeida, die in Ecuador gewerkt heeft aan de UEFA-zaak en daarin voor een doorbraak heeft gezorgd. Dit boek is ook het resultaat van een grote gemeenschappelijke productie van de Norddeutsche en de Westdeutsche Rundfunk, die de Panama Papers samen met de *Süddeutsche Zeitung* hebben geanalyseerd. Zonder de fantastische samenwerking met hun redactie zou het amper mogelijk zijn geweest dit project in zijn huidige vorm te verwezenlijken.

In dit boek is veel onderzoek van collega's samengekomen. Heel concreet willen we Julia Stein bedanken, zonder wier organisatietalent dit project in deze vorm niet mogelijk was geweest; Jan Strozyk, wiens speurzin vele zaken vooruit heeft geholpen, vooral de Siemens-zaak; en niet in de laatste plaats Petra Blum, die zich maandenlang een weg heeft gegraven door de details en de deals van het Roldoegin-netwerk. Dank ook aan John Goetz, Toni Kempmann en Reiko Pinkert, die wekenlang documenten hebben zitten analyseren.

[ ]

We danken onze gezinnen voor hun geduld en eindeloos begrip. We hebben de afgelopen maanden zeer veel van hen gevergd – dat zijn we ons bewust.

De revolutie zal een digitale zijn

Inkomensongelijkheid is een van de belangrijkste kwesties van onze tijd. Het raakt ons allemaal, overal in de wereld. Het debat over de plotselinge vergroting ervan heeft jaren gewoed. Of het nu politici, academici of activisten waren, geen van hen was in staat om de gestage groei van de ongelijkheid te stoppen, ondanks talloze toespraken, statistische analyses, een paar magere protesten en af en toe eens een documentaire. Toch blijven er vragen: waarom? En waarom nu?

De Panama Papers bieden een overtuigend antwoord op deze vragen: enorme, alomtegenwoordige corruptie. En het is geen toeval dat het antwoord gevonden werd bij een juridisch advieskantoor. Mossack Fonseca was meer dan alleen een radertje in de machine van vermogensbeheer en heeft zijn invloed gedurende tientallen jaren aangewend om overal ter wereld in het belang van criminelen wetteksten te helpen formuleren en wetten om te buigen. In het geval van het eiland Niue bestierde de firma in feite gewoon een compleet belastingparadijs. Ramón Fonseca en Jürgen Mossack wilden ons doen geloven dat de lege vennootschappen van hun onderneming, ook wel 'special purpose vehicles' genoemd, gewoon te vergelijken zijn met een auto. Maar tweedehandsautoverkopers schrijven geen wetten. En te vaak was het enige speciale doel van hun vehikels fraude, op grote schaal.

Offshorevennootschappen worden vaak geassocieerd met belastingontduiking, maar de Panama Papers laten ondubbelzinnig zien dat lege vennootschappen, hoewel ze niet per definitie illegaal zijn, gebruikt worden voor het begaan van een breed scala aan ernstige misdrijven die belastingontduiking ver overstijgen.

Ik besloot de activiteiten van Mossack Fonseca in de openbaarheid te brengen, omdat ik vind dat de oprichters, de medewerkers en de klanten zich moeten verantwoorden voor hun rol in deze misdaden waarvan er tot nu toe slechts enkele aan het licht zijn gekomen. Het zal jaren duren, misschien wel decennia, voor de volle omvang van de vuile praktijken van het kantoor bekend zal zijn.

In de tussentijd is een nieuw wereldwijd debat begonnen. Dat is bemoedigend. In tegenstelling tot de beleefde retoriek van weleer, waarin zorgvuldig elke suggestie van wangedrag door de elite werd weggelaten, richt dit debat zich rechtstreeks op waar het om gaat.

In dat verband heb ik een paar gedachten.

Voor de goede orde, ik werk voor geen enkele overheid of inlichtingendienst, direct noch indirect, en dat heb ik ook nooit gedaan. Mijn standpunt is geheel mijn eigen standpunt, net als mijn besluit om de documenten te delen met de *Süddeutsche Zeitung* en het ICIJ, het internationale consortium van onderzoeksjournalisten. En ik had daar geen specifieke politieke redenen voor, maar deed dat gewoon omdat de inhoud van de documenten mij duidelijk maakte hoe groot het onrecht is dat erin beschreven wordt.

Het heersende mediaverhaal heeft zich tot nu toe gericht op het schandaal van wat er wettelijk gezien in dit systeem is toegestaan. Wat is toegestaan is inderdaad schandalig en moet worden gewijzigd. Maar we moeten een ander belangrijk feit niet uit het oog verliezen: in feite hebben het juridische advieskantoor, de oprichters en de werknemers wereldwijd willens en wetens talloze wetten geschonden. Steeds maar weer. Tegen het publiek zeggen ze dat ze onwetend waren, maar uit de documenten blijkt dat er sprake was van gedetailleerde kennis en opzettelijke overtredingen.

We weten op zijn minst al dat Jürgen Mossack persoonlijk meineed pleegde voor een Amerikaanse federale rechtbank in Nevada, en we weten ook dat ICT-medewerkers van zijn bedrijf geprobeerd hebben de onderliggende bewijzen te vernietigen. Ze moeten daarom allemaal worden vervolgd, zonder recht op een speciale behandeling.

De Panama Papers zouden uiteindelijk wel eens tot duizenden aanklachten kunnen leiden, als justitie toegang tot de concrete documenten zou krijgen en ze kan beoordelen. Het ICIJ en zijn partners hebben volkomen legitiem verklaard dat zij deze documenten niet aan justitie zullen overdragen. Maar voor zover dat in mijn vermogen ligt, wil ik justitie wel mijn medewerking verlenen.

Maar dat is maar één kant van het verhaal, want ik heb ook gezien hoe het leven van de ene na de andere klokkenluider en activist in de Verenigde Staten en Europa werd vernietigd door de omstandigheden waarin zij terechtkwamen nadat zij overduidelijke misstanden openbaar hadden gemaakt. Edward Snowden is gestrand in Moskou, verbannen doordat de regering-Obama hem wil vervolgen wegens spionage. Voor zijn onthullingen over de Amerikaanse inlichtingendienst NSA verdient hij het als een held ingehaald te worden en een prijs te krijgen, niet om in ballingschap te leven. Bradley Birkenfeld kreeg miljoenen van de belastingdienst voor zijn informatie over de Zwitserse bank UBS – maar werd door het Amerikaanse ministerie van Justitie toch nog veroordeeld tot een gevangenisstraf. Antoine Deltour staat momenteel terecht voor de aanklacht dat hij journalisten informatie gaf over hoe Luxemburg geheime fiscale voorkeursdeals sloot met multinationals, wat feitelijk neerkwam op diefstal van miljarden aan belastinginkomsten van zijn buurlanden. En er zijn meer voorbeelden.

Legitieme klokkenluiders die onmiskenbare misstanden openbaar maken, of zij nu insiders of outsiders zijn, verdienen immuniteit tegen vergelding van overheidswege, niet meer en niet minder. Totdat overheden wettelijke bescherming voor klokkenluiders in wetgeving vastleggen, zal justitie voor haar informatie gewoon op haar eigen bronnen moeten vertrouwen of gebruik moeten maken van wat er via de mondiale media beschikbaar komt.

Intussen roep ik de Europese Commissie, het Britse parlement, het Congres van de Verenigde Staten en alle landen op om snel actie te ondernemen, niet alleen ter bescherming van klokkenluiders, maar ook om een einde te maken aan het wereldwijde misbruik van handelsregisters. In de Europese Unie moet het handelsregister in elke lidstaat vrij toegankelijk zijn, en gedetailleerde gegevens over de uiteindelijk rechthebbenden bevatten. Groot-Brittannië mag trots zijn op wat het in eigen land heeft ondernomen, maar het heeft nog steeds een belangrijke rol te spelen bij de beëindiging van de financiële geheimhouding op de Britse overzeese eilandgebieden, die ongetwijfeld de hoeksteen vormen van de wereldwijde institutionele corruptie.

En het is duidelijk dat de Verenigde Staten het niet meer aan de vijftig staten kunnen overlaten om gezonde beslissingen te nemen over de eigen bedrijfsgegevens. Het is de hoogste tijd dat het Congres transparantie afdwingt door normen te stellen voor informatieverschaffing en openbare toegankelijkheid.

En het mag dan misschien gemakkelijk zijn de mooie kanten van overheidstransparantie op topconferenties en in soundbites op te hemelen, het is een stuk moeilijker om het in de praktijk te brengen.

Het is inmiddels een publiek geheim dat de gekozen volksvertegenwoordigers in de Verenigde Staten het leeuwendeel van hun tijd bezig zijn met fondsenwerving. Belastingontduiking kan onmogelijk worden bestreden wanneer gekozen volksvertegenwoordigers moeten smeken om geld bij de rijke elite, die van alle lagen van de bevolking het meest te winnen heeft bij het ontduiken van belastingen. Het is inmiddels zo ver gekomen met deze onfrisse politieke praktijken dat de problemen met een paar aanpassingen niet opgelost kunnen worden. De manier waarop in de Verenigde Staten campagnes worden gefinancierd, functioneert niet meer en moet helemaal op de schop.

Natuurlijk zijn dit niet de enige problemen die moeten worden opgelost. De premier van Nieuw-Zeeland, John Key, is opvallend stil over de betrokkenheid van zijn land bij hét mekka voor financiële fraudeurs, de Cookeilanden. In Groot-Brittannië verbergen de Conservatieven zonder enige schaamte hun eigen betrokkenheid bij offshorebedrijven, terwijl Jennifer Shasky Calvery, het hoofd van de dienst voor de bestrijding van financiële misdrijven van het ministerie van Financiën in de Verenigde Staten, recent haar aftreden heeft aangekondigd om aan de slag te gaan bij de HSBC, een van de beruchtste banken ter wereld.

De echo van Amerika's politieke draaideur is goed te horen in de oorverdovende wereldwijde stilte van duizenden onontdekte uiteindelijk gerechtigde eigenaars, die ongetwijfeld hopen op een opvolger met een vergelijkbaar gebrek aan ruggengraat. Wanneer we worden geconfronteerd met dit soort politieke lafheid is het makkelijk om toe te geven aan defaitisme en te stellen dat er vast niets wezenlijks aan de toestand zal veranderen. De Panama Papers zijn dan slechts een schreeuwend symptoom van het steeds verder verziekte en verrotte morele besef van onze maatschappij.

Maar het probleem staat tenminste eindelijk ter discussie, en verandering kost natuurlijk tijd. Vijftig jaar lang hebben uitvoerende, wetgevende en rechtsprekende machten volkomen gefaald in het aan banden leggen van 's werelds belastingparadijzen. Zelfs nu nog stelt Panama dat het niet alleen bekend wil zijn van de 'papers', maar het is tot dusver pas begonnen met een onderzoek naar slechts één van de vele offshorebedrijven die er gevestigd zijn.

De banken, financiële toezichthouders en belastingdiensten hebben gefaald. Er zijn beslissingen genomen die de rijken hebben gespaard terwijl de middenklasse en lage inkomens veel harder zijn getroffen.

De hopeloos ouderwetse en inefficiënte rechtbanken hebben gefaald. Rechters hebben te vaak toegegeven aan de wensen van de rijken, van wie advocaten (en niet alleen bij Mossack Fonseca) veel ervaring hebben met het volgen van de letter van de wet en ondertussen de geest van de wet zo veel mogelijk ontheiligen.

De media hebben gefaald. Veel nieuwszenders zijn nog slechts een parodie van wat ze vroeger waren, en het hebben van een eigen krant lijkt de nieuwe miljardairshobby. Belangrijke berichtgeving over de rijken krijgt heel weinig ruimte, en er wordt nauwelijks nog geïnvesteerd in goede onderzoeksjournalistiek. Het gevolg is goed merkbaar: naast de *Süddeutsche Zeitung* en het ICIJ zijn er, ook al wordt dat nadrukkelijk ontkend, enkele grote mediaorganisaties waarvan redacteuren de Panama Papers onder ogen hebben gehad, maar besloten die niet te publiceren. De trieste waarheid is dat van al de grote media in de wereld er aanvankelijk niet één geïnteresseerd was om verslag te doen van dit verhaal. Zelfs WikiLeaks heeft zijn tiplijn meermalen onbeantwoord gelaten.

Maar de advocatuur heeft nog wel het meest gefaald. Een goed fundament voor democratisch bestuur is een systeem met mensen die de wet begrijpen en handhaven, niet mensen die de wet begrijpen en misbruiken. De advocatuur is inmiddels zó corrupt dat er veel meer grote hervormingen nodig zijn dan de zwakke voorstellen die nu op tafel liggen. Om te beginnen is de term 'juridische ethiek' verworden tot een contradictio in terminis.

Mossack Fonseca is niet de enige; ondanks herhaaldelijke boetes en gedocumenteerde overtredingen kon Mossack Fonseca toch in bijna ieder land bondgenoten en cliënten vinden bij grote advocatenkantoren. Als de rampzalige financiële situatie van de juridische sector nog geen bewijs genoeg was, dan is het nu echt niet meer te ontkennen: advocaten toestaan elkaar te reguleren, dat werkt gewoonweg niet. Diegenen die genoeg geld hebben, kunnen altijd wel een advocaat vinden die hen vertegenwoordigt. Hoe zit het met de rest van de maatschappij?

Al deze falende instanties hebben gezorgd voor volledig weggerotte ethische normen, wat uiteindelijk resulteert in een nieuw systeem dat we nog wel kapitalisme noemen, maar dat niets anders is dan economische slavernij. In dit systeem, óns systeem, zijn de slaven zich noch van hun eigen status noch van hun meesters bewust. Die meesters bevinden zich in een geheel afzonderlijke wereld waar onzichtbare ketenen vakkundig verborgen zijn onder stapels onbegrijpelijk juridisch jargon. De verschrikkelijke omvang van de schade die hierdoor aan de wereld wordt berokkend, zou ons allemaal wakker moeten schudden. Maar wanneer er een klokkenluider nodig is om alarm te slaan, zouden we ons allemaal nog veel meer zorgen moeten maken. Dat is namelijk een signaal dat alle middelen om te zorgen voor een eerlijke verdeling van macht in de samenleving gefaald hebben, dat het defect tot in de kern van het systeem is doorgedrongen en dat ernstige instabiliteit wel heel dichtbij komt. Dit is dus het moment om in actie te komen, en dat begint met het stellen van de juiste vragen.

Historici kunnen in de herinnering roepen hoe geschillen over belasting en ongelijke verdeling van de macht in het verleden tot revoluties hebben geleid. Toentertijd was er militaire macht nodig om het volk weer in bedwang te krijgen. Nu is het versluieren van informatie net zo effectief, of misschien nog wel effectiever, omdat het vaak in het geheim gebeurt. We leven echter in een tijd van goedkope, onbeperkte digitale opslagruimte en snelle internetverbindingen die landsgrenzen overschrijden. Er is niet veel voor nodig om te begrijpen dat de volgende revolutie – van het begin tot het einde, van de eerste letter tot aan een wereldwijde berichtgeving door de media – een digitale zal zijn. Misschien is die revolutie al begonnen.

Vertaling: Hans Moerbeek. De *Süddeutsche Zeitung* staat ervoor in dat de tekst afkomstig is van dezelfde bron als die eerder de volledige administratie van Mossack Fonseca doorspeelde.

Dit is een bewerking van het artikel dat verscheen in *Trouw* van zaterdag 7 mei, 2016.

Glossarium

Bearer share: Een bearer share (Nederlands: aandeel aan toonder) is het aandeel van een bedrijf dat niet op naam van een persoon is gezet. De ware eigenaar blijft voor de buitenwereld verborgen. Wie het stuk papier in handen heeft, is de officiële eigenaar van het bedrijfsdeel. Via bearer shares kunnen snel en ongecompliceerd zaken worden gedaan, maar het biedt tegelijkertijd criminelen allerlei mogelijkheden. Geld witwassen bijvoorbeeld is met aandelen aan toonder kinderspel.

Benificial owner: De opbrengstgerechtigde, die vaak ook 'ultimate benificial owner' wordt genoemd, is de ware eigenaar van een bedrijf. Op papier mag dan wel een andere aandeelhouder vermeld staan, maar dat is alleen maar schijn, daarom worden die 'schijnaandeelhouders' genoemd.

Brievenbusfirma/Shell company: Een brievenbusfirma is een onderneming die op zijn officiële vestiging – in de regel het adres van de registered agent – geen werknemers heeft, maar enkel een brievenbus. Dat leidt tot de absurde situatie dat in één gebouw in een belastingparadijs soms duizenden bedrijven gevestigd zijn. Op North Orange Street 1209 in het Amerikaanse belastingparadijs Delaware schijnen er bijvoorbeeld meer dan 200.000 te zitten.

Eindklant: Mossack Fonseca beweert graag dat ze geen zaken doet met 'eindklanten'. Ze zouden uitsluitend contracten afsluiten met banken, vermogensbeheerders, advocaten – zogenaamde tussenpersonen. Maar dat is in feite niet de hele waarheid. Mossfon werkt in veel gevallen direct met eindklanten en regelt voor hen zelfs de bankzaken.

Holding: Een holding is een onderneming die eigenlijk geen ander doel heeft dan aan andere ondernemingen deel te nemen. Als een holding gevestigd is in een belastingparadijs, dan kunnen de winsten van de dochterondernemingen zonder veel moeite daarnaartoe overgemaakt worden. Door het handig in elkaar vlechten van holdingstructuren kunnen ook eigendomsverhoudingen worden versluierd.

Intermediair/tussenpersoon: In de meeste gevallen richt een individu zich niet rechtstreeks tot een registered agent als Mossack Fonseca, maar tot een vermogensbeheerder of een bank, die in opdracht van klanten optreedt.

Letter of indemnity: Een letter of indemnity is een aansprakelijkheidsvrijwaring. Mossack Fonseca laat dat soort beloften van schadeloosstelling vooral opstellen als het niet zeker weet of de klant illegale zaken met de brievenbusfirma afhandelt. Mochten er problemen komen, dan is de klant aansprakelijk indien er schadevergoeding wordt geëist.

Nominee beneficial owner: Een 'nominee beneficial owner' doet alsof hij de ultimate beneficial owner (UBO) is, dus de opbrengstgerechtigde. Als bijvoorbeeld een bank om de naam van een UBO vraagt, kan de eigenaar van een bedrijf zo'n schijneigenaar naar voren schuiven. Die beweert dan dat hij de eigenaar van het bedrijf is; en vervolgens wordt alleen hij gecheckt. De real ultimate benificial owner blijft in het verborgene. Die handelwijze heeft één bezwaar: hij is in veel landen strafbaar.

Offshoreprovider: Wereldwijd hebben tientallen bedrijven zich gespecialiseerd in de verkoop van brievenbusfirma's. In hun assortiment hebben ze nieuwe en oude bedrijven, meestal ook in verschillende belastingparadijzen, en allerlei stichtingen. Bij veel offshoreproviders gaat het om advocatenkantoren. Een van de grootste is Mossack Fonseca.

Real ultimate beneficial owner: Als de ware uiteindelijk gerechtigde kan in de offshorewereld die eigenaar van een bedrijf worden genoemd die zich achter een stroman verschuilt, die op zijn beurt beweert de opbrengstgerechtigde (UBO) te zijn. Om de schijn-UBO te onderscheiden van de echte UBO werd voor die laatste het begrip 'real ultimate benificial owner' ingevoerd.

Registered agent: In de meeste belastingparadijzen kun je niet zonder meer een brievenbusfirma oprichten – daarvoor is een erkende dienstverlener nodig, een zogenaamde *registered agent* zoals Mossack Fonseca. Die gaat na of de gewenste bedrijfsnaam nog beschikbaar is, regelt de paperassen met de plaatselijke autoriteiten en zorgt voor de betalingen van de jaarlijkse kosten. Uiteindelijk is het adres van de registered agent ook het officiële adres van de brievenbusfirma. Dat is de reden waarom talrijke in Panama geregistreerde bedrijven als adres de Calle 54 Este hebben – dat is het adres van Mossack Fonseca.

Schijnaandeelhouder: Een 'nominee shareholder' doet alsof hij de ware aandeelhouder is. Een schijnaandeelhouder kan een persoon zijn, maar ook een bedrijf – in elk geval heeft hij als het ware als trustee de aandelen van een bedrijf in handen. Doel is camouflage en misleiding.

Schijndirecteur: Een zogenaamde nominee director is een stroman of strovrouw. Hij of zij wordt ervoor betaald te doen alsof hij een bepaald bedrijf leidt. In werkelijkheid doen schijndirecteuren dat alleen maar op papier. Alle beslissingen worden in feite genomen door de ware eigenaar. Als er bijvoorbeeld contracten worden getekend, dan legt hij ze enkel ter ondertekening aan de schijndirecteur voor.

Vintage offshorebedrijf/Shelf company: Een vintage offshorebedrijf – in het Engels een 'shelf company' genoemd, is een 'gebruikte' brievenbusfirma. Bedrijven als Mossack Fonseca hebben een voorraad reeds opgerichte bedrijven om ze te kunnen verkopen aan klanten die een brievenbusfirma nodig hebben waaraan je niet kunt zien dat die net pas is opgericht.

Noten

1. Zie – vooral voor de reactie van Hans-Joachim K. – hoofdstuk 13.
2. Zie – vooral over Leticia Montoya – hoofdstuk 16 en 30.
3. Op een verzoek om informatie heeft Mossfon tot het ter perse gaan van dit boek niet gereageerd.
4. Op een verzoek om informatie heeft Mossfon tot het ter perse gaan van dit boek niet gereageerd.
5. Op een verzoek om informatie hebben Mossfon en Jürgen Mossack tot het ter perse gaan van dit boek niet gereageerd.
6. Toen hij met de resultaten van het onderzoek voor dit boek werd geconfronteerd kondigde Ramón Fonseca in maart 2016 aan dat hij beide functies zou neerleggen.
7. Op een verzoek om informatie heeft Mossfon tot het ter perse gaan van dit boek niet gereageerd.
8. Stand van zaken: maart 2016.
9. Voor een reactie van Gunnlaugsson zie hoofdstuk 26.
10. Zie hoofdstuk 26.
11. Tot het ter perse gaan van dit boek heeft Arnoldo 'Fat Man' Alemán niet op een verzoek om informatie gereageerd.
12. Burson-Marsteller heeft zich tot het ter perse gaan van dit boek nog niet over de beschuldigingen uitgelaten.
13. Zie hoofdstuk 14, vooral met betrekking tot de reactie van Mossfon op een verzoek om informatie.
14. Het is niet duidelijk of Burson-Marsteller Mossfon anno 2016 nog steeds begeleidt.
15. Zie hoofdstuk 24, vooral voor het verweer van de Commerzbank.
16. Zie hoofdstuk 24, vooral voor het verweer van genoemde banken.

17. Zie hoofdstuk 24, vooral voor het verweer van genoemde banken.
18. Zie hoofdstuk 24, vooral voor het verweer van genoemde banken.
19. Zie hoofdstuk 26, vooral voor de reactie van Gunnlaugsson.
20. Hafez Makhlouf heeft tot het ter perse gaan van dit boek niet op een verzoek om informatie gereageerd.
21. Eyad noch Ehab Makhlouf heeft tot het ter perse gaan van dit boek op een verzoek om informatie gereageerd.
22. Zie hoofdstuk 17, vooral voor de reactie van Zollinger. De HSBC verwees na een verzoek om informatie naar een vroeger standpunt, volgens welke de bank zich 'globaal' aan 'alle relevante sancties' houdt.
23. Jürgen Mossack heeft tot het ter perse gaan van dit boek niet op ons verzoek om informatie gereageerd.
24. Op ons verzoek om informatie heeft John Bredenkamp tot het ter perse gaan van dit boek niet gereageerd.
25. Jean-Claude N'Da Ametchi heeft tot het ter perse gaan van dit boek niet gereageerd op een verzoek om informatie.
26. De advocaat van Muller Conrad Rautenbach benadrukte dat zijn klant inmiddels van beide sanctielijsten is geschrapt. Bij die beslissing van de EU en de VS zijn de met Rautenbach verbonden bedrijven ook meegeteld.
27. Savo Stjepanovic verklaarde na een verzoek om informatie dat hij pas uit de media had begrepen dat hij door de Amerikaanse regering op de sanctielijst was gezet. Hij had inmiddels het verzoek ingediend van de lijst geschrapt te worden. Het door Mossfon beheerde bedrijf was opgericht om in Google Play Store telefoonapps te kunnen verkopen. Voor Sloveense bedrijven was dat anders niet mogelijk.
28. Een woordvoerster van Anatoli Ternavski zei dat ze de sancties zag als politiek gemotiveerd. Het door Mossfon beheerde bedrijf is in de lente van 2016 nog steeds actief.
29. Een door Gennadi Timtsjenko ingeschakeld advocatenkantoor verklaarde dat zijn cliënt 'niet op de hoogte was van zijn en/of de [door ons (*O/O*)] genoemde bedrijven betreffende omstandigheden die een schending van sancties door een Amerikaanse

persoon motiveren'. Mossack Fonseca lijkt – aldus de advocaten van Timtsjenko – 'niet de tot een schending van sancties vereiste connectie met de Verenigde Staten van Amerika te hebben'.

30. Marllory Dadiana Chacón Rossell en haar advocate wilden zich op ons verzoek om informatie niet over de aangelegenheid uitlaten.
31. Tot het ter perse gaan van dit boek reageerde Rami Makhlouf niet op een verzoek om informatie over Drex Technologies S.A.
32. Tot het ter perse gaan van dit boek reageerde Kuo Oil Pte. Ltd. niet op een verzoek om informatie.
33. Een advocaat van Kassim Tajideen verklaarde op ons verzoek om informatie dat zijn cliënt geen lid was van Hezbollah en de organisatie ook niet steunde.
34. Petropars Ltd. heeft tot het ter perse gaan van dit boek niet gereageerd op een verzoek om informatie.
35. John Bredenkamp heeft tot het ter perse gaan van dit boek niet gereageerd op een verzoek om informatie.
36. Zie hoofdstuk 23, vooral voor het verweer van Julia Timosjenko.
37. Zie hoofdstuk 23, vooral voor de uitgebleven reactie van Pavlo Lazarenko.
38. Na een verzoek om informatie verklaarde een door Suleiman Maarouf ingeschakeld advocatenkantoor dat de vroegere sancties tegen hun cliënt gebaseerd waren 'op verkeerde en onbewezen beschuldigingen'.
39. Op verzoek om informatie over Maaroufs waarschijnlijke activiteiten voor Asma al-Assad heeft het door Suleiman Maarouf ingeschakelde advocatenkantoor tot het ter perse gaan van dit boek niet gereageerd.
40. Noch de Maxima Middle East Trading Co. noch Ahmad Barqawi heeft tot aan het ter perse gaan van dit boek gereageerd op een verzoek om informatie.
41. Pangates International Corporation Ltd. heeft tot het ter perse gaan van dit boek niet gereageerd op een verzoek om informatie.
42. Mossack Fonseca heeft tot het ter perse gaan van dit boek niet gereageerd op een verzoek om informatie.

43. Zie hoofdstuk 26, vooral voor de uitgebleven reactie van Dabaiba.
44. Zie voor de reactie van Figueredo vooral hoofdstuk 28.
45. Hugo en Mariano Jinkis waren niet bereikbaar voor commentaar.
46. Hugo en Mariano Jinkis waren niet bereikbaar voor commentaar.
47. Helly Nahmad heeft tot het ter perse gaan van dit boek niet gereageerd op een verzoek om informatie.
48. Alaa Mubarak heeft tot het ter perse gaan van dit boek niet gereageerd op een verzoek om informatie.
49. Zie voor het verweer van Mossfon over de omgang met gesanctioneerde personen of bedrijven hoofdstuk 5.
50. De premier noch zijn dochter heeft tot het ter perse gaan van dit boek gereageerd op een verzoek om informatie.
51. Premier Nawaz Sharif heeft tot het ter perse gaan van dit boek niet gereageerd op een verzoek om informatie.
52. Zie hoofdstuk 25, vooral voor de reactie van minister-president Gunnlaugsson.
53. Zie hoofdstuk 5.
54. Iyad Allawi liet bij navraag door het ICIJ bevestigen dat hij de 'enige directeur en shareholder' van de bedrijven Foxwood Estates Limited, Moonlight Estates Limited en IMF Holdings Inc. is. Het bedrijf IMF was opgericht om vastgoed te beheren. De opgelegde belasting was altijd op tijd betaald.
55. Zie hoofdstuk 22, vooral over de uitgebleven reactie van Deng Jiagui.
56. Zie hoofdstuk 22, vooral over de uitgebleven reactie van Li Xiaolin.
57. Het bedrijf Rostec, geleid door Sergej Tsjemesov, bevestigde bij navraag dat Tsjemesovs zoon begunstigde van een bedrijf was. Rostec noemde de naam van dat bedrijf niet.
58. Boris en Arkadi Rotenberg hebben tot het ter perse gaan van dit boek niet gereageerd op een verzoek om informatie.
59. Ilham Aliyev en zijn familie hebben tot het ter perse gaan van dit boek niet gereageerd op een verzoek om informatie.
60. Als we K. erom vragen, antwoordt hij niet.
61. Als we K. erom vragen, antwoordt hij niet.

62. Jürgen Mossack liet een vraag erover onbeantwoord.
63. K. antwoordt niet op ons verzoek om inlichtingen. L.L. bestrijdt alle hier beschreven gebeurtenissen.
64. K. bestrijdt dat die ontmoeting heeft plaatsgevonden.
65. Telefonisch laat L.L. ons weten dat hij nooit geld heeft gekregen van Gillard Management. Hij kent het bedrijf niet eens.
66. K. bestrijdt het geld overgeschreven te hebben.
67. Op ons verzoek om informatie heeft RPS niet gereageerd.
68. Op een desbetreffend verzoek om informatie hebben Jürgen Mossack en Ramón Fonseca tot het ter perse gaan van dit boek niet gereageerd.
69. Op een verzoek om inlichtingen over de aangevoerde voorbeelden heeft Mossfon tot het ter perse gaan van dit boek niet gereageerd.
70. Na ons verzoek om inlichtingen meldde zich een advocaat die eerst om een langere termijn vroeg om te antwoorden. Na een week zei hij enkel dat het bestuurslid van Siemens niets afwist van die gebeurtenissen – en hij deelde ten slotte schriftelijk mee dat zijn cliënt 'geen informatie' kon geven.
71. Een desbetreffend verzoek om inlichtingen bleef van de kant van Mossfon onbeantwoord.
72. Op een verzoek om informatie heeft Jürgen Mossack tot het ter perse gaan van dit boek niet gereageerd.
73. Boris en Arkadi Rotenberg hebben tot het ter perse gaan van dit boek niet gereageerd op een verzoek om informatie.
74. Een door Oesmanov ingeschakelde advocaat verklaarde dat de 'belangrijkste operationele bedrijven' van zijn klant in Rusland zijn geregistreerd. Buitenlandse bedrijven zouden 'op zeer beperkte schaal' worden gebruikt, 'onder strikte eerbiediging' van de wet.
75. Het bedrijf Rostec, geleid door Sergej Tsjemesov, bevestigde bij navraag door het OCCRP de relatie van Tsjemesovs zoon met Svjazdorinvest. Het probleem was intern opgelost.
76. Jürgen Mossack reageerde tot het ter perse gaan van dit boek niet op een verzoek om informatie. Mossack Fonseca ook niet.

77. Na ons verzoek om informatie bestreed Christoph Zollinger dat hij aandeelhouder van Tornbell Associates was.
78. Later kreeg Montoya duidelijk meer, eind 2015 vinden we een recent formulier waarop vermeld staat dat ze 10.800 dollar per jaar verdiende. De scheve verhouding met de winst die Mossfon met haar maakte, verandert daardoor maar weinig.
79. Jürgen Mossack heeft tot het ter perse gaan van dit boek niet gereageerd op een verzoek om informatie.
80. Jürgen Mossack heeft tot het ter perse gaan van dit boek niet gereageerd op een verzoek om informatie.
81. Op nieuwe vragen antwoordde Peter Mossack tot het ter perse gaan van dit boek niet.
82. Alle hier genoemde eigendomsverhoudingen weerspiegelen de stand van zaken medio 2015, zoals ze in de data zijn terug te vinden.
83. Op ons verzoek om inlichtingen reageerde Baldernach tot aan het ter perse gaan van dit boek niet.
84. Vintage Books, Londen, 2012.
85. Op ons verzoek om inlichtingen reageerde Sanford I. Weill tot aan het ter perse gaan van dit boek niet.
86. Al Nayan reageerde tot het ter perse gaan van dit boek niet op een verzoek om inlichtingen.
87. Helmut Linssen bevestigde op ons verzoek om informatie dat de bedrijven Longdown Properties Corp. (Bahama's) en Longdown Properties Corp. (Panama) van hem zijn geweest. Hij kende naar eigen zeggen Mossack Fonseca niet. Zijn zakenpartner was HSBC Trinkaus geweest.
88. De zus van Kabila heeft tot het ter perse gaan van dit boek niet gereageerd op een verzoek om informatie.
89. Teodoro Obiang heeft tot het ter perse gaan van dit boek niet gereageerd op een verzoek om informatie.
90. Martina Chissano heeft tot het ter perse gaan van dit boek niet gereageerd op een verzoek om informatie.
91. De nicht van Hastings Banda, Mapopa Chipete en Yusuf Mwawa waren tot aan het ter perse gaan van dit boek niet bereikbaar voor commentaar. Aleke Banda is overleden.

92. Bruno Itoua verklaarde op een vraag van *Le Monde* dat hij geen uitspraken zou doen over financiële aangelegenheden.
93. José Maria Botelho de Vasconcelos heeft tot het ter perse gaan van dit boek niet gereageerd op een verzoek om informatie.
94. Op verzoek om informatie verklaarde een pr-bedrijf dat Caprikat en Foxwhelp voor 100 procent in het bezit zijn van de Fleurette Group. Caprikat en Foxwhelp zouden bij het afsluiten van het contract inderdaad in totaal zes miljoen dollar betaald hebben aan de Democratische Republiek Congo. Maar er was ook 2,5 miljoen dollar betaald voor de exploitatievergunning. Circa 60 procent van de olie-inkomsten ging volgens de mededeling naar de staat.
95. Jacob Zuma en Khulubuse Zuma hebben tot het ter perse gaan van dit boek niet gereageerd op een verzoek om informatie.
96. Na een verzoek om informatie bevestigde een woordvoerder dat Caprikat en Foxwhelp voor 100 procent eigendom zijn van de Fleurette Group, die op haar beurt in handen is van de 'Discretionary Trust ten gunste van de familie van Dan Gertler'.
97. Na een verzoek om inlichtingen wilde Frédéric Cilins geen commentaar geven op het voorval. BSGR deelde mee dat Cilins 'niemand in opdracht van BSGR had omgekocht'.
98. Na ons verzoek om informatie verklaarde een woordvoerder van BSGR dat hij nog nooit had gehoord van een bedrijf dat Matinda heet.
99. BSGR heeft tot het ter perse gaan van dit boek niet gereageerd op een verzoek om informatie.
100. Een woordvoerder van BSGR deelde op ons verzoek om informatie mee dat er 'sterke bewijzen' waren dat Touré niet de vierde vrouw van Conté was geweest – maar hij gaf geen details.
101. Een woordvoerder van BSGR bestreed dit, toen we ernaar vroegen.
102. Een woordvoerder van BSGR bevestigde dit, toen we ernaar vroegen.
103. BSGR herhaalde na ons verzoek om informatie enkel dat Onyx onafhankelijk was van BSGR. Een verzoek om informatie aan

Onyx bleef tot het ter perse gaan van dit boek onbeantwoord.

104. Een woordvoerder van BSGR verklaarde dat Cilins noch in opdracht van BSGR noch van Beny Steinmetz gehandeld had. Beny Steinmetz heeft tot het ter perse gaan van dit boek niet gereageerd op een verzoek om informatie. Mamadie Touré was tot het ter perse gaan van dit boek niet te bereiken.

105. Een woordvoerder van BSGR verklaarde er verder niets over te weten.

106. Onyx heeft tot het ter perse gaan van dit boek niet gereageerd op een verzoek om informatie.

107. Zie de epiloog, vooral over de reactie van Ramses Owens.

108. Zie de epiloog over Ramses Owens en zijn reactie op de beschuldigingen die naar voren zijn gebracht.

109. Edmund W. heeft tot het ter perse gaan van dit boek niet gereageerd op een verzoek om informatie.

110. Mossack Fonseca liet onze vraag over dat concrete geval tot aan het ter perse gaan van dit boek onbeantwoord.

111. Stand van zaken: maart 2016.

112. Op ons verzoek om informatie verklaarde Andrew M. nooit meegedaan te hebben aan het runnen van Berenika, hij had ook geen geld geïnvesteerd en ook geen aandeel in de winst van Berenika gehad.

113. Andrew M. reageerde op een verzoek om informatie. Over het bedrijf IFEX Global wilde hij in het openbaar niets zeggen – maar de e-mail schreef hij vanaf een adres dat eindigt op @ifex.us.

114. Andrew M. verklaarde op ons verzoek om informatie dat de beschuldiging dat hij deel van de Berenika-club was geweest 'absoluut en totaal onjuist' was en gebaseerd was op een leugenverhaal van de Russische autoriteiten. Het was allemaal bedoeld om zijn reputatie te verwoesten, omdat hij een criticus van Poetin is. M. vulde aan dat hij nooit in de kinderprostitutieclub had geïnvesteerd en er ook niet financieel van had geprofiteerd. M. bestreed niet expliciet dat hij seks met minderjarigen had gehad.

115. Deng Jiagui noch Xi Jinping heeft tot het ter perse gaan van dit boek gereageerd op een verzoek om informatie.

116. Li Xiaolin heeft tot het ter perse gaan van dit boek niet gereageerd op een verzoek om informatie.
117. Wallace Yu Yiping heeft tot het ter perse gaan van dit boek niet gereageerd op een verzoek om informatie.
118. Lee Shing Put heeft tot het ter perse gaan van dit boek niet gereageerd op een verzoek om informatie.
119. Zeng Qinghuai heeft tot het ter perse gaan van dit boek niet gereageerd op een verzoek om informatie.
120. Li Zidan reageerde niet op ons verzoek om informatie. De advocaten van Zhang Yuping verklaarden dat het bedrijf Harvest Sun op het moment van wisseling van eigenaar geen waarde had. Bovendien was het zuiver toeval dat Zhang het aan Li Zidan verkocht had. Er waren geen zakelijke betrekkingen tussen beiden geweest.
121. Zijn adviseur heeft intussen bekendgemaakt dat de prijzen te slecht waren, de president wilde zijn vermogen niet verramsjen. Daarom zou hij nog niet verkocht hebben. Bij navraag verklaarde de persdienst van de president dat Prime Assets Partners Limited 'deel van het proces' was om Porosjenko's vermogen in een trust onder te brengen. Porosjenko zou allang 'alle informatie over zijn vermogen, zijn uitgaven en zijn inkomen' hebben geopenbaard.
122. Gennadi Troechanov en de zoon van Mykola Azarov hebben tot het ter perse gaan van dit boek niet gereageerd op een verzoek om informatie.
123. De Deutsche Bank deelde bij navraag mee 'principieel geen informatie over mogelijke of daadwerkelijke zakelijke relaties' te geven.
124. De Commerzbank verklaarde bij navraag zich niet te kunnen uitlaten over 'mogelijke en daadwerkelijke klantenrelaties'. Maar de Commerzbank International S.A. heeft 'vanaf 2008 een consequente witgeldstrategie in praktijk gebracht'.
125. De DZ Bank verklaarde op aanvraag nooit 'actief aan klanten brievenbusfirma's aangeboden' te hebben. De bank had de laatste tijd 'consequent klanten afgestoten die niet de noodzakelijke fiscale transparantie hebben getoond'.

126. De Hypo Vereinsbank verklaarde 'buiten de publiekelijk toegankelijke informatie om – vooral de jaarverslagen van de UniCredit Luxembourg S.A. – geen verdere informatie' te kunnen verschaffen.

127. De LBBW deelde mee 'persberichten over zaken van andere instellingen met zogenaamde offshorebedrijven' als aanleiding te hebben gezien om de eerdere activiteiten van de vroegere Landesbank Rheinland-Pfalz International S.A. (LRI), die van 2008 tot 2010 een dochteronderneming van LBBW was, 'nader te onderzoeken'. Met het oog op lopend gerechtelijk onderzoek kon de bank zich echter 'niet nader uitlaten over de gebeurtenissen'.

128. De BayernLB deelde mee 'vanzelfsprekend' geen brievenbusfirma's aan te bieden. Of de intussen opgeheven dochtermaatschappij LBLux offshorebedrijven die wij met naam en toenaam hebben genoemd, had opgericht, kunnen 'we op dit moment, onder andere op grond van het Luxemburgse bankgeheim, niet nagaan'. Maar er was besloten tot een 'nieuw onderzoek van de toedracht'.

129. De Deutsche Bank deelde bij navraag mee 'principieel geen informatie over mogelijke of daadwerkelijke zakelijke relaties' te geven.

130. De Deutsche Bank deelde bij navraag mee 'principieel geen informatie over mogelijke of daadwerkelijke zakelijke relaties' te geven.

131. De Deutsche Bank deelde bij navraag mee 'principieel geen informatie over mogelijke of daadwerkelijke zakelijke relaties' te geven.

132. De Deutsche Bank verklaarde dat de website in 2013 nieuw was vormgegeven en nu bereikbaar was via www.db.ci.com.

133. De Deutsche Bank verklaarde hierover dat het Amerikaanse ministerie van Justitie met de Deutsche Bank (Schweiz) AG overeen was gekomen de bank niet strafrechtelijk te vervolgen. Het Amerikaanse ministerie van Justitie had ermee ingestemd de Deutsche Bank (Schweiz) AG 'in verband met mogelijke fiscaal-juridische overtredingen door niet opgegeven Amerikaanse bankrekeningen, die door de Deutsche Bank (Schweiz) AG werden bijgehou-

den, niet strafrechtelijk te vervolgen'. Maar 'er volgde een boete ten bedrage van rond 31 miljoen Amerikaanse dollar'.

134. De Deutsche Bank deelde hierover mee over een mogelijk of werkelijk gerechtelijk onderzoek 'principieel geen informatie' te geven.

135. De Deutsche Bank deelde bij navraag mee 'principieel geen informatie over mogelijke of daadwerkelijke zakelijke relaties' te geven.

136. De Commerzbank verklaarde hierover 'dat de Commerzbank International S.A. vanaf 2008 haar koers proactief en consequent heeft verlegd zonder regulaire dwang van buitenaf'. Het Openbaar Ministerie zou dat 'positief beoordeeld' hebben.

137. Het officiële standpunt van de UBS luidt: 'Deze business is geïntegreerd in het beleid van de UBS in Duitsland en volgt volledig de Duitse regels en het Duitse recht.'

138. Een woordvoerster van de UBS verklaarde bij navraag 'om wettelijke en reguliere redenen [...] geen mededelingen te kunnen doen over individuele personen, ondernemingen of vermeende klantenrelaties'. Maar de UBS wees haar klanten 'er al enige tijd uitdrukkelijk op dat ze fiscaal hun zaken in het reine moeten brengen'.

139. De BayernLB deelde mee 'vanzelfsprekend' geen brievenbusfirma's aan te bieden. Of de intussen opgeheven dochtermaatschappij LBLux offshorebedrijven die wij met naam en toenaam hebben genoemd, had opgericht, kunnen 'we op dit moment, onder andere op grond van het Luxemburgse bankgeheim, niet nagaan'. Maar er was besloten tot een 'nieuw onderzoek van de toedracht'.

140. De BHF-Bank verklaarde bij navraag dat onze informatie 'in hoge mate onjuist' was – maar over details kon ze 'in verband met het bankgeheim' geen inlichtingen geven. De DZ Bank deelde mee dat de kapitaalinvesteringsmaatschappijen die de bank nu in bezit heeft 'aantoonbaar in overeenstemming zijn met de belastingwet'. De Commerzbank ging op een verzoek om informatie over de aan haar gelieerde Schiffsbank niet in en verklaarde: 'Het doel van de Deutsche Schiffsbank AG was de financiering van de

commerciële zeescheepvaart.' De HSBC reageerde tot het ter perse gaan van dit boek niet op een desbetreffende vraag.

141. De Berenberg Bank verklaarde er 'binnen onze mogelijkheden' naar te streven 'dat klanten aan hun fiscale verplichtingen voldoen'. 'Dat onderwerp' heeft bij burgers, de wetgeving en de banken de afgelopen jaren 'een significante verandering' ondergaan.
142. De Berenberg Bank verklaarde bij navraag dat de 'oprichting en vermarkting van brievenbusfirma's [...] nooit deel van het businessmodel' zijn geweest. Berenberg en haar dochterondernemingen zouden 'nooit actief brievenbusfirma's aangeboden of vermarkt' hebben.
143. De Berenberg Bank verklaarde 'vanwege het bankgeheim en de databescherming' hier geen mededelingen over te kunnen doen. Maar de Berenberg Bank (Zwitserland) AG kent en documenteert 'bij alle bij haar lopende bankrekeningen de economisch gerechtigden'.
144. De Deutsche Bank deelde bij navraag mee 'principieel geen informatie over mogelijke of daadwerkelijke zakelijke relaties' te geven.
145. Zie voor de reacties van Bjarni Benediktsson en Ólöf Nordal het laatste deel van hoofdstuk 25.
146. Kort voor het perse gaan van dit boek deelde de echtgenote van de premier mee dat de bank een fout had gemaakt toen ze in 2007 haar huidige man als aandeelhouder had opgenomen. Het was altijd haar bedrijf geweest.
147. Op een vraag hierover reageerde Gunnlaugsson tot het ter perse gaan van dit boek niet.
148. Voor die variant pleit dat de echtgenote van de premier zei dat ze niet meer in IJslandse waarden hadden willen investeren, nadat haar man premier geworden was. Dus begin 2009.
149. Op een vraag hierover reageerde Gunnlaugsson tot het ter perse gaan van dit boek niet.
150. Bij navraag bevestigde Benediktsson dat hij een van de eigenaren van het bedrijf was geweest. Het had onroerend goed in Dubai gehad, beide had hij opgegeven. Op de vraag waarom hij had be-

weerd dat hij nooit vermogen in offshorebedrijven had gehad, verklaarde hij dat hij zich 'er niet bewust van was geweest' dat het bedrijf op de Seychellen geregistreerd was.

151. Benediktsson verklaarde dat hij niet tegen de koop van de cd was geweest. Tegenover onze collega Jóhannes Kristjánsson zei hij niet geweten te hebben dat zijn bedrijf in de data zat.

152. Bij navraag meldde zich de man van Ólöf Nordal met de mededeling dat Landsbanki het bedrijf voor hem had opgericht, maar dat het ongebruikt was gebleven. Ólöf Nordal zelf deelde mee dat het bedrijf was opgericht voordat zij lid werd van het parlement, daarom had ze die niet meteen aangemeld.

153. Vlak voor het ter perse gaan van dit boek kwamen Argentinië en de NML tot een akkoord. De aanklacht is daarmee waarschijnlijk achterhaald.

154. Ali Dabaiba heeft tot het ter perse gaan van dit boek niet gereageerd op een verzoek om informatie.

155. Ali Dabaiba heeft tot het ter perse gaan van dit boek niet gereageerd op een verzoek om informatie.

156. Ali Dabaiba heeft tot het ter perse gaan van dit boek niet gereageerd op een verzoek om informatie.

157. Tot het ter perse gaan van dit boek reageerde Riad G. niet op een verzoek om informatie.

158. De beide zakenmannen gingen tot het ter perse gaan van dit boek niet in op een verzoek om informatie over deze zaak. Ook de exploitanten van het hotel in de Schotse Hooglanden antwoordden niet.

159. Riad G. en Ali Dabaiba reageerden tot het ter perse gaan van dit boek niet op een verzoek om informatie.

160. Jürgen Mossack reageerde tot het ter perse gaan van dit boek niet op een verzoek om informatie.

161. Arkadi en Boris Rotenberg reageerden tot het ter perse gaan van dit boek niet op een verzoek om informatie.

162. Een door Gennadi Timtsjenko ingeschakeld advocatenkantoor verklaarde – zonder tot het ter perse gaan van dit boek in te gaan op concrete bedrijven – dat Timtsjenko zich niet bewust was van

enige omstandigheid die een overtreding van sancties door een Amerikaanse persoon motiveert.

163. Hugo en Mariano Jinkis waren niet bereikbaar voor commentaar, na een verzoek aan hen beiden om informatie van het ICIJ.
164. Hugo en Mariano Jinkis waren niet bereikbaar voor commentaar, na een verzoek aan hen beiden om informatie van het ICIJ.
165. Op ons verzoek om informatie heeft Juan Pedro Damiani tot het ter perse gaan van dit boek niet gereageerd.
166. Juan Pedro Damiani reageerde niet op ons verzoek om informatie.
167. Op ons verzoek om informatie reageerde noch Juan Pedro Damiani noch Figueredo noch Mossack Fonseca.
168. Nicholas Shaxson, *Treasure Islands*, Londen 2012.
169. Michael Findley, Daniel Nielson, Jason Sharman, *Global Shell Games*. Cambridge 2014.
170. Op een daarna schriftelijk ingediend verzoek om informatie reageerde Leticia Montoya tot het ter perse gaan van dit boek niet. In plaats daarvan stuurde een Mossfon-woordvoerder een algemeen statement, volgens welke een persoon directeur van meer bedrijven kan zijn. Onze gedetailleerde vragen bleven onbeantwoord.
171. Bij navraag, enkele dagen na het interview, deelde Ramses Owens mee dat hij 'nooit' de service van een 'nominee beneficial owner' heeft aangeboden. Geconfronteerd met de inhoud van een door hem verstuurd schrijven, waarin wordt gesteld dat Mossfon voor de nominee beneficial owner zorgt, antwoordde Owens dat het 'nominee shareholder' of 'shareholder trusteeship' had moeten zijn, het was dus een schrijffout. Op de vraag of hij daar zeker van was, per slot van rekening waren er meer van dat soort documenten, reageerde Owens niet meer voordat dit boek ter perse ging.

Register